SV

Durs Grünbein
Das erste Jahr
Berliner Aufzeichnungen

Suhrkamp

Erste Auflage 2001
© Suhrkamp Verlag Frankfurt am Main 2001
Alle Rechte vorbehalten, insbesondere das der Übersetzung,
des öffentlichen Vortrags sowie der Übertragung durch Rundfunk
und Fernsehen, auch einzelner Teile.
Kein Teil des Werkes darf in irgendeiner Form (durch Fotografie,
Mikrofilm oder andere Verfahren) ohne schriftliche Genehmigung
des Verlages reproduziert oder unter Verwendung elektronischer Systeme
verarbeitet, vervielfältigt oder verbreitet werden.
Satz: TypoForum GmbH, Nassau
Druck: MZ-Verlagsdruckerei GmbH, Memmingen
Printed in Germany

2 3 4 5 6 – 06 05 04 03 02 01

Das erste Jahr

Prolog 1999
Das Leben, ein ausgegrabener Traum. Immer noch nimmt mich Hebels Geschichte vom Bergmann in Falun nach unten mit. Wie keine andere erzeugt sie unmittelbar jenes Wehgefühl, das sich nach wenigen Worten steigert zum unglücklichen Bewußtsein von der Verfallenheit an die reißende Zeit. Es ist, als bliebe hier keine andere als die narzißtische Lesart. Die junge hübsche Frau verliert ihren Bräutigam kurz vor der angekündigten Hochzeit bei einem Bergwerksunglück und bleibt ihm fortan als Verlobte treu, dem Toten versprochen, all die Jahre allein als Vergißmeinnicht. Während sie ihrer Erinnerung nachhängt und die Sehnsucht nach dem Niegelebten sie an die Fensterbank fesselt, ziehen in der Ferne die Züge des äußeren Lebens mit seinen Klein- und Großereignissen vorüber wie die Sprüche auf einem Abreißkalender. Selten ist umstandsloser in einem Stück Prosa vom Schicksal des einzelnen umgeschaltet worden auf das kunterbunte Treiben der ganzen Gattung. Sofort weiß man, daß solcher Perspektivenwechsel jeden Zeitgenossen betrifft, damals wie heute – als Teil der *Ballade des äußeren Lebens* darf jeder sich als verloren betrachten. In ihr kommt die Melodie, die Privatgeschichte der einzelnen nur verwandelt zur Marschmusik vor. Jede Weltsekunde, die durch die Körper geht, separiert uns, während sie all unsere grandiosen Erfahrungen und geheimsten Epiphanien in den Sog einer tosenden Allgemeinheit zieht.
Wie also, sagte man sich, wenn du selbst diese Frau bist, ruhlos umhergetrieben zwar, mit einem Hundertstel nur ihrer Treue begabt? Wie war das noch? An einem zufälligen Flecken Erde verließ man den Mutterleib, kam, beim Namen gerufen, eines Tages zu Bewußtsein, nahm Platz als Familienmitglied, füllte sein Formular aus als Einwohner, Staatsbürger, sozialversichert in einer ganz bestimmten, früh definierten Lebenswelt. Und kaum hatte man Zeit gehabt, sich die Augen zu reiben, schon war man berufsberaten, angestellt, so und so positioniert, geschieden jedenfalls durch diese eine von all den anderen Aussichten, verpflichtet dem einen Lebensplan, einquartiert im komfortabelsten Wartesaal, der sich mit Wunschbildern nur tapezieren ließ: in der eigenen

Psyche. Da lebte man also, kicherte vor sich hin, weinte um dies und das, und vergaß diesen Quälgeist in sich nie mehr. Währenddessen wurde Australien von einer Kaninchenplage heimgesucht und der Kongo unabhängig von Belgien, und die Berliner Mauer wurde gebaut, und in Kuba brach beinah der dritte Weltkrieg aus, und die Milchzähne wuchsen einem und fielen aus, und Mao Tse Tung der Große Vorsitzende starb und wurde einbalsamiert, und die Schiffe verschwanden im Bermudadreieck, und die Antibaby-Pille wurde erfunden, und in Prag brach ein Volksaufstand aus und wurde mit Panzern niedergeschlagen, und auf dem Mond landeten drei Amerikaner, die führten vor weltweitem Publikum sich wie Känguruhs auf, und der Präsident Kennedy fiel in Texas einem Attentäter zum Opfer, und halb Vietnam wurde im Krieg mit Chemikalien entlaubt, und die Beatles brachten eine Schallplatte heraus mit dem Titel *Let it be*, und aus der Schule trug man eine Vier in Betragen heim. Bangladesh wurde überschwemmt, und in Chile putschte ein General, mein Schulkamerad kam ums Leben bei einem Autounfall, und in der Sahelzone verhungerten Hunderttausende nach einer Dürreperiode, in Griechenland gab es freie Wahlen, und in Persien dankte der Schah ab, und Flugzeuge wurden entführt, Spione und Geldkoffer ausgetauscht, und auf den Markt kamen die ersten Computer für den Privathaushalt. In Helsinki fand eine Konferenz für Menschenrechte statt, und in Bophal starben über zweitausend Inder bei einer Giftgaskatastrophe, die erste Schülerliebe kam und verblaßte wieder, und Afghanistan wurde von russischen Truppen besetzt, und die Immunschwächekrankheit Aids breitete sich von Schwarzafrika her aus, und in Tschernobyl explodierte ein Kernreaktor, und ich schlief tagelang als Rekrut in den Wäldern, und die Gewerkschaft Solidarność wurde in Polen gegründet, und im Kreml wurde Gorbatschow die Nummer eins, und fast ohne Blutvergießen ging in Europa der Kalte Krieg zuende, und die Sowjetunion löste sich auf, und Jugoslawien wurde in mehreren Bürgerkriegen zerrissen. Neue Staaten entstanden, und alle vier Jahre gab es Olympische Spiele, und das Fernsehen war dabei, wann immer sich etwas zutrug öffentlich, und die Schnellzüge fuhren und die Tele-

phone klingelten, und dank all der Technik war die Welt zur erweiterten Wohngemeinschaft geworden, und mancher fand sich als Reisender oder Flüchtling an Orten wieder, von denen kein Erdkundelehrer ihm je erzählt hatte. Und so schnell war alles gegangen, daß jede Tagebuchseite anderntags Makulatur war, und bald gab man es auf, und so rollte es näher, unaufhaltsam, das neue Jahrtausend, die Walze mit den drei unheimlichen Nullen.
Die Meldungen überstürzten sich, doch keine war vergleichbar dieser einen, mit der die alte Frau in Falun ihren Frieden fand. Nein, nicht der Messias, aber ihr Zukünftiger von einst, war schließlich zurückgekommen. Man hatte ihn bei der Öffnung des Schachts gefunden, nach Jahrzehnten unverwest, in Eisenvitriol konserviert, und, wie es bei Hebel heißt, als wenn er ein wenig eingeschlafen wäre, bei der Arbeit. Er war also jung geblieben, wenn auch als Toter, den niemand mehr kannte, nur die Brautjungfer, die schon an Krücken ging; sie war zur Stelle und konnte ihn identifizieren, fünfzig Jahre später, auf den ersten Wiedersehensblick.
Es gibt viele Erzählungen, die Alter und Jugend zum Thema haben – keine schnitt so tief ein wie diese. Auch wenn man im Herzen mehr Blut als Erwartungen wälzte, Leben hieß demnach, auf ganz verlorenem Posten zu stehen. Das Äußerste, was einem zukam, war die Wiederkehr früh entglittener Schätze, ein Souvenir aus der Kindheit vielleicht, der Leichnam einer alten Liebe. Wer sich bereit hielt, dem wurden sie eben noch rechtzeitig vorm Ableben zugestellt. Doch war er damit entschädigt? Man dramatisiert heute gern die Wirkung von Gewaltdarstellungen oder Pornographie auf junge Gemüter. Aufwühlender, das Langzeitgedächtnis gründlicher verstörend, sind aber Kalendergeschichten wie diese. Wer sie ernst nimmt wie ich, sieht mit einer Rundumbewegung den Horizont um das Individuum zugezogen. Ihre einzige Moral scheint das *Warte nur balde* zu sein. Fatalistisch sind sie, der Trost, den sie spenden, wirkt langfristig als Nervengift, und wenn sie gut ausgehen, dann nur um den Preis unmerklicher Lähmung. Das Leben, rückwärts betrachtet – der exhumierte Traum.

War das alles, was man erwarten durfte? Dann blieb nur eins: man mußte so schnell wie möglich, besser heute als morgen, versuchen sich freizumachen, vom Wechsel der Zeitläufe wie von jeder biologischen Determination. Lieber beiseite treten beizeiten, kontemplativen Abstand gewinnen, als sich weichkochen zu lassen auf täglicher Flamme, eine Geisel der Gegenwart und des Lebenszyklus. Übergehen mußte man, was einem die Jahre andrehen wollten, unbeeindruckt bleiben von den Markenzeichen des Alters und der Jugend, die da sind: Aufschwung und Abbau, Virilität und Impotenz, Schwärmerei und Zynismus, Glorifizierung des Körpers und sein Verfall. Unbrauchbar war jede Philosophie, die auf Erneuerung angewiesen war oder von Aufschub faselte. Links liegen lassen, ohne schlechtes Gewissen, durfte man alle weiteren Utopien, vor allem jene, die selbst in dieser, der vergeblichsten aller Liebesgeschichten, noch ein Beweisstück für ihr Prinzip Hoffnung sah.

Was war dabei, wenn man seelenruhig feststellte: es gibt kein Alter mehr, keine Jugend? Das alles sind temporäre Zustände, wenn's hoch kommt, verschiedene Brennstufen der Körper zwischen zwei Stadien des Nichtseins. Wer so spricht? Na, wer wohl? Dieser Quälgeist in mir, der an Entwicklung nicht glaubt, weil er blitzschnell die Lebensphasen durchläuft, vorwärts und rückwärts, wieder und wieder. Geborener Kindgreis, der er ist, hat er sich früh schon ins Allerinnerste verkrochen, bald darauf war er begraben worden unter Tausenden Abschieden, Seitenblicken, Tagesmeldungen, Gesten und Szenen der Ignoranz zwischen Jung und Alt. Nun liegt er verschüttet wie der junge Mann unten im Bergwerk, und darin besteht, so behauptet er, sein Vorsprung zu Lebzeiten. Von seiner Warte aus betrachtet, mit allem was oberirdisch über den armen Globus hinwegfegt, sind die Lebensalter bestenfalls noch ein Kollektivproblem.

Genauso wie Menschen altern, stichelt er, kann auch die Menschheit nicht ewig taufrisch bleiben. Entweder mußte soviel Enttäuschung durch Geschichte und Katastrophen sich niederschlagen, oder die Karawane der Generationen zog einfach immer nur spurlos vorüber. Was, wenn nach alldem die Menschheit nun alt

aussah? Nach außen vital und werksneu, voller Begehren wie immer, doch innen gebrechlich und tief verunsichert. Deutet nicht vieles darauf hin, daß die großen Wendemarken im Leben der einzelnen dabei sind, bedeutungslos zu werden? Symptomatisch war das Verschwimmen der Übergänge in Lebensweise und Verhalten der Altersklassen. Die persönliche Erfahrung, dem Austausch entzogen, entwertet durch schiere Gegenwart, verlor an Gewicht. Die Gleichzeitigkeit aller Abläufe gab der Idee vom Reifeprozeß den Rest. Den Zehnjährigen erschütterte nichts mehr, und das Selbstgespräch der Seniorin stand vor Jahren schon in der Zeitung. Jeder Jugendkult ging nahtlos über in Altersfürsorge, und das Quentchen Lebensweisheit reichte noch eben für eine Talkshow. Geblieben war der bloße Gezeitenwechsel generativer Episoden, ein Hin- und Herwälzen der Zeitrichtungen, das sich kaum scherte um die Seufzer vor Badezimmerspiegeln. Anamorphosen, wohin man sah. Der Säugling, kaum aufgepäppelt, zog sich zurück in den Greisenmund, aus dem Kinderwagen schaute die künftige Großmutter heraus, von hektischen Girlies umsorgt. Die einen waren neu und blieben es lange, während die andern einfach nur länger dagewesen sein werden, wie ein römischer Stoiker einst so unendlich trocken bemerkte. Man mochte sich täuschen lassen von Mythenresten und physiognomischer Überlieferung – ein Blick auf die Titelseiten der Illustrierten genügte. Ausschließlicher als je zuvor drehte die Rede vom Altern sich um die Betriebszustände der Körper. Eine Bildsprache, wie sie Tizian oder Rubens geläufig war, fand sich zuletzt in der sachlichen Photographie, die als Memento die Verwüstungen registrierte, die der Landschaften und die der Gesichter. Spitzfindige Anthropologen mochten noch unterscheiden, was den Menschen von morgen mehr prägte, der biologische Faktor oder der zivilisatorische. Welches der Chronometer den Rhythmus angab, der Zeitmesser im Zellinneren oder dort in Paris die Atomuhr mit ihrer posthumanen Präzision.
Um und um wurde die Erde gewühlt, an den Gesteinsschichten las man ihr Alter ab, der Bohrkern gab Aufschluß über die ferne Zukunft. Noch bis vorgestern hieß es: wer als erster Abschied

nahm, kehrte beizeiten wieder. Doch Braut oder Bräutigam – *diese* Zeit war nicht mehr angewiesen auf Termine, wie sie der Heiligenkalender versprach. Erfüllung, das wußte jeder, lag nicht in der Wiederkehr, sondern im reinen Sofort. Von nun an konnte man, in Ohnmacht und Demut, den Erinnerungen beim Zirkulieren zusehen.
Einstweilen und bis zur nächsten Auferstehung galt der Spruch, mit dem ein Witzbold sich beim Verrichten der Notdurft verewigt hatte. *Wer früher stirbt, ist länger tot.* Ob die verschmierte Toilettenwand wohl noch stand?

1. Januar 2000
Seltsamer Rückblick auf ein Jahrzehnt der hektischen Globetrotterei und des kurzatmigen Reisens in die Hauptstädte Europas. Verspäteter Kosmopolit, so lange eingesperrt hinter Mauern, blieb dir nur der Schnellkurs. Im Eilverfahren desillusioniert. Das einzige Fundstück, das manchmal wiederkehrt, ist eine Photographie aus dem fernen Melbourne, ein Augenblick unter Millionen nur, aber er hielt ein ganzes Märchenmotiv fest. Entwickelt nach Jahren, zeigt es ein Aborigineskind auf einer fahrbaren Krankenliege im Foyer eines Hotels, anläßlich eines Kongresses des Verbands der australischen Pflegeeltern: altklug lächelnd und babyhaft lallend, während es den uralten Strubbelkopf in den Kissen verdrehte, um dem Geschehen ringsum zu folgen. Der erste Gedanke damals: hier blicken dich mehrere tausend Jahre Stammesgeschichte an. Wie aus dem rötlichen Staub der australischen Wüste wendet sich dir das Gesicht eines großmutterähnlichen Säuglings zu. Das arme Geschöpf war offensichtlich gelähmt. Jenseits aller Prothesen und medizinischen Apparaturen war es der Blick des jüngsten Abkömmlings einer Jäger- und Sammlerspezies, dem deinen ungefähr so verwandt wie der Haushund dem Dingo.

Im Jahr 2000, prophezeite der Dichter Ezra Pound, wird es keine Lyrik mehr geben.

Here is my voice and it says »Hi!«.
    Hi, but my throat is dry.
        A silent elegy just saves a cry.

Jetzt ist das alles wieder da. Das Gedächtnis meldet sich wie ein diensthabender Wachmann, der nur eben eingeschlafen war, und nun reibt er sich verstohlen die Augen und bemerkt mit einem kurzen Blick auf den Kalender, daß ein ganzes Jahrzehnt vergangen ist. Die neunziger Jahre des zwanzigsten Jahrhunderts, das war die Dekade der großen Umwälzungen in Europa, die den Untergang des Heiligen Sozialistischen Reiches Deutscher

Nation sowie schließlich den des ganzen Byzantinisch-Sowjetischen Machtblocks brachte. Es war das Jahrzehnt der Vereinigungen und der Versöhnungen, aber auch des Gemetzels auf dem Balkan, in Ruanda und in Tschetschenien, Inkubationsphase und Probedurchlauf kommender Bürgerkriege in den zerbrechenden Imperien von gestern. Es war eine euphorische, eine mörderische und eine melancholische Zeit. Plötzlich fand sich der Kommunismus unterm Zeichen des Saturn. Durch die Ruinen der proletarischen Industriereviere streifte zum letzten Mal das Gespenst, das Karl Marx so freudig willkommen geheißen hatte. Nun sah es alt aus und grau und verkümmert, und es gehörte viel Phantasie dazu, aus seinem Keuchhusten noch einmal die Internationale herauszuhören. Junge dynamische Funktionäre, die letzten Sprößlinge der alten Nomenklatura, traten vor die Kameras der Welt und rezitierten den Epilog zu einer der großen Menschheitsideen, die in der Wirklichkeit gründlich gescheitert war. Jetzt ist das alles wieder da...

2. Januar
Ja, es ist immer noch nachchristliche Zeit. Ein neues Jahr hat begonnen, sagt man sich morgens im Bad. Ein neues Jahrhundert, posaunen die Zeitungen, und die Historiker schweigen. Ein neues Jahrtausend, brummt mürrisch der Altphilologe. Na wenn schon, könnte der Archäologe erwidern. Doch der zieht es vor, sich anderswo in den Staub zu knien.
Erstaunlicherweise findet sich nach der großen Silvesterfeier alles am alten Platz. Kein Zahnputzbecher hat sich über Nacht heimlich von selbst verrückt, die Spiegel sind von denselben Wasserflecken wie gestern gesprenkelt. Nur der Lilienstrauß in der gläsernen Vase an der Wand ist um einen Tag welker geworden, und man sieht es ihm an. Die ersten Blütenblätter liegen schon auf den Fliesen. Doch das Unbehagen der letzten Wochen läßt lange nicht nach. Irgendeine Kraft, wie gewöhnlich namenlos, sorgt dafür, daß sich nach und nach alles verändert, schleichend, aber unausweichlich: nichts bleibt, wie es war. Ein Blick in den Badzimmerspiegel genügt, und man hat die Ursache gefunden. Es ist

der Mensch, der einem da entgegenglotzt, dieses unbeständigste aller Lebewesen, das auf der Lauer liegt als hysterisches Individuum. Man selbst hat sich hinter dem eigenen Rücken verändert. Was ist eine Stadt mit all ihren Baustellen, dem kahlen Wald ihrer Kräne gegen die Mördergrube im Herzen, die im Grundwasser schweigt, im ölig schillernden Schlamm, die mit jedem Tag tiefer wird, ausgeschachtet von Neugier und Langeweile, vom Haß auf die Gegenwart und durchschnittlicher, leidenschaftsloser Misanthropie?

3. Januar
Marina Zwetajewa hat den Waggon, der mit deutscher Geheimdiensthilfe den Aufrührer Lenin in das kriegführende Rußland einschleuste, einmal als Trojanisches Pferd bezeichnet. Kürzer und präziser hätte kein Historiker den Moment erfassen können. »Trick siebzehn mit Selbstüberlistung« nennt der Volksmund solche Aktionen. Aus dem Bauch des Waggons kriecht die Schlange, der Agitator, der hinter den Linien den Gegner schwächen soll. Doch die Geister, die man rief ...

5. Januar
Da bist du also, an deiner Sehnsucht zu etwas anderem als dieser verfluchten globalen Wirtschafts- und Finanzwelt erkennbar: ein halber Russe. Ein Mensch mit dem russischen Spieltrieb des unstillbaren Herzens. Warum hat mir das niemand gesagt? Soll dies etwa der Sinn jener Anekdote sein, der zufolge meine Mutter als fünfjähriges Mädchen bei Kriegsende in Dresden von durchziehenden Rotarmisten auf einen Panje-Wagen geladen wurde und beinah in Richtung Osten verschwunden wäre, hätte nicht eine aufmerksame Nachbarin durch ihr Gezeter die Entführung in letzter Minute verhindert? Warum nur haben sie mir im Familienkreis immer wieder mit leuchtenden Augen davon erzählt? Es klang, als wären sie stolz gewesen, daß diese Barbaren die kleine Rosi, ihre schwarzbraune Haselnuß, stehlen wollten, stolz, soviel Bewunderung für ein Kind zu ernten, stolz aber auch darauf, sie ihnen sogleich wieder abgeluchst zu haben. Dabei wäre um ein

Haar alles ganz anders gekommen. Einen Moment später, und das Kind wäre auf Nimmerwiedersehen verschollen gewesen, als Kriegsbeute mitgeführt im Troß der einstweiligen Sieger, und keiner hätte gewußt, wo zu suchen und wen zu fragen. Das Leben meiner Mutter, die so natürlich niemals meine Mutter geworden wäre, hätte eine Wendung ins Russische genommen. Vielleicht hätte es sie nach vielen Zwischenstationen in irgendeine sibirische Kleinstadt verschlagen. Das deutsche Mädel von fünf Jahren hätte seine Sprache verlernt, und ihr Sohn, dieser andere, wäre ein munterer deutsch-russischer Bastard geworden, ein echter Naturbursche, abgehärtet von Hungersnöten und grimmigen Frösten.

7. Januar
Es gibt dich also wirklich nur, solange du schreibst? Nur was, und vor allem wie du es sagst, soll bestimmen, in welcher Form dein Bewußtsein für andere präsent ist? Du entscheidest, wieviel Licht in diese unbekannte Person fällt, von der es bis auf weiteres nur einen Namen gibt, der wie ein Schatten vorausfällt. Der Name ist dieses Undurchdringliche, das erst im Schreiben sich stückweise lichtet.

11. Januar
In Gedichten blitzt die Welt immer wieder als *a priori* des Lebens auf, so wie sie aller Erfahrung vorausliegt. Die besten Zeilen verdanken sich jener angeborenen *experience,* von der Baudelaire im Vorbeigehn an einer Stelle spricht. Schwer zu beweisen, scheint sie die anthropologische Mitgift zum Leben zu sein. Man kann sie verspielen oder vergrößern, je nachdem, wie man es anstellt. Mit dem so schmeichelhaften wie zweifelhaften Vermögen von Intuition, Vorahnung oder Prädestination hat solche Begabung, die allen eigen ist, nichts zu tun. Poesie beruht auf der Entwicklung genau dieser Anlage. Sie versucht sozusagen, sich des Familienerbes zu vergewissern. Dagegen setzt erzählende Prosa das gelebte Leben voraus. Ein Romancier, der wie Rimbaud mit siebzehn alles gesagt haben wollte, wäre einfach grotesk.

13. Januar
Die Krähen in den Ahornbäumen am Savigny-Platz, es heißt, sie seien aus Rußland herübergekommen wie seinerzeit die Truppen der Roten Armee. In den letzten Jahren wurden sie beinah zur Plage. Lange Zeit sah ich in ihnen nur die Verstoßenen, Schmarotzer und Raufbolde, und nicht die Boten einer harmonischen Weltordnung wie jene Lieblinge des heiligen Franziskus auf den Tafelbildern der umbrischen Meister. Nur aus den Augenwinkeln nahm ich sie wahr, wenn sie in Heerhaufen marodierend über den Rasen zogen und nach den Tauben und Sperlingen hackten oder in wilden Schwärmen über den Baumkronen kreisten. Erst heute fand ich plötzlich Gefallen an den krächzenden Rabauken. Dabei kam mir eine Szene aus frühester Kindheit zu Hilfe: Großvater und der Kolkrabe. Unauslöschlich ist sie ins Gedächtnis gegraben. Ein Blick auf den Ringfinger mit der hellen Narbe am zweiten Fingerglied, und alles steht mir wieder vor Augen.
Es geschah im Dresdner Zoo, den wir beide so oft besuchten, am Drahtzaun des großen Vogelgeheges. Bei jedem Rundgang zog es uns dorthin. Schon von weitem lockend, empfing uns die Riesen-Voliere, in der sie alle wie unter einem luftigen Tarnnetz versammelt waren: die Seeadler und Lämmergeier, die Turmfalken und die Habichte und auch er, mit der aztekischen Halskrause aus gelben Flaumfedern, der Kazike: el Condor. Jedesmal starrte der kleine Junge gebannt nach da oben, wo die Elite der Raubvögel hockte, hinauf ins kahle Geäst. Er hatte nur Augen für diese Überflieger der Anden und Kordilleren. Fasziniert sah er, wie sie schattenwerfend ihre majestätischen Schwingen breiteten, die Flügel schüttelten wie staubige Wintermäntel, und vergaffte sich in die enormen Beutestücke, auf denen sie seelenruhig thronten, in ihren Krallen die Aasbrocken, halbe Pferdekadaver darunter. Einmal geriet er dabei allzu dicht an den Zaun und übersah, daß auf dem Boden einer vom Fußvolk herbeigehüpft war, während er hypnotisiert nach den Generälen und Königen schielte. Es half nichts, daß ihn der Großvater vor dem Kolkraben warnte. Zu groß war die Neugier auf das gefiederte Kohlestück, das ihm schon einmal begegnet sein mußte. Wo war das noch? Richtig, in

dem Märchen von *Strohhalm, Kohle und Bohne*, einem der gruseligsten aus dem ganzen Grimmschen Märchenbuch. Angelockt von dem pechschwarzen Gesellen, der ihm geradewegs vor die Füße gerollt war und nun in Höhe der Kniestrümpfe vor ihm umherstolzierte, legte er die Hand an den Gitterdraht. Ganz sachte nur, klopfenden Herzens, aber doch so verzaubert, daß die Finger noch immer dort klebten, als der Vogel mit dem klobigen, gelben Schnabel auf ihn einzuhacken begann. Ei, wie das brannte. Wie die Berührung mit einem glühenden Kohlestück. Und ein lautes Geschrei hob an, als die ersten Blutstropfen aus dem Fingerlein sprangen und Großvater, statt ihn zu trösten, ihm Vorhaltungen machte. Nie mehr hat er den bösen Blick des Kolkraben vergessen können. Verleidet war ihm seither das Vogelgehege. Später, wenn sie bei ihren Zoobesuchen dort vorüberkamen, machte er jedesmal einen weiten Bogen darum. Klammheimlich nur, hinterm Rücken des Großvaters, drehte er sich dann nach der Stelle um, an der das tückische Untier, halb Vogel, halb Kohlebrocken, ihn einst gebissen hatte.

19. Januar
Da so vieles, in Büchern und täglichen Zeitungsartikeln, mit denselben Worten, wie du sie benutzt, breitgetreten wird, bleibt dir nur, ihnen mehr aufzuladen, denselben Transportmitteln schwerere Lasten zum Tragen zu geben. Dasselbe Wort, das im Feuilleton wie ein possierliches Kätzchen gestreichelt und gleich wieder weggescheucht wird, leistet dir als Kamel bei deiner Wüstenwanderung durch das Dasein unschätzbare Dienste.

21. Januar
Theoretisch gab es für ihn tausenderlei Gründe, unglücklich zu sein, in der Praxis jedoch erschien er jedem als Glückspilz. Theorie war ihm immer nur Einübung ins Unglück, Begründung der Katastrophe mit Hilfe der Urteilskraft, Praxis dagegen, wie selbstverständlich, die Widerlegung alles negativ Gedachten durch gelebte Glückseligkeit.

23. Januar
Ein Tag ohne Menschen, ein echter Schopenhauer-Gedenktag. Und unterm Schreibtisch, zu meinen Füßen, schläft Hermann, Evas Hund, vor sieben Jahren adoptiert aus dem Tierheim, ein schwarzer Schäferhundrüde, heute uralt mit seinem weißgrauem Bart, schnarchend und sich von Zeit zu Zeit von einer auf die andere Seite wälzend. Und statt endlich *Die Welt als Wille und Vorstellung* weiterzulesen, starre ich lieber minutenlang auf das staubige Fell dieses schlafenden Tieres. Eigentlich sind mir Hunde ganz gleichgültig. Ich nehme sie, ebenso wie die Katzen, immer als Zoologe, nicht unfreundlich dabei, aber eben auch nicht allzu persönlich. Vielleicht befremdet mich deshalb auch etwas die folgende Beobachtung. Das Menschlichste am Hund sind die Vorderläufe, aber er muß dazu auf der Seite liegen, dann gleichen sie unseren Unterarmen und erinnern entfernt an die Ellenbogenpartie. Von den Augen dagegen und diesem »beseelten Blick« sollte man sich nicht einwickeln lassen. Hunde haben immer nur das eine im Sinn. Sie alle sind »Chappy-Huren«, wie der Volksmund das nennt. Mittlerweile haben die Historiker unter den Verhaltensforschern herausgefunden, daß der Hund sich den Menschen gesucht hat, als Vormund und Nahrungslieferant, nicht umgekehrt. Evolutionär betrachtet, läuft es also auf einen Sorgevertrag hinaus. Der Hund, zu Wolfszeiten ein Rudeltier, hat sich den Menschen erschlichen und ist seither nur noch eifersüchtig auf seinesgleichen. Daher dieses ewige mißtrauische Beschnuppern auf offener Straße, das Ranschmeißen und Wegbeißen, je nachdem, wie nützlich der andere einem erscheint. O ich verstehe die Hunde nur allzu gut. Sie zeigen einem, wohin es gekommen ist mit den Menschen.

2. Februar
Mögen andere die Sprache zertrümmern oder metzgermäßig zerlegen, mögen sie als kaltblütige Vergewaltiger in sie *eindringen,* wie sie das nennen, ich bleibe gern außen vor. Zudringlichkeit ist eine Todsünde des Geistes, Nötigung das Armutszeugnis jedes gescheiterten Liebhabers.

5. Februar
Das Sarkastische Kind.

>»Ich hân vil manigen grôzen boum
>gesên in eime walde,
>der dâ sneller gevellet wart,
>wan ein vollen kleine.
>Irdisch leben daz ist ein troum,
>wir sülen wachen balde
>und reiten uns gegen der sêle vart:
>diz leben ist unreine.«
>Hermann der Damen* / Der stürzende Baum
>* (Wanderdichter ritterlicher Herkunft
>aus Brandenburg. Wende 13./14. Jahrhundert)

>»Wir alle sind Wölfe des Urwaldes Ewigkeit.«
>Marina Zwetajewa

Wahrscheinlich bist du ja das sarkastische Kind aus den düsteren deutschen Märchen. Industrie hat es aus dem Unterholz in die großen, unübersichtlichen Städte gelockt, und da steht es nun und hält mit weit aufgerissenen Augen nach letzten Lichtungen Ausschau. Es kam her, um das Fürchten zu lernen, nun muß es sehen, daß der Schrecken seine heilsame Wirkung verloren hat und nur mehr kalte, ununterbrochene Betriebsamkeit ist. Das Leben im Wald mag gefährlich gewesen sein, ein einziger Hinterhalt war das Dickicht. Es gab Hexen dort, reißende Tiere, und nachts riefen die Käuzchen wie Totengeister sich ihre schaurigen Geheimnisse zu. Sinistre Zwerge mit stechenden Blicken tanzten um Lagerfeuer, pechschwarze Tannen stürzten, vom Blitz getroffen, krachend auf den Winterschläfer, den Wanderer, der sich beim Blaubeerensammeln verirrt hatte im Unterholz. Doch die Wege durch dichtes Gestrüpp mögen bedrohlich gewesen sein, gegen die Straßen der Stadt sind sie nichts. Was es dort umzingelt hält, hat mit dem Ende der Märchen zu tun, mit dem Beginn einer Flut quälender Kurzgeschichten von trügerischer Moral. Das sarkastische Kind weiß längst, wie die meisten von ihnen ausgehen, und kann doch vom Staunen nicht lassen.

8. Februar
Mein Schutzheiliger ist der heilige Dionysius. Auf manchen Gemälden sieht man ihn mit geöffneter Schädeldecke, auf anderen trägt er den Kopf in den Händen. Sein Martyrium, als Bischof von Paris (St. Denis), war die Enthauptung, bei der er den Kopf vom Richtplatz bis zu jener Stelle trug, auf der heute die Abtei St. Denis steht. Das Motiv der abgehobenen Schädelplatte weist darauf hin, daß der Scharfrichter zufällig oder absichtlich danebengeschlagen hatte, wer weiß, vielleicht war er zu aufgeregt? Wahrscheinlich hat der so schwer Verletzte dann noch ein wenig weitergelebt, mit der zertrümmerten Kalotte, aus der neben all dem Blut etwas Weißgraues hervortrat wie das Gelbe beim Frühstücksei. So kann er gut und gern als Patron aller Trepanierten gelten. Seit dem Mittelalter rief man ihn auch bei Kopfschmerz zu Hilfe. Im Heiligenkalender wird er unter dem Datum des 9. Oktober verehrt. Schädelbasislektion. Heiliger Dionysius, bitt für uns, jetzt und in der Stunde unserer Trepanation.

10. Februar
Mein Großvater, der Tierschlächter: ein Leben lang wühlte er in den Eingeweiden der Rinder und Schweine, die letzten Jahre bringt er vorm Fernsehapparat zu, im massiven Schädel dämmernde Gedanken, die schwindende Kraft in den kalten, stämmigen Unterarmen. Die Hand saß ihm locker, ich weiß ja, er hat meine Mutter geschlagen. Mich, den ersten männlichen Enkel, nannte er schon als Kind seinen Freund. Von ihm stammt das kräftige, dunkle Haupthaar, das beim Schneiden unter der Schere knirscht. Jedesmal wird mit dem Geräusch beim Friseur die Erinnerung an meinen Großvater wach, und immer endet sie mit einer Phantasie über das Roßhaarsofa. Mit solchem Haar hätte man Sofas stopfen können (im neunzehnten Jahrhundert) oder die Matratzen, auf denen Soldaten vom Schlachten ausruhten (im zwanzigsten).
Im Krieg ist er Koch gewesen bei der Kavallerie. Ein Photo zeigt ihn hoch zu Pferd auf der Landstraße, ein kleiner Feldwebel am Anfang dessen, was sie in vorauseilender Siegerlaune den Frank-

reichfeldzug nannten. Ins schöne Paris kam er an einem strahlenden Weltkriegstag, im Lastwagen und als Besatzer. Den Eiffelturm sah er nur durch ein Fernglas. Champs-Élysées war ein unaussprechliches Wort, befremdlich wie *fait accompli*. Dem jedes Pathos fremd war, dort unter Akazien in warmer Sommerluft, fiel Schiller ein. Champagner für alle Töchter aus Elysium! Einen Tag lang schien die Welt für ihn schön. Später hat er in Rußland letzte Nahrungsreserven gestreckt, nicht mehr der Liebling der Kompanie, sondern ihr alleiniger Anwärter aufs Überleben. Gehungert hat er zum ersten und letzten Mal in russischer Kriegsgefangenschaft. Der wahre Schrecken, für den Rest seiner Tage tief in den Knochen sitzend, war dies: daß man so schnell so viele Kilogramm an Gewicht verlieren konnte. Daß man eines Morgens in ein Ungeziefer verwandelt aufwachte, mit eingefallenem Brustkorb und flimmerndem Blick. So erfuhr er das Unterernährtsein als metaphysischen Schock: sich selbst fremd zu werden in fremder Umgebung. Denn er war stets robust gewesen, ein Mann von gedrungener Statur. Einer, der zulangte, wenn seine Hand gebraucht wurde. Einer, der alle Krisen und jede Gefahr überlebte, dank seines dicken Fells und einer Art der Gemütsruhe, von der die römischen Stoiker allezeit schwärmten und wie ich sie immer nur an den kleinen Leuten bemerkt habe. Er war der einzige Mensch, der mir im Sitzen vollendet schien.

Seine größte Heldentat war die Verweigerung des Hitlergrußes gewesen, irgendwann in den frühen dreißiger Jahren, auf offener Straße in Dresden, beim Vorbeimarsch einer SA-Formation. Damals waren drei Braunhemden quer über die Straße auf ihn zugerannt und hatten ihm ins Gesicht geschlagen wie einem ungehorsamen Kind. Er ist nie Parteimitglied gewesen, Politik hat ihn nie interessiert, weder als Karrierechance noch als Gesprächsgegenstand. Gelesen hat er nur wenig, in späteren Jahren am liebsten Reiseberichte aus Ländern, nach denen ihn selbst kein Verlangen plagte. Er war, und das hat ihn mir früh zum Rätsel gemacht, rundum interesselos. Er wußte, daß Menschen essen müssen, sonst werden sie unberechenbar. Er hatte nie über Menschenfleisch nachgedacht, seine Eßbarkeit, seinen Geschmack. Das

Kochen und Fleischzerhauen hatte ihn nie auf Gedanken gebracht. Weder auf dumme, noch auf gefährliche und erst recht nicht auf letzte. Er kannte sich aus mit Schinken und Rippenstücken, und von Rind und Schwein verstand er soviel wie die Hebamme vom Gebären, der Rest war nicht sein Problem. Für ihn gab es diesen Rest nur als Nebensache: ein geselliger Abend, die Zigarettenpause an einem der Kinderbetten seiner drei Enkel, die Lektüre der immer gleichen Zeitung.
Über dem Sofa, auf dem er gegen Ende fast nurmehr schläfrig saß, hing ein Ölgemälde, ein stümperhaftes, sentimentales Werk, immerhin ein Original. Es zeigte, in vorwiegend erdbraunen Tönen, ein paar Zugpferde mit Scheuklappen und einen Mann, der im strömenden Regen eine Blendlaterne hochhielt und das Zaumzeug ordnete. Der Mann trug eine kapuzenartige Kopfbedeckung, die man bei Seeleuten einen Südwester nennt. Das Bild hieß *Das Kummet*, und mein Großvater erfreute sich immer am dumpfen Klang dieses Wortes, er wiederholte es jedenfalls oft und erklärte gern seine Bedeutung. In diesem Bild hatte die ganze Idee seines einförmigen anstrengenden Lebens Ausdruck gefunden. Alles, was kommen mußte: die Blitze im Unbewußten, das Husten im Dunkel, nahe der Kreatur. Und die Geduld, bis es endlich vorbei war.

13. Februar
Gebissen zu werden tut mitunter recht gut. Man spürt an der Bißstelle den Körper, sieht, wie sich Blut um die Einkerbung sammelt, wird von dem stechenden Schmerz mit einemmal hellwach. So geht es dir jedesmal, wenn du ernsthaft angegriffen wirst, wenn der beste Freund im Gespräch eine Drehung macht und dich plötzlich frontal attackiert. Die Frische dieses Augenblicks punktiert all die gleichförmigen Tage, sie gehört, leider oft erst nach Monaten begriffen, zu den angenehmsten Erinnerungen im Leben. Der Anblick und die Empfindung des herabrinnenden Blutes machen schlagartig munter. (Dreizehnter Februar: alle Jahre wieder geht Dresden, die schöne Heimatstadt, unter.)

15. Februar, Grolmanstraße, Berlin.
Warum nur öffnet sich dieses Fenster so selten, dieser schmale Ausblick, durch den das Neue, das Unbekannte zu sagen möglich ist? Ist dies der Durchlaß, über den als Zöllnerinnen diejenigen wachen, die man vor langer Zeit einmal die Musen genannt hat? Muß alles Sprechen, das seinen Namen wert ist, diesen einzigen Weg gehen, und nur, wenn er offen steht, kann man wirklich vorangehn? Es scheint so, und da ist keine Ausnahme möglich. Man kann noch so sehr rebellieren und Ausschau halten und gegen die Scheiben trommeln, eine irregeleitete Motte, man wird kein Gehör finden und nie das richtige Wort, solange das Fenster geschlossen bleibt und der Tag einen eingesperrt hält in seine vier realistischen Wände. Man bleibt an der Grenze kleben und bettelt vergeblich. Was immer man sagt, wird sich wenig von dem unterscheiden, was auch die Fensterbretter schon sagen, die Stapel vergilbter Zeitungen, das dürre Mobiliar, das einen mehr denn je wie am Tag der Haushaltsauflösung umstellt.

Schrecklich, wie schrecklich ist diese Ohnmacht, wenn nichts geschieht als das Immergleiche. Freude der Schocks, *allegria di fallimenti*... Dankbarkeit in den Momenten danach. Ich lebe, ich kann bankrott gehen. Den Körper gestalten die Risse. »There is a crack in everything / That's how the light gets in«, singt Leonard Cohen.

17. Februar
Über den Gesprächspartner. Von wegen! Dir ist klar, wie vergeblich es ist, Ossip Mandelstam posthum ins Gespräch zu verwickeln. Es gibt da mehr Barrieren als Stege, allein die Sprache, der humanistische Hintergrund, sein Judentum, die Geographie. Vergiß das bißchen Germanophilie. Nur über das Zeitalter läßt sich so etwas wie eine luftige Brücke konstruieren, eine schaukelnde Gangway aus Lianen. Warum kannst du diesen russischen Dichterbuddha nicht in Ruhe lassen? Er wird dich nicht hören, und sollte er doch einmal die Ohren aufsperren, wird er dein metrisches Gestammel nur als Störung empfinden, etwa so wie

ein schlafender Säugling (selig am ›Busen des Universums‹) das Brummen eines Flugzeugmotors. War seine Liebeserklärung an den großen Dante ein Freibrief, es ihm gleichzutun? Sieh, was mit Dante geschah, der seit Jahrhunderten heimgesucht wird. Alle Bemühungen, ihn ins Gespräch zu verwickeln, schlugen bekanntlich fehl.

18. Februar
Am 29. Juni 1940 besucht Adolf Hitler im Morgengrauen die Pariser Oper. Im Eilschritt läuft er durch die Wandelgänge und taxiert, die Arme trotzig vor der Brust verschränkt, den Saal und die Logen, eine Architektur, die er wie seine Uniform kennt. Dem Besuch des Opernhauses schließt sich die Stadtrundfahrt an. Ganz Paris schläft noch, die Straßen sind leer, kein Verkehr auf den Boulevards, nur der geisterhafte Fahrzeugkonvoi des Eroberers ist unterwegs durch die besiegte Hauptstadt, die von seinem blitzartigen Auftritt nichts weiß. Von der Oper geht es hinüber zum Triumphbogen, der mit wenigen Blicken abgeschätzt wird, danach zum Palais Chaillot, von wo aus der Eiffelturm sich begutachten läßt, *aufrecht in den Boden gerammt wie Odins Speer selbst*, wie Marcel Proust spottet in einem seiner Pastiches.
Vielleicht sind sie ihm hier gekommen, die ersten Zweifel am geplanten Mord, an der Auslöschung dieser Hauptstadt des neunzehnten Jahrhunderts. Vielleicht ist er hier, beim Anblick des Weichbilds, im kurzen Wagner-Traum über den Silhouetten, weich geworden aus Einsicht, daß gegen die Luftschlösser und imaginären Alleen bis hinaus nach Versailles jede Härte banausisch wäre. Plötzlich war auch *Versailles* nicht mehr das Haßwort. In bläuliche Fernen verzogen, war der Vertrag nurmehr ein flacher Papierstreifen am Sommerhimmel, ein Zirruswölkchen. Es ist der Moment der Begnadigung, wenn den Diktator in seiner Opernloge die schöne Dulderin zu Versprechungen hinreißt, die er später nicht mehr zurücknehmen kann. Die Inspektionsfahrt, der Spuk in den Morgenstunden, ist in drei Stunden erledigt, dann fliegt Hitler zurück nach Berlin. Paris, traumbewußt, hat eine erste Vorstellung gegeben an diesem Tag, jetzt kann es aufatmen, es ist

gerettet. Der Führer hat es als Vorhof der Künste begnadigt, als Salon und Boudoir, in dem der Filius seine ersten Erfahrungen sammeln mag, bevor er eintritt in den Betrieb seines Vaters. Es wird nun für immer im vorigen Jahrhundert zurückliegen, im Schatten der großen künftigen Weihestätte und Weltzentrale Berlin. Die meisten erfahren erst hinterher aus der Wochenschau von dem gefährlichen Gast, der einen Moment lang Frankreichs Hauptstadt wie eine schlafende Schöne im Bett zu Gesicht bekam. Sein Befehl, sie nicht anzurühren, ist das Äußerste an Kavaliershaltung, zu dem er sich durchringen kann – ein Verzicht, keine Liebeserklärung, die Amnestie eines Vergewaltigers, dem genug andere Großstädte zu zerstören bleiben. Übers Jahr wird er einige von ihnen mit seinen Bombergeschwadern besuchen.
Wie knapp die Entscheidung war, zeigt ihre schließliche Revision. Denn im letzten Moment, Berlin war von russischen Truppen umzingelt, hat er auch diesen Entschluß noch bereut, wie Historiker sagen. Nicht nur das deutsche Volk, dieser treulose Haufen von Feiglingen und Defätisten, mochte nun untergehen und vom Sieger für alle Zeiten versklavt sein, auch Paris, die verschonte Stadt, seiner Gnade längst nicht mehr würdig, sollte nun sterben. Dem Kommandanten der Stadt befahl er, noch aus dem Bunker der Reichskanzlei, telephonisch die sofortige Schändung der treulosen Schönen mittels Sprengstoff und schwerer Artillerie. Mochte sie als Ruine ihrem transatlantischen Freier in die Hände fallen. Jetzt war sie wieder die alte Kokotte, die Hure der Offenbachs und der Meyerbeers, die keinen Anspruch mehr hatte auf teutonische Galanterie.

19. Februar
Gegenüber den Dichtern stehen die Philosophen unglaublich gut angezogen da. Dabei sind sie nackt, ganz erbärmlich nackt, wenn man bedenkt, mit welch dürftiger Bildsprache sie die meiste Zeit auskommen müssen. Ihre wirkungsvollsten Metaphern waren die Höhle, der ruhende Pfeil und ein walartiges Ungeheuer, das schon die Bibel den Leviathan nennt. Mit der einen umschrieb ein gewisser Platon, ein erklärter Gegner der Dichtkunst, den

Bewußtseinszustand der meisten Menschen als tief unterirdisch und immer nur der Schatten der Dinge teilhaftig, die das Fackellicht auf die Felswände warf. Die Pfeil-Metapher gebrauchte ein anderer Zenon, zur Darstellung des Paradoxons aller Mobilität, demzufolge die einzelnen Stadien eines Bewegungsablaufs aus lauter augenblicklichen Stillständen bestehen. Mit der Allegorie vom schwimmenden Riesentier schließlich versuchte sein Zunftgenosse Hobbes jene Staatsgebilde zu charakterisieren, in die wir selbst uns einsperren, um in ihrem Schutz durch den Ozean Zeit zu treiben wie Jonas im Bauch des Wals. Apropos Ozean Zeit – klingt nicht auch das wie eine dieser typischen Philosophenmetaphern? Doch welcher Philosoph hätte sich schon die Mühe gemacht, von den Kategorien zurück auf die Bilder zu schließen? Wem war es wirklich ernst mit der Anschaulichkeit seiner Ideen? Es ist, als hätten sie die Herkulesarbeit – den bilderhungrigen Sinnesapparat zu versorgen, nicht nur die wohlgenährte Vernunft – stets den anderen überlassen, jenen vielgeschmähten, mit den Zutaten der Welt kochenden Dichtern.

20. Februar bis 15. März
Washington, Philadelphia, Baltimore, New York. Arbeit an einem Essay über das Imperiale, die Konstruktion neuen Römertums im Amerika der Gründerväter, in Architektur, Heraldik, Konstitution und öffentlicher Rhetorik. Der Titel: »Pax Americana«. Nach der Rückkehr stellen sich, wie jedesmal, Schwindelgefühle ein. Noch Tage später zeigen sich Orientierungsschwächen. Dabei geht es nicht nur um Dysrhythmie, den gewöhnlichen Zeitsprung, der den Chronometer im Thalamus durcheinanderbringt und das vegetative Nervensystem stört. Es ist die Summe verschleppter Lebenszeit, die aufs Gemüt schlägt, enteignete Zeit, acht Flugstunden von zu Hause entfernt wie Devisengeld durchgebracht, auf einem anderen Kontinent, unter Menschen, deren innere Uhren anders ticken als die sämtlicher Europäer. Zurück aus der fremden Zukunft, fällt man zwischen die vielen heimischen Vergangenheiten, bis in die Haarwurzeln irritiert, als hätte einen jemand bei verbundenen Augen mehrmals im Kreise gedreht.

17. März
Ein einziges Mal würde man es doch gern ausprobieren, wie sich das anfühlt, eine Frau zu sein. Warum hat niemand das Schicksal des Teiresias ins Zentrum des Dramas gestellt? Aristophanes hätte das Zeug zu einer gleichnamigen Komödie gehabt. Gut möglich auch, daß eine der verschollenen Tragödien des Sophokles sich des thebanischen Sehers als Hauptfigur angenommen hatte. Der ganze Ödipus-Fall wendet sich durch das Zeugnis dieses Blinden. Er war der einzige Mensch, der im selben Körper die Erfahrung des männlichen wie des weiblichen Orgasmus vereinigte, ein echter Transsexueller. Heute, im Zeitalter operativer Geschlechtsumwandlung, könnte sein Drama zum Allgemeingut werden. Dem Chor ruft er, vor den Augen des Ödipus, der das Verhör führt im Namen der Stadt, auf dem Höhepunkt der Verhandlung zu: »Ihr alle seid nicht bei Sinnen!«

19. März
Fernsehn: die tägliche Über-Ich-Dusche. Für das Bewußtsein spielt es mittlerweile dieselbe Rolle wie für die Körperhygiene das fließende Wasser aus dem Hahn. Zu den Gebühren in jedem Haushalt gehören die Kosten für den Wasserverbrauch ebenso wie die Pauschale für Rundfunk und Fernsehen. Doch nicht nur an den Gebühren zeigt sich die Ähnlichkeit. Es genügt, sich klarzumachen, in welchem Maße die Psychen heute abhängig sind vom Komfort der frei Haus gelieferten Television. Man bespült das Gehirn mit Bildschirmbildern, wie man sich wäscht oder ein Wannenbad nimmt. Daß die Massage der Hirnregionen, die gezielte Bestrahlung mit der Kathodenstrahlröhre, als Elementarbedürfnis eines jeden Mieters gilt, zeigt sich schon daran, daß zur Grundausstattung einer modernen Wohnung der Kabelanschluß gehört. Wie dieser, unsichtbar unter Putz verlegt, hat auch das Fernsehen sich in die Körper seiner Zuschauer eingenistet. Subdural entfaltet es seine unabsehbaren Wirkungen.
Was heißt das? Neben all den Bewußtseinsformen, die den heutigen Menschen ausmachen, gibt es nun die des medialen Bewußtseins. Auch dieses teilt sich, analog zur klassischen Psyche, wie

Freud sie beschrieb, in mehrere Bereiche, die fließend ineinander übergehen. So gibt es das Medienbewußte und das Medienunbewußte. Beide sind mittlerweile ebensosehr an Traumbildung und Alltagsgespräch beteiligt wie unser Allerheiligstes, das durch Kindheit, Familienroman und Biographie geprägte Bewußtsein. Indem sie einander überschatten, geschieht etwas Neues. Nicht das Medium an sich, erst seine psychische Allgegenwart verändert den Menschen. Wozu verändert es ihn? Es treibt ihn aus sich heraus in eine neue Unwirklichkeit, an der jeder als Zuschauer teilhat: die des Fernsehens. Das Ich wird zum Exilanten in seiner ursprünglichen, begrenzten Lebenswelt. Heimatlos irrt es vor der eigenen Haustür umher. Wo immer es einkehrt, ob in nächster Nachbarschaft oder auf fernster Reise, empfängt ihn ein Studio, d. h. jene ganz bestimmte Atmosphäre, die in ihm Fernsehszenen, Fernsehgesichter wachruft. Ein Schwindel, nie dagewesen, hat alles Reale erfaßt und die verschiedenen Realitäten in lauter Fata Morganas verwandelt. Das Fernseh-Ich kann sich gar nicht erinnern, ob die Welt ihm je fremd war. Vertrautheit und Fremdheit sind ununterscheidbar geworden, dort draußen wie in ihm selbst. Es ist, als wäre es irgendwann durch den Spiegel gegangen. Vielleicht zeigt uns das Leben nach dem Tod schließlich, wie die Welt vor dem weltumspannenden Sendebetrieb war. Doch hätte man dann noch die Augen dafür?

21. März
Tandaradei. Ein milder Abend im März, kurz nach Einführung der Sommerzeit, es bleibt länger hell, auffallend hell. Bei geöffnetem Fenster höre ich Vogelgezwitscher, wie ich es lange nicht mehr gehört habe, klares, langgedehntes, an Waldlichtungen erinnerndes Vogelgezwitscher mitten im Zentrum Berlins. Eine Zeitlang dehnt sich der Tag, in solche Raumtiefen ziehen die Stimmen der Stare, Grünfinken, Meisen und Amseln. Es könnte ein Mittag vor fünfzig Jahren sein, mit Vogelstimmen in einer vom Krieg ramponierten, staubigen Stadt, über den Schuttbergen, den geisterhaft emsigen Trümmerbahnen, beschwingt auf und ab um ein paar vollgeregnete Bombentrichter. Oder in ir-

gendeiner Zukunft eine Dämmerung, zwischen den Glasfronten der Hochhäuser im menschenleeren Geschäftszentrum. Oder ein Nachmittag im Jahr 1207, draußen vor den Toren einer Stadt nördlich der Alpen... Hörst du mich, Walther? Ich höre dich gut heraus aus dieser Geräuschkulisse Vögel-vor-Sonnenuntergang. Und du, Jannequin? Sind sie das nicht, deine lieblichen Vogel-Chorale, die Freiluftkonzerte der großen Euthanasie-Symphonie, letzte Ölung zum Abendausklang? Ganz Ohr sein, kaum atmend, so durchquert man die Zeiten. Mensch, Walther. Tandaradei!

24. März
Der Schulranzen. Weniges macht einen so traurig wie ein halbwüchsiger Schüler, mutterseelenallein an einer Straßenkreuzung, abends. Es wird schon dunkel, und er ist immer noch unterwegs durch die Stadt, Heimkehrer in seiner ersten Dämmerung. Wie unklar ist seine Position in Raum und Zeit. Er ist die verbrauchten Wege gegangen, vorbei an denselben Altersheimfassaden wie jeden Tag. Auf dem Rücken den üblichen kastenförmigen Ranzen, der die schmalen Schultern weit überragt, lehnt er den Kopf zurück wie ein Zirkuspony in seinem Geschirr. Die Hosen, sackartig nach der jüngsten Mode, beulen sich über den Halbstiefeln mit der dicken Gummisohle. Die viel zu große Windjacke, auf der ein chinesisches Drachenemblem prangt, hat von dem Körper nichts übriggelassen als die Ellenbogen und diesen schmächtigen Hals. Die grüne Baseballmütze, fest auf dem Kopf wie ein Flaschenverschluß, gibt ihm das Aussehn eines verbissenen Langstreckenschwimmers. Und wirklich sehen die Lippen in der Dämmerung blau verfärbt aus, und sein Hohlkreuz deutet auf Frösteln und Gänsehaut. Man sieht, es ist alles im Übergang, die Kleidung versteckt nur die nahende Pubertät, unausgewachsen die ganze Gestalt. Dafür hat er die Hände mit steif durchgereckten Armen in den Hosentaschen vergraben, das gibt ihm ein wenig Halt. Er muß öfter warten, die Ampeln stehen lange auf Rot. Eine flüsternde Stimme schärft ihm wie jedesmal ein, daß man schnell unter ein Auto kommen kann. Er hat noch nie ein Auto von unten gesehn.

Nichts ist trauriger als sein konzentrierter Blick, der verrät, wie schmal er sich fühlt, wie wenig ausgedehnt seine Welt hier auf dieser Verkehrsinsel ist. Kommt er durch, wird die Verrenkung vergessen sein, das Lippenlecken im schiefen Gesicht, die Phantasien von Raumfahrt und U-Boot-Missionen in geheimen Grotten der Tiefsee. Wenn nicht, gibt es den Zeugenbericht eines zufälligen Passanten, das Formular der Unfallhelfer, den Inhalt des Ranzens im Polizeiprotokoll, die Sekunde Unglück, im Blaulicht kandiert zum süßesten Augenblick.

25. März
Oder Nietzsche. Sein besessenes In-Gleichnissen-Reden war noch immer Romantische Schule, wenn auch ironisch abgefedert, in Heinrich Heines Manier. Was er am innigsten umkreist, das Physiologische hinter aller Metaphysik, Ethik und Religion, taucht doch nur orakelhaft auf. Er ist weit entfernt von jener Schule des menschlichen Dokuments, von aller anthropologischen Literatur und Philosophie, die zur selben Zeit in Frankreich entsteht mit Autoren wie den Brüdern Goncourt, Baudelaire und Flaubert an der Spitze, mit Künstlern wie Courbet oder Manet, Medizinern wie Broca oder jenem Charcot, der in Paris den jungen Freud inspirierte zu seiner späteren Technik. Der Durchbruch zum physischen *factum brutum*, wie er im *Ecce homo* mehrmals angekündigt wird, bleibt ein uneingelöstes Versprechen. Aus Schrift und Rhetorik gibt es für ihn nur den Ausweg in die Psychose. In parabolischer Rede war sein Programm nicht zu leisten, in den Gleichnissen und Ellipsen des *Zarathustra* mit ihrer hinterlistigen Weisheitsfolklore. Auch die Selbstdiagnostik des *Ecce homo* verfehlt es um mehr als Haaresbreite. Kam es ihm am Ende, worauf scheinbar alles hinauslief, insgeheim doch gar nicht an? Sollte der Schein, den er wie keiner metaphysisch totalisierte, statt hinterfragt, wie sein Lieblingswort lautete, nur um ein paar Glanzlichter vermehrt werden? Hatte er sich also wirklich, wofür vieles spricht, unsterblich verliebt in die Strategien der Dichtkunst und war deshalb von Anfang an verloren? Naive Frage: als wäre Aufklärung, der Schatten jeder poetischen Argumentation,

jemals das Ziel dieses Philosophierens gewesen. Nein, im Grunde bleibt Nietzsche immer der Zwitter, halb Melomaniker, halb Logozentrist, ein zoologisches Zwischenwesen, das in keine der Klassen paßt. Am Ende war die Unauflösbarkeit von rhetorischem Befangensein und der erträumten radikalsomatischen Philosophie die Ursache der späteren Katastrophe. Nietzsche hat, und darin besteht seine Einzigartigkeit, den Krankheitskeim stets in sich getragen. Das Schreiben war die Verzögerung des Ausbruchs, eine verspannte Synthese, für alle Zeiten ein Denkmal der realen Schizophrenie beider Ausdrucksweisen des Geistes. Melancholisches Fazit: in einem Zeitalter post Freud und nach dem Einbruch der Neurologie nimmt alles, was Nietzsche je zu denken versuchte, sich wie Romantische Wissenschaft aus.

27. März
Es war das erste Mal, daß ich die Wendung gehört hatte, die mir erst später in ihrer Schrecklichkeit aufging: menschliches Versagen. Ich hatte ähnliche Sprüche kennengelernt, bedrohliche Formeln, einige waren mir haftengeblieben, aber nichts war vergleichbar mit dem Ausdruck von Resignation, den dieser Kehrreim mir anbot. Ich stand dabei, es war früher Morgen und Kindheit, als ein umgestürzter Lastwagen voller Obstkisten von der Straße gehievt wurde, und zurück blieb eine schwarze Bremsspur, an deren Ende, aus mehreren Stiegen geschleudert, Orangen und Zitronen verstreut herumlagen. Das kam einer Sensation gleich, damals im deutschen Osten.
Da wo das Fahrerhaus gewesen war, hatten sich Glassplitter in den Asphalt gegraben. Eine Brille und eine kleine Blutlache waren wie unantastbar zurückgeblieben. Am Straßenrand, die Unfallstelle von Polizisten bewacht, war es sehr still um einen braunen Hügel aus Wolldecken, der alle Blicke auf sich zog. Neben dem Gelb, dem Orange und dem Dunkelrot war er das Unscheinbarste an diesem kalten Morgen, und doch spürte ich damals schon, daß hier das geheime Zentrum lag. Meine Mutter, die mit dem Fahrrad weitergefahren war, vergeblich klingelnd und nach mir rufend, wartete weiter unten an der Straße. Wie in

Trance sah ich, daß ihre Augen an den kostbaren Südfrüchten hingen.
Meine junge Mutter war von den Orangen so hingerissen wie ich von dem Deckenhaufen, den ich am liebsten durchwühlt hätte, am besten mit einem Stock. Aber wie alle Schaulustigen wurde ich bald vertrieben, und mir blieb nur das bedrückende Murmeln der Erwachsenen in dieser Frühe, aus dem nachher die einzigen Worte aufstiegen, die ich den ganzen Tag über ergriffen aufsagte, wieder leicht weggetreten, der Mutter folgend, hineingezogen in den noch frischen Tag. *Menschliches Versagen, menschliches Versagen...*
Dann ging es fort von der Unglücksstelle. Das große Fahrrad majestätisch voraus, das kleine wie im Kielwasser strudelnd hinterdrein, fuhren wir unter Alleebäumen irgendwelchen Einkäufen entgegen. Unterwegs schloß der Verkehr sich geräuschvoll einer heimlichen Mehrheit an.

30./31. März
Krakau. Es trifft sich die Deutsche Akademie für Sprache und Dichtung. Freitag abends Lesung in irgendeinem renovierten Kulturzentrum, gottseidank am Rynek gelegen, einem der wenigen wirklich gelungenen Plätze außerhalb Italiens. Ich trete als Nummer zwei auf, nach der liebenswürdigen Nobelpreisträgerin Wisława Szymborska, einer hageren Großmutter, die den Part der weisen Poesiepriesterin übernommen hat. Sie muß leider sofort nach der Lesung verschwinden, wahrscheinlich ist sie erschöpft. Später übermittelt man mir ihre Grüße und als Bonbon die Bemerkung: »Er hat das Äußere eines Dichters.« Eva ist mit dem Bummelzug nachgereist, ich hole sie am späten Nachmittag vom Bahnhof ab. Auf dem Weg zur Lesung nachts müssen wir durch einen kleinen Stadtpark mit Pappeln, in deren Geäst Hunderte Krähen hocken. Es ist ihr Schlafplatz, und für den, der nach Feierabend ihr Territorium durchqueren muß, gibt es kein Pardon, wenn er nicht zufällig einen Regenschirm dabeihat. Wenige Zentimeter links und rechts von uns regnet im Dunkel der weiße Vogelkot nieder. *Liquid siftings...* Später im Traum

attackiert mich eine der gehässigen Krähen. Es ist, als wollte
sie mich durch Schnabelhacken für meinen Abscheu vor ihren
Ausscheidungen bestrafen. Ihr Kopf ähnelt auffällig dem der
Szymborska.

3. April
Wie lange ging Wahrnehmung der Physiognomie auf den Leim.
Und plötzlich wird den Gesichtern – in Kunst und Literatur und
erst recht in der Politik – nurmehr die flüchtigste Aufmerksamkeit zuteil. Es ist, als hätten sich alle in diesem Punkt unbewußt
auf eine gewisse expertenhafte Kälte geeinigt. Wer versenkt sich
noch wie Lavater in einen Gesichtsausdruck? Vielmehr, wer stellt,
auf Photographien oder im Gespräch an der Straßenecke, einen
eigenen überhaupt noch selbst her? Seit wir Mikroskope benutzen, wissen wir, daß es unterhalb der physiognomischen Oberflächen und epidermalen Masken noch eine ganz andere Landschaft
gibt. Was wir voneinander sehen, ist nur die äußerste Schicht abgestorbener Hautzellen, die demnächst abfallen und vom Winde
verweht werden. Im Grunde nehmen wir uns also immer nur als
pastose Gespenster wahr, Skulpturen im Nebel, modisch mit
Fleisch drapierte Skelette.

5. April
Unterwegssein und erster Schlaf. Als Kind bin ich oft während der
Fahrt eingeschlafen. So war meine frühe Kindheit vielleicht im
ganzen eine Art Murmeltierschlaf während der Fahrt. Ich war
immerfort unterwegs. Hände, die keinen Widerspruch duldeten,
luden mich von einem Fahrzeug ins nächste. Aus dem Mutterleib
ging es sofort auf eine rollende Bahre, später in einen Kinderwagen, in irgendein Auto, von da in den Fernzug, auf einen Ausflugsdampfer oder ins Flugzeug. Wenn ich nicht kotzen mußte,
was mehr als einmal geschah, war ich meist schon nach kurzer
Zeit eingenickt, müde gerüttelt von den wechselnden Rädern,
Fahrwerken, Motoren oder Turbinen. Das Erwachen war immer
die größte Enttäuschung. Plötzlich sollte der Körper eine Lage,
die ihm so angenehm war wie keine, verändern. Monate später

wurde man sogar unsanft erfaßt, ausgeladen und auf die Füße gestellt. Dieselben Leute, die vorgaben, dich wie die Beuteltiere schützend umherzutragen, setzten einen, den sie nicht länger stillen konnten, der Schwerkraft aus und den dramatischsten Kämpfen um Gleichgewicht und Balance. Kein Känguruh wird je mit seinem schläfrigen Nachwuchs so umspringen. Keine Ameisenbärin würde ihr Junges nach Stunden der Jagdlektion derart abwerfen und nackt der Gravitation überlassen.

Doch so war es immer, erst wurde man eingelullt im Innern irgendwelcher Maschinen, dann eine Vollbremsung und man flog hinaus auf die kalte Erde. Dabei war man, völlig natürlich, nur dieses Umhergefahrenwerden gewöhnt. Alles andere, Krabbeln, Auf-allen-vieren-Kriechen, Taumeln oder gar Schrittesetzen war eine Qual, wenigstens anfangs. Nur als Passagier hatte man das Gefühl, aufgehoben zu sein, wohlig über dem Boden schwebend wie ein Nomadenkind auf dem Pferderücken, wie der Infant in geschlossener Sänfte. Besänftigt war man, rundum befriedigt, solange die Bewegung nicht stockte, und nachher der Schock. Einmal der Erde überlassen, was sollte man tun, als mechanisch hierhin und dorthin zu kriechen, ruckartig vorwärts bis an die Teppichränder, hinein in die Meereswellen, in Schlammpfützen oder ins hohe Gras.

War das Zurückzucken vor Väterbeinen und Mütterarmen nicht ein Reflex auf die Kränkung? Fort wollte man, fort von denen, die einen so ausgesetzt hatten. Lieber noch stumm in der Ecke hokken und warten, daß die Erde selbst, bei ihrer Drehung durchs All, dich in Schwung versetzte, schildkrötenhaft langsam, aber verläßlich. Der Körper, auf seinem Transport durch die Jahreszeiten, suchte dann überall Schlaf.

7. April
Von Zeit zu Zeit wandern die Gedanken zurück nach Pompeji. Doch nicht in bloßen Mäandern, den Reminiszenzen an eine wiedergefundene Antike, sondern in langen Symbolketten, die sich an diesem Ort zu einem Knoten aus vielerlei Lebensmotiven verschlangen und nur im Gedenken an ihn eines Tages vielleicht

auflösen ließen. Seltsamerweise gehört der Besuch der Totenstadt zu den lebendigsten Momenten meines Lebens. Es war im August 1994, als ich einen ganzen herrlichen Sommertag lang allein durch das Trümmerfeld streunte. Niemand hätte mich ansprechen dürfen dort, von keinem verlangte ich Auskunft, so vertraut war mir alles. Nicht aus den Sachbüchern und melodramatischen Romanen, die ich gelesen hatte, sondern aus meinen Träumen und Unterredungen mit den Zeitgenossen der Katastrophe. Denn die Anziehungskraft ging weniger von der unendlich fernen Vergangenheit aus, von irgendeinem grandiosen römischen Altertum. Sie kam vielmehr unmittelbar aus dem frischen und, wie es schien, eben erst ausgehobenen Grab einer hochzivilisierten Stadt, die erst der Aufklärung, ihren Techniken der Archäologie und der Psychoanalyse, ihre Auferstehung verdankte. Es war der Wind aus Pompeji, ein Wind wie von Instrumententafeln und modernen Baustellen, der einem die Schläfen kühlte und an die Zukunft erinnerte.
Keiner hat den Bewußtseinskomplex, für den Pompeji das Kennwort ist, so genau beschrieben wie Sigmund Freud in seiner Abhandlung *Eine Erinnerungsstörung auf der Akropolis*. Dem irritierenden Gipfelrausch, über den er sich nach dem Besuch des Athener Tempelbergs Rechenschaft gab, diesem Schwindelgefühl im Zentrum der Weltkultur, lag das schlechte Gewissen zugrunde, als Sohn leibhaftig an einem Ort gewesen zu sein, von dem sein griechenlandbegeisterter Vater immer nur träumen durfte. Jeder, den es irgendwann in die Welt hinauszog, aus dem engen Familienkreis fortzog, kennt das Gefühl. Auch mich hatte es schließlich ereilt – an jenem Tag in Pompeji.
Seither hat sich mancherlei abgelagert auf diesem Urerlebnis. Tief im Gedächtnis liegt es verschüttet unter den Massen von Haushaltmüll, unter Schichten vulkanischer Asche, den Sedimenten der kleinen und großen Begebenheiten des Alltagslebens. Und doch genügt es, die Augen zu schließen, und es kommen, wie unterm Pinsel des Archäologen, die alten Bilder wieder zum Vorschein. Als wärs erst gestern gewesen, begrüßt mich am Eingang der Ausgrabungsstätte, Hekate am Kreuzweg, abermals die ameri-

kanische Touristin, eine ältere Dame, an der das Auffälligste ihre seltsame Kopfbedeckung war, eine Baseballmütze mit Ventilator. Das kleine surrende Gerät, schräg vor der Stirn in den Schirm eingesetzt, erhielt seinen Strom von einer am Scheitel befestigten Solarzelle. Die Frau hätte ebensogut Flügelschuhe tragen können, einen Äskulapstab oder den Helm der Pallas Athene, so ganz und gar mythologisch war ihre Erscheinung. Das nächste Erinnerungsbild zeigt das bekannte Mosaik mit dem Kettenhund (»Cave canem!«), wie schon das Schulkind es im Geschichtslehrbuch bewundert hatte. Jetzt, da man das Original erblickte, an Ort und Stelle, staunte man nicht schlecht, daß es ausgerechnet die Eingangstür am *Haus des tragischen Dichters* zierte. Und schon geht mir wieder der lange Schatten voran und lockt mich aus dem Labyrinth der Wohnquartiere fort zur Gräberstraße, die zum Ortsausgang führt. *Pompa funebra*, das eine Zauberwort öffnet die Perspektive und gibt den Blick frei auf die Reihen der Stelen und Mausoleen links und rechts. Wieder sehe ich den Totenhain, aufs neue bepflanzt mit Zypressen, die stille Allee, die man sich immer nur menschenleer vorstellen kann, und unter den Füßen im Pflaster die tiefen Rillen, die von den Rädern der schwerlastigen Fuhrwerke blieben. Die Straße, aus Steinquadern gefügt, nicht wie auf heutigen Photographien erscheint sie mir, sondern entrückt wie auf den Stichen der Goethezeit.
Unauslöschlich ist der gespenstische Eindruck, der aus dem Ineinander von Nekropole und Wohnsiedlung erwuchs. Nirgendwo sonst waren Todeskult und rauschendes Großstadtleben so atmosphärisch rein zur urbanen Einheit verschmolzen. Der *genius loci* Pompejis war ein freundlicher Charon mit erigiertem Glied und einem lasziven Lächeln auf den Lippen. Je länger man unter seinen Augen umherspazierte, um so stärker wurde in solcher Friedhofsstille das Glücksgefühl. Schweigsam fand man sich mit allem bisherigen Leben versöhnt. Das Hohlwangige der vielen einzeln stehenden Wandreste mit ihren leeren Fensterhöhlen, der Erdgeruch aus den Gruben und Schächten im Innern der ausgegrabenen Häuser, dieser Sog aus der Zeitentiefe, all das höhlte einem auf die angenehmste Weise das unruhige Herz aus, das sich

allmählich mit tiefer Zufriedenheit füllte. Man trat behutsamer auf dort, gelassener atmend. Manchmal hielt man grundlos inne wie in den Mauerritzen die wachsamen Geckos. Allein schon wegen der brütenden Hitze teilte man seine Schritte gut ein, aber auch wegen der Massen geronnener Zeit, die hier zum Greifen und dennoch ganz durchsichtig war, etwa wie flüssiges Glas. Phantastisch die Ungestörtheit: wer hätte, an so einem Ort, rechnen können mit soviel Einsamkeit? Was, wenn man selbst schon gestorben war und hatte es gar nicht bemerkt? Aus Furcht, zum Gespenst zu werden, ließ man die Sandalen hörbar aufs Pflaster klatschen. Zum Eindruck des Posthumen trug auch bei, daß der Boden überall sauber gefegt war, als hätten Ausgräberkolonnen die Straßen eben erst freigelegt. Von Zeit zu Zeit schnupperte man an den Achselhöhlen und sah sich verstohlen um, ob jemand den Schweißgeruch bemerkt hatte, der einen seit Stunden umgab. Doch der einzige Zeuge, vor dem man sich hüten mußte, schien die Frau mit der Propellermütze, die alles in einem war, Kustos, Globetrotterin und kundige Führerin durch ein Totenreich unter blauem Himmel. Anfangs erschrak ich vor dieser dreigestaltigen Hekate, doch später entstand aus den unverhofften Begegnungen ein heimliches Spiel. Kaum hatte ich sie an der einen Ecke verloren, konnte ich sicher sein, daß sie drei, vier Straßenzüge weiter plötzlich wieder vor mir herging. Von ferne glich sie, wie sie da regungslos die alten Gemäuer beäugte, die Augen hinter der Sonnenbrille versteckt, einer dieser Gipsfiguren George Segals. Erst aus der Nähe war das Surren des Ventilators zu hören. Man hätte schwören können, daß ihr das kleine Ding als Antriebsmotor zur Fortbewegung diente. Einmal beiseite geblickt, und gleich war sie wieder verschwunden.
Eine der stärksten Erinnerungen, eine wahre Traumsequenz, verbindet sich mit dem *Haus der Mysterien*. Denke ich an die Fresken zurück, tritt mir jedesmal wieder das Mädchen entgegen, die schamlose Scheue, die ihren Schleier erhoben hatte, um sich vor einem namenlos schrecklichen Anblick zu schützen. Ihre Aura war eins mit dem Luftzug, der um die uralten Mauern strich. Sie war der Windhauch, den man noch in der innersten Kammer im

Nacken spürte. So leicht also konnte der Tod dich empfangen. Nein, er war nicht das glühende Magma, die Felsbrockenschwere. Den Besucher grüßte er freundlich mit Schmetterlingsflügeln, wenn dieser den Kohlweißlingen und Zitronenfaltern durchs Labyrinth der Trümmerstadt folgte. Im Handumdrehen hatte Thanatos, die Mißgeburt, sich erst in Hypnos und dann in Psyche verwandelt. Vor dem Mysterienfries stehend, spürte man, wie im Flug die Zeiten vergingen: Als Menschheitsgeschichte rauschten sie durchs Gedächtnis. Immer noch scheint mir, das aufregendste Gemälde, das mir je zu Gesicht kam, muß eine Szene aus diesem Bilderzyklus gewesen sein: die Episode, in der Dionysos auftritt als blutjunger Gott. Erinnere dich, was hast du gesehn dort? Ein kniendes Mädchen, Jungfrau dem Alter nach, enthüllt einen mächtigen Phallus, der da als Apotropäum aufragt. Hinter ihr wartet geduldig die Erinnye Tisiphone, eine Abgesandte der Juno. Welchen Mord soll sie rächen? In diesem spirituellen Krimi gab es weder Täter noch Opfer. Von den Verbrechen, wie die Tragödien der Griechen sie erzählen, weit und breit keine Spur, nichts von Geschwistergemetzel und Muttermord. Mag sein, daß es um Inzest ging hier, um geheime Orgien und das Trauma einer jeden Geburt? Doch die Symbole, mehrdeutig allesamt, waren schwerlich noch zu enträtseln. Gezeigt wurde das Ringen verschiedener Zauberkräfte, verkörpert in den Angehörigen einer himmlischen Sekte. In mehreren Bildkapiteln sah man den Ablauf eines rätselhaften Rituals, eleusinischen Ursprungs vermutlich, aus dem sich nur wenige Motive herübergerettet haben zu uns. Der Zyklus schließt mit einer Darstellung der Kalliope, Vorsteherin der Musen, die von ihrem Thronsessel aus über den Mythos wacht wie die Erzählerin Scheherazade. In diesem Fresko, soviel begriff auch der Uneingeweihte, kam unser aller Unbewußtes zur Sprache. Was da verhandelt wurde, das ahnte man, war seit den Malkünsten jenes unbekannten pompejanischen Giotto im wesentlichen sich gleich geblieben. Dank Freud erschien manches nunmehr in einem nüchternen Licht, in der klinischen Beleuchtung unserer Tage. Und dennoch ging es um ein und dasselbe. Eros und Thanatos trieben noch immer ihr Unwesen, wenn auch in anderer Gestalt und mit gesteigerter Grausamkeit. Unauflöslich wie damals die sexuelle Verstrickung der Geschlechter, keinem blieb der Gang durch die Lebensalter und Jahreszeiten erspart. Immer noch wurde das Drama von Traum, Geburt und Zerstörung aufgeführt, selbst da, wo es nicht mehr im Zeichen der Fruchtbarkeit stattfand. Niemand war ausgenommen von den Gesetzen des *Stirb und Werde*. Solange es sterbliche Menschen gab, fand sich jeder hineingerissen ins Begehren der Körper und die Antinomien des Wissens. Wenn irgend etwas an dem Gemälde erstaunlich war, dann dies: bis auf Dionysos, den alten Silen, und einen Unbekannten mit vorgehaltener Maske, hinter dem sich wohl Maron verbarg, der Apollo-Priester, Dionysos' Reisebegleiter auf seiner Indienfahrt, gab es nur weibliche Akteure in diesem Mysterienreigen. Hier war es zu hören, das wirksame Sprechen vom Unbewußten, und die da sprachen und gestikulierten, waren allesamt Frauen. Der Mann trat in diesem Gestaltenreigen, in dem jede Protagonistin immer zu mehreren existierte, höchstens als Initiand auf, in passiver Haltung, die Augen geweitet vor stillem Erstaunen. Inmitten der weiblichen Priester- und Ministrantenschar war er zum bloßen Empfänger einer überwältigenden Botschaft geschrumpft. Seine Seele erschien hier so mädchenhaft wie der Aprikosenton seiner zarten Haut, ein von Müttern und Mänaden beschriebenes Blatt.

Das letzte Traumbild, stets wiederkehrend, versetzt mich, ganz folgerichtig, in eins der berüchtigten Lupanare. Sind sie nicht das eigentliche Ziel all der Reisegruppen bei ihrem Busausflug ins verruchte Pompeji? Dabei gibt es längst Schlimmeres als den antiken Bordellbetrieb. Verglichen mit den Rotlichtmilieus in den heutigen Elendsvierteln der Dritten Welt zeugen die Puffs Pompejis noch immer von einer kommunalen Ordnung. Es sind nicht die billigen Tarife, die den Besucher schockieren, nicht die Arbeitsteilung der Prostituierten (jede war spezialisiert auf eine besondere Technik), und schon gar nicht die Schnelligkeit, mit der die Kunden hier im Akkord abgefertigt wurden. Bedrückend war eher das Dunkel in diesen Kerkerzellen, die Enge der Séparées, gerade groß genug für ein einzelnes schmales Bett, das einer Folterbank glich. Draußen das grelle Sonnenlicht und drinnen, kaum trat man nach zweitausend Jahren dort ein, empfing einen die dumpfe Atmosphäre von Schweineställen. Wie Vieh wurden die Liebesdienerinnen in den fensterlosen Gelassen gehalten. Dicht neben den Koben lag die Latrine. Bei Tag und Nacht drang der Gestank und das Lustgeschrei auf die Straße, wie aus den Garküchen der Speisedunst. Am Eingang des Lupanars machte ein masturbierender Priapus Reklame für die dort angebotenen Dienste. Unvergeßlich blieb das Bewegungsbild zweier riesiger Schwänze. Es war die direkteste und brutalste Form der Anmache, vergleichbar den Pornomagazinen, in denen Models im Schneidersitz dem Betrachter ihre weit auseinandergezogenen Schamlippen entgegenhielten.

Welche Einsicht nimmt man von einem solchen Ort mit nach Hause? Was läßt sich lernen aus dem Untergang und der Auferstehung Pompejis? Zumindest dies: Macht, was ihr wollt, vergnügt euch, betrügt einander, freßt, hurt und studiert, treibt Glücksspiel und Handel, betet und intrigiert, doch hinterlaßt, um Gottes Willen, hinterlaßt wenigstens Geschichten, die es wert sind, erzählt zu werden. Tut etwas für die Nachwelt, verewigt euch, egal ob in Meisterwerken oder kitschigen Bildern. Fügt dem großen Anfangsmythos ein paar originelle Darstellungen hinzu. In diesem Sinne sind die geschwätzigen Amouretten in den Wandnischen bemerkenswert, die Comics auf dem rissigen Mauerwerk ebenso wie die Fresken in der noblen Mysterien-Villa. Alles zusammen erst bildet den Kosmos einer verschwundenen Metropole: die Kritzeleien im Lupanar ebenso wie in den Villen die Illusionstapeten im Vierten Stil, die luxuriösen Bodenmosaike in den Stadtpalästen und Thermen genauso wie die Graffitis an den Mauern entlang der Via dell' Abbondanza und in den Gartenanlagen der raffinierte Blumen- und Statuenschmuck. Das war es, was in Erinnerung an Pompeji mir noch jedesmal durch den Kopf ging. Eines Tages werde ich dorthin zurückkehren, an Erfahrungen reicher, gelassener auch. Dem Ende ein ganzes Stück näher, will ich all das noch einmal sehen, vielleicht dann mit anderen Augen.

8. April
Wie würde ein Rückblick auf unsere Gegenwart aus einer Entfernung von zweitausend Jahren wohl aussehn? Was wäre erhalten geblieben, was überliefert? Ich denke, aus irgendeinem dunklen Grund, an die Aufschrift einer beliebigen Zigarettenschachtel, an eine einzige Zeile nur, dieses
1,4 mg Nikotin.
Dergleichen seltsame Einzelheiten könnte ein künftiger Archäologe sich wie die Teile eines Puzzles zusammenlegen. Wenn wir Glück haben, fügen sie sich zum Gesamtbild einer fremdartigen Kultur von einigem historischem Interesse.

10. April
Fort von zu Hause. Nachts war ich, eines Nachts, aus dem Bett aufgesprungen, barfuß durch das Schlafzimmer der Eltern geschlichen, in den Keller hinab, am Werkraum des Vaters vorbei, an den dunklen Massen von Kohle und Koks hinter Bretterverschlägen und so durch die Hintertür in den Garten gelangt. Nicht der Mond, nicht die Sommernacht mit klarem Sternenhimmel über den Obstbäumen, nicht dieses Murmeln im Landesinnern, Echo irgendwelcher Gezeiten und Meere, hatten mich, ein Kind im blauen Schlafanzug, hinaus auf die Straße getrieben. Was aber dann? Unter der ersten Bogenlampe, im Laufen gähnend, hatte ich haltgemacht. Schläfrig, gegen eine Ligusterhecke gelehnt, hatte ich lange die gestreckte S-Linie der Straße betrachtet, links und rechts die einstöckigen Häuser mit dem Blick des Modelleisenbahners taxiert, und siehe da: es war ein Reich von Spielzeugvillen im Maß meiner Finger.
Doch in der Ferne, sehr breit und grau, lag die Autobahn, und dort, ich rieb mir die Augen, fuhr ein Schwerlasttransporter mit dem Haus meiner Eltern davon. War das nicht dasselbe Haus, das ich eben erst schlafwandelnd verlassen hatte? Ich drehte mich um und fand das Grundstück hinter mir leer, eine schwarze Rasenfläche mit einer quadratischen Grube, über deren Ränder büschelweise das Unkraut hing. Der Platz, an dem früher mein Bett stand, war jetzt unbewohnt. Ein starker Pilzgeruch schlug mir

entgegen. Durch den Zaun war nur Gestrüpp zu erkennen, einige Baumstümpfe ganz vorn, die flache Vegetation einer Moorlandschaft, einer sumpfigen Lichtung im Wald.
Lange hielt ich mich an den Initialen im Gartentor fest. Hierher zu gehören war mir in diesem nächtlichen Augenblick genauso unwahrscheinlich wie eine indianische Kindheit tief in den Galeriewäldern Amazoniens, unter der Aufsicht von Blasrohrjägern, als wendiger Spielgefährte von Baumaffen und uralten Echsen. Nur meine Müdigkeit war dieselbe, wie ein Dschungelkind sie in meiner Phantasie haben mußte. Betäubt von Pflanzendüften und permanent schwindlig in einer schwülen Luft voller Insektenschwärme, lebt es in einem einzigen ununterbrochenen Taumel inmitten rasenden Chlorophylls. So stellte ich es mir vor. Wachen und Träumen wären ununterscheidbar dort, nur eins ließ sich niemals bezweifeln, weil der Körper es einem mit allen Nerven bezeugte: hier gehörte man her. Nachbarn, die mich so fanden, erzählten später, noch nie sei ich so weit von zu Hause fortgelaufen.

12. April
Einmal ging ich im Traum durch das alte Rom und dachte an Kaiser Nero. Es mußte im Spätherbst gewesen sein, in einer Jahreszeit, da keine natürliche Farbe den Alptraum dir aufhellt. Das Dunkel in den heruntergekommenen Vierteln war so undurchdringlich, zu einer solchen Schwärze verdichtet, wie nur der Name des Imperators sie ausstrahlen konnte. Daß der Sprecher auf italienisch träumte, zeigt nur die Ferne zum Ursprung und mag als Beleg gelten für die Wortgläubigkeit des Poeten. Denn Freud oder nicht Freud, den Traum bestimmt das Verdrängte, sei es Geschlechtliches, Historisches oder rein Lexikalisches, in diesem Fall also Latein. *Nero*, nicht *niger* war hier das Sesam-öffne-dich.
Doch seltsam, es kam mir so vor, als sei alles schon einmal dagewesen, kleiner im Ausmaß vielleicht, die Gebäude mit größerem Kunstgeschmack ausgeführt, im Grunde jedoch ganz so, wie ich es als Wanderer durch die Großstädte ein halbes Leben lang

kannte, kaum anders, als es dem Träumer sich auf seinen Streifzügen durch die Straßen New Yorks, Londons oder Paris' eingeprägt hatte. Es war, als hätte er die letzten zweitausend Jahre in einem Dämmerzustand verbracht, derselbe unscheinbare Fußgänger, der er schon damals gewesen war, nachdem seine Mutter Rosalia ihn in einem der Mietshäuser inmitten der Subura zur Welt gebracht hatte. Alles war noch genauso, wie er es damals zurückgelassen hatte beim Einschlafen auf dem Bordstein in einer der unübersichtlichen Gassen, die tagsüber immer von Menschen wimmelten. Sein letzter Lidschlag hatte das Bild nicht auslöschen können. Erwachend fand er sich an derselben belebten Ecke wieder, ausgesetzt unter den gleichen Leuten, die wie besinnungslos ihren Alltag durchquerten, hastig auf ihren Tod zueilend, Eingesperrte in einem urbanen Tunnel. Und dieser Tunnel war nichts als der Schacht, der sich auftat im Schwarz ihrer Pupillen, und die Zeit, so einfach war das, hatte keinerlei Spur hinterlassen darin.

16.-19. April
Salzburg, Wien. Heimito von Doderers schöne Donauhochburg könnte ein künftiger Wohnort sein. Plötzlich haben wir einen Plan.

20. April
Ich ging in der Stille eines anbrechenden Morgens, noch schläfrig, und mein Herzschlag war wie das Echo der lautlosen Schläge des Draußen, das mich davontrug. Wenig Körper und ganz allgemeiner Atem, wurde ich davon abgehalten, mir selbst zu gehören, bevor ich den andern gehörte. Es war, als hätte mich eine feindliche Strömung am Grund eines Tümpels erfaßt. Alles was ich sah, hörte, roch und fühlte, alles was ich wie durch Schlieren hindurch in Gedanken verfolgte, beruhte auf der quälenden Wiederkehr einiger reflexhafter Akte, in denen ich mich verausgabte, komisch zappelnd in einer Art blinder Alltagsseligkeit. Meine besten Absichten, das freundliche Mißverständnis nach den kurzen Hallos, Anflüge von Liebe, von Neugier, lebendig gehalten durch kleine rationale Tricks, garantierten mir jede Menge

Komik und Lächerlichkeit. In solcher Frühe von den Leuten beäugt, kam ich mir vor wie ein zufälligerweise denkendes Tier.

21. April
Der Maler Cézanne – einer von diesen Ernstfällen der Kunstgeschichte. Er ist der typische Dichter-Maler, es haben sich immer wieder die Dichter für ihn interessiert, angefangen mit Rilke. Was sie anzog, war die Verwandlung der sichtbaren Welt zum Stilleben. Bei ihm sind nicht nur die Aprikosen und Äpfel *nature morte*, auch die Berge, die Häuser, selbst das Menschenportrait. Außerdem scheint dieser störrische Einzelgänger in jedem von ihnen den schlafenden Phänomenologen geweckt zu haben. Und jeder Pinselstrich dieses Meisters bringt neue Theorien hervor. Cézanne war nicht nur der ansteckende Stilist, er war auch der Erfinder und Lehrmeister einer ganz bestimmten Sehweise, der seither viele gefolgt sind. Man fragt sich, wer von den modernen Malern ihm nicht über die Schulter geschaut hat. Der frühe Cézanne kalziniert den herrschenden Impressionismus von innen heraus, im späten findet sich, lange vor seinen offiziellen Manifestationen, der Kubismus, und zwar nicht nur im Ansatz, sondern zuendegeführt, verwirklicht. Dabei ist, auf einer streng persönlichen Ebene betrachtet, seine Malerei viel weniger objektivistisch, als sie selbst proklamiert. Doch würde es jahrelanges Studium erfordern, um herauszufinden, was dieser cholerische Stoiker auf seinen Leinwänden mit der Natur eigentlich angestellt hat. Einige sprechen vom Einfluß des lukrezischen Materialismus, andere von einer Parallele zur objektiven Organisation der Naturformen, wie immer diese auch aussehen mag. Kann man vielleicht von ihm lernen, ohne ihn zu verstehen? Einiges leuchtet selbst dem laienhaften Betrachter ein, etwa die Wirkung des Unausgeführten, die Leere als Gestaltungsmittel. Anderes wie die Konstruktion des Raumes aus Flächen, der reziproke Kolorismus, der die Natur farbenverkehrt und eben deshalb viel intensiver spiegelt, läßt sich nur bis zum gewissem Grad als notwendig verstehen. Am Ende bleibt, was er selbst *réalisation* genannt hat, sein großes Betriebsgeheimnis. Es ist das Zauberwort, mit dem er die

Durchdringung aller Parameter des Malprozesses, die Erfassung sämtlicher Elemente der Apperzeption aufzuheben versuchte, doch eher im Sinne einer Beschwörung, so wie man in Künstlerkreisen sich immer schon magische Formeln zurief, Parolen wie *Dada* oder *Vortex*. *Réalisation* bezeichnet vor allem wohl die Summe der Aktivitäten des Künstlers, parallel zur Natur den Gegenstand sich auskristallisieren zu lassen, wobei das Wie der Prozedur nach wie vor rätselhaft bleibt. Niemand soll sagen, er könnte die Maltechnik begreifen wie etwa ein mathematisches Theorem.
Der Vater war übrigens Huthändler von Beruf. In einem Selbstportrait mit Melone kann man das ganze Familiendrama erahnen. Cézanne hatte den allzu steifen Hut nur am Tag der Hochzeit getragen. Es war der Tag, an dem er seine fast zehnjährige wilde Ehe mit Hortense legalisierte, und das war erst möglich geworden, nachdem der Vater gestorben und er zum Erben des kleinen Familienvermögens geworden war. Cézanne genießt diesen Augenblick sichtlich, das Bild zeigt ihn als triumphalen Moment: der überlebende Sohn in der Siegerpose mit dem Blick zurück über die rechte Schulter. Die Kopfdrehung und die mokant aufgeworfene Unterlippe scheinen dabei weniger dem Betrachter als vielmehr dem Toten zu gelten, ein Gedanke, der einen erschauern läßt. Man fragt sich, woher die Härte im Wesen dieses Mannes gekommen sein mag, das Unleidliche, das noch die engsten Bekannten zu spüren bekamen. Cézanne war ganz offensichtlich einer von denen, die durch Ablehnung stärker werden, ein zähneknirschender Autodidakt, mißtrauisch und verschlossen bis zur Unausstehlichkeit. Und doch war er, wohl gerade deshalb, ein unbestechlicher Künstler.
Es beschämt mich, zuzugeben, daß ich bei der Betrachtung seiner Gemälde Kopfschmerzen bekomme. Die Konzentration auf das Gleichgewicht der Farben erzeugt ein echtes Schwindelgefühl wie der Sehtest beim Augenarzt. Gemildert wird es nur, wenn ich mich außerhalb der Mitte stelle und seine Bilder von schräg links betrachte. Besonders die Kompositionen um eine zentrale Achse sind nur so zu ertragen. Manchmal scheint es, als hätte er die

Landschaft wie durch ein Schlüsselloch gesehen, etwa jene Baumallee, wo die Vegetation einem Steinbruch gleicht. Oftmals beginnt er das Gemälde mit einem scharfen Schnitt durch die Landschaft: ein Musterbeispiel ist »Der ansteigende Weg«. Nicht nur verschachtelte Häusergruppen, auch Bäume und Gesteinsformationen werden von ihm (archi)tektonisch behandelt. Geologische Anatomie – er selbst deutet es an, wenn er vom steinernen Skelett des Berges spricht.
Absolut großartig ist seine Ablehnung der technologischen Raserei, dieser Karussellfahrt namens Zivilisation. Nur ein Augenmensch darf so prophetisch sprechen: »In einigen hundert Jahren wird man nichts mehr malen können. Alles wird verflucht sein... Man muß sich beeilen, wenn man noch etwas sehen will.«

23. April
Wenn der Wunsch, jemanden wiederzusehen, so übermächtig wird, daß man bereit wäre, fast alles zu tun oder zu geben für seine Erfüllung, dann wird es Zeit, von Liebe zu sprechen. Doch bewirkt dieser Wunsch nicht auch, daß man vom selben Moment an nur noch ein halber Mensch ist? Vom Standpunkt des Individuums gesehen, stellt er demnach die größtmögliche Bedrohung dar, gefährlicher als offene Feindschaft und jede Form von Gewalt, vor der man sich immerhin aufrichten kann, um zu kämpfen. Gegen Liebe kann sich der Körper so wenig wehren wie gegen ein Virus, das die Organe von innen zersetzt. Mit anderen Worten, es kommt also immer auf dieses Fast an, die letzte Reserve gegen die Erfüllung des Wunsches. Instinktiv erfaßt jedes Lebewesen die prekäre Lage, es spürt, daß es plötzlich um Leben und Tod geht, und schon wägt es ab und hält den Wunsch in Schach. Schon aber dreht sich diese Naturkraft wie ein Raubtier einmal um die eigene Achse, sie überbietet sich durch ihre schrecklichste Umkehrung und zeigt ihre wahre Seite, in Form der Eifersucht. Und damit geht es erst richtig los. Die Eifersucht erreicht als Ohnmachtsgefühl, was der aktive Wunsch niemals vermochte. Sie zerstört den Willen von innen heraus, indem sie ihn aushöhlt. Zurück bleibt die dröhnende Leere des Körpers,

den eine fremde Macht ausräumt bis auf das letzte Organ, dieses tödlich verwundete Herz. Sein wildes Schlagen gegen die Gitterstäbe des Brustkorbs macht aus der absoluten Liebe die absolute Angst vor dem Verlust des Geliebten. Nicht einmal Todessehnsucht verspricht dann noch Erlösung.

24. April
Eines Tages ins Schwarze zu stürzen, in den psychotischen Abgrund, ohne zuvor auch nur die geringste Vorstellung von seiner lauernden Nähe gehabt zu haben, scheint mir das Allerschlimmste. Die Blindheit gegenüber der fortwährenden Absturzgefahr des intakten Bewußtseins wächst sich im Unglück zur großen Ratlosigkeit aus, die retrospektiv das gesamte Leben verschlingt. Wer in der eigenen Familie, im engsten Bekanntenkreis derartige Katastrophen erlebt hat, weiß, wovon die Rede ist. Der Vater, der sich auf diese Weise seiner schwierigen Familiengeschichte entledigt, die Mutter, die ihren erwachsenen Kindern nur Tränen und ein leeres Bankkonto hinterläßt, die Lebenspartnerin, die sich im wahnhaften Alleingang für die ungehörten Gebete mit irren Befehlssätzen rächt, sie alle gehören zum harten Kern einer militanten Schizo-Fraktion, die über Nacht aus der Ordnung fällt. Die gepeinigte Psyche schlägt um sich und zerreißt die vertrauten Zusammenhänge, von der eigenen Biographie nichts übriglassend als die Fetzen der Lügengeschichten. Ohne Vorwarnung stürzt jeder von ihnen sich aus dem obersten Stockwerk der behüteten Existenz. Überrascht wie ihre ratlosen Angehörigen, von denen mancher immerhin einen Verdacht gehegt haben mag, stolpern sie aus dem erfüllten Leben direkt in die geschlossene Anstalt. Kein Vorzeichen hat ihnen den Weg ins Asyl der Geisteskranken geebnet. Keine Erinnerung an frühere Krisen erleichtert ihnen den Übergang. Von einem Tag auf den andern sind sie dem Tiefblick der Ärzte ausgeliefert, den harten Griffen der Pfleger, die in ihnen nur das bekannte Elendsbild erkennen, das Wüten der namenlosen Mächte im Hirn. Ich bin in den letzten zehn Jahren immer wieder auf Fälle gestoßen, bei denen alle Beteiligten gleich ahnungslos waren. Vielleicht liegt darin ja das Besondere

der Psychose. Keiner hat etwas bemerkt, sie alle sind überrumpelt worden von einer Krankheit, die man nur deshalb nicht früh erkennt, weil sie die Körper bei vollem Bewußtsein, im Stadium ihrer normalen Funktionstüchtigkeit erwischt. Sämtliche Elemente der Familiengeschichte, jedem vertraut bis in die letzte Depression, das gewöhnliche Liderzucken, die liebgewordene Schrulle finden sich darin wieder. Das Grausame ist nur, daß plötzlich alles in einem neuen Licht erscheint. Jede Nebenbemerkung wird nun rückwirkend verdächtig, jede verdrängte, als harmloser Zwischenfall beiseitegeschobene Episode. Der enorme Tablettenkonsum des trinkfreudigen Vaters, der im Kleiderschrank die Garderobe der früh verstorbenen Ehefrau aufbewahrte, während er in den Bars längst die Bekanntschaft martialischer Liebhaber suchte, auf einmal erscheint er als Menetekel, das keiner zu deuten verstand. Die übertriebene Spendenbereitschaft der geschiedenen Mutter, die ihre Wohlstandskinder seit Jahren mit Bußpredigten nervte, ist nunmehr Teil eines Puzzles zwanghafter Verhaltensweisen, das nur darauf wartete, durcheinandergeschüttelt zu werden. Die übersteigerten Rollenspiele der Schauspielerfreundin, die auf der Bühne unvermittelt in eigener Sache zu improvisieren anfing, was sonst sind sie gewesen als ein böses Versteckspiel, das irgendwann auffliegen mußte. Doch wie groß ist das Entsetzen, wenn der Spiegel schließlich in Tausende Scherben zersplittert. Monatelang wissen die Betroffenen weder ein noch aus, so verwirrend sind die sich überstürzenden Ereignisse. Im Badezimmer der Nervenzusammenbruch, die beschämenden Wutausbrüche, das Feuerwerk zotigster Beschimpfungen, die Szenen absoluter familiärer Anarchie, wenn alles Hochheilige mit Füßen getreten wird, wecken in jedem Zeugen die Schlangenbrut der Urängste auf. Keiner war vorbereitet auf diese totale Seelenfinsternis. Jetzt erst, da kein Tabu mehr gilt, trifft sie das Unheil mit voller Wucht. Wie dünn das Eis war, auf dem das Bewußtsein ein Leben lang ging, denken sie angewidert, gekränkt von der eigenen Ahnungslosigkeit.

25. April
»Sie hätten Fechten lernen sollen, mein Freund, ehe Sie zum Verräter wurden.« Ein Satz, aufgeschnappt aus einem Historienfilm, spätnachts, fast schon im Schlaf. Die Szene war das Duell zweier Aristokraten kurz vorm Ausbruch der Französischen Revolution. Ein junger Heißsporn, Anhänger der Menschenrechte, gibt sich einem Offizier der königlichen Armee zu erkennen. Er fordert ihn, den besten Fechter des Landes, zum Zweikampf heraus. Statt Mantel- und Degenromantik gibt es das klassische Männerballett der Argumente. Freiheit, Gleichheit, Brüderlichkeit gegen Standesbewußtsein und elitären Esprit. Bevor der Fechtkünstler den Idealisten ersticht, begründet er seine Haltung. Im Traum später, pendelnd zwischen beiden Figuren, beiden Maximen, folgt daraus der seltsame Schluß, zugeflüstert von einer dritten Stimme: »Etwas mehr britische Arroganz würde dir guttun, mein Lieber«.

26. April
Das Zaudern vorm Selbstmord kommt aus der nüchternen Überlegung, daß die meisten Tötungsarten kein sicheres Gelingen verbürgen. Nicht einmal der Schuß in die Schläfe garantiert einem den gelungenen Exitus. Grauenhaft die Vorstellung, man wäre, schwerverletzt und halbtot, dem Willen der Lebensretter ausgeliefert, da man doch eben erst seine Vollmacht über das eigene Leben und Sterben in einem Aufbäumen höchster Suprematie beglaubigen wollte. Wenn der Entschluß zum Freitod nur halbherzig gefaßt war, wird jeder Selbstmordversuch zur Tortur, zu einem zähen Kampf gegen den Rest an Lebenswillen im eigenen Körper. Der klassische Kehrreim *Sein oder Nichtsein* steigert sich hier zur Aporie. Für manch einen wird sie zum lebenslangen Vorspiel der Agonie, die eine grausame Natur den wenigsten erspart. Gerade dies aber ist ja das Hauptmotiv all der scheiternden Selbstmörder: der gefürchteten Entscheidung des biologischen Molochs zuvorzukommen. Aus Angst vor der Möglichkeit entsetzlichen Leidens möchten sie selber den Schlußpunkt setzen. Tödlich beleidigt vom unfreiwilligen Akt der Geburt, trachten sie

danach, im brutalen Zugriff auf das Ende ihre Souveränität als Subjekt zurückzugewinnen.

»Nicht totzukriegen«, sagte der bankrotte Jungunternehmer X und setzte die Klinge vom Hals ab. Sein neues Seidenhemd, blutdurchtränkt, war jedenfalls hin.

27. April
Die feste Abgegrenztheit der Körper ist schauerlich, sagt Kafka irgendwo. Klar, daß aus diesem Befund nur ein rettender Einfall half. Es ist die zwingende Phantasie von der Verwandlung. Was, wenn ich selbst eines Tages als Ungeziefer erwache? So kann ich, als Schriftsteller eingesperrt in diesen entsetzlichen Körper, wenigstens die Stadien der Entfremdung, des Verfalls und des Abschieds von der Menschenfamilie beobachten. Aus der genauen Schilderung der Auflösung folgt schließlich die Ruhe. Ich löse mich auf, also bin ich. Dieses Tier da, seht doch, wie es vor euren Augen zerfällt. Begreift ihr nun, daß man die Grenzen nicht dort draußen in Raum und Zeit überwindet, sondern gleich hier, in einem Zimmer derselben Wohnung? Apropos Tier: sobald die Auflösung vollendet ist, ob beim Hungerkünstler, der bis zur Unsichtbarkeit abmagert, oder bei Gregor Samsa, dem verfaulenden Käfer, fordert wieder die Vitalität ihr Recht ein. An die Stelle des Siechenden tritt nun der junge Panther: »dieser edle, mit allem Nötigen bis knapp zum Zerreißen ausgestattete Körper«. Für Gregor springt schließlich die Schwester ein, die sich »als erste erhob und ihren jungen Körper dehnte«. Mit ihnen erst ist die Qual der Abgegrenztheit beendet, mit ihnen kann sie aufs neue beginnen.

28. April
Das Tier ist eine Wirkung der Natur, nur der Mensch schlägt sich mit den Ursachen herum. Damit aber wird er zum Störfaktor in einem ansonsten gut eingespielten System. Ein höherer Anwalt als die Natur könnte immerhin fragen: wem in diesem ganzen weiten Universum nützt denn das Risiko Mensch? Harmlos sind im Vergleich zu ihm die Sintfluten, Vulkanausbrüche und Me-

teoreinschläge. Von allen Katastrophen, die den Planeten heimsuchten, war die schlimmste der Mensch. Und ausgerechnet dafür soll dieses Wunderwerk Evolution in Gang gesetzt worden sein? Nein, Euer Ehren, nein, das kann nicht das letzte Wort sein. Soweit der Schöpfung ein Plan zugrunde liegt, wird auch der Mensch schließlich nur eine Wirkung gewesen sein.

1. Mai
Keine fünfzehn Meter von meinem Schreibtisch entfernt rumpeln die rot-gelben Wagen der Berliner Stadtbahn vorbei. Ab und zu schiebt sich mit vornehm gedämpftem Rauschen ein haigrauer Fernzug mit den drei Buchstaben ICE am Triebwagen durchs Bild. Es sind die letzten Meter vorm Bahnhof Zoo, die hier als sanfte Linkskurve beginnen. Das Hochgleis auf seinen Backsteinfundamenten und Eisengußbrücken verläuft direkt zwischen den Häusern und zerschneidet ihre Fassaden. Vor meinem Fenster herrscht ein ununterbrochener Verkehr, der erst nach Mitternacht etwas abflaut und lange vorm Morgengrauen wieder in Gang kommt. Wie auf Kugellagern rollt das vorüber, mit wachsendem Tempo von rechts nach links, wo es stadtauswärts geht, langsamer und mit quietschenden Bremsen von links nach rechts in Erwartung des nahen Bahnhofs. Man kann sonst immer die Gesichter der Reisenden gut erkennen, die an die Wagenfenster gepreßten Stirnen, den melancholischen Ankunftsblick in den Augen. Heute aber ist alles anders.
Dumpfes Volk fährt in die Stadt ein. Marodierende Schlägertrupps aus dem Brandenburger Umland, schwer mit Dummheit bewaffnet, junge Barbaren mit Vollglatze und wehender Reichskriegsflagge kündigen grölend die Erstürmung des Stadtzentrums an. Aus ihren Stimmen, vom Alkohol aufgelöst, gellt die Rauflust. In genagelten Stiefeln torkeln sie grimmig im Gang auf und ab, als wäre der Zug ein Raubtierkäfig und dies hier Hagenbecks reisende Tierschau bei ihrer Ankunft in Berlin. Hurra, es wird Verletzte geben, verstörte und verängstigte Passanten. Ich brüte am Schreibtisch, und meine Laune wird zusehends schlechter. Es will mir nicht in den Kopf, warum man die Wagen nicht einfach aufs

Abstellgleis schieben kann. Oder man leitet ihn um, diesen Viehtransport, in irgendein stilles Provinznest. Auf Wiedersehen bis morgen, schlaft euern Rausch aus... Schon hört man, wie die ersten Bierflaschen auf dem Schotter zersplittern, man denkt an Platzwunden und blutige Lippen. Kurz darauf suchen Gleisarbeiter, die orangefarbene Signalweste wegen der Hitze über den freien Oberkörper gestreift, die Strecke nach Wurfgeschossen und Hindernissen ab. Das Lumpenpack ist unterdessen schon eingetroffen, man hört es am Geheul der Polizeisirenen, das vom Bahnhof Zoo herüberweht. Niemand kann sagen, sie hätten sich unbemerkt angeschlichen, versteckt unter Tarnkappen. Unmaskiert kamen sie, am hellichten Tag. Die Randale war offen angedroht worden, eine aufrichtige Sache, als Kamerad hat man schließlich Prinzipien. Was da aufmarschiert, ist ein Haufen politischer Schlachtenbummler, eine muntere Truppe von Eintagsbesuchern im Zirkus Berlin. Frank und frei verkünden sie einen heißen Ersten Mai. Und ihr Versprechen, soviel steht fest, wird gehalten. In den Nachrichten hieß es, die Zusammenrottung sei vom Amtsgericht erst in letzter Minute genehmigt worden. Na dann, Hals- und Beinbruch.

2. Mai
Definition der Liebe. Jeder hegt dunkle Gedanken. Du aber bist der eine Mensch, von dem ich nicht möchte, daß er dunkle Gedanken hegt. Weder gegen uns noch gegen den Rest der Welt. Liebe heißt, ich kann mich darauf verlassen, daß da im Unbewußten bei diesem einen Menschen nichts fault.

3. Mai
Der Ort, an dem ich schreibe. Meine Giftküche ist ungefähr sechzig Quadratmeter groß. Man macht einen Schritt, schon steht man vor einer Wand. Man dreht sich um, macht noch einen Schritt oder zwei, schon stößt die Stirn an ein Bücherregal, und der Blick tritt seine Flucht an nach oben, entlang der Buchrükken: eine Steilwand hinauf bis zur Decke. Berliner Zimmer machen in der Höhe wett, was ihnen im Grundriß fehlt. Sei es

drum, ein Hund kann so leben, und ein Gedichteschreiber erst recht. Keine zehn Meter vom Schreibtisch entfernt, vor dem Fenster auf einem Hochgleis, etwas über Augenhöhe, verlaufen die Schienen. Ein Riese, auf dem Bauch liegend, könnte so, blinzelnd aus nächster Nähe, die Eisenbahnplatte eines Liliputanerkindes betrachten. Emsiges Hin und Her, Geschäftigkeit den ganzen Tag über. Da oben tragen die Stadtbahnzüge die Städtebewohner in ihre jeweiligen Quartiere zu Arbeit, Warenjagd und Entspannung am Feierabend. Dann und wann füllt ein Fernzug den Fensterrahmen, fährt mit fauchendem Motor bremsend in den nahegelegenen Bahnhof ein oder macht sich mit wachsendem Tempo ins Umland davon.

Zurück zu meiner Giftküche ... Hier sitze ich stundenlang wie in einem Aussichtsturm, zugleich über und unter dem Geschehen. Hier destilliere ich meinen ganz besonderen Alkohol aus zwölf Prozent Weltschmerz, achtzig Prozent Rebellion gegen die Zeit und einem winzigen Rest von Stolz, den ich in Verse verwandle. In den Ecken des *studiolos,* das eines Chronisten am Hof eines Renaissancefürsten niemals würdig wäre, sind überall kleine Konterfeis versteckt, Portraits der wichtigsten Täter des letzten Jahrhunderts. Es sind Warnschilder, den Anschlagszetteln gleich, wie man sie in den Kellergängen der Mietshäuser findet zum Hinweis auf das verstreute Rattengift. Stalin als Miniatur auf einem silbernen Ansteckbonbon, in dem man sich spiegeln konnte beim Betrachten der freundlichen Gesichtszüge – ein Fundstück vom Tisch eines Straßenhändlers in Moskau. Mao auf einem Stofffetzen von der Größe eines Briefkuverts, eine Stickerei in billiger Grisaille-Technik aus einem volkseigenen Textilwerk, die mir eines Tages zugeflogen war. Vermutlich trug die chinesische Jugend in der Zeit der Kulturrevolution solche Lappen, auf die Brusttasche des blauen oder grauen Arbeitsanzugs genäht. Das enigmatische Lächeln des Vorsitzenden sollte nach altem Volksbrauch die bösen Geister vertreiben. Oder der pausbäckige Lenin mit dem Ausdruck onkelhafter Jovialität, ein schlechter Farbdruck auf einem frühen Titelbild der Zeitschrift Ogonjëk. Sie alle sind gegenwärtig hier, hinter Büchern versteckt oder wie schreckliche Schmetterlinge an die Seiten des Glasschranks gepreßt, in dem sich die Erstausgaben ihrer literarischen Widersacher stauen, sogenannter Renegaten wie Manès Sperber oder Arthur Koestler, die ich vor Jahren klopfenden Herzens verschlungen habe. Der spitzbärtige Trotzki als Ausriß aus einer deutschen Arbeiterillustrierten, die Brille hinter dem Glas wie verspiegelt. Oder Ho-Chi Minh mit dem fusseligen Ziegenbärtchen auf einer feinen Tuschezeichnung, die mich jedesmal daran erinnerte, daß die Geschichte in einem ihrer Anflüge von Ironie ihn dereinst bei einem Interview ausgerechnet mit dem Dichter Ossip Mandelstam zusammengeführt hatte. Nicht einmal er fehlt, der schlichte Mann aus Braunau, die Katastrophe in Menschengestalt. Allerdings wird sein Konterfei, aus hygienischen Gründen, zwischen geschlossenen Buchdeckeln aufbewahrt. Durchdringend martialisch springt sein Blick mich aus einer Photographie in passendem Braunton an, sobald ich das Buch mit den Wasserflecken und den von Mäusen zerfressenen Ecken des Einbands aufschlage, um mit gemischtem Gefühl des Anlasses zu gedenken, bei dem es einst in Familienbesitz gelangte: der Hochzeit meiner Großeltern, in den frühen dreißiger Jahren. Sie alle sind versammelt und hierhin und dorthin plaziert, alle die ehrgeizigen Dämonen, die Agenten der Destruktion, die man nur schwer in privater Umgebung erträgt. Über allem wacht, hoch oben auf einem der Schränke postiert, eine ausgestopfte Kröte, das Geschenk einer befreundeten Schriftstellerin, die in einem ihrer Erzählbände von den Irrungen und Wirrungen der Tierliebe gehandelt hatte. In meiner Giftküche nimmt sie als prominentester Abgesandter die Position der Trödelhexe ein, Reminiszenz an die Walpurgisnacht. Ihr verschlossenes Maul scheint noch immer an Goethes Versen zu kauen, auch wenn keiner meiner Gäste mehr Mephisto genug ist, sie zum Reden zu bringen. »Und doch ist nichts in meinem Laden / Dem keiner auf der Erde gleicht / Das nicht einmal zum tücht'gen Schaden / Der Menschen und der Welt gereicht.«

7. Mai
XY. Der Zufall hat dich in einen Männerkörper gesteckt – nun sieh zu, wie du klarkommst damit. Es ist kein sehr gut getarntes Versteck, wie sich auf einen Blick zeigt. Schon äußerlich entspricht es in seiner groben Gedrungenheit, dem fellartigen Haarwuchs, mit den vorspringenden Muskeln und schweren Knochen mehr einer Urmenschenhöhle, dem Bau eines Beutejägers als etwa dem Perlmuttgehäuse des empfindlichen Weichtiers. Dekorativ daran ist einzig die wurmförmige Ausstülpung zwischen den Beinen, die bei starker Durchblutung anschwillt zu einem grotesken fleischlichen Stachel, einer Waffe im Nahkampf der Geschlechter. Ein einziges Chromosom hat dich entlarvt. Was immer du insgeheim leidest und fühlst, wie sehr du dich auch verstellst, der äußere Eindruck bleibt der eines rüstigen Barbaren, den sein biologisches Schicksal auf eine der beiden Seiten stellte, und es ist keineswegs die angenehmere Seite. Ihm gegenüber, am anderen Ufer des Seins, tanzen die Nymphen, schreiten die Engel und die Madonnen. Der große Unterschied: der Mann muß, mit allem, was er zu bieten hat, haushalten, die Frau dagegen hält Hof. Brustfrei oder im Dekolleté zwingt sie das Raubtier, sich ihr zu Füßen zu legen. Die Umworbene und ihr Bewerber, aus dieser Rollenverteilung hilft keine Schauspielerei dir heraus. Der Mann kann sich drehen und winden, er bleibt für immer der gefesselte Prometheus, an den Körper geschmiedet wie an den ungastlichen Felsen, auch wenn es nicht mehr der Adler ist, der seine Leber frißt, sondern höchstens der Alkohol. Warum soviel Selbstzerstörung, wenn doch alles gerecht verteilt ist in dieser Schöpfung? Es klingt wie ein Alibi für alle Sündenfälle und jede Vergeblichkeit, wie die Geschlechterfixierung sie mit sich bringt, und doch war es unvergeßlich, als eine Frau mir sagte: »In eurer Haut möchte ich wirklich nicht stecken.« Was hatte sie wohl gemeint? Etwas von dem brutalen Festgelegtsein wurde da angesprochen, ein Bedauern darüber, daß man ein Leben lang gezeichnet war als Kyklop oder Kentaur, was weiß ich. Alle die Ausbruchsversuche aus diesem lächerlich offensichtlichen Gefängnis der Männlichkeit waren umsonst. Nicht einmal Tunten und *drag-queens* waren

imstande, dem Fluch zu entrinnen. Sie alle blieben im Bannkreis ihrer primären Merkmale stecken. Auch die Vergöttlichung und Verherrlichung in Richtung Apoll oder Herkules hat nichts ändern können an der unglücklichen Disposition. Nein, kein Mann kann sich ein Y für ein X vormachen. Sein widerspenstiger Körper bleibt in der Astgabel hängen, und was ihm übersteht, wird von der Beinschere abgeschnitten. Das Dilemma ist so alt wie die Menschheit, es zeigt sich in Adams Feigheit, in seinem friedlichsten Traum: er sehnt sich nach einer schlafenden Eva.

8. Mai

Millenarische Grillen

1
In dir der Stammbaum, wurzelnd im Nichts,
Draußen die Erde, ein Staubkorn im All –
Warum nur ist man auf Leben erpicht,
Den kleinen Seufzer im großen Krawall?
Reicht es nicht, einfach vorbeizugehn,
Spuren verwischen, solang das Herz schlägt?
Statt dessen Strophen, das Umundumdrehn
Auf einem Planeten, der alles erträgt.

2
Falter Psyche – hältst dich fest am Rand
Dieser großen Unbekannten namens Welt.
Turnst am Abgrund wie mit Kinderhand:
Flügelwesen, das so leicht nicht fällt.
Glaubst an Liebe, weil das Tränennetz,
Das dir Zeit spinnt, trägt beim Fliegen.
Auch wenn aller Purpur abfällt, du zuletzt
Staub fängst: dich soll keiner kriegen.

3
Worte, Worte – mehr fällt dir nicht ein?
Platons *Wahrheit* in der Buddel voll Rum.
Oder Schere, Brunnen, Papier und Stein,
Ausgetrickst von der Kinderfrage Warum.
Eine Hand zum Beispiel (nehmen wir diese)
Umfaßt leicht ein ganzes Lexikon.
Pinzetten und Finger, was wäre präziser?
Die Idee? Sie fliegt auf und davon.

Was sonst noch geschah: Wie jedes Jahr findet auch diesmal wieder die Kapitulation der Wehrmacht in den Zeitungen eine Erwähnung. Fünfundfünfzig Jahre später ist das Ende des Zweiten Weltkriegs nur eine Pressenotiz wert. Sang- und klanglos erinnert man sich an die wohl größte Wendung in der neueren deutschen Geschichte. Zumindest was dieses Datum betrifft, bleibt das Land bis auf weiteres im Gedächtnis seiner Bewohner zerrissen. Der eine hat noch immer die Vergewaltiger in den Uniformen der Roten Armee vor Augen, während der andere dankbar des ersten kaugummikauenden GIs gedenkt, der ihm aus dem Panzerturm zuwinkte. Das Gefühl der Erleichterung weiß nichts vom Alpdruck derer, die bis gestern zu den Geiseln von Jalta gehörten. Aus beiden Himmelsrichtungen kamen die Befreier, doch wie ungleich waren ihre Geschenke: im Westen der Marshall-Plan und als Dreingabe die parlamentarische Demokratie, im Osten die Roßkur der Erziehungsdiktatur aus dem Geiste Stalins.

9. Mai
Einsichten, die mit der vollen Wucht des Blankverses treffen ...
»Mein Leben war zur Hälfte um, da fiel / Das kleine Buch mir in die Hand mit Euerm Namen.« *Religio Medici,* publiziert 1648, also am Ende des Dreißigjährigen Krieges, von dem englischen Privatgelehrten Sir Thomas Browne: aus der Lektüre entstand wie von selbst die »Epistel an einen englischen Arzt«. Einhundertfünfunddreißig Zeilen. Das reinste Glück der unbeantwortbaren Korrespondenz.

10. Mai
Unendlicher Vorsprung der großen Maler, niemals aufzuholen von ihren schreibenden Künstlerkollegen, unter denen die besten es mit etwas Glück und Demut allenfalls in den Stand des genauen Betrachters geschafft haben. Wo wäre der Dichter, dem in Worten die Plastizität eines Mantegna gegeben war, dieses Architekten der Menschenfigur? Welcher Romancier hätte es an Charakterkundigkeit aufnehmen können mit van Dyck, dem Juwelier menschlicher Physiognomie? Wie tief sie auch eindringen mochten in die Innenwelt ihrer Protagonisten, wem gelang die Verwandlung von Psyche in Aura schon so bezaubernd wie Vermeer, dem diskretesten aller Verschleierungskünstler? Und Tizian, Giorgione, Velasquez, Goya: wer in der großen, weiten, semantischen Wüste der Literatur konnte den Blicken dieser Meister etwas entgegensetzen, das auch nur halb so eindringlich war? Wo war der Rembrandt der Poesie, vor dessen Augen die Seelenabgründe sich so erschütternd enthüllten wie auf den Bildern des biblischen Anatomen? Zu ungleich die Mittel, konkurrenzlos die Evidenzkraft der Malerei. Selbst wenn man zugibt, daß Schreiben in seiner intensivsten Form reine Introspektion ist: die Geister scheiden sich an der Schwelle zum Unsichtbaren.

11. Mai
Bei der Arbeit an den römischen Rollengedichten (»Historien«) habe ich eine Zeitlang mehrmals im Traum einen Mann gesehen, dessen Gesichtszüge mich an jemanden erinnerten, den ich seit vielen Jahren zu kennen schien. Genauer, seit Anfang der achtziger Jahre, als ich, gemeinsam mit meinem Schulfreund Friedrich (einem Ururenkel des romantischen Malers Caspar David), den Antiken-Kurs der Volkshochschule besuchte. Damals hatte uns der Vortrag eines Altphilologen ins Museum gelockt, mitten unter die antiken Skulpturen des Dresdner Albertinums. Der Mann, der mir viele Jahre später im Traum begegnete, glich aufs Haar, heute weiß ich es, einer Marmorbüste, die mich beim Besuch der Sammlung früh verstört hatte mit ihrer unheimlichen Präsenz. Im Katalog des Museums wird er ohne näheren Hinweis

als *Kopf eines alten Mannes* geführt. Daß die Büste aus republikanischer Zeit stammte, tat nichts zur Sache. Sie blieb, was sie war, die Eins-zu-eins-Kopie vom Wachsabguß des Kopfes eines lebenden Römers. In furchteinflößendem Realismus zeigte sie einen Mann, auf den die Bezeichnung *servus* paßte wie angegossen. Auf den ersten Blick erkennbar, trat er einem als jener transhistorische Typus entgegen, der seit dem Untergang Roms aus den Trümmerhaufen der Städte, all den Vernichtungskriegen und Völkerwanderungen beharrlich wiederkehrte. Kein Zweifel, so mußte er ausgesehn haben, scharf rasiert und mit allen Merkmalen fortgeschrittenen Alters, jener Charakterkopf des selbstbeherrschten, zähneknirschenden *miles*, des resistenten *vir*, der im Lateinischen sonderbarerweise zugleich als Mann definiert wird und Werwolf. In ihm, dem zähesten Vertreter jenes ewigen Fußvolks der schaffenden und zerstörenden Menschheit des alten Europa, erschien mir das universelle Überlebensexemplar des *homo sapiens*, sein kaukasischer Phänotyp. Durch Tausende Gesichter hindurch, auf dem Broadway, dem Newski, den Champs-Élysées, in so vielen Provinzen Europas, sind die granitharten, unversöhnlichen Züge mir auf den Straßen begegnet. Über Jahrzehnte hinweg hatte er sich, bei ganz flüchtigem Hinsehn, eingeprägt mit seinen stark hervortretenden Jochbeinknochen, den eng an den Schädel gepreßten Wangen, ins Gedächtnis gegraben als kleinster gemeinsamer Nenner der nach Legionen zählenden Bevölkerungsmasse, herausgeschält aus den Hekatomben sterblicher Zeitgenossen.
Es mochte sich um den ewigen Stoiker handeln, den Idealtyp des *vir impavidus*, der unerschrocken allen Lebenszumutungen trotzt, der Welt die gefurchte Stirn bietend. Tatsächlich glich er dem Schlaflosen, von dem hier die Rede war, einem der vielen Magenkranken, von Unruh und Kopfschmerz Geplagten, mithin: dem exemplarischen Römer. Das Gesicht gezeichnet von den vielen durchwachten Nächten, schaute er dem Betrachter aus tiefliegenden Augen entgegen. Nennen wir ihn den *vir insomnis*. Er war der Vater, der das hartverdiente Geld am Gürtel sparte und als erster den maulenden Sohn verstieß; der Bauer, der seine Ernte verbrannte vor dem heranrückenden Feind; der verbitterte Sati-

rendichter mit einer Stimme, rauh vom Sarkasmus; die zweibeinige Kampfmaschine, plündernd und schlachtend, solange es Krieg gab, derselbe, der die Straßen ausbesserte und bis zum Umfallen Ziegel schleppte für den Wiederaufbau seiner zerbombten Stadt. Dank der enormen Belastbarkeit hatte er der Erosionskraft der Zeiten getrotzt, unverkennbar mit den immer anderen Falten, denselben erdhaften Furchen im Gesicht, gemacht aus dem haltbarsten Stoff, den das menschliche Erbgut bisher zu bieten hatte. Zweitausend Jahre, nachdem ihn ein anonymer Bildhauer abgeformt hatte, sah ihn der Träumer zum erstenmal wieder, diesen markanten Schädel. Die Augäpfel blank, im Marmor die Halsschlagader gefesselt, die Ohren für immer auf Durchgang gestellt, wankte er mir entgegen, ein Wiedergänger aus der Antike. So oder ähnlich, diesseits von Alter und Herkunft der Büste, mag er ausgesehn haben. Wer weiß, vielleicht hatte ich hier, ungeachtet seines Entstehungsdatums und über die Zeiten hinweg, ein imaginäres Portrait Juvenals vor mir. Im Traum also sah ich ihm, ohne es zu wissen, direkt in die schlaflosen Augen.

12. Mai
Im 18. Jahrhundert führte der englische Biologe Hall den Terminus der *reflex actions* ein, den sein Zeitgenosse Schopenhauer, hungernd wie alle Philosophen nach neuen Begriffen, wie folgt illustriert: »Vermöge derselben verfolgt und ergreift Jeder, dem nicht, entweder von außen, oder von seinen eigenen falschen Begriffen und Vorurtheilen, Gewalt geschieht, das ihm individuell Angemessene, auch ohne sich darüber Rechenschaft geben zu können; wie die im Sande, von der Sonne bebrütete und aus dem Ei gekrochene Schildkröte, auch ohne das Wasser erblicken zu können, sogleich die gerade Richtung dahin einschlägt.« Derart, mustergültig ins Naturbild gefaßt, löst der schlaue Periphysiker seine *Transcendente Spekulation über die anscheinende Absichtlichkeit im Schicksale des Einzelnen* auf. Nicht in der Weltgeschichte, wohl aber im Leben des Einzelnen, lassen sich Plan und Ganzheit erkennen. Nur dort läuft die Summe der Anekdoten auf einen transzendenten Fatalismus hinaus, zu dem Erfahrung sich hoch-

rechnen läßt. Wenn das Subjekt des großen Lebenstraumes, Schopenhauers Leitmotiv, der Wille zum Leben ist, dann sind die reflexhaften Akte die kurzen Schatten, die ihm vorauseilen. Nicht in seinem Wollen und Planen wird der Einzelne kenntlich, und erst recht nicht in seinem Deuten und Meinen. Was ihn schließlich bestimmt, ist weder sein Wille noch die im Bewußtsein begrabene Vorstellung, es sind die vielen unbewußten Reflexe, die ihm vorauseilen und an denen er sichtbar wird, solange er selbst nur *sieht*. Kaum eine Erkenntnis ist mir so lebenswichtig wie diese. Sie ist mehr als ein bloßes Theorem. Es ist die Präambel zu einem noch ungeschriebenen *Buch der Reflexe,* das mir seit Jahren vorschwebt. Hier das Vorwort, das seit mehreren Jahren auf meinem Schreibtisch schmort. Der Sprecher kommt mir bekannt vor, und doch bin ich beim Wiederlesen schon längst ein anderer. Woran sich zeigt: das Schwierigste ist eine kohärente Theorie der Reflexe.

»Ich will über die Reflexe sprechen, ohne die Gewißheit, ob ich es kann und ob überhaupt jemand sich für meine Beobachtungen interessiert. Dabei will ich wie irgendein griechischer Sklavenphilosoph mit dem Allerkleinsten und Einfachsten beginnen, mit dem Augenblick und der Verzweigung des Zufalls, um dann zum Komplexen, zu den fixen Ideen und den Paradoxa, überzugehen. Mein Antrieb, jetzt wie im ersten Moment, hier wie an jedem weiteren Ort, wird das Staunen sein, das jeder Erfahrung vorangeht, die Rebellion, die jedem Einfall folgt. Sollten die Wörter unterwegs in Sarkasmen erstarren, so hätte sich mit der Zeit bloß der Schrecken verwirklicht, der von der schockhaften Wahrnehmung der Außenwelt und des eigenen Selbst ausgeht und der als harter Rest von Biographie, zerebralem Irrweg, Glaubenseuphorie und genetischer Idiotie übrigbleibt. Um einen Vergleich anzustrengen: der menschliche Körper besteht zu achtzig Prozent aus Flüssigkeit. Wenn das Bewußtsein seine Arbeit präzise verrichtet hat, kondensiert dieses redundante fleischliche Gewebe zu einer Pfütze, aus der posthum die Geister trinken. Für den Wind bleibt ein Häufchen weißer Knochen übrig, der gewöhnliche Speiserest wie nach jeder Mahlzeit, ob bei Tisch oder draußen im Dschungel. Dies war gemeint, als die Griechen, vorbildliche linguistische Vorkoster, das Verb *sarkazein* prägten: das Fleisch von den Knochen trennen. Das Wort umschreibt jene unvermeidliche tierische Reduktion, das Vordringen, mit Zähnen, Händen und Messern, zu Knochen, Gräte und Mark, beim wüsten Gastmahl des Trimalchio ebenso wie beim erhabenen Symposion mit den Aristokraten und Geistesgrößen Athens.«

13. Mai

Alltägliche Höhlenbilder. Eine Dialysestation sechs Uhr früh, wenn die verfrorenen Patienten mit ihren Urinproben durch die Krankenhausgänge schleichen zur Untersuchung. Oder ein gähnendes Symphonieorchester am Nachmittag nach der dreiunddreißigsten Probe von Isoldes Liebestod. Oder eine heranrückende Armada von uniformierten Fahrscheinkontrolleuren in einer Berliner Stadtbahn. Oder der Schwulenstrich nachts hinterm Bahnhof Zoo mit den im Schrittempo witternden Mercedes-Limousinen. Ein überfülltes Zugabteil, in dem ein debiles Kind stundenlang greint, während draußen Schrebergärten, Industriereviere und verregnete Vorstädte vorüberziehen und einem im Schädel die neuesten Popschnulzen summen. Ein Alptraum, der in einem imaginären Belgien spielt, wo man von Bittstellern und ärmlich gekleideten Angestellten verfolgt wird durch die Straßen einer Altstadt, in der Pensionäre in blauen Nylonmänteln vor Geschäften Schlange stehen, und man hat einen Termin in der Redaktion einer Zeitschrift für Kinderlieder oder surrealistische Malerei.

14. Mai

Kadaverschrott – ein Wort, das unlängst in verschiedenen Presseartikeln zur grassierenden Rinderseuche auftauchte. Ein anderes, ähnlich entwaffnendes, ekelerregendes Wort ist *Ahnenbrühe*. Es bezeichnet die – zumeist giftigen – Rückstände im Erdreich der Friedhöfe, gewissermaßen das Altöl der Leichen, das ins Grundwasser sickert und den Boden kontaminiert. So halten die grausigsten chemischen Phantasien Einzug in die naturlyrische Vorstellungswelt. Selbst der Duden hält kaum noch Schritt mit der Dissoziation des Realen. Doch die Metaphern, wunderbarerweise, sind noch immer von gestern.

15. Mai
Erinnerungen an Stephan Hermlin, den letzten Hymnendichter der Kommune in diesem Land. Dreimal sind wir einander über den Weg gelaufen, zuletzt peinlicherweise (ich nehme an für beide Seiten) bei einem der üblichen Künstlerempfänge des Bundespräsidenten im Schloß Bellevue. Physiognomisch blieb er mir immer unheimlich, als Schriftsteller ein beinah vollkommenes Rätsel. Sein Typus entsprach allzusehr dem des Herrenreiters und heimlichen Aristokraten, wie ihn Ernst Jünger für die andere Deutschlandhälfte verkörperte. Um so paradoxer, daß dieser hier in den Reihen der Fünften Kolonne Moskaus kämpfte. So tief er sich auch vor der Arbeiterklasse verbeugte, die Haltung des Adligen konnte er nie ganz verleugnen. Das Gedichteschreiben hatte er irgendwann Ende der fünfziger Jahre aufgegeben, mitten auf dem hohen hölderlinschen Ton. Der Verzicht auf den Vers war seine Variante des *sacrificium intellectus*, ein Geschenk anläßlich der Gründung des ersten Arbeiter- und Bauernstaates auf deutschem Boden, wie es damals frohgemut hieß. Wer weiß, vielleicht war ihm auch nur die Tinte versiegt, nachdem er sich im französischen Exil, inspiriert von Paul Éluard, an die romanischen Musen gewöhnt hatte und nunmehr abgeschnitten war vom Verkehr mit den freizügigen Damen. Geblieben war ihm das Zwiegespräch mit Hölderlin, in dem er den gescheiterten Jakobinerfreund sah, den Dichter, der bis nach Bordeaux gewandert war auf der Suche nach einer besseren Welt. Das Wort Utopie ging Hermlin ein Leben lang leicht von den Lippen. Sein Archipelagus war der Traum vom bolschewistischen Großreich, geographisch unbestimmt, irgendwo zwischen Sibirien und Hellas angesiedelt, sein Ideal ein Humanismus, der nur durch Terror zu halten war, mit Stalin als neuem Napoleon. Hinter der Maske des Pfeiferauchers gingen die Ressentiments spazieren. Seit ich wußte, daß die Beziehung zum Duzfreund Honecker seine Eitelkeit nährte – es

hieß, er habe ihn zu jeder Tages- und Nachtzeit anrufen können –, war mir das Lob meiner Arbeit aus seinem Munde vergällt. Zu verschieden war unser Bild vom Spitzenmann des Politbüros. Schon als Schulkind sah ich den Diktator mit anderen Augen. Bei einem Klassenausflug in die Dresdner Gemäldegalerie bin ich dem mächtigen Dachdecker zum ersten und einzigen Male in meinem Leben leibhaftig begegnet. Ich weiß noch, wie er uns braven Thälmann-Pionieren die roten Wangen tätschelte und übers glühende Köpfchen strich. Kein Vergleich mit Hermlin, dem distinguierten Internationalisten, seine Ausstrahlung war die eines britischen Geheimagenten. Vergoldet vom sozialistischen Abendglanz, behielt er bis zuletzt seine widersinnige Würde. Er war der Schöngeist inmitten von Funktionären, der pathetische Parteigänger mit dem Sinn für die klassische Anekdote, die manches junge Talent in seinen Bann zog. Dabei ging er bisweilen recht großzügig mit den Legenden um. Sein Rendezvous mit dem Judenhasser und Prosacholeriker Céline im besetzten Paris, von ihm selbst als Fiktion inszeniert, enthielt mehr Ironie, als ihm lieb sein konnte. Zwei Bewunderer der Diktatur begegnen einander in ihrem Stammlokal. Der junge Deutsche auf dem Sprung in die Résistance läßt den germanophilen Franzosen, einen Verehrer Hitlers, abblitzen, als jener ihm sein Lob auf das Dritte Reich singt. Keine zwanzig Jahre später hätten beide sich manches zu sagen gehabt.

16. Mai
Dieses widerwärtige *Eva fecit me peccare* (»Eva ließ mich sündigen«), mit dem der arme Schlucker alle Schuld von sich wies. Was soll man von Jammerlappen wie diesem Adam halten? Heult so der Mann durch die Zeiten?

17. Mai
Das ruhmreiche Zeitalter der ostdeutschen Literatur ist vorbei. Das dienstälteste Gehirn im Revier ist seit vier Jahren abgeschaltet, es ruht oder vielmehr es zerfällt unter einem Grabstein mit der Aufschrift Heiner Müller. Brecht, bis zuletzt in seiner kommuni-

stischen Kinderwelt heimisch, ein heroischer Narr, der sich mit Witzen aufrecht hielt, eine Säule der Glaubwürdigkeit, versinkend im märkischen Sand... Oder Gottfried Benn, ein lyrischer Herr für gewisse Stunden, Drogist in der Erwachsenenwelt der gescheiterten Reverien und Utopien: so janusköpfig geht es in Deutschland an jeder Straßenkreuzung, an jedem literarischen Stammtisch zu.

18. Mai
Für Hitler war die Erde, von den Großmächten zum beherrschbaren Globus verwandelt, eine Art Wanderpokal. Wie im Sport sollte von nun an immer der Stärkste, der Schnellste ihn sich erringen. Wer dabei schlappmacht, mochte untergehn, er hatte es nicht besser verdient. Auf diesem simplen Gedanken beruht Hitlers ganze geopolitische Botschaft. Am deutlichsten kommt sie in seinem politischen Testament zum Ausdruck, am Ende dieser blutigen Olympiade der Völkervernichtung, deren Schirmherr er zwölf Jahre lang war. Ich selbst habe das Dokument eingesehen, in einer Vitrine des *Imperial War Museum* in London. Sein erstaunlicher Wortlaut gehört in die Schulbücher. Darin verwünscht er, nachdem der Untergang mit der militärischen Niederlage besiegelt ist, das deutsche Volk wie ein enttäuschter Trainer seine eigene unterlegene Mannschaft. Die Schwächlinge mit dem schwarz-rot-goldenen Trikot haben ihn hängen lassen, sie haben schmählich versagt beim Kampf um den großen Pokal. Mochten sie ohne ihn nun, für alle Zeiten verflucht, in der Schmach dahinvegetieren. Warum nicht gleich von der Erde verschwinden?
Und noch etwas fällt einem dazu ein. Hitlers geschmolzene Schreibmaschine, gesehen in einem Dokumentarfilm, der die letzten Tage der Reichskanzlei zeigt. Das geborstene, zu einem Klumpen zusammengebackene Gerät sah aus wie ein Objekt vom Meeresgrund. Auf dieser Tastatur mit den Riesenlettern und dem Spezialzeichen SS hatte der Kurzsichtige nachts die letzten Tiraden getippt, die infernalischen, unsinnigen Befehle der letzten Monate und schließlich auch das politische Testament. Jetzt war

das alles so archäologisch fern und verschleiert wie das Porzellan der Titanic, das ein geschäftstüchtiger Amerikaner soeben ans Tageslicht heraufgeholt hat. Wie harmlos sah am Ende selbst dieses schlimmste Mordwerkzeug aus. Eine einfache Schreibmaschine, und doch weit gefährlicher als jede Panzerfaust, jedes Schmeisser-Gewehr, eine Superwaffe, gegen die alle V1 und V2 zusammengenommen nur plumpes Kriegsgerät waren. Immer noch erinnerte sie an den Zeigefinger des Tyrannen, an seine unauffindbare Klaue.

20. Mai
Moskau, das dritte Rom, ist gefallen. Was nun? Die Revolution, der große Hoffnungsfresser, der immer nur schlingt, nie verdaut, ist an ihren Eingeweiden erstickt. Was nun? Die roten Dämonen sind ausgestorben, die Plakate verbrannt, alles ist gründlich verbraucht und verdorben. Was nun? Was kommt nach dem Zusammenbruch dieses elenden Systems staatlicher Industriesklaverei? Dreifach ungeheuerlich ist dieser Zustand. Ein Block, der so fest betoniert in der Erde stand, muß bei seinem Zerbröckeln die Landschaften verwüsten. Die kleinsten Bruchstücke noch werden Tausende das Leben kosten. Die übrige Welt ist verwirrt und streckt verschämt ihre saugnapfbewehrten Tentakel nach Osten aus, auf der Suche nach künftigen Märkten.
Ich beobachte den Zerfall einer Weltordnung, die mich zum alten Eisen gelegt hatte, noch bevor ich geboren war. Mir ist schwindlig, ich weiß nicht, ob ich schon draußen bin oder immer noch drinnen im Labyrinth. Nach Tagen des Umherwanderns auf Moskauer Straßen fühlt man sich wie ein phlegmatisches Monstrum. Man brauchte den Staubrüssel der Saiga-Antilope aus den Steppen Kasachstans, das dicke Fell des sibirischen Yakbullen und die Geduld eines Wasserbüffels aus dem fernen Laos, wollte man hier überleben. Freilich, das Dromedar trug ein Monokel beim Pflügen der Stahlfelder, doch das ist lange her. Damals heizte Dostojewskis geschundenes Pferd mit seinen Rippen die Kessel der Revolutionslok vorm Panzerzug des Genossen Trotzki, der eine kurzsichtige Hyäne war. Jetzt endlich wissen sie, daß von

Schrauben und Nägeln allein noch kein Mensch satt wird. Auch die Angst vor dem Staat und den faulen Zähnen des Nachbarn, die universelle Angst, ihre wichtigste Lebensquelle, ist nun versiegt. Der Asphalt auf Moskaus unmenschlichen Riesenprospekten ist aufgebrochen und schwärt in der Sommerhitze. Was nun?

Ein Albumblatt: Leninskije Gory (Die Sperlinge)
Wer einmal zu Fuß den prunkvollen Palastbau der Lomonossow-Universität umrundet hat und das Gelände entlang der weitläufigen Brunnenanlagen davor, der weiß, wie angenehm es ist, wenn er das alles hinter sich lassen und vorn am Rand der Leninberge an einem Geländer ausruhen kann. Im Rücken den steinernen Zeltgiebel der Universität, wird er nur noch Ausschau halten nach der schwungvollen blaugrauen Schleife, die tief unter ihm die Moskwa durch das Stadtbild schlingt. Vielleicht bleibt sein Blick dann an einer Sprungschanze hängen. Dieser Betrunkene dort, hoch oben auf dem Schanzentisch, will er wirklich, mitten in der Julihitze die Abfahrt wagen, ganz ohne Schnee, bewaffnet nur mit einem Bügelbrett? Man sieht hier an einem einzigen Tag schon zu viele Verrückte, um auch noch dieses Schauspiel abzuwarten. Besser, man läßt all die Selbstmörder links liegen und sucht vor den eigenen Füßen, ob sich nicht dort etwas Tröstliches findet. Zigarettenschachteln der Marke *Belomor* etwa oder die antiken Scherben einer Wodkaflasche. Vielleicht hat jemand eine ägyptische Briefmarke verloren? Oder eine Liebesperle, groß wie ein Stecknadelkopf, belebt sich plötzlich und springt einem Damenschuh hinterher, wie vom Nagel eines zirpenden Däumlings fortgeschnippt. Wenn nicht in letzter Sekunde noch eine Ameise herbeieilt und sie mit ihren Ballettänzerbeinchen umschließt. Es heißt ja, jedes Ding, und sei es noch so klein, führe ein Eigenleben, von dem nur die Kurzsichtigen wissen. Überall wird dasselbe Spiel auf Leben und Tod gegeben, und selten verpaßt man den fünften Akt. Zum Beispiel der Spatz dort, unverschämt ist er herbeigehüpft, wie ein Aufziehapparat mit seinem Sprungfedermechanismus. Plötzlich klopft da Besuch an, und gleich wird man

zum Gastgeber, zu Haus in der Fremde. Ein Sperling bittet um Aufmerksamkeit. Merkwürdig nur, daß er, genau besehen, das Gesicht des Genossen Lenin trägt. Nicht als Maske, bewahre, sondern lebensecht, in feinstem Miniaturformat wie auf dem Zifferblatt einer Komsomolzenarmbanduhr. Da! Schon kommt noch einer, und noch einer. Lauter kleine gefiederte Lenins fliegen herbei und wirbeln Staubwölkchen auf, kaum größer als die Wattebäusche auf den Schlachtfeldern der Zinnsoldaten. Was tun? Soll man zu ihnen sprechen, sie mit der zusammengerollten *Prawda* verscheuchen, sie füttern? Womit nur? Man wühlt in den Jackentaschen, kehrt das Futter von innen nach außen und findet doch nur ein paar Rubelnoten, den Passierschein des Hotels und einen Zettel mit abgeschriebenen Versen, die vom Moskauer Regen handeln und seiner Spatzenfrische.

22. Mai
Rußland und Deutschland, im zwanzigsten Jahrhundert begegnen die beiden potenten Idioten, diese zeitlosen Halbstarken, sich wieder als kreischende Gorgo und rülpsende Sphinx.

24. Mai
Dieser Traum kehrte in den letzten Nächten mehrmals wieder, und ich kann ihn beim besten Willen nicht deuten. Ein Kamel rennt eine Weile lang neben einem fahrenden Schnellzug her, der mich nach Süden bringt, in eine Landschaft verbrannter Vegetation mit braunen und ockerfarbenen Tönen, die mich stark an Sizilien erinnert. Plötzlich stürmt das Tier voran, gewinnt Vorsprung, versucht die Schienen vor der Lokomotive zu überqueren, strauchelt und wird in voller Fahrt durch den Fleischwolf der Räder gedreht. Ich registriere ein Schuldgefühl, als mir auffällt, wie draußen an der Scheibe einige blutige Fellfetzen kleben. Da ich das Fenster nicht öffnen kann, wende ich den Blick ab zur anderen Seite. Da sehe ich wieder, unversehrt mit den Beinen im vollen Galopp, das Kamel. Wenn mich nicht alles täuscht, kullern ihm große Tränen aus seinen schwarzen Augen.

26. Mai
Die schlechten Kinoträume – ja, auch das Kino wird immer schlechter – bringen mich nur noch selten zurück in die Kindheit, in mein geliebtes Arkadien. Der Frevel der gegenwärtigen Traumindustrie liegt darin, daß sie einen Verführungsbereiten wie mich absichtlich verfehlt. Im Moment hat man den Eindruck, daß nur noch Schwerenöter am Werk sind, Kinderschänder, die mit brachialer Gewalt und schwerem Maschinengetöse in die witternden Psychen der Heranwachsenden einbrechen. Einer der besonders penetranten Einbrecher ins kindliche Bewußtsein thront auf einem Berg technischen Spielzeugs. Er trägt einen Weihnachtsmannbart.

28. Mai
Bekenntnis. In so vieler Hinsicht gleicht sein Leben dem des Augustinus *vor* seiner Bekehrung zum Monotheismus, wie wir ihn heute verstehen. Nach zweitausend Jahren Christentum hat die Entwicklungsrichtung sich einfach umgekehrt. In allem, was er aus seiner Jugend und den ersten Mannesjahren berichtet, fand er den eigenen Alltag, inmitten anderer Kulissen, seine zivilisatorischen Vorlieben und Begehrlichkeiten wieder. Mit dem einzigen Unterschied: daß er sich nicht mehr von ihnen distanzieren wollte (oder konnte) und also ohne den Stolz des gestandenen Prüflings auskommen mußte. Erst die Lektüre des Augustinus gibt der Formel *vor* oder *nach* Christi Geburt einen neuen, einen zyklischen Sinn. Sie macht das Christentum insgesamt zur Episode, ein weltanschauliches Intermezzo zwischen der Antike des Proselyten Augustinus und unserer aktuellen, noch namenlosen Moderne. Alle die Erleuchtungswege und anthropologischen Irrungen, die ihn zu Gott hinführten – heute führen sie von ihm weg ins Unbekannte. Bei ihm wird jegliche Regung von Trieb und Vernunft unter Berufung auf Gott und vor dem Horizont der Bekehrung schließlich korrigiert: in einer einzigen langwierigen Beichte. Heute steht dieser verborgene Beichtstuhl leer, das All hat keine Ohren mehr, die vorchristliche Psychologie kehrt zurück. Nietzsche, in der Neuzeit der wütendste Prediger dieser

Umkehr, die nach ihm alle und alles erfaßte, hätte nur auf den jungen Augustinus zeigen müssen, um den gewöhnlichen Übermenschen zu portraitieren. Stattdessen sah er in ihm eines jener *Untiere der Moral, welche Lärm machen, Geschichte machen*, und nicht den Wiedergänger, der aus der Zukunft aufbricht. Das Leben, von dem er ausging, steht heute wieder ganz im Zeichen der *cupiditas,* jener Weltgenußliebe wie sie die Lehre der Kirchenväter definiert: als *Gemütsausrichtung auf den Genuß seiner selbst und des Nächsten und alles Greifbaren ohne Bezogenheit auf Gott.* Ihre Hauptelemente sind Unterhaltungslust, Schadenfreude, Sozialneid, sexuelle Verfügbarkeit und jene leicht vergeßliche Form der Todesangst, die man hier Spaß nennt oder englisch unverschämt *fun.* Fun ist der letzte, trockene Rest lebensgieriger Seelen, ihr Asbestanteil, absolut unentflammbar. *Augustinus redivivus.* Der religiöse Hund erhebt sich aus dem Staub der Städte und schüttelt sich grinsend die Flöhe aus dem juckenden Fell.

29. Mai
Mai ist der gefährlichste Monat. Er lenkt einen immer wieder zurück zu den hilflosen Reflexionen. Zum Beispiel zu dieser. Der Sozialismus ist als ethische Schule für mich vollkommen nutzlos gewesen. Alle schlechten Eigenschaften des modernen Menschen fanden sich hier kollektiviert und in den Rang gesellschaftlicher Notwendigkeiten erhoben: die geistige Ignoranz gleichzeitig mit der Denunziation des Nächsten, das dumme Geschwätz wie der Austausch unbeweisbarer Meinungen. Borniertheit und eine sich aufgeklärt gebende Form des Kadavergehorsams verbürgten die tägliche Ordnung einer schlecht funktionierenden Verwahranstalt. Von der frühesten Schulzeit an fanden sich Beispiele derart niedriger Gesinnung, daß die Verwirrung des Heranwachsenden noch jahrelang daran zu kauen hatte. Wo immer Moral sich spreizte (und in der Erziehungsdiktatur war sie ja allgegenwärtig in ihrer Verkleidung als Ideologie), da trat sie jedesmal doppelt auf in Gestalt der Gehilfen vor Kafkas Schloß. Einmal lasziv als körperliche Erpressung mit raffiniert verhüllter erotischer Komponente und zum andern offen gewaltsam, als Bedrohung der

eigenen Logik, die sich der klassenkämpferischen Opfermythologie schwer entziehen konnte. Das Jämmerliche der ideologischen Rückzugsgefechte, das Spießige der politischen Abgrenzungsversuche begleitete einen während der ganzen Jugendzeit mit ihren nichtigen Ritualen und Appellen, durch all die Beichten und Phasen der Selbstkritik hindurch, die umso unwiderstehlicher waren, als sie ja dem Geist des Atheismus entsprangen, in all den Turnstunden der Indoktrination. Es wäre ein Wunder an mentaler Diät gewesen, hätte man sich nach alldem nicht eines Tages hundeelend gefühlt, ein rhetorisch unterernährtes, von der schieren Masse an Taubheit und Niedertracht eingeschüchtertes Pseudoindividuum mit einem ewig kränkelnden Gewissen, das bald zu vielerlei Zugeständnissen bereit war, frierend in den kolossalen Hohlräumen, von denen ein Analytiker wie Wassili Rosanow bereits im Schicksalsjahr 1917 gesprochen hatte. Nachdem alles in ihn hineingestürzt war (»Throne, Klassen, Stände, Arbeit und Reichtümer«), hatte man über dem Neuen Menschen den Boden planiert und neu zu besiedeln versucht. Doch welche Umgangsformen sollten nun in den Neubausteppen noch gelten?

1. Juni
Verslust, das treueste Echo aller Verluste...

2. Juni
Die wenigen Kommunisten, Sozialisten... inbrünstigen Menschheitsbefreier, die meinen Weg kreuzten: mit ihrem Enthusiasmus riefen sie immer nur Ekelgefühle hervor. Ich hörte nur die Genickschüsse, sah die verschwiegenen Lager. Ihre sogenannten Errungenschaften waren auf Hekatomben gebaut, auf lauter Schädelstätten erhoben sich ihre Transparente mit Sprüchen wie »Der Sozialismus siegt, weil er wahr ist« oder »Die Arbeiterklasse ist das Subjekt der Geschichte«. Aber die Natur blieb doch stumm, die verachteten Landschaften schweigen, oder vielmehr: Das Getreide wogte, zu künstlichem Wachstum gezwungen, mit den Wurzeln im vergifteten Erdreich, der kommenden Trockenheit und den Hungersnöten entgegen. Am Ende waren die Besten des

Landes geblendet, und Arbeiter und Bauern stöhnten abwechselnd vor Mondeskälte und Sonnenbrand. Und damit Schluß. Nur eins noch, was ich euch wirklich übelnehme ist diese Sache mit Ossip Mandelstam. Daß ein wehrloser Dichter, der euch nichts tun konnte, ein Mozart der Verskunst, so sterben mußte, das sei euch nie verziehn.

Gesang für die Strahlenopfer des Stalinismus
Ballade für die Knochenbrecher des Dritten Reichs
Wiegenlied für eines namenlosen Nihilisten lächelndes Kind

4. Juni
Die letzte Bemerkung zu diesem lächerlichen Gebilde namens Deutsche Demokratische Republik gebührt ausgerechnet einem amerikanischen Dichter, dem Lyriker Robert Frost (nomen est omen). »Before I built a wall I'd ask to know / What I was walling in or walling out« (*Mending Wall*, 1914). Mit genau dieser Unentschiedenheit fing alles an, damals am 13. August 1961. Mit dieser hingehaltenen Wahl, über die niemals abgestimmt werden durfte, bettelte ein illegitimes Staatsgebilde um Aufschub, um sich von seinem Coup zu erholen. Und es bekam ihn – von allen blinden Mächten – gewährt. Mit diesem Paradoxon, diesem in einem Vers erfaßten Dilemma, diesem schwebendem Junktim ging die ganze Herrlichkeit in einer Nacht mit Kerzenschein sang- und klanglos zuende. Die Eingemauerten zeigten sich als die Ausgemauerten, und auf einen Streich war der Spuk vorbei. Keine zwölf Stunden später war jedem Diplomaten klar: Die DDR hatte aufgehört zu existieren. *In* oder *out*, eine einzige Silbe war ihr zum Verhängnis geworden.

6. Juni
Plötzlich die Gewißheit, daß mein Pendelleben zwischen den wichtigsten Großstadtzentren nie mehr anders als provisorisch zu führen sein wird. Ich schaue mich um in der eigenen Wohnung, und mein nichtiges, interimistisches Nomadendasein springt mich aus jeder Ecke, jedem Gegenstand an. Irgendwelche techni-

schen Geräte zur Informationsverarbeitung, Ernährung und Körperpflege, futuristische Grabbeigaben, sind beziehungslos auf Tischen, Regalen und Schränken verteilt, als wären sie eben erst aus den Reisetaschen herausgepurzelt. Sie könnten jederzeit im nächsten Hotelzimmer Aufstellung nehmen. Ich schleppe sie mit mir herum wie der Steinzeitjäger die Fetische und Geräte, die er zum Überleben brauchte. Unterwegssein ist alles, vom Wohnen kann keine Rede mehr sein. Seit ich mich, wie meine Freunde, die Maler, Bildhauer und Filmhandwerker, in mein Atelier zurückgezogen habe, wird mir klar, wie soldatisch oder besser junggesellenhaft so ein Künstlerleben heutzutage organisiert ist, wie wenig es ihm auf Wohnkomfort und Einrichtung ankommt. Einige Photographien der geliebten Gefährtin, hier und da vor die Bücherrücken gestellt als kleine persönliche Etiketten, ein wenig Obst in der Schale, keinerlei Zierpflanzen, nur ein Vorrat an Mineralwasser und Whisky, das muß genügen. Was ich mit wenigen Handgriffen um mich verteile, lohnt nicht die Inventarisierung: künftige Nachlaßverwalter hätten es in Nullkommanichts auf dem Umzugswagen verstaut, ein halber Vormittag würde genügen. Und ebenso rasch hätten sie die paar scheinbaren Wertgegenstände vom Ramsch gesondert und weiterverschenkt. Bin ich also nicht schon zu Lebzeiten dieser Hinterbliebene, der von Zeit zu Zeit neugierig seine leichtgewichtige Habe taxiert und feststellen muß: das bißchen Strandgut wird mit der nächsten Flut bereits fortgespült sein?

7. Juni
Wie langweilig: ein Schriftsteller ohne Vorurteile.

9. Juni
Das vielzitierte Gespräch über Bäume, meine lieben Ignoranten, ist schon ihr Tod. Der Holzfäller, der Spekulant, der Forstinspektor genauso wie der dozierende Dichter in seinem Lehnstuhl im Stil des Bauernbarock, sie alle sprechen über den Baum, in süßen Bonmots oder geschäftlicher Grammatik, kurz oder lang, sachlich, fachlich oder pointiert, doch am Ende liegt er gefällt. Die

Amerikaner, unermüdliche Waldroder, pragmatische Bäumeverwerter, haben ein Sprichwort, das den Fall ein für allemale erledigt: *A tree is best measured when it is down.* Geklagt, wirklich getrauert wie der getreue Hund am Grab seines Herrn, hat unter allen Gesprächsteilnehmern nur einer, der Dichter Gerard Manley Hopkins. In seinen »Binsey Poplars (felled 1879)«, einem der traurigsten Gedichte der Weltliteratur, ist ausgesprochen, was jedes Gespräch über Bäume und erst recht seine Unterdrückung im Namen irgendeiner Sozialkritik verschweigt. Zehn oder zwölf gefällte Pappeln machen eine ganze Landschaft für immer unkenntlich. Das Auge hat nichts mehr, woran es sich beruhigen kann, das Ohr ist den Winden ausgesetzt und dem menschlichen Lärm, die Wüste ist wieder ein Stück gewachsen. Der Vorgang ist eine Zerstörung erster Ordnung, eine Schändung, und doch kaum der Rede wert für die meisten. Gegen Hopkins' Klage um ein paar Pappeln in Mittelengland ist jeder Gewissensbiß wegen eines Gesprächs über Bäume – das Tabu des neusachlichen Schriftstellers – tatsächlich ein Verbrechen. Nicht weil es ein Schweigen über so viele Untaten einschließt, sondern weil es so flüssig aufgeht im Jargon der Waldvernichter und Nutzholzlieferanten, weil es den unmittelbaren Zusammenhang übersieht im Glauben an einen verborgenen. Weil es unempfindlich macht gegen den wahren Verlust. »The sweet especial scene, / Rural scene, a rural scene, / Sweet especial rural scene.«

10. Juni
Eine Erinnerung für die Zeitung. Ihr Titel: »Ein Satz Ringe«.
Das Widerwärtigste an den Sportstunden seiner frühen Schulzeit, der Grund, weshalb er jedesmal mit Herzklopfen und einem unbestimmten Druck in der Magengrube die Turnhalle betrat, war nicht der Anblick solcher Folterinstrumente wie Sprossenwand, Reck oder Kasten, nicht das hölzerne Knarzen der Barrenholme, das ihn immer an splitternde Schlüsselbeine denken ließ, nicht die Tatsache, daß für die meisten hier eine Arena entfesselter Rauf- und Bewegungslust war, was ihn selbst bis in die Knochen hinein bange machte, es war weder die infernalische Geräusch-

kulisse (übertroffen höchstens von der öffentlicher Hallenbäder), noch der Streß, der von der ersten Minute an dort herrschte, die wahre Ursache für sein verborgenes Trauma war vielmehr der Stapel lederner Sprungmatten in einer Ecke des Höllenraums, diese Mördergrube aus kreuz und quer übereinandergehäuften Matratzen und ihr Gestank von getrocknetem Staub, Fußschweiß und den sonstigen Körpersäften ganzer Jahrgänge pubertierender Jugend – denn dort, an dieser unheimlichen Stelle unweit der Umkleidekabinen, wäre es beinah mit ihm zu Ende gegangen (So jung! So jung!), als er bei einem der üblichen wilden Spiele, die bis zum Eintreffen des Turnlehrers zur Einstimmung auf den Unterricht dienten, bei einer der Keilereien mit seinem schmächtigen Leib unter jene Matten geraten war, in die unterste Schicht sozusagen des ledernen Scheiterhaufens, begraben von seinen Klassenkameraden (darunter den besten Freunden), die wie besinnungslos immer weitere dieser muffigen Speckschwarten über ihn warfen und zuletzt sich selbst obendrauf, laut kreischend und wie die Teufel lachend, während er, auf dem Rücken festgenagelt im Dunkel, betäubt vom Gestank, mit wachsender Panik um einen Rest an Atemluft kämpfte, bis es ihm schwarz wurde vor Augen und er erkannte (in einer letzten todesnahen Gewißheit), daß Rettung nur noch von außen kommen konnte, von gottweißwelchem barmherzigen Engel, woher sie schließlich auch kam, eben noch rechtzeitig, leider nur mit dem durchdringenden Pfiff aus der Trillerpfeife des Lehrers, woraufhin das Pack für einen Augenblick von ihm abließ, enttäuscht wohl eher als aus Mitgefühl oder Einsicht, und er, im wiederkehrenden Tageslicht blinzelnd, wie in Trance an der Decke die Ringe sah, an langen Seilen herabhängend (Die Ringe! Die Ringe!) – in diesen ersten Sekunden des neuen Lebens wie nie zuvor vom olympischen Gedanken erfaßt.

11. Juni
Titan, einer der Monde des Saturn, sei, so heißt es, unserem Planeten in vielem ähnlich – die Erde noch einmal als siderischer Embryo. An ihm hat man die gleichen geologischen und meteoro-

logischen Eigenschaften entdeckt, die eines Tages zu seiner Bewohnbarkeit führen könnten. Es versteht sich, daß dieser Claim sofort abgesteckt werden muß. Es braucht neue Siedlungsräume, die Zukunft der Erde ist düster.

12. Juni
In allem, was er trieb, war er zu langsam. Und die Welt war in allem, was sie geschehn ließ, zu schnell. Sein Leben würde vorbei sein, bevor er zu Bewußtsein gekommen war. Er würde immer nur hinterhergelaufen sein, jeder Entwicklung, die ihm die Zukunft verstellte. Er verstand nicht, wie man das Ende so glorifizieren konnte, wo doch allein der Anfang schon so selten gelang.

13. Juni
Der Stoff, aus dem die Novellen sind. Eines Tages fand auf Schloß Duino eine Versteigerung statt, die ganze Einrichtung, sämtliche Bilder und Möbel, das Porzellan und die Teppiche, kam unter den Hammer. Rilkes Lehnstuhl, das Möbelstück, auf dem er einen Teil der berühmten *Duineser Elegien* geschrieben haben soll, ging für 7 Komma 5 Millionen Lire an einen unbekannten Verehrer. Man schwärmt von den Engeln und hält sich an den Hintern dessen, der ihre Besuche empfing.

16. Juni
Die meisten modernen Romanschriftsteller – Ausnahmen J, P, K und N – beschreiben den weiblichen Körper wie Metzger oder Frauenmörder, indem sie ihn in bevorzugte Fleischstücke zerlegen. Allergrößte Aufmerksamkeit erregt immer die Brust, ob sie groß und prall, klein oder mager ist, ob apfel-, birnen- oder gar tütenförmig, nach außen schwingend oder straff unters Schlüsselbein geklebt. Auch von den Hüften, den Schenkeln, vom Hintern und von den Oberarmen wird allerhand Aufhebens gemacht. Schwerer sind schon die Füße zu meistern, ganz zu schweigen von den Schultern, und vernachlässigt werden allzu oft die Kniekehlen, der Handrücken, die Bauchpartie. Beim Kopf kapitulieren die meisten. Nur an den Körperöffnungen manipulieren sie alle

wie Gynäkologen herum. Und das ist sie dann, die raffinierte Erzählkunst der Gegenwart: ein fröhlicher, unfreiwilliger Kannibalismus, breit hingepinselte anatomische Schemen, Wursttheke statt Physiognomie. Fast jeder scheint mit dem Fettstift zu zeichnen, selten ist einmal ein einzelner, feinerer Strich darunter. Ruckzuck ist die Puppe fertig. Der Abstand von Konfektionsprosa zu Pornographie-Meterware wird immer geringer.

18. Juni
Dichtung in wirbelnder Zeit.
»Und worum geht es dir mit alldem, was du da schreibst?«
»Wenn ich das wüßte. Vielleicht will ich die Schocks, die ich am eigenen Leibe erfahren habe, weitergeben in möglichst wenigen Worten, die hoffentlich einmal geflügelt sein werden.«
»Und darf man fragen, wozu?«
»Um sie zu bannen, ein für allemal. Um das Bewußtsein zu erleichtern, das so oft vergewaltigt wurde. Das Schreiben ist eine Prozedur, bei der Erschütterung mit Erschütterung ausgetrieben wird. Eine homöopathische Kur.«
»Und was ist das Ziel dieser Übung?«
»Reißende Zeit zu verwandeln in ein paar konzentrierte Sekunden. Eine funkelnde psychische Konfiguration, die höchste Form semantischer Energie ist das Gedicht. Solange man alles (ich betone: alles) auch in einer kürzeren Fassung, zum Vers konzentriert, sagen kann, warum sich im Langen und Breiten verlieren? Etwa in den Kraut-und-Rüben-Feldern eines Romans? Sieh es dir an, dieses wuchernde Prosa-Unkraut, die redundante Vegetation der sogenannten Gegenwartsliteratur.«

19. Juni
Wie nebenbei, mehr als ein Jahr nach ihrem Tod und über fünfzig Jahre nach dem schrecklichsten Kapitel deutscher Geschichte, höre ich, daß meine Großmutter 1945 in Dresden von russischen Soldaten vergewaltigt wurde. Es ist meine Mutter, die mit der Sprache herauskommt, unter den seltsamsten Umständen. Weit weg von Deutschland war das, lange nachdem die Mauer gefallen

war. Es bedurfte wohl erst dieses doppelten Abstands, im Raum wie in der Zeit, und eines ganz besonderen Anlasses. Meine Eltern hatten mich in Los Angeles besucht, wo ich für mehrere Monate in der Villa des Exilanten Lion Feuchtwanger wohnte, der, nebenbei bemerkt, den Gedanken an ein Versagen sowjetischer Erziehungsmethoden als übles Gerücht abgetan hätte. Damals erwähnte sie auch die beiden Selbstmörderinnen in der Familie, merkwürdigerweise im selben Atemzug: eine der Schwestern meines Großvaters und eine entfernte Cousine. Zum erstenmal höre ich von der spektakulären Rettung meiner Mutter und ihrer älteren Schwester durch eine mutige Tante mit Namen Trude, die mit den beiden Kleinkindern beherzt aus dem Inferno des Dresdner Bombenangriffs geflohen war und sich nach Süden durchgeschlagen hatte. Weil meine Großmutter, damals im Februar 1945, mit Scharlach im Johannstädter Krankenhaus links der Elbe lag, während der Großvater in russischer Gefangenschaft schmorte, kam es der erwähnten Tante zu, die beiden Nichten, fünf und sechs Jahre alt, unter ihre Flügel zu nehmen. In der Nacht des Angriffs war sie es, die beide Mädchen in Sicherheit brachte, fort aus der Feuerhölle des brennenden Dresden ins abgelegene Pirna, wo Mutter und Töchter sich glücklicherweise kurz danach wiederfanden. Zum Dank wurde die tapfere Tante, an die ich mich leider nur schwach erinnern kann, fünfzig Jahre später von ihren Nichten und deren Ehemännern zu einem Gedenkessen in ein Chinarestaurant eingeladen. Langsam schwant mir, warum meine Großmutter in ihren letzten Jahren so oft geweint hat.

21. Juni
Das Gedichteschreiben ist vielleicht nichts als ein Kreisen um die allgemeine Seelenblindheit, die den Gehirnen erlaubt, sich durchs Leben zu schlagen. Wenn die Wahrnehmung der Unterschiede zwischen belebter und unbelebter Materie schwindet, wenn Organismen und Maschinen, Apparaturen und Nervensysteme, Gesichter und Fahrzeugteile nicht mehr angemessen auseinandergehalten werden, steigt Dichtung zur letzten Erkennt-

nisform auf, indem sie die Kriterien der seelischen Regsamkeit wachhält. Wie sonst läßt sich das Credo des jungen Novalis erklären, Poesie sei *das echt absolut Reelle*? Im Universum der Psychen, dem wir trotz aller technischen Fluchtversuche immer noch angehören, ist sie das einzige Navigationsinstrument, das durch die laufenden Katastrophen leitet, auch wenn sie niemals aus ihnen herausführt. Denn so weit reicht keine Liedzeile, über soviel Himmelsmacht gebietet kein Vers, daß er die materiellen Stürme jemals aufhalten könnte. Diese ganze Dichterei ist, nüchtern betrachtet, so fürchterlich illegitim und verantwortungslos, so rührend unzuverlässig und solitär, daß dagegen schon die Arbeit eines Schalterbeamten seriös erscheint. Und dennoch. Dichten, das ist die Offensive der Ohnmacht, Mobilmachung im Stil der kleinsten Größe, die Allmachtsphantasie in der Nußschale. Wer dichtet, ist nicht tot.

22. Juni
Erschaffe: eine durch und durch unsympathische Figur, einen faulen Apostel des Untergangs, einen müden, masturbierenden Sarkasten, der an den Rand der Städte schleicht und von dort aus, in einer Bretterhütte, die Katastrophen der Metropolen erwartet, sie kalt kommentierend. Es ist nicht ganz klar, hat er selbst Hand angelegt und bereits ein paar Leute auf dem Gewissen, er, der doch gar kein Gewissen kennt? Sind die Sprengstoffanschläge in den Kindergärten sein Werk, die Säureattentate in den Museen mit den Sammlungen Alter Meister, die Erpresserbriefe, die blutigen Zwischenfälle in den Kaufhäusern und Kirchen? Nur soviel ist sicher, er ist intelligent und pervers zugleich, zerstörungswütig und eloquent. Es macht ihm Spaß, seine Mitmenschen ins Leid zu stürzen. Gern will er ihnen helfen, ihren Schmerz zu begründen. Der Mann – oder ist es eine Frau – erscheint den rätselnden Journalisten als eine Mischung aus Serienmörder und Terrorist. Er ist der gefürchtete *Unabomber: the public enemy.* Der Intellektuelle als Scheusal. Die erste Szene zeigt ihn in einer schwefligen Heidelandschaft, auf einer Mülldeponie tanzend. Statt der drei Hexen aus *Macbeth* treten drei sprechende Konservenbüchsen

auf, eine giftiger als die andere. Sie rezitieren die Ballade vom Heidemörder. Sein Name: Anthropos T.

24. Juni
Anna Achmatowas *Requiem* war der Klagegesang des sowjetischen Kommunismus. Dostojewskis Dämonen schleichen sich an den Erschießungskommandos des NKWD vorbei, die tragische Muse stöhnt unter den Gitterfenstern der Tscheka-Gefängnisse. Im Vergleich mit Rilkes *Requiem* fällt die ungeheure Konkretheit der Leiden ins Auge. Das Sterben spielt sich nicht mehr unter den Ahnenbildern ab (wie etwa bei Hofmannsthal), es ist das massenweise Verrecken im politischen Dreck, auf den Zementböden der Keller durch Genickschuß, in den Lagern Sibiriens und am Polarkreis durch Hunger, Entkräftung, unbeschreibliche Kälte. Und doch behauptet sich eine Stimme inmitten all dessen, der Kontraalt einer Mutter, die ihres einzigen Kindes beraubt ist und aus dem Schweigen darüber (denn auch die offene Klage war lebensgefährlich) einzelne Zeilen herausschmilzt, Trochäen für ein zukünftiges Ohr. Aus einer Zeit, die heute schon fern wie das Ägypten der Pharaonen erscheint, bleibt vielleicht nichts an menschlichem Ausdruck erhalten als ein Poem wie dieses. Dem Rätsel des Kommunismus, der in den Massakern seine historische Unschuld verlor, begegnete russische Dichtung, indem sie das Intime als Quell letzter Epiphanien schützend in ihre Mitte nahm und es so, gegen alle Schwerkraft der Kollektivierung, rein überlieferte. Wo schließlich alles enteignet und durch Revolution und Staatsterror in Treibgut verwandelt war, gerade dort blieb dieses eine, das Allerflüchtigste erhalten: der sublime Gesang, halb aus den Konservatorien der Jahrhundertwende, halb aus den Eisregionen der Gulags. Während es in den Reservaten des Bürgertums als bloße Erblast verlorenging. Heute und hier vernommen, klingt die Stimme der Achmatowa endgültig wie verwaist, ein Flüstern mit ihresgleichen, den Eingesperrten, im Labyrinth Vergangenheit.

25. Juni
Ein Zahnarzt erstellt mir das Psychogramm. Ein Blick in die aufgesperrten Kiefer genügt, und er sieht die Schleifspuren an den meisten der Zähne. »Junger Mann, Sie knirschen wohl oft mit den Zähnen?« Er hat es erfaßt, noch im Schlaf mahlen die Kiefer unermüdlich wie Mühlsteine. Bis in den Traum hinein kann ich das verbissene Knirschen hören, das manchmal klingt, als würde neben mir ein Hund auf Knorpeln herumkauen. In solchen unbewußten Handlungen zeigt sich der Andere, der grimmige Doppelgänger, der vom Körper Besitz ergriffen hat. Dabei weiß ich überhaupt nicht, was er von mir will. Ist er ein Einbrecher, der sich in mir verlaufen hat, ist sein Grollen ein Ausbruchsversuch? Mein Zahnarzt jedenfalls hat ihn an seinen Spuren erkannt.

26. Juni
Man stelle sich vor, es gäbe ein Denken, das an bestimmte, sonst nur schwer zugängliche Stellen kommt, wie Zahnseide zwischen die hinteren Backenzähne oder ein Endoskop in den Magen. Gewisse Stellen wird es überhaupt zum erstenmal anschaulich machen, einzelne Nebengänge des unüberschaubaren seelischen Höhlensystems, das sich durch die Körper aller Menschen zieht und nur durch findige, kühn in die noch ungesicherten Stollen vorstoßende Phantasie entdeckt werden kann. Dieses Denken ist das poetische Denken, und es ist keine Domäne der Dichter und Literaten, vielmehr die Methode vieler kleiner Suchtrupps, die aus verschiedenen Richtungen aufgebrochen sind, ohne voneinander zu wissen, ein Heer von Phänomenologen, das daran arbeitet, die gemeinsame Vorstellungswelt zu erweitern.

28. Juni
Lange nach der Wende erst tauchte ein Dokument auf, das die Vergeblichkeit aller Friedensträume und Alternativen der deutschen Nachkriegsliteratur illustriert. Die Friedenslieder des guten Onkels Brecht, seine Gedichte mit ihrem Anflug feierlicher Heiterkeit waren schon damals Makulatur. Auch der letzte Ansatz zu

einem Leben ohne Ausbeutung wird 1951 mit einer einzigen Handbewegung weggewischt. Man wundert sich nicht mehr über die Folgen, wenn man von jener Sitzung im Kreml liest, nach der für Pieck die Gründung einer Nationalen Volksarmee zur Bruderpflicht wurde. Seine Gesprächsnotiz hält den Vorgang in unfreiwilliger Versform fest. »Volksarmee schaffen ohne Geschrei / Pazifistische Periode vorbei.« Die NVA – ein Gedicht von Wilhelm Pieck nach einer Regieanweisung Stalins. Dreißig Jahre nach diesem denkwürdigen Musenkuß im Zirkel schreibender Politbürokraten werde ich als wehrpflichtiger Schulabgänger in die Uniform jener Volksarmee schlüpfen und im Sand der Uckermark, zwischen Kasernen und Krüppelkiefern, achtzehn Monate meines Lebens mit lächerlichen Kriegsspielen verlieren. Auch mein Zorn darüber wird auf einmal seltsam historisch.

29. Juni
Und aus den bauchigen Segeln am Schiff des Odysseus ist die Leinwand der Kinos geworden, auf denen der Strahl des Projektors die Stürme gefrieren läßt. Der Zyklus der Schatten, dem sie sich allabendlich hingeben, läßt den Sirenengesang vergessen. Das Murmeln der Toten hat aufgehört, seit sich die Völker-, die Seelenwanderung vor den Leinwänden staut.

1. Juli
Tiere sind motorische Spezialisten. Ihre primäre Ausdrucksform ist die körperliche Regung. Das Gelenk macht die Physiognomie. Der arttypische Bewegungsablauf ist ihre Form der Individualität. Sie sind, und das macht sie so ansehnlich, derart ausschließlich Körper, daß man ihnen ein Bewußtsein förmlich erst andichten muß. Natürlich gibt es den träumenden Hund, der mit allen vier Beinen zuckt, als wäre er mitten in der aufregendsten Fuchsjagd; die Katze, die listig Aufmerksamkeit heischt, indem sie sich groß vor uns aufbaut und mit der Pfote ausgerechnet die leere Tagebuchseite in Beschlag nimmt, die wir eben beschreiben wollten. Es gibt sogar den Goldfisch im Aquarium, der sinnend innezuhalten scheint, bevor er sich plötzlich mit ein paar Flossenschlä-

gen im Zickzack davonmacht. Aber sie alle bleiben doch Tänzer auf einer Landschaftsbühne, ihre Expressivität spielt in einer choreographischen Dimension. Nur so gelingt es ihnen, daß sie verborgene Saiten in uns berühren. Dank einer Körpersprache, die ausschließlich aus Reflexen und Taxien besteht, erreicht uns ihr Dasein diesseits der Worte, im Unbewußten, in einem nervlichen Schwebezustand, in dem Intentionen eher als Farben und Tonarten erscheinen. Deshalb gleicht jeder Zoorundgang so sehr einer Ballettaufführung, einem Konzertbesuch, dem zerstreuten Spazieren durch die Säle einer Gemäldegalerie. Hier wie dort erfassen wir, wenn wir uns treiben lassen und für Momente dem Sprechzwang entsagen, immer nur Richtungswechsel, überraschende Aufbrüche und Augenblicke des Innehaltens, die uns in der Schwebe halten zwischen dem Stimmengewirr drinnen und dem reinen Bewegungstheater der äußeren Welt. Das Tier ist der Bote aus einem zeichenlosen, transhistorischen Intermundium. Einmal die Augen geschlossen und wieder geöffnet, sieht man es dastehn wie am sechsten Schöpfungstag, sich kratzen, an einem Grashalm knabbern und ein paar Fliegen verscheuchen. Die Antilope, die dort mit wedelndem Schwänzchen hoch erhobenen Hauptes vorüberschreitet, hat schon Alexander der Große genau so gesehn. Ist es womöglich dieselbe? Ein Nachmittag am Nilpferdbecken entführt den Betrachter in eine Zeit über den Zeiten. Wer sich in das Muskelspiel der Gepardin vertieft, kann die Luftschichten flüstern hören. Das Gespräch, auf das er sich mit den Flamingos einläßt, läuft als leiser Schauer über die eigene Tierhaut. Ein Flügelschlagen genügt, das ausgiebige Gähnen der schwangeren Hyäne, und man steckt mitten in tiefster Trance. Wie auf ein Zauberwort ist alles Gerede verstummt.

2. Juli
Von Mutter geträumt, zum erstenmal seit Jahren. Was ist passiert? Wir gingen durch ein Gebäude mit labyrinthartigen Gängen, als sie sich plötzlich an mich lehnte wie eine Verliebte, mir tief in die Augen sah und sagte: »Du weißt, nur wegen dir bin ich umgezogen.« Die Bemerkung, wenn auch doppeldeutig, bezog sich auf

den Umzug meiner Eltern von Dresden-Cotta nach Dresden-Hellerau. Das war im Jahr 1968, kurz vor meiner Einschulung. Bin ich wirklich der Grund für den Umzug gewesen? Möglich wäre es ja, Eva hat, weil ihre Tochter nun in die Schule kommt, ganz ähnliche Pläne. Ich weiß aber, daß Vater und Mutter schon länger nach einem Haus Ausschau gehalten hatten, und hier nun, am nördlichen Stadtrand, hatten sie es gefunden, einen grauen 30er-Jahre-Kasten, sauber im Dritten Reich aus dem Ei gepellt. Hier sollten wir drei fortan wohnen, im Erdgeschoß des zweistöckigen Hauses, über uns ein störrisches Rentnerpaar, das um jeden Quadratmeter Keller und Boden kämpfte. In dem kleinen Garten, der zu dem Grundstück gehörte, konnte man sich selten aus dem Weg gehen. Zwanzig Jahre lang belagerten wir uns gegenseitig, dann starb der alte Konditormeister, und die Witwe zog zu ihrem Adoptivsohn in die Sächsische Schweiz. Endlich war ich so frei, überall stöbern zu können, in jeder Ecke von Keller, Dachboden und Garten. Da aber war meine Kindheit längst vorbei. Im Traum versuchte nun meine Mutter mit einem einzigen Satz uns allen für sämtliche Feindseligkeiten eine Absolution zu erteilen. Jedem war doch Genüge getan. Ich weiß nicht, warum ihr das so wichtig war. Vielleicht lag es ihr oder vielmehr mir auf dem Herzen. Als ich erwachte, in einem Hotelzimmer in Frankfurt, lag neben mir Eva, schwanger im achten Monat, und es war taghell. Meine Pubertät, das frühere Leben in Ostdeutschland, traumwandelnd durchs Tal der Ahnungslosen, wie der Volksmund die Gegend genannt hatte, das graue Haus meiner Eltern, die jahrzehntelange Belagerung zweier Generationen, die sich nicht ausstehen konnten... all das war wie ein Spuk fortgeblasen.

3. Juli

Daß die Katze Mensch immer wieder auf ihre vier Beine fällt, Pardon: auf das eine Bein »Ich« (Nietzsche), ist nur ein Indiz für ihre physiologische Einheit, richtiger die Vereinigung ihrer widerstrebenden Teile oder Glieder; und noch lange kein Grund, an eine *seelische Einheit* zu glauben. Nur deshalb führt man wohl Tagebuch, um sich das jederzeit vor Augen zu führen. Das Schreiben gleicht dem Bemühen, das Experiment mit der Katze aus immer anderen Lagen herbeizuführen.

4. Juli
Die Silbe *wie* ist mit Abstand die treuloseste Präposition. Sie ist jenes promiskuitive Bindeglied, das die Einsamkeit der Worte gleichzeitig markiert, für ein paar Glückssekunden aufhebt und sie damit erst recht befestigt. Gleich in welcher Verkleidung, ob als lustiger Geselle eines Vergleichs, als Animierdame für eine verwegene Assoziation, Postbote zur Überbringung einer Metapher oder bloßer syntaktischer Handwerksbursche: nie bleibt von ihr mehr zurück als ein leichtes, in jeder Beziehung sich schnell verlierendes Rütteln an der fundamentalen Autonomie aller Nomen. Im Sprachverkehr ist sie kaum mehr als ein Lückenbüßer, ein einsilbiger Hochstapler.

5. Juli
Einmal habe ich in Venedig, in der düsteren, holzgetäfelten *Scuola di San Rocco*, die gewaltigste Kreuzigungsszene gesehen, die je ein Maler entworfen hat: Tintorettos *Crucificazione*, ein Bild im Format einer Kinoleinwand. Eine halbe Stunde lang stand ich gebannt vor dem ungeheuerlichen Tableau. Vor mir hing Christus und riß mit dem Flügelschlag eines gefrorenen Engels den Raum auf. Der Erlöser stürzte unmittelbar auf den Betrachter zu, daß ihn schwindelt, wenn er ihn auf sich zukommen sieht, endlos, endlos. Das hatte nichts mehr mit der Pose des bloßen Opfers zu tun, der peinlichen Exponiertheit des grausam Hingerichteten. Die Arme ausgebreitet wie der erste Raketenmensch, war er dabei, sich in ein Geschoß zu verwandeln, das in die realen Räume aller zukünftigen Zeugen der Folterung vordringt. Jesus, der Heimsucher beim Start voraus in die Zeitentiefe, die der eigentliche Schauplatz war dieses Gemäldes. Kein anderes zeigt den Erlöser so deutlich (bis zur physischen Aufdringlichkeit) von seiner herkulischen Seite, als Projektil ganz aus Muskeln, Schmerz und Erleuchtung, wie er abhebt mitsamt dem Kreuz von jener Start-

rampe in Golgatha. Unten stand ich und zählte die Sekunden im Countdown. 10-9-8-7-6-5... bis mir, bei Null angelangt, die Idee des Bildes aufging. Der Maler hatte nur den entscheidenden Augenblick – den Moment des Absprungs – angehalten und verwandelt in eine halbe Ewigkeit. Und dies war der wirkliche Schock: die Weltraummission des verratenen Sektenführers, dargestellt in ihrer unendlichen Verzögerung. Dieser Christus wird nie bei uns ankommen. Aus immer fernerer Nähe droht er als Untoter von seinem Mount Calvary im Steigflug zu stürzen, gescheitert schon im Moment des Aufbruchs, also von Anfang an. Es war an einem Samstag, als ich das Gemälde studierte, vor dem Regen in dieses Weltraummuseum geflüchtet. Draußen glucksten die Wasser der gewöhnlichen Sintflut in den Kanälen Venedigs.

6. Juli
Franz Kafka: der beste Impfstoff gegen die Infektionskrankheiten der übrigen Literatur. »Es ist etwa fünf Jahre her, daß wir einander in Dresden, in der —straße trafen.« (Aus den Tagebüchern) / Beim Besuch des Dresdner Zoos stellt er sich vor, eins der dort ausgestellten Tiere zu sein.

7. Juli
Berlin, durch ein glänzendes Diaphragma gesehn,
Hamburg, die noble Stadt an der Alster, in einer Blutlache gespiegelt,
Und erst die Provinz, das vollplastische Leben auf dem frustrierten Land...

8. Juli
Sogar die Hunde spielen verrückt.
Sie fallen die Alten, die Kleinkinder an.
Da hast du sie, Ossip, die neue Zeit,
Befreit von den Wölfen. Zerstückt
Liegt, bevor es zu flirten begann,
Das Leben, zur Schlachtung bereit.
Das Tier aber trifft keine Schuld.

Hört es nicht auf den bloßen Schrecken
Fastend im Namen des Herrn,
Ein Engel an Demut? Ich sah die Geduld,
Mit der es den Ball bringt, den Stecken.
Wer tötet, erniedrigt, schon gern?
(Gelegenheitsgedicht No. 117)

9. Juli
Sterben möchte ich, warum nicht, mit der Epiphanie eines startenden Flugzeugs vor Augen. Dieser Moment, wenn die schwere Maschine, eine fliegende Titanic, von der Rollbahn abhebt und das Fahrwerk wird eingezogen wie winzige, zerbrechliche Krallen, dieser Moment war mir immer einer der liebsten im Leben. Soviel Euphorie liegt in dem Winkel, den das Flugzeug – nicht mehr dem Erdboden zugehörig und noch nicht dem Himmel – beim Starten einnimmt. In dieser Figur des vergeblichen Entkommens ist der ganze technische Aufbruch und eigentlich jede Menschheitshoffnung emblematisch festgehalten. Wie kann man, wo der gemeinsame Selbstmord so komfortabel organisiert ist, so tröstlich betreut, nur Flugängste haben?

10. Juli
Der Sperling auf dem Koloß. Unter ihm höhlen die Jahrhunderte den Stein aus, fressen der Macht das Gesicht weg. Er aber sitzt da und tschilpt, sitzt und tschilpt ein paar fröhliche Sekunden lang. (Selbstportrait morgens halb elf im Park)

11. Juli
Dresden: aus diesem Musennest kommt der beleidigte Schönheitssinn, die frühkindliche Trauer um etwas, das der Nachgeborene nur noch vom Hörensagen kannte. Von Anfang an definiert so das *Zu spät* alle Wahrnehmung, die wütende Ohnmacht vor soviel entschwundener Klasse. Wie ist dagegen Berlin? Ein Kasernenhof von städtischem Ausmaß, ein pockennarbiges, mit Beton begradigtes Pflaster, der Kronenkorken als öffentliche Anlage, ein Rekrutenstall als urbane Norm.

12. Juli
Der Mensch, ab einem gewissen Alter, das bei jedem anders sein mag, ist er nurmehr sein eigenes Aas. Er stinkt dann aus allen Poren, alle Körperfrische hat ihn verlassen. Seine Ansichten beginnen zu faulen, der Mundgeruch kündigt es an (Kinder haben keinen Mundgeruch, bei ihnen stinkt nur der Po, sobald sie zum erstenmal feste Nahrung zu sich nehmen).
Alles erscheint ihm nun jederzeit auflösbar: eine Beziehung, ein Hausstand, das Leben selbst. Wie begegnet man dem? Mit der Genauigkeit täglicher Buchführung, der Strenge gegen sich selbst, mit dem Sarkasmus dessen, der vom Verrat schon im voraus weiß? Es blüht einem ja nichts so Außergewöhnliches, nur eben der Verfall des geliebten oder verhaßten Ganzen. Warum also beleidigt tun? Will man denn auf besondere Weise zugrunde gehen, wie keiner sonst? Ist es das: ein Untergang als Anführer einer eigenen Elite, dieses nie dagewesenen Gehirns? Nimmt man deshalb so viele Absurditäten in Kauf, um sich mit einem Scheitern nach eigenem Maß zu belohnen? Aber mit einem wirklichen Scheitern hat dieses Widerwärtigste doch gar nichts zu tun, die bloße Dissoziation aller ursprünglich verbundenen Kostbarkeiten wie Körper und Geist, Liebe, Freundschaft, Lebenswerk. Das Scheitern bleibt nur die dramatische Posse, mit der ein durch und durch biochemischer Ablauf sich im Selbstbewußtsein maskiert. Der Zerfall, das Verrotten ist alles andere als die große Oper.

13. Juli
Vor Jahren hörte ich einmal eine blinde spanische Lyrikerin eins ihrer Gedichte vortragen, in dem die Zeile vorkam: »...faszinierend wie ein Insektenstich auf der Haut«. Selten hat mich etwas so beeindruckt wie das Bekenntnis der blinden Frau, die mir noch heute nachgeht. In völliger Finsternis lebt sie, und dann verschafft ihr der kleine Schmerz eines Mückenstichs eine Empfindungssensation von solcher Intensität, daß sie darüber schreibt. Ich stellte mir vor, wie sie mit angehaltenem Atem das Tier bei der Arbeit belauschte, mit welchem Entzücken sie die Blutstropfen hingab für das Geschenk, sich in aller Stille als Speise zu spüren.

Ein einziges Mal nur habe ich mir das gleiche Gefühl gegönnt, als ich eine Mücke, die sich auf meinem Unterarm niedergelassen hatte, ungestört blutsaugen ließ. Der Unterschied freilich: ich *sah* das Insekt! Und wie genau beobachtete ich seinen kleinen Saugrüssel von der Stärke eines Menschenhaares. Ich sah dabei zu, wie sich ihr Leib in kaum merklichen Pipelinestößen allmählich zu einer spitzen Tropfenform wölbte, ein blutrot anschwellendes Reiskorn. Hatte die Sichtbarkeit den Genuß vergrößert? War ich geil auf den Anblick oder eher auf das süße Gefühl? Das ist immerhin fraglich. Denn die Haut blieb ganz unbeteiligt dabei, ich war sogar stolz darauf, nichts zu spüren. Geschmeichelt und vor mir selbst prahlend, mit demonstrativ angehobenem Arm, blies ich dem lieben Störenfried zum Abschied unter die Flügel. Flieg, kleiner Blutsauger, flieg.

14. Juli
Das Ohr beginnt sich zu schließen. Schrecklich. Ich höre mich selber sprechen. Ich höre mir zu, erstmals und mit grimmiger Freude, gedämpft von Selbstironie. Eines Tages, und das wird gut sein, habe ich alle die Innenstimmen beisammen, die mich seit der Kindheit begleiten. Dann kann das Welttheater – im eigenen Schädel – beginnen. Draußen spazieren die Zeitgenossen umher, doch ich bin taub. Taub für ihr Geschwätz, das doch dem eigenen nur allzusehr gleicht. Im Grunde sind wir alle verbunden, doch je älter wir werden, hören wir einander immer seltener zu, Traumwandler einer wie der andere, vergebliche Trommelfellspanner, durch Welten getrennt.

15. Juli
Der immer lauter werdende »Heute!«-Schrei, näherrückend als eine alles niederwalzende Parade verzückter Leiber. Es ist soweit, das Glück wird in Hektolitern ausgeschenkt. Es dröhnt aus gewaltigen Lautsprechertürmen, die auf Sattelschleppern dahergerollt kommen, Sadarnapals Begleitmusik. Sie bricht durch die Grünanlagen der Stadt wie ein Mammut durchs Unterholz. Und ich, das fragile Geschöpf, der Zerrissene aus dem vorigen Jahr-

hundert (was man zu Schulzeiten ein *Sensibelchen* nannte), habe ihr nichts entgegenzusetzen als Staunen. Entgeistert fahre ich auf dem Rennrad neben der Herrlichkeit her, sehe dem Glück der Verschmelzung zu. Denn das kollektive Begehren ist der Bacchant, sein Antrieb die Phobophobie, die Angst vor dem Angstanfall namens Endlichkeit oder einsam verbrachte Zeit. (Schnappschuß am Rande der *Loveparade* im Berliner Tiergarten)

16. Juli
Retrospektiver Hoffnungsverlust heißt eine schleichende Krankheit, an der vor allem Dichter erkranken. Daß die Vergangenheit, dieses goldene Schauermärchen, unverbesserlich ist, hat ihre Nerven gelähmt, die Muskelgewebe der Phantasie, die sie täglich trainieren. Nun ist es an ihnen, mit der Zukunft Schluß zu machen, bevor sie zum Quälgeist wird. Nach außen geht alles noch seinen Gang, mit derselben unverdächtigen Leistungskraft, die man den Riesen zuschreibt, den rettenden Rübezahls. Doch drinnen, rings um die Herzkranzgefäße und hinter den Nieren, hat das Gestern sich tief eingefressen und bildet Kavernen, in denen die melancholischen Verwüstungen toben. Unterm allmächtigen *Zeitgefühl* brechen die Hohlräume lautlos zusammen. Hat denn irgend jemand schon einmal Zeit gewonnen dadurch, daß er in einem Haufen von Schatten wühlte? Die sprichwörtliche Schwierigkeit mit der Stecknadel ist dagegen ein Kinderspiel.
Wohlan, ich bekenne, ich verabscheue die Zukunft. Spät, doch nicht zu spät, eines Tages ist mir das klargeworden. Von allen Übeln das übelste ist der Verlust, den das Leben erleidet, indem es der Zukunft anheimfällt. Es braucht keine logischen Tricks, kein Spiel mit den Zeitformen der Verben, keine Tageszeitung und keine Horoskope, das zu begründen. Eine schlichte Lebensrückschau genügt. Das Experiment eines gewissen Marcel Proust, der Nachweis an einem einzelnen Gedächtnis, an seiner persönlichen Odyssee durch die Zeit, hatte die Richtung gewiesen. Kann sein, ich bin noch nicht soweit, dieses Bild zu entwickeln, doch seinen Konturen beuge ich mich schon jetzt. Nach achtunddreißig Jah-

ren habe ich gelernt, die ersten Motive zu schätzen, insofern sie unabänderlich sind, Indizien einer gelebten Gegenwart. Was ich entstehen sehe, in groben Zügen vorerst, in vielen Passagen noch unkoloriert wie die Entwürfe zu großen Historiengemälden, stellenweise vielleicht niemals auszufüllen, ich will versuchen, es nach und nach herauszuarbeiten. Und dazu brauche ich Zeit, die von der Zukunft nur oberflächlich gestreift werden darf. Wahrscheinlich macht deshalb Zukunft mich so gereizt. Ich bin eifersüchtig auf diesen unsinnigen Vorsprung. Ich wehre mich gegen die enormen Wissensmengen, mit denen sie die Lektionen von gestern einfach negiert. »Wenn Sie sich ein Bild von der Zukunft ausmalen wollen, dann stellen Sie sich einen Stiefel vor, der in ein Menschenantlitz tritt – immer und immer wieder.« (George Orwell)

17. Juli
Was man im Badewasser zu hören bekommt, beim Anblick des knisternden Schaums:
... im Moment des Eintauchens, sekundenlang,
Das Schweigen der U-Boot-Motoren am Grund.
Die Gesänge der Buckelwale von Pol zu Pol.
Die Sonare der Fischfangschiffe in ganzen Flotten,
Der schwimmenden Schlachthäuser auf hoher See.
Das Glucksen der eigenen Eingeweide,
Des Blutkreislaufs und des farblosen Liquors im Hirn.
Die Rülpser der Riesenkrake in ihrer Höhle
Tief im Pazifikgraben, belauscht von Isidore Ducasse
Comte de Lautréamont, genannt Maldoror.
Den Brunstschrei de Sades, das Gurgeln Poes
Und all der ersoffenen Musen der Revolution.
Venus' Seufzer, wenn sie der Muschel entsteigt
Und erblickt das bucklige Empfangskomitee,
Die Parade der syphilitischen Dichter.
Das Bellen der Seehyäne aus einem Mythos,
Den die antiken Epen verschwiegen aus Furcht.
All die Luftblasen aus Philosophengehirnen.

Das fröhliche Pfeifen der letzten Delphine,
Die den neuen Amphion, anstatt ihn zu retten,
In die Tiefen entführen, damit er aufhört zu singen.

18. Juli
Topographie Berlin. Die Wilhelmstraße, unscheinbares Zentrum des Schreckens: von hier gingen all die Befehle zur Zerstörung des alten Europa aus. Heute wächst Gras auf dem seltsam hügeligen Gelände rings um den prächtigen Gropius-Bau. Irgendwo zwischen Leipziger Straße, Ebert- und Behrensstraße, am Rande des in Windeseile neu besiedelten Potsdamer Platzes, liegen noch, mehrere Meter tief in der Erde, die Bunkeranlagen, versiegelte Überbleibsel der Reichskanzlei, jener Zentraldienststelle für neuere deutsche Geschichte. Oftmals, wenn ich unterwegs bin im Auto, zu Fuß oder per Fahrrad, versuche ich, ausgehend von diesem nunmehr imaginären Mittelpunkt auf der Landkarte die Stationen zu verbinden wie einen Passionsweg, an dem noch heute die historische Szenenfolge ablesbar ist. Da sind, steinerne Schreibtischkästen, abweisend streng, die Botschaften der ehemaligen Achsenmächte Italien und Japan, in begünstigter Lage entlang der Tiergartenstraße, gefolgt von dem Spukschloß des verbündeten Spanien am Neuen See. Dahinter, am Landwehrkanal, steht noch immer der sogenannte Bendlerblock, das Oberkommando der Wehrmacht, in dem der Militärarzt Gottfried Benn aus- und einging. Dort auf dem Innenhof hat man die Verschwörer des 20. Juli erschossen, den Grafen Stauffenberg etwa, der die verbundene Hand in der Schlinge trug. Einen halben Kilometer weiter ragt im Stadtinnern, am Breitscheidplatz, der abgebrochene Flaschenhals der Gedächtniskirche in den Berliner Himmel, der an dieser Stelle, nicht nur im Hochsommer, jenes gleißende Licht ausstrahlt, eine ausgeglühte, stählerne Helligkeit, wie man sie auf den Photographien der Trümmerstadt nach 1945 so oft findet. Vielleicht ist es das Licht, das jene Atmosphäre schafft, die alle die Schauplätze von Verbrechen und Katastrophen entlang der Speerschen Ost-West-Achse bis heute verbindet. Noch immer trifft einen das gleiche schneidende Licht, über der Arena

und zwischen den Pylonen des Olympiastadions ebenso wie auf dem Brachfeld hinter dem Portal des einstigen Anhalter Bahnhofs, von dem aus die Züge bis zuletzt an die Ostfront rollten. Es ist ein unbarmherziges Licht, wie von jähen Hausdurchbrüchen und Wäldern, die über Nacht abgeholzt wurden. Überall das gleiche erbitterte Gleißen, wo immer Berlin seine Drohung herausbrüllte gegen den Rest der Welt. Überm Rollfeld des Tempelhofer Flughafens, um das riesige Halbrund des Hangars genauso wie beim Anblick der Straßenflucht, die sich dem Cabriofahrer, nachdem er den Funkturm passiert hat, auf der Avus stadtauswärts bietet. Aus allem leuchtet dieselbe Zuversicht der Reichshauptstadt *Germania*, gnadenlos, wie nur die Wochenschau sie den Anbetern auf die gepanzerten Stirnen schrieb.

19. Juli
Man kann also sagen, daß mein bisheriges politisches Schicksal, das Erwachen in der sozialistischen Baracke, der Weigerung Hitlers zu verdanken ist, den Osten Deutschlands, das Gebiet zwischen Oder und Elbe, durch frühzeitige Kapitulation vor russischer Invasion zu bewahren. Nur deshalb ist mein Blick bis zum heutigen Tag verständnissuchend nach Osten gerichtet wie auf eine Nebelwand, aus der stündlich die Geister auftauchen können. Als mein eigener westdeutscher Bruder, territorial glimpflich davongekommen, wäre ich von Geburt an amerikanisiert, hätte als Kind schon *comics* gelesen, *bluejeans* getragen und echten *bubblegum* gekaut. So aber blieb mein Ohr wie das eines ängstlich witternden Kaninchens offen für den weichen, den russischen Laut. Die Imagination war an die marxistischen Mythen gefesselt, die linken Heiligenlegenden, eine Poesie, in der sich Oktoberrevolution und Sowjetunion reimten wie Herz und Schmerz. Nachts hörte ich Soldaten der Roten Armee betrunken vorm Haus meiner Eltern singen. Tags quälte ich mich in der Schule durch den dialektischen und historischen Materialismus. So steckt mir, der ich am äußersten Ostrand Deutschlands geboren bin, noch immer der Schock von Petrograd in den Knochen. Die Daten und Orte *meiner* Vergangenheit heißen Kronstadt und

17. Juni, Stalingrad und 13. August 1961. Ihnen habe ich es zu verdanken, daß ich im Denken lange Zeit nicht von der Stelle kam, daß ich so viele Jahre strampelnd in diesen theologischen Irrsinn eingesperrt blieb. Wenn ich einen Geschichtsphilosophen wie Walter Benjamin lange Zeit anders verstanden habe als meine Freunde im Westen, so hat das damit zu tun. Doch der kleine Unterschied, heute weiß ich es, hat mich nur Zeit gekostet, jede Menge Bedenkzeit, das ist alles. Es gibt Augenblicke, da lohnt es sich nicht mehr, überhaupt noch mit irgendwem darüber zu sprechen. Wozu Intellektuellengespräche, wenn alles auf eine überflüssige Beichte hinausläuft? Die Klagen der Mitgefangenen, ihre halbgaren Geschichtsanalysen sind mir zuwider und die kühlen Thesen der im Westen Davongekommenen zu fern von allem, was ich erleben mußte. Also bleibt nur, es aufzuschreiben, hin und wieder zurückzuschleichen in die verlassenen Räume. Einziger Trost ist, daß ich bei solchen Streifzügen manchmal den Ahnen begegne, den Einzelgängern und Sängern einer früheren Vergeblichkeit. Es versteht sich, daß in den Ruinen keiner den anderen grüßt.

20. Juli

Ohne die Gegenwart einer Frau verwildere ich sofort. Kaum ist sie für einen Tag unerreichbar, falle ich in die alten Wolfsgewohnheiten zurück. Ich lese gemeines Zeug, berausche mich an Gedichten, esse flüchtig und schlecht und wandere unrasiert in der kahlen Wohnung umher. Wirklich kultiviert, in Gespräch und Blick und die Feinheiten des Haushalts einbezogen, bin ich nur vis-à-vis der Geliebten. Fehlt sie, so kommt mir nicht nur jeder praktische Sinn abhanden, sondern auch etwas unendlich viel Kostbareres, jene tastende Intelligenz von Zunge und Fingerspitzen, der ganze Erkenntnisreichtum, der sich der witternden Haut auftut, diesem größten Organ. Aus den Raffinessen erotischen Umgangs folgt weit mehr als soziale Ordnung, die Abweichung ergibt sich aus Kleinem und Allerkleinstem. Zum Beispiel der Spiegel: er wird anders besetzt, ist die Frau in der Nähe, da erst wird er zur Fundgrube. Überall sieht man den begehrten Körper sich verdoppeln. Die ödeste Wohnung wird dann zum Irrgarten, mit unzähligen, verwirrenden Laubengängen, von Blicken gepflanzt. Hier blitzt eine Hüfte auf, dort lockt ein Arm in die Kissen, und allenthalben findet man ihre aufreizenden Spuren, die schnell zu Fetischen werden. Ohne sie könnten die Zimmer ebensogut unter der Erde liegen oder in einer prähistorischen Höhle.

21. Juli
Es gibt nichts unmittelbar Fremderes, in seiner Unverschämtheit Skandalöseres als den eigenen Körper. Er ist zugleich, so absurd das klingt, aufdringlich und stiefmütterlich. Wie ein Hausbesitzer, der die Wartung und die Gebäudereinigung einem zufälligen Mieter überläßt, ihn nachher jedoch für jede Havarie haftbar macht. Seine Herrschsucht bei völliger Hilflosigkeit kennt keine Grenzen. Schamlos erklärt er seine Verantwortungslosigkeit wie das Kind, das seine blaugefrorenen Finger vorzeigt und klagt: »Meine Mutter ist selber schuld, wenn ich an den Händen friere. Warum hat sie mir keine Handschuhe gestrickt?«

22. Juli
Die große Überlebensleistung im 21. Jahrhundert wird sein, daß man lernt, die Rückseite des Kühlschranks zu streicheln. Daß man die Einzelhaft auf dem Planeten, ausweglos an seinesgleichen gekettet, gleichmütig erträgt wie ein Zootier seinen schmutzigen Käfig. Daß einen das Sterben der noch verbliebenen Arten (von Tier und Engel, Naturkind und Dandy) so wenig schmerzt wie die Zerstörung der Kunstschätze in den Kriegen von gestern. Daß man das wehmütige, das beseelte Sprechen endlich einstellt und auf der Stelle tritt im völligen Diesseits, wo nurmehr das physische Wort gilt, der pure Laut, der aufs Trommelfell trifft, ohne jegliches Echo im Transzendenten.

23. Juli
Im Gedicht kann man ebensolange unter Wasser die Luft anhalten, Trompetenfische betrachtend vor einem karibischen Korallenriff, wie an einer Biegung der Via Appia im kaiserzeitlichen

Rom unter Pinien sitzen oder in einer Berliner U-Bahn, eingezwängt zwischen japanischen Touristen, auf einer Sitzbank schwitzen. Das Gedicht ist der irreale Ort, der transparente Wandschirm, auf dem die Schatten tanzen, unbekümmert um Biotope und Staaten, Epochen und Stammesgebiete. Im Gedicht ist man sofort hier und dort. Seine Zeit ist das ewige Jetzt.

24. Juli

Bei Ernst Cassirer gibt es, als Grenze zwischen menschlicher und tierischer Welt, die Unterscheidung von propositionaler und emotionaler Sprache. In der Dichtung, wo sonst, fängt diese Grenze wie eine ferne Horizontlinie zu flimmern an. Und noch eins: die besondere Erkenntnisweise, die ein Gedicht darstellt, rührt daher, daß es als eine symbolische Form unter den primären Erscheinungen gleichberechtigt und irreduzibel aufs Ganze geht. Das Gedicht nimmt inmitten der Welt Platz. Idealerweise ist sein Abstand zu allen Dingen gleich groß und damit auch seine Nähe. Nur was aufs Ganze geht, läßt sich zu allem anderen in Beziehung setzen. Dabei haben die symbolischen Formen der Literatur eine Schlagseite zum Anschaulichen, während die Erkenntnisweisen vernunftkritischer Philosophie eine Sphäre aus Begriffen konstituieren. Poesie erleidet den Schwindel der propositionalen Sprache bei vollem Bewußtsein. Noch einmal Novalis: »Die Poesie ist das echt absolut Reelle. Das ist der Kern meiner Philosophie. Je poetischer, je wahrer.« Doch auch das ist wahr: die Unwirklichkeit, das bin ich.

Gedichte sind mathematische Gleichungen. Nur daß statt Zahlen hier Worte, also Träger von Gedanken und Empfindungen, in Relation gesetzt werden. Die Relation ist der Stil, die mathematische Operation der Ausdruck, die Bedeutung ihr Resultat. Gedichte, wenn ein Formgesetz sie beherrscht, funktionieren exakt wie Brüche. Je mehr Faktoren man in die Rechenoperation einbezieht, umso weniger leicht läßt sich ihr Korpus reduzieren auf ein paar simple Standards. Mit der Anzahl der Unbekannten erhöht sich der Schwierigkeitsgrad, der hier Spannung heißt. Die großen

Gedichte ähneln komplexen Gleichungen mit vielen Funktionen. In sie ist ein Maximum an Parametern des Lebens eingegangen. Zusatz: Dasselbe gilt natürlich auch für gute Prosa. Nur daß dort alles ausufert und zu einem Fall für die Mengenlehre wird. Schließlich läßt alles sich kürzen.

25. Juli
»Hypocrite lecteur«, der Stoßseufzer des Baudelaire, meint eine Heuchelei, die mehr als einen Hintergrund hat. Ein Schleier ist sie, der um die Stirnen der Menschen fliegt, siebenfältig, nie fortzuziehen. Und wenn fortgezogen, dann ist da nichts, keine Haut, kein Schädelknochen, kein letzter wahrhaftiger Gedanke. Das zeigt sich in jedem Gespräch, in jeder flüchtigen Ansicht, und vor allem zeigt es sich in der Schrift. Es gibt die Heuchelei als unauflösbare Differenz von Existieren und Sichverständigenwollen: der Leser delektiert sich am Leiden des Künstlers, während dieser den Leser für seine Empfindungsleere verachtet. Dabei heuchelt er selbst, indem er seine quälenden Einsichten zum Werk stilisiert. Eine noch tiefere Heuchelei besteht darin, daß beide Seiten vorgeben, einander längst zu durchschauen. Denn wer darstellt oder Dargestelltes in der Vorstellung genießt, heuchelt. Außerdem sind wir alle mit einem Teil unseres Wesens Bürger, das heißt Spießer, Normalmenschen, fiskalische Nummern, Puppen der Zivilisation. Unser Status wie unser Nicht-Status macht uns in jeder Sekunde zu Heuchlern. Und schließlich ist das Universum selbst, anthropologisch betrachtet, ein Lügengebäude. Unsere einzige Chance zur Mitmenschlichkeit ist demnach: universelle Hypokrisie.
Natürlich ist alle große Kunst in ihrer besten Erscheinungsform fürchterlich intuitiv. Diese allein verbürgt ihre anhaltende Wirkung. Der menschliche Geist ist so nachtragend, daß er sich für alles bloß Ausgedachte früher oder später rächen muß. Intuition ist die der Kunst eigene Form der Diskretion. Ihr zeitresistenter Anteil, könnte man sagen, wäre das nicht ein Widerspruch in sich. Denn schließlich trotzt auch das Unerklärlichste – eine plötzliche Schönheit, ein genialer Einfall, die unerwartete Epiphanie – der Zeit nur so lange wie das, was eben noch Intuition

war, zum Gemeinplatz wird. Dann kommen die Spezialisten, die Meister des Ausgedachten, und erklären das Rätsel für lösbar, zur bloßen Annonce. Aber pst! Hinter der Maske war nie ein Gesicht. (Selbstportrait als blasierter Albino)

26. Juli
Seltsam, noch immer hätte ich in Gesellschaft von Menschen lieber mich selbst kennengelernt als die meisten meiner lieben Bekannten. Ein kleinlicher Gedanke, und doch, nehme ich an, hat ihn fast jeder schon einmal gedacht. Schrecklicher Narzißmus, finsterer misanthropischer Dünkel. Woher die Unzufriedenheit über den Mangel an Gleichgesinnten, an interessanten Seelen? Wie kommt es, daß es so wenige gibt, die uns bereichern, begeistern? Sofort die Angst: bewege ich mich in den falschen Kreisen? Selten ist einer darunter, von dem man froh ist, ihn getroffen zu haben. In neunundneunzig von hundert Fällen war man nur maßlos gelangweilt. Und dabei ist es doch lächerlich, dieses Gefühl, von einer ganzen Spezies im Stich gelassen zu sein. Sinnlos wie der Seufzer: ich suche eine wahlverwandte Seele. In manchen Nächten legt sich die Einsamkeit wie ein Leichentuch über uns. Was soll ich hier, ein Zeitgenosse unter Zeitgenossen, die mir so gleichgültig sind wie ich ihnen. Wir haben uns nichts zu sagen, nichts, was über den Tag hinausgeht. Und für den Flug durch die Zeiten gibt es die Bücher, das Zwiegespräch mit den Toten. »Dabei bin ich im Grunde ein geselliger Mensch.« (Lautes Hohngelächter aus der Bibliothek)

27. Juli
Je länger du schreibst, desto altmodischer kommt deine Haltung zum Schreiben dir vor. Es ist ein Trugschluß, zu glauben, man könne auf einem Blatt Papier *alles* machen. Wenn der Zeitpunkt nicht stimmt, der innere Takt, fällt das Geschriebene auseinander in das Gelungene und das Gemachte. Beides mag gleich aufschlußreich sein, keins hat mehr Anspruch auf Gültigkeit. Und so reitet man sich immer tiefer in die Selbstentfremdung hinein. Nicht lange, und man wird die sogenannten historischen Um-

stände für das Ergebnis verantwortlich machen, und dann Gute Nacht. Hat man erst angefangen, die Belehrungen der Zeit entgegenzunehmen, steht man mit einem Bein schon im Grab.

28. Juli
Es ist heilsam, sich vorzustellen, daß die Römer mit kulturell unterentwickelten Völkern wie etwa meinen Vorfahren, den Germanen, so umgesprungen sind wie die Pioniere Amerikas mit den Indianern. Es gab da, den Quellen zufolge, Umsiedlungsaktionen von riesigem Ausmaß, mit Hunderttausenden quer durch das antike Europa verschickten Menschen. Der Unterschied zu Amerika ist nur, daß es nicht diese unselige Reservathaltung gab, die den Menschen zermürbt und für alle Zukunft untauglich macht. Das Leben in den römischen Kolonien lief immer wieder auf Vermischung hinaus. Die Römer wußten, daß sie die unterworfenen Stämme auf Dauer nicht internieren konnten. Offenbar hatten sie wirklich keine Angst vor der Integration. Ohnehin steckt in der heimtückischen Politik von Verdrängung und Reservathaltung nur der Wille zur Ausrottung. Ein guter Germane ist ein toter Germane: dieser Gedanke einer Vernichtungsstrategie war den ach so grausamen Römern fremd.

29. Juli
So spricht Paulus, der umtriebigste aller Apostel: »Denn wir gehören dem Tag, so laßt uns denn rein sein, und das Schutzschild des Glaubens und der Liebe anlegen und als Helm die Hoffnung auf Erlösung«. Und so sieht die Welt der modernen Apostel aus: Shoko Asahara, Gründer der Aum-Sekte, die sich um die Erlösung der Menschheit mittels Giftgas bemüht, steuert seine Gefolgschaft in den Großstädten Japans durch elektrische Gehirnmassage. Nicht mehr der Wanderstab oder das härene Büßergewand sind ihre Abzeichen, nein, auf dem Schädel, eng an die Kopfhaut geschmiegt, Erlösungskappe mit Batteriebetrieb. Derart gut behütet, empfangen sie über Elektroden die Botschaften des blinden Meisters. Der einzige Befehl, unterwegs durch die U-Bahn-Schächte und wimmelnden Menschenmassen leicht aus-

zuführen, lautet auf Destruktion. Eine Gemeinde fanatischer Roboter hat sich in Marsch gesetzt, ihm zu gehorchen. Mit eigenen Augen sah ich einige dieser Ferngesteuerten auf den Fahndungsplakaten der Polizei, letztes Jahr in der Riesenstadt Tokyo. Jünger aus einer anderen Hölle, den geplagten Menschen ringsum zum Verwechseln ähnlich.

30. Juli
Das Verbot, die Elbe vom Westen her zu überqueren, es existiert also schon seit der Zeit des Augustus. Immer wieder hatte der Cäsar seinen Legionären eingeschärft: bleibt weg von diesem Fluß, er wird euch nur Unglück bringen. Unsereiner kann (sich) dort nur verlieren. Wenn ich heute von solchen Orakeln lese, muß ich an die lange Reihe seiner Nachfolger denken, die alle vom Westen her, vergeblich, den Übergang suchten. Es gab keinen Weg über die Elbe, der nicht mit Initiation, also Wandlung und Selbstaufgabe, bezahlt worden wäre. Von Karl dem Großen bis Adenauer haben das alle Geostrategen gewußt und sich lieber bedeckt, sprich westlich der Elbe gehalten. Dabei macht dieser Fluß einen so trägen Eindruck, wo immer man ihm begegnet, ob bei Wolfen, bei Magdeburg oder selbst an der Mündung in die rauhe Nordsee. Die längste Strecke zieht er durch die ödeste Tiefebene. Schwer vorstellbar, daß in seinen Breiten jemals ein dichtes Waldgebiet war. Der Himmel und das meiste, was unter ihm brachliegt, sind auf beiden Seiten des Flusses gleich. Eine erdrückende Masse, vorwiegend in Grautönen, Landschaft in wenig einladender Formation, in Stellung gegangen gegen den wandernden Menschen.

31. Juli
Diese Ausgesetzten der Erde – De Quincey, Chamisso, Blake, Hölderlin, Kleist usw. Bei ihnen scheint alles radikal auf die eine Frage hinauszulaufen, die der Maler Böcklin einmal gestellt haben soll: »Wissen Sie denn, ob die ganze Erde nicht nur ein großes Tier ist und wir die Parasiten darauf?«

1. August

Ach, sie schwätzen immer vom Sterben der Reime. Als ob sie schon wüßten, wohin der Reim sich als nächstes wendet. Es gibt schleppende Reime, unscheinbare, nach innen gerichtete, sich vorm Metrum versteckende Reime. Es gibt Reime aller Altersklassen und in Hunderten unvorhergesehener Stimmen. Bei manchen von ihnen ist gerade der edle Stammbaum das interessante, die Reihe der Dichter, die durch ihn hindurchging. Andere sind wie historische Lumpen, hin- und hergerissen, Fetzen, die schon manche Blöße bedeckt, manche auch offenbart haben und gerade deshalb so reizvoll sind. Im Glücksfall ist der Reim das angehaltene Erregungsmoment einer Zeile, aus ihm spricht das Begehren der Worte nach ihresgleichen. »Ob sich gleich auf deutsch nichts reimt / Reimt der Deutsche kräftig fort«, stichelte Goethe, in gewohnt vertracktem Gedankengang. Erst der Doppelsinn wird dem Problem gerecht. Es stimmt schon, auf *deutsch* reimt sich tatsächlich nichts, und im Deutschen leider nur sehr weniges oder vielmehr immer dasselbe. Solange das Spiel sich auf den strikten Endreim in Form des syllabischen Gleichlauts beschränkt, bleibt es bei dem gewöhnlichen, reduzierten Wortschatz aus dem Herz-Schmerz-Repertoire. Das proletarisch Aktive, das unruhig Strebsame des deutschen Reims liegt am Gedränge der Verben, der Zeit- oder Tätigkeitswörter, wie sie im Deutschen genannt werden. Flektierbar, wie sie sind, drängen sie sich überall auf. Wenn nichts mehr geht, sind sie es, die den Reim erzwingen mit ihrer Wandlungsfähigkeit, ihrem Fleiß. Sie bestimmen die Richtung, das Arbeitspensum, den Takt der dichtenden Menschmaschine. Ein Vers reicht dem andern die schwielige Hand. So wird der Sinn regelrecht fabriziert, er fügt sich dem Kommando der Verben (siehe *Faust* Eins und Zwei). Der Mann im Ohr, der im Deutschen den Reim diktiert, ist entweder Handwerker wie bei Hans Sachs, fahrender Geselle wie beim geschickten Heinrich Heine oder gelernter Facharbeiter wie bei Bertolt Brecht, der mit den betrieblichen Zwängen nationalsprachlicher Verskunst auf bemerkenswerte Weise im reinen war. Er ist der treuherzige gotische Meister, der überm Zupacken leicht das Genießen vergißt, dem jedes Reimpaar zum akkuraten Werkstück gerät. Goethes Gedicht, aus dem der Merkspruch stammt, trägt nicht zufällig den Titel »Musen und Grazien in der Mark«.

2. August

Am halboffnen Meer der Ostsee stand ich
Und gedachte beim Anblick der schwindenden Fußspur
Des siebenjährigen Jungen, der an derselben Stelle
Schon einmal versunken war mit den Füßen im Sand,

Dreißig Sommer vor diesem. War das noch derselbe,
Glücklich im Spiel mit den toten Quallen,
Das Einzelkind, unbekümmert um alles, was kam?
Oder ein Andrer, der meinen Namen trug vor mir?

Stahlgrau das Meer weist die Erinnerung ab.
Und plötzlich die Vorstellung: niemals gewesen zu sein,
Weder damals noch heute oder in ferner Zukunft.
Die Spur im Sand gelöscht, ein posthumer Gedanke.

(Prerow im Nieselregen. Wir sind für einige Tage ans Meer gefahren: Eva, hochschwanger, ihre sechsjährige Tochter Marlene und ich. Wenn alles gutgeht, bin ich in drei Wochen Vater. Die Landschaft des Darß rückt mir mit Bildern aus meiner Kindheit zu Leibe. Das Wetter ist günstig für bange Gedanken. Beim Strandgang werden die Knie weich. Einziger Halt ist der Horizont mit der vermuteten Küste Dänemarks. Ich weiß noch genau, wie ich mir seinerzeit beim Urlaub auf Hiddensee die Augen aus dem Gesicht gestarrt hab, um wenigstens einen Strich der Insel Moen zu erhaschen. Immer noch leckt die Ostsee wie damals träge über die Kiesel am Strand. Es fällt schwer, auf dem Rückweg vorbei an den Laokoon-Gruppen der verkrüppelten Dünenkiefern nicht hemmungslos aufzuschluchzen. Wie schnell die Stadien durchlaufen waren. »Nur ein kleiner Teil des Lebens ist es, in dem wir leben«, raunt mir Seneca zu.)

Ein Anfall von Melancholie. Alles Verlorene und Versäumte, das man vergessen hat zu betrauern, macht melancholisch. Mit jedem weiteren Tag nimmt das Bewußtsein des Entschwindens zu. Jeder kennt die Bedrückung, die ihm wie ein treuer Schatten auf dem Fuß folgt: das Gefühl, wenn einem mulmig wird... Und daß man selbst es ist, der sich um so vieles gebracht hat, macht den Fall alsbald aussichtslos. Man selbst war ja so träge gewesen, so lernfaul, entschlußlos, gefesselt an ein paar fixe Ideen. Wenn der einzelne im Geist erst einmal die Welt durchquert hat und nirgendwo Halt fand, tritt er fortan auf der Stelle. Dann stürzt er ins Bodenlose vergeblicher Reflexion. Melancholie hat kein Zentrum. Sie ist an Fluchtlinien gebunden, die alle von einem zerstörten Außen in die Ruinenlandschaft im Innern führen, das heißt in ein diesseitiges Jenseits. Zwei Unendlichkeiten konvergieren in seiner Seele.

3. August
Walter Benjamin als Internierter im Stadion von Colombe bei Paris, höflich und doppelt verlassen, ins Gefängnis der Rassefiktion eingesperrt – in diesem Herbst (1939) war der Marxismus gestorben. Während Hitler und Stalin ihren Nichtangriffspakt schlossen, war er eingegangen, sang- und klanglos, und ward nurmehr als Todeshauch spürbar unter den jungen Hunden. Ein halbes Jahr später schrieb Benjamin seine Thesen *Über den Begriff der Geschichte.* Dort im Sammellager, umgeben von lauter Desorientierten, die Karten spielten und apathisch herumhockten, muß ihm die Einsicht gekommen sein über die Zukunft der totgeschlagenen Zeit. Dort, in Gesellschaft ratloser Familienväter, enteigneter Bürger, die über Nacht aussätzig geworden waren und sich verzweifelt einrichteten auf eine Emigration ohne Wiederkehr, kam dem Denker die letzte Erleuchtung. Die Revolutionsuhr war abgelaufen, jeder Heimatbegriff zuschanden geworden. Die Utopie war untergegangen wie jene romantische Sonne bei Baudelaire. Die kleinen Akte von Solidarität, rührender Bemühung zufälliger Schüler um den verkannten Meister, konnten nicht mehr hinwegtrösten über den Verlust der Ideen. Nur die

Dickfelligen konnten jetzt noch das Prinzip Hoffnung pauken. Von Berlin über Moskau bis zum letzten Gang über die Pyrenäen eine einzige *Via dolorosa*. Geschichte, Geschichte, warum hast du mich verlassen? Max Aron, ein emigrierter Zionist aus Frankfurt, berichtet in seinen Lebenserinnerungen: »Mir war dort schon am ersten Abend ein älterer Mann aufgefallen, der still und unbeweglich auf einer der Bänke saß... Er sei Schriftsteller, habe Proust ins Deutsche übersetzt... ich hielt ihn eher für weltfremd.«

4. August
His true Penelope was Proust. Die *Recherche* war die gewaltigste Gedächtnisfestung, die jemals ein einzelner Mensch aus sich heraus errichtet hat, ein Mausoleum des eignen gelebten Lebens. Und er verstand nicht, wie man fortan erzählen konnte, als hätte es diesen einzigartigen Menschenversuch am individuellen Gedächtnis niemals gegeben. Lief die Literatur, wie offensichtlich das muntere Treiben nebenan in den Künsten, auf eine Art zyklischer Ignoranz hinaus? Gab es denn keine Forscherehre auf diesem Feld, kein Studienziel und kein Pensum, nicht das Minimum einer Lektion, hinter die keiner zurückfallen durfte, wollte er sich nicht lächerlich machen? Und wenn man alles beiseite warf, und sei es auch nur, um nicht blockiert zu werden von soviel einschlägiger Vorarbeit: gab es denn gar keine Scham? Wie konnte man weitermachen, als hätte es niemals ein Grundlagenwerk wie die *Recherche* gegeben? Wie ließ sich munter drauflosschreiben nach soviel Erkenntnisgewinn in Sachen poetischer Phänomenologie? Faulheit und Stumpfsinn, persönliches Unvermögen, das hatte es immer gegeben. Doch in keinem anderen Fach war man so unbeschwert von geleisteter Vorarbeit ans eigene, nichtige Werk gegangen. Nirgendwo sonst zählten die Grundgesetze so wenig. Ein Naturwissenschaftler, der sich in Unkenntnis der Forschungsergebnisse auf seinem Gebiet naiv ans Werk gemacht hätte, wie weit wäre der wohl gekommen? Wer hätte den Beitrag des Armen in seinem Fach akzeptiert? Was würde die Mafia der Philosophen sagen, wenn einer der ihren sich ein Weltbild zurechtzimmern

wollte, ohne die leiseste Ahnung von den Systemen und Theoremen der Pioniere, die ihm vorausgingen? Wie weit käme der erstbeste Verhaltensforscher, Historiker oder Soziologe, wären ihm alle die Feldstudien seiner jeweiligen Zunftgenossen derart gleichgültig und unbekannt? Einzig die Literatur, diese unexakteste aller Wissenschaften, scheint es sich leisten zu können, immer wieder am Nullpunkt zu beginnen. Der simpelste Nominalstil, ein verkrüppelter Naturalismus, zwei, drei Stereotypen, zu Figuren verfestigt nach Art der Strichmännchen, unter Mißachtung sämtlicher Zeitformen und bei völligem Mangel an eigener Kontemplation, das genügt offenbar, sich an ein frisches Publikum zu wenden, solange die Sätze sich flüssig aneinanderreihen, die konfektionierten Szenen, die Dialoge und das Brimborium des Dekors. Hauptsache, man setzte munter seine persönliche Schwatzprosa in Gang, seine private Spielzeugeisenbahn auf die Schienen der primitivsten Syntax – rattatt, rattatt, tüüüt! – unbekümmert um Logik, Integrität des Ganzen, Erfahrung, Beobachtungsgabe oder schlichteste Kohärenz der Erzählung. Armer Proust! Dann war also wirklich alles umsonst? Plötzlich der Gedanke an ein Pamphlet: *Vom Ende der Literatur als Kunst*. Wenn es immer so weiterging und keine Regel diesen Erkenntnisspielplatz Literatur überdauerte, dann half nurmehr Sarkasmus. Dann waren Dichter wie Proust, Joyce, Beckett oder Kafka lediglich Muster ohne Wert. Sie haben gelebt und geschrieben, und das war's dann. Berge von Sprachmüll mochten sich über ihren fragilen Entwürfen erheben. Das einzig Tröstliche war, daß sie dennoch nicht einstürzen würden. Wie beschämend das schrille Geschnatter der Generationen, das bloße Dahingleiten auf der Rutschbahn genealogischer Abschüssigkeit. Die Literatur regrediert im Würgegriff reiner Biologie. Analphabeten geben den jeweils jüngsten Ton an. Bastarde pflanzen ihre handgemalten Standarten in die allgegenwärtige Bleiwüste von Presse und Buchdruck. Das Unterscheidungsvermögen nimmt mit dem Zuwachs an Leserschaft und dem Tempo der Veröffentlichungen ab. Das Ergebnis: eine Literatur ohne Ergriffenheit, abgedichtet gegen alle Witterungseinflüsse und intimen Erschütterungen. Das Hier und Jetzt trium-

phiert inmitten des allgemeinen Vergessens. Die Suche nach der verlorenen Zeit erleidet Schiffbruch im Ozean der totalen Gegenwart. Penelope, an welcher Küste sie nun auch ausharrt, kann warten, bis sie schwarz wird, von zudringlichen Freiern umzingelt. In allen Sprachen hallt es über die Buchstaben-Meere: »Ich bin niemand. Ich auch! Ich auch!«
»Doch wie wir den Orientierungssinn nicht besitzen, mit dem manche Vögel ausgestattet sind, fehlt uns auch der Sinn für Sichtbarkeit und der für Distanzen, denn wir bilden uns ein, im Zentrum der Aufmerksamkeit von Menschen zu stehen, die im Gegenteil nie an uns denken, und wir ahnen nicht, daß wir währenddessen für andere den einzigen Gegenstand ihres Interesses bilden.« (Marcel Proust, *Sodom und Gomorrha*)

5. August
Was ist der Mensch? Eine Sickergrube auf zwei Beinen, der wandelnde Abtritt, ein transzendenter Abort, die Kloake von Verwesung und Bedeutung? Von außen betrachtet, ist er nichts als eine anatomische Kuriosität, unendlich schutzbedürftig und gnadenlos anfällig für die Flut immer neuer Krankheitserreger, zu deren Verbreitung er selber beiträgt. Das Schlußlicht der Schöpfung: eine Fehlleistung von Mutter Natur. Mit jenem Lapsus in hochtrabender Tiergestalt ist sie dabei, sich selbst abzuschaffen. Sollte dies etwa der listige Plan der stets Unergründlichen gewesen sein? Lag in der Zurücknahme aller lebendigen Materie ihr geheimes Entwicklungsziel? Zugegeben, unsereins hat immer nur Menschengedanken. Uns steht, wie Protagoras als erster herausfand, nur das eigene Maß zur Verfügung. Erst von solcher Warte aus fällt überhaupt auf, wie destruktiv das ganze ins Werk gesetzt wurde. Wenn es wirklich ein Universum gibt, in dem alles von allem abhängig ist, dann war der Mensch, diese universelle Mißgeburt, ein Schädling, dem es zukam, die prästabilierte Harmonie zunichte zu machen. Sein Wirken stellt die Naturordnung als solche in Frage. Während blinde Fruchtbarkeit das Ineinandergreifen jeglicher Spezies in Fauna und Flora verbürgte, spielt der Mensch, seit seinem Auszug aus dem Garten Eden, die Rolle des

Allzerstörers. Mit ihm hat sich die Schöpfung erschöpft. Im *homo sapiens* ist sie an den Rand ihrer Kräfte gelangt. Es scheint, als müßte das System, weil es für einen Augenblick die Kontrolle über sein Funktionieren verlor, sich nun rigoros selbst ruinieren. Ein einziger Störfaktor, der mittlerweile milliardenfach auftritt, droht schließlich das Ganze zu verschlingen. Nur wozu dann der Aufwand? Wem ist an einem Sabotageakt von solcher Größenordnung gelegen? Was immer es war, Selbstlauf der Evolution oder genialer Rettungsplan der Natur, eins ihrer Wesen zum Hüter des Seins zu erheben – es ist gründlich schiefgegangen, das Ende ist nunmehr absehbar. Der Mensch, darin liegt seine vergebliche Größe, war nur ein Mittel zum Zwecke natürlicher Selbstzerstörung. Er wurde mißbraucht, niemals ging es um ihn selbst und seine kleinen Bedürfnisse. Daß er als erster der Säuger nackt und liebebedürftig auf die Lichtung hinaustrat, war nur der Auftakt zu einer perversen Inszenierung, in deren letztem Akt er die Schöpfung als ganze aufs Spiel setzen würde. Denn welcher Ausweg wäre ihm geblieben als Geisel in diesem selbstgeschaffenen Labyrinth? Wie ein betrunkener Landsknecht im Dienst einer höheren Macht ist er vereinnahmt worden. Er hat Krieg geführt, doch es war nicht der seine. Er hat sich verstrickt mit seinen wehrlosen Gliedern, seiner konstitutionellen Neurasthenie, und war doch von Anfang an überfordert mit dem, was er heroisch Verantwortung nannte. Solange der Schatten eines hellhörigen Gottes hinter ihm war, solange er Zwiesprache hielt mit seinem unsichtbaren Betreuer, war nichts verloren und er selbst jederzeit aufgehoben. Lernfähig, das heißt durch Resignation zur Einsicht gezwungen, war er nur, solange es diesen gab. Die Götter waren sein eigenes Dilemma in idealer Gestalt. Jetzt sind ihm die Tränen versiegt. Seine Klagen sind nichts als verspätete Reue, und nicht einmal diese ist länger glaubhaft. Im Grunde ist er nun einverstanden mit dem Zugrundegehn. Was sonst hat sein ungebrochener Fortschrittsdrang zu bedeuten, die fröhliche Hysterie, mit der er das Riesenwerk der Selbstzerstörung betreibt? Restlos fertig ist er, aber all seine Fertigkeiten sind ihm geblieben wie Waffen, mit denen er weiter herumspielt und um sich schlägt. Jedes natürliche

Wesen lebt in permanenter Angst vor dem Menschen, wie er selbst, verdächtig bis in die letzte Körperzelle, in Angst lebt vor seinesgleichen. Wer wird ihm noch über den Weg trauen, seit er selbst so abgrundtief mißtrauisch ist? Nachdem ihm alles entglitten ist, kann er den Griff nicht mehr lockern, ein Tier in der Falle, das sich verbissen hat in die eigenen starren Pfoten. So hat er sich aufgeschwungen zum obersten Förster, vor dessen Augen der Wald verschwindet, zum terrestrischen Vormund, dem nichts als das wissenschaftliche Gestammel blieb vorm Zerfallen der Elemente, der galaktische Vollidiot im Höhenflug über den brennenden Hinterhöfen des Orion. Er hat die Finsternis der Latrinen ertragen, weil in der Scheiße nach Mitternacht sich manchmal die Sterne spiegelten, aber sein Auftritt war nur ein planetarischer Scherz gewesen. Vergiftet bis ins Genom, war er Täter und Opfer zugleich, Werkzeug einer subatomaren Bosheit, die ihn benutzt hat, etwas zu Ende zu bringen, eine Sache, deren größtes Problem ihr Beginn war, die Tatsache, daß sie überhaupt angefangen hatte. Daß sie etwas in Gang gesetzt hatte, und nicht vielmehr nichts geblieben war. Jenes beruhigende Nichts.

6. August
Ein Datum, das keines Kommentars bedarf. Selbst in Hiroshima läuft der flotte Gedenkbetrieb, das telegene Mahnprotokoll mit zerknirschter Stadtverwaltung, adrett uniformierten Schulklassen und offiziellen Grußadressen aus allen Ecken der mitleidigen Welt. Ein einziges Mal, immerhin, bist du der logischen Verzweiflung nahegekommen. Bei dem Gedanken nämlich – im Grunde undenkbar –, es hätte dich niemals gegeben. Gesetzt den Fall, sie hätten den Plan ausgeführt, die Bombe, statt auf dem Exerzierfeld Ostasien, im Herzen Europas zu testen. Sie hätten die faszinierende Fracht zielgenau abgeladen über der Heimatstadt Dresden, in deren Straßen die Wölfe damals ihrem kollektiven Untergang entgegenheulten. Was wäre gewesen, wenn... Eine schöne Übung in posthumer Andacht oder besser in pränataler Genügsamkeit. Bei einem Einsatz auf dem Kriegsschauplatz Deutschland wäre alles vernichtet worden, was dich ermöglicht

hat: von der mütterlichen Eizelle über die zufällige Angestelltenfamilie bis hin zur Geburtsstadt selbst, jener kostbaren urbanen Sphäre, an die sich all die musischen Phantasien bis heute klammern. Nimm also an, die Premiere für den Auftritt der weltweit gefürchteten Vernichtungswaffe hätte, statt im fernen Japan, dort im geliebten Dresden stattgefunden, der Grund für solcherlei paradoxe Erregung wäre einfach entfallen. Kein Stein, kein Dasein. Frei nach der Regel, die noch heute in jedem Gerichtssaal gilt: kein Verbrechen, keine Strafe. Vom Standpunkt des Niedagewesenseins wird das Ganze zur reinen Farce. Die heilsamsten Gedanken sind jene, die an den Ort zurückkehren, an dem möglich und unmöglich zwei Seiten derselben Medaille sind. Den Rest der Lebenszeit mag, wer derart davongekommen ist, gerne mit Aporien verbringen, immer und immer wieder. Jedem Dresdner hilft der dreizehnte Februar hinweg über den sechsten August. Insofern hält das heutige Datum dann doch eine unverhoffte, intime Erkenntnis bereit.

7. August
Aristoteles schreibt im fünften Buch seiner *Metaphysik*: »Natur (physis) heißt in einer Bedeutung die Entstehung des Wachsenden (gleichsam als wenn man das y in physis lang aussprächen), in einer anderen der erste immanente Stoff, woraus das Wachsende erwächst; ferner dasjenige, wovon bei einem jeden natürlichen Dinge die erste Bewegung ausgeht, welche ihm selbst zukommt, insofern es das ist, was es ist. Wachsen (natürliches Werden) aber schreibt man allem zu, was Vermehrung durch ein anderes dadurch erhält, daß es mit ihm in Berührung und zusammengewachsen oder angewachsen ist, wie die Embryonen.«
Alles entgleitet einem, sobald man beiseite blickt, und sei es nur für Sekunden. Im Nu werden Tage daraus, Monate, Jahre. Eben noch wollte man sich in die einzelnen Stadien der Embryonalentwicklung vertiefen, wollte den ersten Fötus, an dem man sich als Erzeuger erfreute wie der Alchemist am Gedeih des geliebten Homunculus, Woche für Woche reflektierend begleiten, da hieß es schon: Ende der Tragzeit, *rien ne va plus*, die Geburt steht be-

vor. Von den entscheidenden Momenten der letzten Monate sind mir nur wenige in Erinnerung geblieben. Es begann mit dem sogenannten *Clear-Blue-Test*. Beunruhigt vom Ausbleiben der Regel, hatte sich Eva im letzten Dezember, an einem Sonntag, zur Apotheke aufgemacht. Noch am selben Abend lag das Testergebnis vor: positiv. Erstaunlich, wie gut der feine blaue Strich im Fenster des thermometerartigen Plastikstabs zu erkennen war. Mit 99%iger Sicherheit zeigte er an: Herzlichen Glückwunsch, Sie sind schwanger. Der Überbringer der Botschaft, der biochemische Indikator, war das Hormon HCG (Humanes Choriongonadotropin), das im Urin auftritt, sobald die Befruchtung der Eizelle stattgefunden hat. Von nun an lief der *countdown*. Am Horizont erschien strahlend der große Tag X, ein ferner Sommertag mitten im Wonnemonat August. Und das Beste war, genau so hatten wir beide es immer gewollt. Ein Kind der Liebe, wie der schlagerselige Volksmund das nennt. Wer wollte, konnte in jenen Tagen unser konspiratives Lächeln bemerken, ein intimes Bekenntnis. An der Nasenspitze sah man uns an: es war lustvoll gezeugt, lustvoll empfangen worden mit einem alles verlangenden, alles beiseitefegenden Ja. Dennoch kam Tage später der erste Weinkrampf. Es war, nur zu natürlich, die Reaktion eines Menschen, dem eine höhere Instanz sein Urteil verlas. Für Eva galt es, zum zweiten Mal Abschied zu nehmen vom autonomen Leben. Mein erster Verdacht: Kinderzeugen war ein Reflex auf das eigene Ende, eine Art vorgezogenes Sterben, das man zwar überlebte, doch nur um den Preis, fortan sich nie mehr ganz selbst zu gehören. Nichts würde so sein wie vorher. *La vita nuova*. Auch wenn das im Grunde auf jede tiefe Veränderung zutraf – diese hier hatte ein genaues Datum, und mit ihm begann eine unauslotbare Zukunft. Das Verlustgefühl, im Wettstreit mit der Erwartung, würde von nun an mit jedem Tag wachsen. Die Tränen flossen einem verlorengegangenen Lebensstadium nach, es waren Abschiedstränen, gestillt und vergessen am Tag der Ankunft. Dazu paßte, daß wir nur Stunden zuvor in der Küche einen Disput über die Peinlichkeit des Elterndaseins geführt hatten. Zwei Freizeitscholastiker in den Rollen von Mann und Frau hatten sich über die Absurdität ihrer göttergleichen Schöpfermacht verständigt. Es empörte uns, daß wir von nun an erpreßbar waren, ausgeliefert den Ansprüchen von Familie und Vater Staat, anfällig für das Dreingerede von allen Seiten, Zielscheibe für jederlei Kontrolle und Indiskretion. Nachdem wir uns derart heiß geredet und aufs neue verschworen hatten, waren wir eingeschlafen, eng aneinandergeschmiegt, zwei Schwerstarbeiter im Namen der Transzendenz, müde und glücklich und alles in allem versöhnt mit der fordernden Welt.

Tage später die erste Ultraschalluntersuchung: das Wunder als Abstraktion. Alles fing also mit einem schwarzen Punkt an, einer Kommastelle im uterinen Gewebe. Inmitten einer ovalen Schraffur, die an abstrakte Kunst und Mondflecken erinnerte, erschien auf dem Bildschirm der ersehnte Stecknadelkopf, eingebettet in die Gebärmutterschleimhaut. Unvergeßlich die kurze Nachricht, die Eva mir, als ich auf Lesetournee unterwegs war, auf das grüne Anzeigefeld des Mobiltelephons zauberte: »4,4 cm mit Armen und Beinchen, die sich bewegen. Wie putzig.« Gemeint war die Scheitel-Steiß-Länge (SSL), die ihre Frauenärztin bei der nächsten Untersuchung ermittelt hatte. *Hat noch kein Fäustchen, noch kein Fell / Vier Millimeter SSL. Schon zeichnet sich das Rückgrat ab / Ein Semikolon fürs Familiengrab.* Wochen später kritzelt eine Hand auf einen Briefumschlag die Notiz: Wir beginnen als Neutrum. Solange das Geschlecht noch unbekannt ist, zwingt einen die pure Grammatik zu den seltsamsten Sprachkonstruktionen. Es fiel schwer, an ein menschliches Wesen zu glauben. Einstweilen handelte es sich höchstens um etwas Lebendiges, um einen wurmgroßen Hermaphroditen, kaum drei Monate alt. Dabei wuchs dieses Etwas in rasender Eile. Täglich größer werdend, nahm es täglich an Kenntlichkeit zu. Aber ist es nicht gerade das beschleunigte Wachstum der Zellen, das jedes menschliche Zeitmaß sprengt? Alle Prozesse in Natur und Gesellschaft erreichen uns erst, wenn sie unmittelbar sichtbar werden. Das eigene Kind läßt einen kalt, solange es nichts als ein abstrakter Zellhaufen ist. Noch wäre es jederzeit abzutreiben gewesen. Vielleicht rührte daher das heimliche Schuldgefühl. Wenn auch längst dank spezieller Sonden lokalisierbar, ließ es sich doch so wenig qualifizieren wie das Gefühl des zerknirschten Sünders vor Gott. Ich weiß noch, wie ich tagelang das neue Thema vermied, nichts fragte, kaum nachforschte. Es war mir peinlich, Eva in die Augen zu sehen. Reserviert strich das Männchen ab und zu über den runder werdenden Bauch. Doch das war kaum mehr als eine Szene aus einem Tierfilm.

Bei der Schwangerenuntersuchung lief von nun an jedesmal dieselbe Prozedur ab. Die Frauenärztin hieß das junge Paar in ihrer Praxis willkommen. Man sah ihr die ehrliche Freude an, das Privileg, das der Beruf ihr verschaffte, etwas von dem seltenen Festtagscharakter des Lebens zu bewahren. Nur noch der Priester, der Trauerredner und manchmal der Schauspieler, wenn die Rolle ihn trug, konnten so leicht auf einer Welle von Zuversicht reiten. Kaum eingetreten, machte die werdende Mutter sich »unterrum« frei und legte sich rücklings, die Beine gespreizt, auf den monströsen Gynäkologenstuhl, dieses spezielle, mit weißem Rollpapier abgedeckte Möbel, das so sehr an Foltergestelle und gewisse Sexualpraktiken erinnerte. Kein Mann, in dem diese klinische Vorrichtung nicht ein gewisses Schamgefühl auslöst. Bis auf den untersuchenden Arzt sind alle Beteiligten zur Passivität verdammt. Per Knopfdruck zurückgekippt, verharrt die Patientin in einer nahezu horizontalen Lage. Dann tastet die Ärztin mit gummibehandschuhter Hand den Bauch und die Uterusmündung ab. Ihre kleinen, neckischen Kommentare sollen die Stimmung aufrechterhalten. Wenn das getan ist, verreibt sie eine reichliche Menge Gel aus einer Spritzflasche auf der entblößten Bauchdecke und bringt die Ultraschallsonden durch mehrmaliges suchendes Auf- und Abfahren in die richtige Position. Endlich erscheint der Fötus als Phantombild auf dem grünen Fernsehschirm. Von allen Konturen am deutlichsten prägt sich der kleine Schädel ein, gefolgt von der Wirbelsäule. Das Ganze gleicht eher einem Mäuseskelett, man denkt sofort an die Thesen des großen Haeckel. Lange vor jeder Physiognomie stechen die Knochen des neuen Erdengastes hervor. Sie werden das letzte sein, was verschwindet, wenn er eines Tages das Revier verläßt. Einmal wurde der Oberschenkelknochen vermessen, und schon

bald war die Rede von einem zierlichen Kind. Noch gab es Nischen, sogenannte Fruchtwasserdepots, in die das winzige Seepferdchen beim Hürdenlauf durch die Phylogenese sich zurückziehen konnte.
Die nächste Sensation war das Strampeln und Stoßen, der Aufruhr im Mutterleib, der von Tag zu Tag heftiger wurde. An der Art, wie es die Mutter von innen stieß, merkte man, daß die Welt ihm schon jetzt ein unbequemer Aufenthaltsort war. Dieses fortwährende Wälzen von der einen auf die andere Seite, der Einsatz von Ellenbogen und Fersen war ein Vorgriff auf alle künftigen Situationen, in denen der Mensch, unzufrieden mit seiner Lage, gegen die Welt rebellierte. Wahrscheinlich kennt überhaupt nur der Keimling das Paradies, der selig ins Polster des Mutterkuchens eingebettete Embryo. Schon der Fötus wird, von einem Augenblick auf den nächsten, aus dem perfektesten aller Schlaraffenländer vertrieben. Vielmehr, er selbst ist schuld, indem er sich aufrappelt und mit seinen zarten Gliedern die Grenzen erprobt. Woher der Drang zu Bewegung und Ortserkundung selbst dort, wo kein Mangel herrscht? Kam das Ungenügen von innen, eine bloße Folge des motorischen Übermuts aller Körper, die nichts mehr befriedigen konnte, seit sie beweglich wurden, autonom, neugierig, von fernen Ufern angelockt?
Was für ein Glück immerhin, eine Frau zur Seite zu haben, die all das schon einmal durchgemacht hat. Evas Vorsprung war, daß sie das ganze Mysterium aus jener Distanz betrachten konnte, die nur Erfahrung verschafft. Langsam dämmert einem, wie es zwei Menschen zumute sein muß, wenn sie der Ansturm unvorbereitet zum ersten Mal trifft. Die Literatur ist voll von den Dramen, in die ein junges Paar verstrickt wird, sobald die naive Zweisamkeit aufgesprengt wird und sie im Dreieck herumjagt. Sie werden zu Geiseln einer psychischen Konstellation, einer neuen Zeitordnung, der sie voraussetzungslos folgen müssen.
Einer der anrührendsten Momente ergab sich während einer der folgenden Untersuchungen, bei der die Herztöne gemessen wurden. Um ein anschauliches Kardiogramm zu erhalten, muß das Kind einigermaßen aktiv, das heißt wach sein. Blieb der Schläfer

im Mutterleib allzu still, behalf sich die Schwester mit einem Metallglöckchen, das sie dicht über der Bauchdecke läutete. Und der Effekt gab ihr recht. Sobald das Klingeln ertönte, war über den Lautsprecher, elektronisch verstärkt, der beschleunigte Herzrhythmus hörbar, ein gehetztes *Wuff wuff wuff.* Es erinnerte an das gedämpfte Gebell eines Welpen, der sich unter einem Stapel von Schoßdeckchen bemerkbar zu machen versuchte.

Im Juni, so früh immerhin, wurden die ersten Babysachen gekauft, nach der letzten Mode natürlich, Markenware, in einer Kinderboutique in Evas Heimatgegend. Der Kaufakt hatte etwas von einem Ritual. So wählt man Grabschmuck aus oder jene Fetische, die in den katholischen Kirchen Italiens oder Brasiliens die Altäre der Schutzheiligen zieren. Allmählich und unumkehrbar verlagern die Phantasien sich nun von innen nach außen. O ihr armen Dichter, die ihr von alldem nichts wußtet. Begreifen kann man am Ende nur, wovon man betroffen ist. Wie sonst wollte man jener typischen Berufskrankheit entgehen, der falschen Einfühlung. Auch wenn Erfahrung oftmals nur als Erpressung daherkommt: befreien kann man sich von ihr nur, indem man hindurchgeht und von der andern Seite auf sie zurückblickt. Gewiß doch, an jeder Ecke lauert das Sentimentale. Und Routine macht uns zu Geiseln. Was ist ein Strampelanzug gegen die namenlose Verheißung eines eigenen Sprößlings, der einem demnächst den Spiegel vorhalten wird? Ein wackliger Kinderwagen gegen den Willkommensgruß eines souveränen Geschöpfs?

Der Rest sind Selbstbeobachtungen, wie sie die physischen Einschnitte mit sich bringen. Das Schaukeln der irritierten Psyche, die wie ein Schwimmer aus Kork zu tanzen beginnt. Jeder Einbruch in den Gefühlshaushalt wird genau registriert. Man erwehrt sich der Eskapaden, die den Charakter in Frage stellen, den mühsam erworbenen Gleichmut. Plötzlich die Schläfrigkeit, und dennoch bricht man zu ausgedehnten Radtouren auf. Der zögernde Gang, während man Wanderungen unternimmt wie seit Jahren nicht mehr. Man wird immer gelassener, und doch läßt man sich darauf ein, nächtelang erregte Gespräche zu führen, über Biogenetik, Politik, das perfekte Verbrechen und den na-

turalistischen Roman. Schließlich senkt sich der Bauch ab, im Tokogramm erscheinen die ersten Anzeichen der Wehen. Bald wölbt sich der Nabel nach außen, die Verwandlung zum Buddha geht in ihr letztes Stadium, bei gleichbleibender Ironie gegen die Zumutung völliger Naturalisierung. Zuletzt bleibt nurmehr der Galgenhumor. Jetzt kann der Befehl jederzeit eintreffen, das Blutbad im Kreißsaal liegt in der Luft. Mit Witzen hilft man einander über die Spannung hinweg. Vergessen die Sorgen, als das Wachstum sich verzögerte, der Fötus allzu leichtgewichtig blieb. Überspielt die Bangnis, es könnte so kommen wie beim vorigen Mal. Es war eine schwere Geburt, die nach Stunden der Quälerei plötzlich in allgemeiner Hektik endete, mit einem Kaiserschnitt. (Die Enttäuschung der Mutter, daß alle anderen vor ihr das Kind zu Gesicht bekommen.) Spontan geht man ins Kino, führt wegen irgendwelcher Nichtigkeiten stundenlang Telephonate, lenkt sich mit Zeitungslektüre ab, behilft sich beim Liebesspiel mit den letzten verbliebenen Stellungen und senkt im Vorbeigehn den Blick vor dem aktuellen Kalenderblatt. Denn nun steht der Stichtag bevor, der errechnete Termin, den man mit aller Beredtsamkeit in Gesprächen und Briefen verschweigt. Seit Wochen ist nun, dank moderner Ermittlungsmethoden, das Geschlecht des Kindes bekannt, wenn auch nicht hundertprozentig zweifelsfrei. Nur Jungen lassen sich eindeutig an ihren ausgestülpten Geschlechtsorganen erkennen. (Jüngste Forschungen haben ergeben, daß bis zur zehnten Woche überhaupt nur ein Einheitsgeschlecht existiert, danach entwickeln sich bei männlichen Embryos die sogenannten Sertoli-Zellen, die zur Herausbildung der Hoden führen. Das ganze ist also eine Art Wettlauf. Wer Mann werden will, muß einfach schneller sein. Wer zu spät kommt, dem wachsen Eierstöcke. Der frühe Wachstumsdruck erscheint so als Ursache der geringeren Lebenserwartung von Männern. Soviel zur sexuellen und metaphysischen Identität.)
Immer öfter taucht nunmehr der Vorname in Anspielungen auf. Lexika werden gewälzt, Romanfiguren und Helden der Zeitgeschichte auf ihre Verwendbarkeit hin geprüft. Was in der Luft liegt und als Echo durch sämtliche Kindergärten und Schulen

geistert, wird sofort verworfen. Mancher Vorschlag wird schamvoll begraben, sobald die statistische Häufigkeit ins Auge springt. Mit diebischer Freude macht man sich über Todesanzeigen her, registriert das Ausscheiden gewisser anachronistischer Namen. Als sicherste Fundgrube gilt noch immer die Bibel. Favoriten unterliegen einer stillschweigenden Geheimhaltungsregel. Wer indiskret nachfragt, wird mit einem strafenden Lächeln beschieden. Nichts ist intimer als dieser lange verheimlichte Name, eine Lautfolge, leicht wie ein Federwölkchen am gemeinsamen Horizont. Mit solcherlei albernen Spielchen gehen die letzten Tage dahin und werden länger und länger, ein Intervall von Ewigkeitswert, wie in Zeitlupe wahrgenommen. Man weiß ja, sobald der Alarmruf ertönt, wird es zu Ende sein. Dann bricht der Alltag, der gefürchtete Trott plötzlich mit all den Elternsorgen herein. Zukunft, dein Name ist Überforderung. Nur Fatalisten kommen auf die verrückte Idee, sich fortzupflanzen. Als wäre die Welt nicht schon unübersichtlich genug, zerrissen von Generationskampf und Überbevölkerungschaos. Und doch ist da ein Funke Hoffnung, der alle Skepsis zunichte macht: die Neugier zweier sterblicher Demiurgen auf eine Seele, die all ihre Erwartungen übersteigt. Die kleinste Abweichung in Richtung Anmut, Güte und Großzügigkeit würde genügen, und David Humes pragmatische Definition der Seele wäre für dieses eine Mal widerlegt. Sollte sie wirklich nur dies sein: *a bundle of perceptions in a perpetual flux and movement?*

Weit nach Mitternacht, wenn die alten Traumata wiederkehren, die Trauerschübe, den Zorn im Gefolge. Notizen zu einem Stück, das ich seit Monaten nicht mehr angerührt habe: Hitlers letzte Tage im Bunker...

Ein lebender Leichnam, mit Gift vollgepumpt.
Der Vegetarier, der Anti-Alkoholiker, der doch niemals nüchtern
war.
Schokolade und Selbsthaß hielten sie bei Bewußtsein,
die Echse.

Schlaflos geht er, der Hypnotiseur der Nation,
Wie Nosferatu in Murnaus Stummfilm unter der Erde um
                                                                                                        nachts.
In den letzten Stunden die größte Angst war ein ehrloser Tod:
Zu krepieren wie Mussolini in Mailand, vom Volk bespuckt,
Der Menge ausgeliefert. *That maggots should eat the dead*
                                                                                                         bullock
Wie Pound der Entsetzte schrieb in seinem Käfig bei Pisa.
Hitler, ein Gnom voll hysterischer Bosheit, die Ohren verstopft.
Der Autist an der Macht, von Autisten abgeschirmt vor
                                                                                            der Welt.
Laut Niekisch ist er von Rede zu Rede erblindet,
Und mit ihm seine Hörer beim Wunschkonzert an den
                                                                                                      Fronten.
Die ungeheuren Räusche in diesem Durchschnittsgehirn,
Während er zu den Massen sprach, im Rundfunk, am liebsten
                                                                                                           live.
»Mein Podium war der Biertisch.« Dort kochten die
                                                                                         Ressentiments.
Sein letzter Befehl an den Adjutanten, Stunden vorm
                                                                                             Schlußpunkt,
Bevor er dem Schäferhund die Kugel gab und endlich sich
                                                                                                 selbst:
»Wecken Sie mich, wenn vor der Tür
Der erste russische Panzer steht.«

Habt ihr es aufgelöst seither, das Rätsel der deutschen
                                                                                               Geschichte?
Seid ihr schlauer geworden, ihr Enkel verführter Verführer?
Die Lösung, so zeigt sich, war der geblendete Blick.
Daß niemand ihn aufhalten konnte, liegt an den mächtigen
                                                                                               Kräften,
Die ihm willig vorausgeeilt waren. Worin bestand das
                                                                                           Geheimnis?
Daß ihm so viele entgegengingen, wie Kershaw sagt.
Noch aus der jüngsten Biographie spricht die alte Ratlosigkeit.

Dokumente? Doch das Unheil bleibt mit dem Namen
verbunden.
Die Krankheit einer Nation? Doch der Name benennt das
Symptom.
Im Bunker die Agonie: von dorther kommen die neuen
Geschlechter.

8. August

Eines der Worte, das dieser Tage Konjunktur hat, ein wahres Wortungeheuer, lautet Humangenom. Mit ihm hat das wissenschaftliche Denken der Ethik endgültig den Garaus gemacht. Es hilft nichts, es sich auf der Zunge zergehen zu lassen. Es ist keine Frage der Sprachempfindlichkeit mehr, sondern der schieren Logik, die bekanntlich alles niederwalzt. Selbst dem Laien muß schlagartig klar sein, was hier gemeint ist. Faszinierend an Neologismen wie diesen ist die semantische Raffgier, mit der sie Alpha und Omega ineinanderschlingen wie die griechische Schlange *Ouroboros*, die sich selbst in den Schwanz beißt. In solchen Worten stößt der Abgesang auf die Verheißung, der *terminus technicus* auf die Bankrotterklärung. Hier der Singular eines Substantivs, das die Gesamtheit allen menschlichen Erbguts auf den kleinsten gemeinsamen Nenner bringt, dort ein Adjektiv, in dem die Gattung zum flüchtigen Merkmal schrumpft. Unbetrauert ist so die Frage nach dem Wesen des Menschen gestorben. Von nun an wird ein jeder von uns nichts als das Resultat des Zusammenspiels von etwa achtzigtausend einzelnen Genen sein, bestehend aus einer Nukleinsäurestruktur, die ihrerseits eine bloße Kombination ist aus vier verschiedenen Basen, angeordnet nach einem streng algorithmischen Prinzip, das sich als reiner Zahlencode darstellen und folglich auch manipulieren läßt. Das ist das Ende vom Hohenlied. Mit dieser simplen Reduktion aufs Numerische reiht sich der Mensch, dieser schwierige Begriffsbaumeister, Züchter raffiniertester, kristallgleicher Gedankensysteme aus philosophischen Qualitätshierarchien, endgültig in jenen brodelnden Kosmos ein, der aus nichts als Quanten, Atomen und Molekülen besteht. Wie in der Apokalypse des Giordano Bruno fällt er den austauschbaren Elementen anheim, einer Ordnung jenseits des Menschen, in der die Materie beliebig kombinierbar erscheint, vollkommen eigenschaftslos und jederzeit regenerierbar. Verspielt das Privileg der sogenannten Beseelung. Ein Wort wie Humangenom läßt nicht einmal Raum für das Phantasma des Pantheismus, an dem sich so moderate Materialisten wie Bruno oder Goethe noch hymnisch aufrichten konnten. Kein Wunder, daß nun die Informatiker, die Vulgärmathematiker des Computerzeitalters, die Regie übernehmen. Mit einemmal ist auch der Mensch nur das Resultat irgendwelcher Standardprogrammiersprachen wie *C++* oder *Java,* ein bloßes Netzwerk für den Betrieb biochemisch verschlüsselter Operanden. Seitdem die Schöpfung solcherart berechenbar ist, bedürfte es ganzer Heerscharen von Kabbalisten und Gnostikern, um auch nur einen einzigen Fehler, ein Jota an Übersinnlichkeit einzuschmuggeln in die reibungslos funktionierenden Programme. Oder sind all die Deklarationen, man hätte das menschliche Erbgut vollständig entziffert und könne es demnächst sogar reparieren, etwa verfrüht?

Gott würfelt nicht, hatte der Physiker Einstein behauptet, ein Satz, der sich nur auf die niederen Materieformen bezog. Sollte es ausgerechnet das Genom sein, in seiner evolutionär höchsten Entfaltung als menschliches Erbmaterial, mit dem das Würfelspielen beginnt? Nehmen wir an, einer der glücklichsten Würfe sei jenes seltene Pasch gewesen, sein Gewinn, unvorhersehbar für ein bloßes Physikerauge: das menschliche Hirn. Warum sollte ein solches Naturwunder sich mit derart simplizistischen Erklärungen für seine Entstehung begnügen? Der theoretische Abstand vom sogenannten Humangenom zum vollentwickelten Menschengehirn wird die Crux jeder künftigen Wissenschaft bleiben. Aus der Erwachsenenwelt des Neurologen betrachtet, wirkt der Genetiker wie ein Kind. Sorglos spielt es mit seinen Chromosomklötzchen und reimt im Labor sich eine Welt aus dem Modellbaukasten zusammen. Je weiter es von den Problemen der höheren Intelligenz entfernt ist, desto fröhlicher gebärdet es sich. Am Ende erscheint ihm der ganze Erdkreis mit seinen Gebirgen und Wolkenkratzern, den Ozeanen und Automobilen, mit Mücke,

Zebra und Mammutbaum als ein riesiges Kinderzimmer. Es hat Glück. Pünktlich stehen die Zeichen der Zeit auf Infantilismus, Technik-Dada und Reduktion. Alles kommt seinem trotzigen Begehren zu Hilfe. Man muß nur hören, wie es von *Echtzeit* schwärmt, jener Utopie des Moments, die ihm wie Aladins Wunderlampe die Erfüllung der heißesten Wünsche von einem Augenblick auf den nächsten verspricht. Wie über Nacht sind nie dagewesene, weltweite Aktienmärkte entstanden. Dank Internet und Satellitenverbindung kann es sich jederzeit, von Sibirien bis Feuerland, an den kühnsten Spekulationen beteiligen. Niemals, seit die politischen Ideologien einschliefen, sind wissenschaftliche Ideen so schnell zu Geschäftsgrundlagen geworden. Alles fügt sich dem Spieltrieb der Gattung, von den Erdölressourcen über die klassischen Schweinehälften, die Diamanten und Mobilfunklizenzen bis zu den patentierten Genen. Es ist Kindergeburtstag. Die Menschheit, soweit sie erwachsen ist, hat sich frei genommen und schaut gerührt auf das Treiben ihrer genialen Jüngsten. Alle komplexen Fragen, alle wirklichen Probleme sind auf übermorgen verschoben.

9. August

Endlich ist sie wieder in Gang gekommen, die schwere Arbeit der Menschheit an der ganz großen, der völkerverbindenen Katastrophe. Allzu lange hatte sie kurztreten und sich mit lokalen Havarien begnügen müssen, die Rasse Kains. Fast hatte sie es sich gemütlich gemacht im kühlen Schatten der atomaren Bedrohung. Der Wohlstand auf Pulverfässern war zur Normalität, die Verwüstung der Erde zum Alltagsgeschäft geworden, eine reizlose Sache. Von der früheren Hysterie war nichts als die Peinlichkeit geblieben, die jeden Atemzug ironisierte. Der Ernstfall war in unabsehbare, allenfalls statistisch herbeizurechnende Fernen gerückt. Da endlich ergab sich eine zweite Chance. Am Horizont erschien nun die Gentechnologie, ein Projekt, so verlockend wie keins je zuvor. Abermals wurde, wie in den wilden Tagen der Kernspaltung, das Wissen zur universellen Bedrohung. Doch während früher die Gefahr nur von außen drohte, als Vernichtung der gesamten sogenannten Biomasse einschließlich aller menschlichen Körper, kommt diesmal das Potential der Zerstörung von innen, aus den Körpern selbst, der manipulierbaren Zellsubstanz. Nach der Kopernikanischen Wende, die nur ein Weltbild, der Einsteinschen, die immerhin die Materie aufs Spiel gesetzt hatte, kommt nun die Genomische Revolution, mit der das Leben selbst zum Spielmaterial wird. Nach ihr wird für die Lebewesen auf diesem Planeten nichts mehr so sein wie zuvor. Verglichen mit dem Ausmaß an Übeln, das aus den Reagenzgläsern über uns hereinbricht, wird die Büchse der Pandora eine bloße Schnupftabaksdose gewesen sein. Schon denken die ersten Geningenieure laut darüber nach, wie man aus Stammzellen körpereigenes Gewebe heranzüchten kann, das sich flugs zu Organen und Transplantaten entwickeln läßt. Nicht mehr lange, und auf den Ärztekongressen wird uns der erste Homunculus präsentiert. Seneca hat, zweitausend Jahre vor seinem Inkrafttreten, den schrecklichen Augenblick vorweggenommen. In seiner exzessiven Variante der Ödipus-Tragödie verschränken sich, in der Schilderung des Krankheitsverlaufes anhand der Pest, Mythologie und Pathologie zum visionären Schauerbild. »Was ist das Vater?« fragt Tochter Manto den blinden Seher Teiresias. *Natura versa est; nulla lex utero manet.* »Die Natur hat sich verdreht, der Mutterleib kennt kein Gesetz mehr... Was ist das Ungeheuerliches?« Dies ist das Furchtzentrum, genau hier setzt die Bestürzung ein. Weil aus dem Uterus das Naturgesetz folgt, alles Leben als Geborenes definiert ist und mit ihm Familie und Gesellschaft, wird die Gefahr einer künstlichen Schöpfung buchstäblich namenlos sein. Wir wissen ganz einfach nicht, was uns erwartet. Einmal der Natur ins Handwerk gepfuscht, nie wiedergutzumachen. Einmal enteignet, wächst sie uns über den Kopf. So wird Genetik zum Motor der Anomie.

10. August
Ob es ihn wirklich gibt, jenen einzigartigen Alexandrinervers, auf den nach Mallarmé die diversen, allesamt nichtigen Tätigkeiten des Dichterlebens hinauslaufen? Wer hätte das Ohr, ihn heraus-

zuhören aus der Masse des täglich Geschriebenen und Zitierten? Wie lautete noch das Diktum, mit dem die Philosophie vor der Kunst kapitulierte? Ohne Musik sei das Leben ein Irrtum, hat Nietzsche, einer der wenigen Ohrendenker, gesagt. Und ohne Dichtung, läßt sich ergänzen, bliebe der Irrtum am Ende sprachlos. Nur im Gesang kommt sie, für Augenblicke, zu sich, die verborgene Seele, in die wir verstockten Panzerechsen mit unseren geräuschvollen Körpern uns doch allesamt teilen. Keiner lebt völlig außerhalb dieses gemeinsamen Universums, das aus den Einzelpsychen der höheren Säugetiere besteht. Auch wenn wir die meiste Zeit über darben, vertrieben aus unseren kostbarsten Empfindungen, erniedrigt vom Alltagsleben, in dem uns Notdurft zu Abertausenden stumpfsinniger Verrichtungen zwingt. Daher die Traurigkeit, die perennierende Melancholie, unser treuester Schatten. Nur weil wir die meiste Zeit vielbeschäftigt dahinvegetieren, von bloßer körperlicher Anspannung bedrückt, aus Langeweile also, ergeben wir uns, statt der Musik und den Versen, dem stumpfsinnigsten psychologischen Rätselraten, Okkupierte, die ihr selbstgewähltes Dunkel den wenigen Lichtungen vorziehn, denen der Vernunft oder denen der Poesie. Dabei hilft schon ein einziger Akkord aus solcher idiotischen Diaspora. Wie im Märchen das Zauberwort kann ein bestimmter Vers, ein inniges Klanggebilde uns für alle Entfremdung entschädigen, und sei es nur für Sekunden. Dafür, nur dafür lohnt sich die unermüdliche Suche nach dem goldenen Alexandriner. Denn die ultima ratio der Künste ist nicht das *l'art pour l'art*, sondern etwas viel Dringlicheres, geradezu Lebenswichtiges: die Entlastung der Sinne vom dauernden Realitätsdruck. Leider hatte selbst Orpheus kaum einen blassen Schimmer von den Mitteln, die es dazu brauchte. Auch nicht Amphion, dessen Gesang die Mauern erst fügte, in die wir als Großstädter eingesperrt leben. Weder der sorglose Pan mit der Hirtenflöte konnte uns weiterhelfen noch Marsyas, der tragische Satyr und erste *poète maudit*, und schon gar nicht Apollo mit seiner strahlenden Lyra. Von allen Betroffenen hatte nur Tantalus uns wirklich etwas zu sagen, der im Hades für seine Verbrechen Gequälte, der griechische Kain. Nur er, dieser üble Patron, durstig inmitten der Wasser, vor Augen die unerreichbaren Speisen, war imstande, den richtigen Ton zu treffen, ohne Musikinstrument, nur mit der bloßen Stimme. Leider ist, von der Bauchrednerei eines römischen Dramatikers abgesehn, von ihm kein Sterbenswort überliefert. Keiner hätte uns mehr aus dem Herzen gesprochen als er.

11. August
Ist dir klar, daß von nun an alles anders wird? Ein Neugeborenes verändert die Umwelt genauso nachhaltig wie eine Naturkatastrophe oder ein Krieg. Kein Tag, den es von jetzt an nicht umstürzen wird, durch sein Geschrei, seine Wachstumsschmerzen, die kleinen und großen Wehwehs. Eine neue Zeitrechnung beginnt nun. Mit diesem winzigen Neophyten wird alle bisherige Geschichte wie fortgeblasen sein. Denn sein ist das Erdenreich, der Familienfriede und der Terminkalender. Willkommen du, Tag ohne Gestern.

12. August
Statistischer Hokuspokus. Die Wahrscheinlichkeit, vom Blitz getroffen zu werden, ist sechsmal größer als im Lotto der Hauptgewinn.

13. August
»Im Sommer Einundsechzig / Am dreizehnten August / Da schlossen wir die Grenze / Und keiner hat's gewußt.« (Zeitgenössisches NVA-Lied)
Es ist genau dieser kecke Ton, der mir bis heut in den Ohren klingt wie das Schalmeiengetöse der Wachablösung. Unter den Linden, pünktlich an jedem Mittwoch zur Mittagszeit. Die auftrumpfende Schwäche der Reaktion (»Hilfe, die DDR blutet aus!«), das unbekümmerte Verfügen über eine ganze Bevölkerung, bestehend aus lauter unsicheren Kantonisten (»Unsere Menschen...«), das kommißhafte Selbstbewußtsein der blutjungen Garden (»Wer, wenn nicht wir...«), die fröhlich gefärbten Apfelbäckchen der Grenzposten, Stasi-Knechte und Arbeiter-und-

Bauern-Staats-Idealisten, dieser unnachahmliche Jargon der weltanschaulichen Besserwisserei (»Die Partei, die Partei, die hat immer recht«) – das ist es, was sich niemals vergessen läßt. Auch wenn die ewig Verschaukelten den einstigen Groll längst in den trüben Fluten der Nostalgie ersäufen, es genügt, sich der eigenen Ohnmacht zu erinnern, um zu wissen, wie tief man einmal erniedrigt worden war. Der Mensch als Mittel zum höheren Zweck war gewiß keine Erfindung kommunistischer Weltverbesserer mit ihren Makarenko-Heimen, Gulags und Volksarmeekasernen. Dieses Übel hat eine längere Vorgeschichte, seine Wurzeln reichen bis zu den Musterinseln und Pflanzschulen des europäischen Humanismus zurück, den Phalanstèren der utopischen Sozialisten. Der Ton aber war stets derselbe: uns gehört die Zukunft, wir zwingen die Menschen zu ihrem Glück, und sei es mit Waffengewalt. Aus einem munteren Liedchen wie jenem anläßlich des Mauerbaus kann man noch immer die jugendliche Dreistigkeit heraushören, mit der sie sich über alle Einwände hinwegsetzten. Wir sind das Kollektiv, uns kann niemand, Individualismus ist nur ein bürgerlicher Zopf, und ihr werdet noch froh sein, wenn wir ihn endlich abgeschnitten haben, verlaßt euch drauf, Leute.

Für den Vater bedeutete dieser Tag das Ende aller Hoffnungen auf ein Studium an der Technischen Hochschule von Westberlin. Seither saß er in der Falle, seine Entwicklung abgebremst im Räderwerk einer Erziehungsdiktatur, eine Geisel im Planspiel des Kalten Krieges. Mich, seinen Sohn, verfolgt bis heute der Hohn in den Zeilen des NVA-Lieds. Er erinnert mich an die Szenen im Wehrkreiskommando, wo Offiziere mich über meine Zukunftspläne verhörten (»Sie wissen, wem Sie Ihr Studium zu verdanken haben«), an Stumpfsinn und Schinderei während der militärischen Grundausbildung und das gehässige Abrakadabra des Staatsbürgerkundelehrers, der mir mit Friedrich Engels die Freiheit als Einsicht in die Notwendigkeit verkaufen wollte.

In einem anderen Liedchen heißt es: »War das eine Lust am 13. August. Die Grenzen sind jetzt dicht, das paßt so manchem nicht.«

14. August

Gestern beim Einschlafen sprang mich plötzlich ein Wort an, das mir vor anderthalb Jahren erstmals begegnet war. Ich hatte es, den Umständen entsprechend, seinerzeit sofort hinabgestoßen ins Unbewußte, diesen geräumigen Keller. Von heut aus gesehen, entbehrte der Anlaß nicht einer gewissen Ironie. Die Gelegenheit hatte sich bei einem sogenannten Spermatest ergeben. Was tut man nicht alles aus Ungeduld, zum Zwecke der biologischen Reproduktion? Das Wort hieß *Andrologie*. Es stand an der Tür eines Praxiszimmers, das so ziemlich das Gegenteil war von Blaubarts berüchtigter Kammer. Kahle Wände, ein Stuhl, ein Waschbecken, daneben eine große weiße Papierrolle. Der Proband zog sich dorthin zurück, um... Nun ja, auf einem Beistelltischchen, gut sichtbar ausgelegt, sprangen ihm mehrere Magazine ins Auge, wie der Jugendschutz gesagt hätte, eindeutig pornographischen Inhalts. Ich weiß noch, wie verärgert ich war. Ihr bloßes Vorhandensein störte mich wie ein Vorurteil. Kein persönliches, nein, vielmehr und schlimmer noch: ein natürliches! Die bunten Titelbilder mit den vollbusigen Gespielinnen in Aktion schienen mir zuzurufen: Bedien dich, wir wissen doch, wie du als Mann funktionierst. Mein erster Gedanke war, wie absurd wohl im Untersuchungszimmer des Gynäkologen eine Kollektion von Dildos gewesen wäre. Ich war beleidigt, diskriminiert. Dieses überaus nette Arrangement hier zielte deutlich auf mein Begehren. Jemand hatte sich ausgemalt, wie man den Triebmechanismus in Gang setzen könnte an einem Vormittag wie diesem, gewissermaßen auf nüchterne Lenden. Gottseidank bestand ich die Prüfung. Mit dem Gefühl des Zwergen, der heimlich mit Schneewittchens Geschirr hantiert, füllte ich artig mein Becherchen. O Schneewittchen, du liebliches Flittchen. Niemand hörte mein finsteres Flüstern, so schnell war die Sache erledigt. Eine freundliche Schwester nahm das Ergebnis der Anmache entgegen. Nie werde ich vergessen, wie taktvoll sie meinen Blicken auswich. Der große Masturbator, auf dem Flur jener Praxis schrumpfte er zum nervösen Bittsteller, der höflich sein Ejakulat übergab, in der Hoffnung, es möge sich nicht als trübe Brühe erweisen. Peinlichkeit,

Impotenzangst, Furcht vor dem Unfruchtbarsein, phallische Scham, alles das mischte sich in dem einen Wort Andrologie, das wie ein Urteilsspruch über dem Haupt des besorgten Patienten hing. Und jetzt, knapp vor Evas Entbindung, war es auf einmal zurückgekehrt, in aller Unschuld, und Männerheilkunde, das war sein harmloser Sinn.

15. August
Leben, was ist das? Der Augenblick zwischen zwei Stadien des Nichtseins. Daß wir die Augen aufgeschlagen haben, einmal nur, das reicht schon. Fortan sind wir von Illusionen Verführte. Verwöhnte Lungenatmer, die glauben, solange es Luft gibt, sind sie unsterblich. Dabei weiß jeder Säugling, sobald die Mutterbrust ihm entzogen wird: es kann jederzeit aus sein. An jede Zuversicht hängt sich die Vorsilbe *Nicht*. Wo ein Ich ist, wird umso mehr Nicht-Ich sein. Unser Wille, der Wunsch und der Traum, sie enthalten uns vor, was sie uns immerfort bieten. Wo ein Sein uns empfängt und uns Jahre, Jahrzehnte scheinbar sicher dahinträgt, den Körper umschmeichelnd, kehrt bald das Nichts ein, dieser Schatten des ausgelöschten Bewußtseins. Nicht daß wir's erkennen könnten, das Nichts. Doch wir spüren sein Lauern. Es liegt auf dem Sprung, wo immer wir gehen. Schon die Sprache, der süße Zwang, uns in Worten zu spiegeln, versichert uns permanent seiner majestätischen Nähe. Auf daß wir es niemals vergessen. Das *Non* schleicht durch all unsere Reden. Es ist der Schatten, der an den Aussagen klebt, der Nebel, durch den die Euphorie unsrer Sinne gedämpft wird, der Dreck, der die Werte bedeckt und ihnen die Strahlkraft nimmt. Was leuchtet noch ein, wenn sein Dunkel erst um sich greift? Wir ahnen es, leben es, tragen es mit uns im Blut. Kein Bild fängt es ein und beruhigt uns. Nicht der Würfelbecher, nicht diese gierige Hand, die sich unverhofft über den glücklichen Würfelwurf senkt. Das Vergessen ist sein Symptom, es fängt in den Augen an, den unterwürfigen Ohren. Im Gehörgang verhallen die Schritte des Selbst, sein kurzer Aufruhr, die unstillbare Stimme. Im Schwarz der Pupille ertrinken Landschaften, Menschen und Städte. Einmal die Augen

geöffnet, einmal geschlossen, schon ist es vorbei. Die Sekunde Leben – ist sie, nur weil wir Uhren zum Messen haben, real? Calderon, Shakespeare, sie mochten sich einreden, das Leben, immerhin, sei ein Traum. Auch das war nur Täuschung. In Wirklichkeit ist es ein Intervall in der Leere, eine Allüre der Schöpfung, kaum mehr als die flüchtige Kommastelle in einer endlosen Zahlenkolonne, die vom Urknall bis zum All-Ende reicht. Nicht einmal Zahl, nicht einmal Buchstabe (weder Alpha noch Omega), nichts als ein aufrechter Strich, der sich in Freuden und Leiden nach unten hin krümmt.

16. August
Der offizielle Geburtstermin. Ein friedlicher Vormittag, wir tun, was wir immer tun, spät aufstehn, Frühstück im Feinkostladen bei Evas Freunden, gründliche Zeitungslektüre. Dann setzt sie mich am Alexanderplatz ab und fährt weiter ins Krankenhaus zum vereinbarten Arzttermin. Kurze Zeit später ihr Anruf, die Stimme unter Tränen erstickt. Und schon ist sie da, die lange zurückgehaltene Angst. Plötzlich drängen die Ärzte zur Eile. Das Kind sei zu still, sein Gewicht im unteren Normbereich, ein Winzling, sein Herzschlag besorgniserregend. Schlimmer noch, das Fruchtwasser geht allmählich zur Neige. Weil Gefahr im Verzug ist, müssen wir morgen früh, pünktlich halb neun, antreten. Dann werden die Wehen eingeleitet, die Geburt findet auf Verabredung statt. Eva ist todunglücklich, sie kennt das und weiß, wie die folgenden Stunden aussehen werden, vielleicht sind es Tage. Ist das zuviel verlangt, fragt sie mich, einmal nur, wenigstens dieses eine Mal vorm Schlimmsten bewahrt zu werden. Nun ist auch meine Ruhe dahin. Ich beginne zu packen, bereite mich vor wie auf eine Expedition ins Himalayagebirge. Was kann ich schon tun? Abwarten und Händchenhalten, in der stummen Rolle des Scherpa. Es ist der ohnmächtigste Part.

17./18./19. August

Protokoll einer Geburt. Das Manöver beginnt im Morgengrauen, es wird eröffnet mit dem Einreiben eines Vaginalgels, das den Wirkstoff Prostaglandin enthält. Das Zeug ist so stark, daß es nur zweimal am Tag verabreicht wird. Mit ihm wird die Geburt taktisch, nach allen Regeln moderner Biochemie, durch gezielte Hormonstöße eingeleitet. Was die Natur nicht von selbst besorgte, geschieht nun im Eilverfahren. Künstlich werden die ersten Wehen ausgelöst, der Muttermund geschmeidig gemacht, langsam entkrampft und Zentimeter um Zentimeter geöffnet. Jeder Angriff wird mit dem Herz-Wehen-Schreiber (CTG) überwacht. Dabei läßt sich der erste Tag noch ganz harmlos an, als eine Übung in den verschiedenen Formen des Wartens. Erst während der Nacht und am zweiten Tag wird es ernst. Es folgen nun alle Arten des tierischen Schmerzes bis hart an die Grenze zur Bewußtlosigkeit. Die Schlacht hat begonnen. Vor der Frau liegt nun, im gleißenden Licht, eine einzige *Via dolorosa*. Je weiter sie auf ihr voranschreitet, umso tiefer die Einsamkeit der Gepeinigten. Am Wegrand zurück bleibt der muntere Arzt mit den flotten Sprüchen. Dann treten die freundlichen Hebammen beiseite, und lang vor der letzten Biegung sehe auch ich die Geliebte entschwinden. Alle Nichtbeteiligten sind nun so fern wie die zufälligen Spaziergänger draußen, die Kranken in ihren Bademänteln auf den Krankenhausfluren. In den seltenen Gefechtspausen steigen Gefühle tiefster Entfremdung herauf. Bald schon zeigt sich: der wahre Schmerz läßt sich nicht mitteilen. Solche ungeheuerlichen Qualen, man fragt sich, wozu sind sie gut? Warum schindet Mutter Natur ihre Rekrutinnen derart bis aufs Blut? Und wie begrenzt die Ausdrucksmöglichkeiten doch sind. Am Gipfel der Leiden erscheint immer wieder dieselbe antike Form, die man seit Aischylos kennt: das rhythmische Stöhnen der Protagonistin, die Stimme zum Chorgeheul angeschwollen, das zur tragischen Maske verzerrte Gesicht. Man würde glauben, einer Aufführung der Orestie beizuwohnen, wäre es nicht die geliebte Frau, die sich dort windet und aufschreit auf ihrem Wöchnerinbett. Während der schlimmsten Attacken bleibt für Momente die Luft weg. Der

Mund wird zum Maul einer Brunnenfigur, ein Pendant der verwundeten Uterusmündung. Und so geht es weiter, die nächsten vierundzwanzig Stunden lang, unterbrochen von kurzen Erschöpfungsphasen eines todähnlichen Schlafs. Am Mittag des zweiten Tages endlich ein Hoffnungsschimmer: es scheint so, als sei die Fruchtblase geplatzt. Erstaunlicherweise ist das Rinnsal zwischen den Schenkeln mineralwasserklar, etwa so wie beim Aufstechen einer gewöhnlichen Wundblase am Fuß. Doch dann die Wehen! Wie eine riesige Brandungswelle, von weither anrollend, braut jede sich in der Ferne zusammen, bevor sie den Körper, der längst verzagt hat, überschwemmt und jeden Widerstand mit sich reißt. Da erst versteht man die wahre Bedeutung solcher Interjektionen wie »Wehe!«, »Weh mir!« Auch sie verkürzen nur, was sich Zeit nimmt, bis auch der letzte Rest von Ich und Selbstbewußtsein völlig aufgelöst ist. Die Zerreißung des Körpers findet in Zeitlupe statt. Am Ende liegt auch die stärkste Geduld unter Bergen von Schmerzen begraben. Ihr aufzuhelfen, sie mit allen Mitteln der ärztlichen Kunst vom Leidensdruck zu befreien, ist deshalb nur allzu vernünftig. Wer sagt denn, daß Qualen wie diese den Menschen bessern? Man begreift plötzlich, welcher Segen in solcher Medizintechnik steckt. Neben Füllfeder, Glühlampe und Eßbesteck scheint Anästhesie noch immer eine der größten Errungenschaften der modernen Zivilisation. Nur wer erlebt hat, welche Erleichterung die sogenannte Peridurale Anästhesie (PDA) einer Gebärenden bringt, weiß sie zu schätzen. Nicht wahr, liebe Nihilisten, da heißt es Abbitte leisten? Verglichen mit der Lektion, die unsereinen die gezielte Anwendung von Betäubungsmitteln lehrt, bleibt jede Kulturkritik bloßes Ressentiment. Von Anfang an hatte Eva auf den Moment gewartet, da man ihr schließlich den Katheter ans Rückenmark legen würde. Allein die Aussicht darauf hatte sie tapfer durchhalten lassen. Als es endlich soweit war, sah ich sie zum erstenmal lächeln.

Herein trat die Anästhesistin, eine sehr aufgeräumte, hagere Dame mit dem Mutterwitz des Spezialisten, der routiniert zur Sache geht und keine Probleme duldet. Im Handumdrehn war die Kanüle gesetzt, wenige Zentimeter über dem Steißbein. Dann wurden die haarfeinen Plastikschläuche, letzter Schrei westlicher Medizintechnik, angeschlossen, und der kleine Pumpapparat, elektronisch gesteuert, begann sein Werk. Mag sein, daß es die absolute Kompetenz der Hebamme ist, jede Gefühlsregung der Frau aufzunehmen und ihr mit Rat und Tat zur Seite zu stehen. Doch was war das schon gegen den Segen örtlicher Betäubung? Wenige Milligramm Flüssigkeit, eingebracht in eine der Zentralen des Nervensystems, erteilten die Absolution. Vielleicht rührte daher die Eifersucht der klassischen Geburtshelferinnen gegenüber der scherzenden Anästhesistin. Wie auf dem Kriegsschauplatz glich ihr Verhältnis dem des Infanteristen zu den Überfliegern der Luftwaffe. Zu verschieden waren die Waffengattungen, zu offensichtlich die Unterschiede in Durchschlagskraft und flächendeckender Wirkung. Ein kurzer Test noch, ob die Narkose auch wirkte, und der Hauptakt konnte beginnen. Ich gebe zu, daß es mir peinlich war, von den Hebammen aufgefordert, auf dem breiten Bett Platz zu nehmen. Wer besteigt schon zum Spaß ein Schafott? Doch der Vergleich hinkt wie alles, was einem nachträglich einfällt zu einem Ereignis wie diesem. Kein Vorher, kein Nachher hilft einem, Abstand zu halten. Es ist, als wollte man einen Sturmangriff rekonstruieren. In der entscheidenden Phase ist alles Zeitgefühl aufgehoben, jegliche Aufmerksamkeit absorbiert. Mancher steht neben sich, heißt es, doch einmal geblendet, da bin ich mir sicher, überläßt man sich nur noch und vergißt jede stolze Konzentration auf den Tod. Dicht hinter Eva, die halb aufgerichtet war, saß ich an ihren Rücken gepreßt und hielt ihre Beine von hinten umfaßt, in einer Art Soziusstellung. So sausten wir auf den Abgrund zu, zwei verrenkte Bobfahrer in voller Fahrt, nur daß der Vordermann splitternackt war, schwitzend, das Haar aufgelöst, und der Hintermann von den kommenden Kurven nichts wußte. Dennoch, als Tandem taten wir unser Bestes, unterstützt von den Hebammen, die eine links, die andere rechts postiert, und der jungen, schweigsamen Ärztin, die wie eine Hohepriesterin mit der Saugglocke bereitstand und den Vorgang von professioneller Warte verfolgte. Unvergeßlich der Augenblick, als im geöffneten Muttermund sich ein erster Ausschnitt des kleinen Schädels zeigte, mein Frohlocken beim Anblick des dunklen Kopfhaars, fein gesträhnt wie auf den Bildern des Botticelli. Für Momente hatte ich meinen Posten verlassen dürfen. Noch immer sehe ich die gespreizten Schenkel und ringsum die Gruppe der weiblichen Helfer. Lessing, der Unglückliche, wäre beglückt gewesen, hätte er sehen können, was ich sah: die zupackenden Arme über den angewinkelten Knien, die Mimik der Gesichter, das ganze Ensemble von Muskeln, alle angespannt zu einem einzigen Zweck. Nie zuvor hat mir der Titel jenes berühmten Gemäldes eines französischen Meisters so unmittelbar eingeleuchtet: »L'origine du monde«. Nicht nur irgendein Menschenwesen stand dort am Ursprung, das erste eigene Kind, das künftige Kleinod der Familie. Umfassender, in jeglicher Dimension unabsehbar, ja transzendent war, was da geboren wurde: der Beginn einer neuen Welt.

Und das Kind? Durch die hohen Fenster fiel schon das Abendlicht. Von draußenher, aus dem mit Apothekengerüchen durchzogenen Parkgelände des Krankenhauses hörte man Amselzwitschern und dahinter entfernte Verkehrsgeräusche. Im Zimmer war es gespenstisch still geworden. Als sie endlich herausgeplumpst war, hilflos vornübergefallen auf allen vieren, den schweren Kopf und den Buddhabauch gotterbärmlich auf das fleckige Laken gesenkt, vergingen ein paar furchtbare, bange Sekunden. Es waren die längsten in meinem bisherigen Leben. Nein, das war nicht die lang ersehnte Ekstase. Auf einmal wimmelte dort, mit Stacheln und Giftzähnen drohend, ein ganzes Knäuel von Gefahren. Und keine hatte sich angekündigt, vor keiner war man, in blinder Elternzuversicht, je gewarnt worden. Sicher, das Kind regte sich, aber nur so wie ein Vogeljunges, aus seinem Nest gefallen, konvulsivisch am Boden zuckte. Kein Laut drang aus der winzigen Kehle. Und die plötzliche Geschäftigkeit der versammelten Profis sagte einem, daß irgend etwas nicht stimmte. Weit aufgerissen, verfolgten zwei Augenpaare unter Tränenschleiern ihre Aktionen. Das Ganze sah zu sehr nach erster Hilfe aus, als daß man beruhigt hätte loslassen können. Kopf an Kopf, atemlos, sahen wir zu, wie das Neugeborene, wie mit Geisterhand rasch von der Nabelschnur abgetrennt, im Nebenzimmer behandelt wurde. In einem Plexiglaskasten lag es, umringt von den Hebammen, in der Mitte die Ärztin, die sich überflüssigerweise nach uns umsah, als wollte sie das Ausmaß unserer Hysterie feststellen oder die Ursache für jene namenlose Komplikation, die uns angst machte, die Angst des Laien, der keine Chance hat, sich an Symptome und Diagnosen zu klammern. Noch einmal kam mir, ganz unpassend, Otto Ranks These vom Trauma der Geburt in den Sinn, und zum erstenmal dachte ich, wie leicht sie sich umkehren ließ. Dort der primäre Schock, mit dem der Aufprall auf dieser harten Erde jedem Neuling sich einprägte, der unerhörte, unauslöschliche Zusammenfall von Gravitation, plötzlicher Lichtüberflutung, Kakophonie und Kälte. Und hier das Trauma der bangenden, sprachlosen Eltern, die bei klarem Verstand von lauter Katastrophenbildern, Mißbildungsphantasien, kulturellen wie biologischen Ängsten heimgesucht wurden, solange die Ungewißheit über den Gesundheitszustand des Kindes sie fatalistisch im Griff hielt. Kein Vers beschreibt die Erleichterung, wenn mit dem ersten zaghaften Quäken das Neugeborene sich endlich an Deck des Planeten meldet. Erst dann ist es angekommen. Solange sein Schrei nicht den Lebenswillen bekundet, kann man von Dasein kaum sprechen. Eine halbe Ewigkeit verharrten wir in diesem demütigenden, gebetsseligen Zustand, der so beschämend ist für den halbherzigen Atheisten. Da erst, nachdem sie die Luftröhre mit einem Saugschlauch befreit hatten von letzten Fruchtwasserresten, da erst gab Vera Laut.

20. August
Und gleich hat sie die erste Lektion gelernt. Überhaupt schien sie von uns allen die Gelassenste zu sein. Seelenruhig sah sie den neuen Anforderungen entgegen. Keine zwei Stunden nach der Entbindung begann dieses schlaue Geschöpfchen zu trinken. Schmatzend bemühte sie sich um die ersten Tropfen der Vormilch. Der Mund hatte sein Hauptziel gefunden, die Mutterbrust. Der Moment der Vereinigung lief nicht weniger ingenieurstechnisch präzis ab als das Andocken der Raumfähre an einer

Orbitalstation. Beim Anblick der winzigen Lippen, die sich um die Brustwarze schließen, kommt einem plötzlich die Erleuchtung: Das Matriarchat beruht auf dem Saugreflex. Die wechselseitige Entsprechung von Lippe und Warze ist das Fundament seiner Macht. Wo alles von Revolutionen gefährdet ist, jede Autorität jederzeit umgestürzt werden kann, bleibt es als einzige Herrschaftsform unangefochten. Die Flaschennahrung ist seine größte Bedrohung. Erst wenn natürliche Fortpflanzung ausgespielt hat, wird sein Regime beendet sein. Glaubt man den Partisanen der Gentechnologie, den Jakobinern der Biolabore, geschieht das noch in diesem Jahrhundert. Als Denkmal bliebe dann nurmehr die weibliche Brust.

21. August
Begrüßung einer Prinzessin
Willkommen an Bord, Däumling du, Menschlein, brandneu.
Zierliche Nymphe, zitternd wie Espenlaub, Milchtrinker,
                                                     Wicht.
Alles dank dir, Glückskind, beginnt nun, gut griechisch, mit
                                                   Eu...
Wie sie dich halten, Krabbenfang, ängstlich, daß nichts
                                                 zerbricht.
Vergiß deine Höhle, die Mutter. Sieh sie dir gut an von
                                                 draußen.
Beim Stillen, im Schlaf, halt dich fest, kleine Knospe am
                                                 Stamm.
Laß die Welt ihre Runden drehen, ein fernes Ohrensausen.
Du bist die Mitte, um dich gehts: die zweieinhalbtausend
                                                 Gramm.
Arme Gotik, was sind ihre Türmchen aus feinster Brüsseler
                                                 Spitze
Gegen das Filigran deiner Finger, dein perlmuttfarbenes Ohr?
Puppe aus Marzipan, die Windeln voll Kindspech-Lakritze.
Nichts ist so kostbar wie im Augenwinkel der erste Koh-i-noor,
Wenn du weinst, Primadonna, Ballerina auf allen vieren.
Was ist die Pawlowa, sterbender Schwan, gegen dich Kücken?

Gestern kam Onkel Bach zu Besuch: über die Schläfen
spazierend.
Wie dein Mund sich im Saugreflex schloß. Dein stilles
Entzücken.
Il dolce stil novo? Verzeih mir. Dein Vater haut auf den Putz.
Nur weil er sonst nichts zu bieten hat. Vor allem nicht *diese*
Brust.
Wie schlau von dir, jetzt zu kommen. Hast den Sommer
genutzt.
Sei gegrüßt, kleine Löwin, geboren im hellen Monat August.

Levana. Auch dies nur noch ein Name, der selten auftaucht. Wegen des rätselhaften Klangs vermutlich und der Mysterien, die hinter ihm liegen (verschollen in den Labyrinthen der Zeit) haben sich Schriftsteller wie Jean Paul oder der Opiumesser de Quincey für ihn interessiert. Es heißt, sie sei eine altrömische Geburtsgottheit gewesen. In den umstrittenen *Indigitamenta* des Varro wird sie als Göttin der ersten Stunde beschrieben, die das Neugeborene von der Erde aufhebt, nach dem lateinischen Verbum *levare,* hinaufheben. De Quincey beschreibt das Ritual so: »Im Augenblick der Geburt, wenn das Kind zum ersten Mal die trübe Atmosphäre unseres Planeten verspürte, legte man es nieder, daß es die Erde berührte. Alsbald aber, aus Furcht, ein so hohes Geschöpf könnte länger als einen Augenblick am Boden kriechen, hob der Vater, als Stellvertreter der Göttin Levana, oder ein naher Verwandter, als Stellvertreter des Vaters, das Kind hoch in die Luft und hieß es hinaufblicken, als sei es der König dieser Welt; er reckte die Stirn des Kindes gegen die Sterne, und sprach dabei vielleicht in seinem Herzen: ›Seht hier, was größer ist als ihr!‹ In diesem symbolischen Akt bestand die Funktion der Levana.« Mehr ist nicht überliefert von dieser Augenblicksgöttin, deren Funktion gelehrt zu haben Varro in seinen Schriften sich rühmte. Das Fragmentarische der Überlieferung paßt nun aber sehr gut zu dem eingeschränkten Wirkungsbereich dieser wie vieler anderer Gottheiten, von denen zumeist nur der Name bekannt ist. In einem einzigen Augenblick nur, angerufen von den allernächsten Verwandten des Kindes, trat die Geburtsgöttin in Erscheinung. Ihr Name bezeichnet genau den Moment, da das neugeborene Kind, in der Schwebe gehalten vom Vater, die Welt in Empfang nahm, indem es den gestirnten Himmel über sich anblinzelte. In dieser Sekunde wurde ihm die Würde des Erdenbürgers verliehen. Sozusagen im Flug getauft, wurde es, in einem einmaligen Akt, durch Anrufung der Göttin Levana, frei nach Immanuel Kant unter das moralische Gesetz gestellt, das fortan in ihm wirken sollte. Der Unterschied zur christlichen Taufe könnte kaum größer sein. Man fragt sich, ob solches Hinaufheben in die Lüfte sich nicht besser eignet als das Untertauchen im Wasser, um den Neuling in der Freiheit des Daseins zu begrüßen. Gehört nicht das Fliegerspiel zu den liebsten Erinnerungen jeder Kindheit? Der Schwindel, der beim Hinaufwirbeln die Sinne erfaßt, ist etwas anderes als die Angst, wenn das geweihte Wasser in Nase und Ohren dringt. Instinktiv scheint das noch jede Hebamme zu beherzigen, wenn sie das Kind gleich nach der Geburt Höhenluft schnuppern läßt. Vielleicht sind die Hebammen, wie ihr Name besagt, die modernen Dienerinnen der vergessenen Göttin Levana.

22. August
Angst – abgründigster aller Abgründe im Unbewußten. Tiefseegraben, harrend in ozeanischer Finsternis, von gefräßigen Urfischen bevölkert, Heimat der Riesenkraken. Ursache dafür, daß jeder ein Leben lang inhaftiert bleibt im eigenen Innern, keiner ins reine kommt mit sich selbst. Atlantikgraben, ganz unauslotbar für Glauben, Liebe und Hoffnung. Hinterhalt, in dem noch jede Moral in die Enge geriet. Massengrab aller Vernunft und der schönen Utopien von Freiheit, Gleichheit und Brüderlichkeit. Angst heißt: die biologische Praxis kennt nur den Zwang (Unterdrückung, Strafe, Überwachung und Opfer). Angst bewirkt: der Mensch in Gesellschaft wird niemals gleich sein (i.e. Ungerechtigkeit, Diskriminierung, Ausbeutung und Gewinnsucht). Angst sagt: wir sind weder Brüder noch Schwestern, sondern Verlierer und Sieger (i.e. Egoismus, Mitleidlosigkeit, Entfremdung und

Ignoranz). Unausrottbar ist sie, die Angst. Keiner entgeht ihr, in jeder einzelnen Psyche verankert sie sich mit dem Trauma der Geburt. Sie macht eher Weltgeschichte, rüstet sich mit Götzenbildern und Waffensystemen, kriecht in den Panzer der Zivilisation, als daß sie die Gattung bessern würde bei ihrer Odyssee seit dem Auszug aus der Savanne.

Von wegen Böse, von wegen Gut: in den Erdbebenregionen der Angst sind solcherlei Unterscheidungen nichtig. Kain und Abel werden für immer als Bruderpaar Vorbild sein, das Übel bleibt in der Familie. Angst hat noch jede Lektion annulliert, jeden Appell übertönt. Ihre Gefräßigkeit kennt keine Limits. Alles verschlingt sie, die Zehn Gebote ebenso wie die Reden Buddhas und die Bergpredigt des Nazareners. In ihrem Abyssus verschwinden all die Gebete der Weltreligionen, ungehört, wie im Bermuda-Dreieck die Schiffe und ihr vergebliches SOS. Angst ist der Boden, auf dem die Tragödien gedeihen, die Mythen von Ödipus bis Medea. Unwirtlich ist ihr Gelände, Folge der frühen vulkanischen Faltung, ein Geröllfeld von planetarischem Ausmaß. Ihr Abbild sind die zerrissenen Landschaften der Seelen, Heimat von *phobos* und *aporia*. Existenzangst und Denkblockade, beides geht auf dieselbe Ursache zurück. Es ist das nackte Dasein, das die uralte Tierangst verewigt und der Vernunft immer nur Zwischenspiele erlaubt. Nichts kränkt die menschliche Intelligenz so sehr wie das Veto der Angst. Gegen diese Naturgewalt, deren Rumoren aus dem Erdinnern widerhallt in den Nerven der Lebewesen, hilft kein Vaterunser, kein Dichtervers, kein Astronautenblick aus dem All. Das einzige, was uns von dieser terrestrischen Plage vorübergehend befreit, ist ein Beruhigungsmittel in der richtigen Dosis.

24. August

Das Problem jedes Vornamens ist doch: er wird von den Eltern verliehen. Es sind *ihre* Vorlieben und Ambitionen, die sich zu ein paar Silben verdichten. Ungefragt wird er dem künftigen Träger verliehen. Ein ganzes Leben lang muß er nun auskommen mit dieser semantischen Notation. Er kann alles und nichts bedeuten. *Nomen est omen?* Wie zweideutig das klingt. Der Name als

Vorzeichen, das seinen Besitzer lebenslang zeichnet, ein primäres Stigma, und der Name als Wunsch, der vom Willen des übermächtigen Stifters zeugt. Wenn das stimmt, bleibt einem nichts als Gehorsam und Rebellion. Entweder nimmt man ihn an, folgt seinem inhärenten Versprechen bis man eins wird mit ihm. Oder man sträubt sich, wann immer er aufgerufen wird, lehnt sich gegen ihn auf, bis auch darin der Anspruch sich durchsetzt. Der Name bleibt immer die erste Indiskretion, ein Brandmal des Körpers, die Maske, hinter der sie sich sammeln müssen, all die vielen, widersprüchlichen Ichs. So oder so, das Omen erfüllt sich. Der Name markiert die Richtung, er liegt dem Wesen des Menschen als kulturelles Merkmal voraus wie der Notenschlüssel einem Musikstück. Sanftmut und Glaubensstärke, uraltes Heldentum oder schlichte Personifizierung von Heiligenlegende, Geschichtsereignis und Popkultur, der Name steht für den gemeinsamen Nenner. Er ist der Vektor, der den Charakter bestimmt. An ihren Namensgebern sollt ihr sie erkennen.

25. August
Was ist geschehn? Hundert Jahre nach seinem Tod in schizoider Umnachtung ist Friedrich Nietzsche der Liebling des deutschen Feuilletons. Wer ihn gelesen hat, Zeile für Zeile und in verschiedenen Lebensphasen, darf erstaunt sein. Wird mit der Heimholung in die Kolumnen, mit der linkischen Umarmung eines lebenslang Widerstrebenden nicht all sein Denken in Frage gestellt? Hat dieser seltsame, präzedenzlose Philosoph, statt mit dem Feuer der Begriffe und moralischen Werte, vielleicht doch nur mit den Worten gespielt wie all die Schöngeister der Literatur vor ihm und nach ihm? Was sind die Idiosynkrasien des einsamen Hochgebirgswanderers noch wert, wenn sie sich derart auflösen lassen in griffige Zitatcollagen, in die Feiertagsrührung ungebetener Gratulanten? Welche Entsorgung findet hier statt, wenn ein Leben, das wie kaum ein anderes aus extremen Gedanken bestand, zu handlichen Biographien komprimiert, pünktlich auf den Paletten der Buchhändler landet? Wenn doch alle geistige Anarchie im Kulturbetrieb aufgeht, warum scheint es gerade im

Falle des sächsischen Sprachakrobaten so überaus unpassend, indezent, zuweilen geradezu taktlos?
Gewiß doch, der faszinierende Friedrich hatte zu jeder Zeit alle Arten von Lesern. Man soll sich nicht täuschen lassen: die elitäre Diktion verbirgt nur, daß er als Philosoph seine Richtersprüche gern im Namen des Volkes fällte. Heißt es nicht Nietzsche mit Nietzsche durchschauen, wenn man in seinen Ausfällen gegen die nutzlose Metaphysik oft das Volksbegehren heraushört? Platon, Spinoza und Kant, alles Spinner und Possenreißer. Im Grunde ist jeder Philosoph vor ihm (einschließlich des lange geachteten Lehrmeisters Schopenhauer) nur in der Rolle des Hanswurst denkbar. Je strenger die Erzieher, umso schärfer und maliziöser später der Hohn gegen sie. Noch in der Wut gegen das Christentum als Impotentmacher zeigt sich die Furcht des Pastorensohns. Nietzsche und Kierkegaard etwa: ein Schicksal, zwei Wege. Hier die trauernde Ironie des verstörten Dänen, der vom alttestamentarischen Rachegott früh bis ins Mark getroffen wurde, die Komödie der Dialektik, die ihr Heil in der Erbauung sucht. Dort die nimmermüde Prozessierwut des Sachsen, der als Anwalt in eigener Sache auftritt, sein Versuch einer Überwindung des Neuen Testaments mit römischer Brutalität.
Immerhin scheint der Verdacht, seine Gemeinde hätte, bei aller Vielgestaltigkeit in der Zusammensetzung (Schriftsteller, Lehrer, Mediziner und Diktatoren) selten ein gewisses Jugendalter überschritten, mittlerweile entkräftet. Mit den Generationswechseln ist die Rezeption in die Jahre gekommen. Das bloße Weiterwursteln im selben Kulturkreis hat manches Bonmot zur Propheteneinsicht verklärt. Wie wir wurden, was wir sind: solche Beweisführung war Nietzsches Metier. Gerade deshalb möchte man jedoch gern erfahren: was fängt ein erwachsener Mensch heute mit seinen verbalen Sprengsätzen an? Was sollen uns, den gründlich Ernüchterten und historisch Zurückgelehnten, derart hochprozentige Reflexionen in einer Zeit, da das Denken endlich Wasser zu werden verspricht? Man könnte sagen, Nietzsche sei zuallererst der lebende Beweis für eine Mangelerscheinung gewesen. Berserker wie er treten auf, sobald der Organismus einer Kul-

tur kränklich wird und zu wenige Vitamine enthält. Voilà, und schon steckt man bis über beide Ohren in jener Art Metaphorik, die Nietzsche selbst den Kopf gekostet hat. Kein philosophisches Oberseminar wird ihn aus dieser Falle befreien. Geblieben ist die artistische Blendung, sein einsamer Drahtseilakt. Der Nachwirkung sicher ist sein Versuch eines Kunstwerks mit erkenntnistheoretischen Mitteln. Solcherlei philosophische Zirkusschau hat ihm für immer seinen Platz reserviert, irgendwo zwischen den Meisterdenkern der Antike und dem deutschen Idealismus, als dessen Zerfallsprodukt er nun gilt. Doch schon der Provokateur scheint uns fraglich. Auf die Anmaßung, die Aporien zum Tanzen zu bringen, reagiert das postmoderne Bewußtsein mit der gesunden Skepsis, die es durch seinen neuen, komplexeren Zivilisationsalltag trägt. Gelernt hat es, und nicht von Nietzsche, sondern am Negativbeispiel der Hitler und Stalin, den Abscheu vor dem Götzen Geschichte, die Anbetung des tierhaften Augenblicks, mit dem das Immergleiche, in Frieden wie Unfrieden, wiederkehrt. Verloren das Staunen über die Weltherrschaft des Scheins: der mediale Mensch hat nurmehr diesen. Abgetan der Willkommensgruß an die Adresse der absoluten Macht: unterm sanften Druck des Verfassungstaats zerstreut sich das wahnhafte Wunschbild einer Erlösung durch Politik. Nach soviel Totalitarismus wird jede Demokratieverachtung banal. Dahin auch der Glaube an die Konsequenz der Zerstörung des Christentums und aller sonstigen Religionen: die Evangelien kochen auf kapitalistischer Sparflamme weiter. Blasphemie ist die Würze des täglichen gottlosen Mahls. Selbst das Credo einer Heilung des unglücklichen Bewußtseins durch die Musik lockt nur noch Rockfans und Raver hinter dem Ofen hervor. Das Dionysische ist eine Funktion der Werbeindustrie. Nietzsches Rettungsphantasien sind wie die Attentate des träumenden Terroristen auf ganzer Linie gescheitert. Sein Vitalismus ist als Körperkult glücklich eingemeindet. Physiologie hat das transzendentale Begehren aus dem letzten Schlupfloch verdrängt. Auch der Tod ist nurmehr ein Datum in der kollektiven Traumzeit beschleunigter Automobilisten, die sich dank Wissenschaft und Gesellschaftsvertrag für unsterblich halten. Bis zum letzten Oberförster hat es sich mittlerweile herumgesprochen: der Wald ist gestorben, der böse Wolf lange schon tot.

Nietzsche also: was bestehen bleibt, ist das Geheul einer Seele, für die das Erdendasein lebenslang ein Exil war. Nehmen wir an, es ging ihm wirklich nur um dieses nervöse, unfaßbare Ausdrucksorgan, das sich, aus feinster Moosschicht herausgelöst, in seinen zartesten wie brutalsten Regungen zeigte, um sich sogleich zu verbergen. Ihr Gesang ist es, der den Leser betört. Ihre klandestinen Manöver, ihr jesuitisches Versteckspiel weckt das Begehren in jedem Gleichgestimmten. Was aber heißt das schon, mit Nietzsche auf einer Wellenlänge zu sein? Kein Zweifel, die Drogenwirkung dieser melomanischen Gedankengänge ist noch immer enorm. Es ist wie mit guten Versen, man kann das Zeitbedingte getrost beiseite lassen. Wer könnte sagen, daß seine aphoristischen Übungen nur Taschenspielertricks wären, diese essaylangen Selbstgespräche nur Fragmente zum nie geschriebenen Entwicklungsroman eines milieugeschädigten Individualisten aus einer vergangenen Epoche, als das Deutsche Reich sich kraftmeiernd zu uniformieren begann? Wer wäre so blind, in ihm nichts zu sehen als den Königstiger im Tierpark Bismarcks, so taub, in dem waghalsigen Aufruhr nichts herauszuhören als das Gebrüll des Eingesperrten hinter den Käfiggittern einer Gründerzeitgesellschaft? Es geht nicht um den kranken Nietzsche, auf den Kritik wie Anbetung ihn modisch verkürzt haben. Allenfalls könnte man von einer Krankheit sprechen, die seinen Namen trägt, vom *morbus Nietzsche* vielleicht. Ihre schillernde Symptomatik, ihr schleichender Zerfallsprozeß, dem jede Gewißheit zum Opfer fällt, ihre bewußtseinssteigernde Wirkung, die er im geistigen Selbstportrait dokumentiert hat, all das ist durchaus epidemisch geworden, seitdem wir als individuelle Resultate einer Moderne, die alle Körper erfaßt hat, jederzeit teilbar und auflösbar sind. Bar jeder Letztbegründung, sausen wir, in jeder Hinsicht und neuerdings auch genetisch enträtselt, durch eine menschgemachte Landschaft, die Nietzsche zuerst als Wüste erkannt hat. Keiner vor ihm hat sich so weit in posthumanes Gelände hinausgewagt.

Dennoch, wäre es allzu ironisch, nach dem Gehalt dieses Denkens zu fragen, auch wenn man den gegenwärtigen akademischen Optimismus keineswegs teilt? Was ist die Ausbeute seiner Philosophie, in deren Natur es liegt, daß sie eher draußen im Freien ihr Echo findet, auf dem Campus eher als in den traditionsgeschützten Hörsälen? Ist Nietzsche als Stoff im Lehrplan noch diskurstreibendes Mittel oder nicht vielmehr Ärgernis und Kuriosum?

Andererseits: soll man sein Philosophieren umstandslos der Literaturgeschichte zurechnen, nur weil er der Philosoph war, der am lautesten *Ich* gekräht hat? Dann könnte man jeglichen Rest von Erkenntnistheorie vergessen und müßte sich ganz auf den Stil konzentrieren, sein spezielles Idiom.

Nietzsches stilistisches Markenzeichen ist das geschmeidige Vor- und Zurücktänzeln: Dialektik auf weichen Raubkatzenpfoten. Er schreibt Sätze, die mit den Muskeln spielen. Der Beuteinstinkt führt die Feder (oder schlägt auf die Tasten der Kugelkopfschreibmaschine, eigens für ihn angefertigt). Das Argumentieren ist durch Hypnose ersetzt, das Theorem maskiert sich als permanente *idée fixe*. Seine bevorzugte Jagdmethode ist die insinuierende Rede. Die Pointe verhöhnt die verzögernde Konklusion. Und so sieht sie aus, die berüchtigte Umwertung der Werte: Genealogie statt Kausalität, Empirie statt Systemkonstruktion, Allusionen anstelle logischer Beweise, und wenn schon Beweise, dann solche von apodiktischer Machart. Wie kein Zweiter hat Nietzsche den Diskurs sensibilisiert für die Nuance. Alles Augenmerk galt den feinen Unterschieden in Ethik, Logik und Ontologie. Man kann ihn mit Recht als den Entdecker der Sinnstiftung bezeichnen, ein philosophischer Newton, der die Mechanik der Wertebildung erkannte, hinter den Aussagen die wirkenden Kräfte: Wille, Genuß, Glücks- und Schmerzerfahrung. Es war seine fundamentale Einsicht, daß die Geschichte eines Dings aus der Aufeinanderfolge jener Kräfte besteht, die sich seiner in fortwährenden Kämpfen bemächtigen, die Phänomene ihren Sinn also pausenlos ändern. Wie anders sieht eine Realität aus, in der das Dasein vom Spieltrieb (beispielsweise der Technik) geformt wird, mit dem Bewußtsein als Variable des begehrlichen Körpers. Darin zumindest bleibt sein Entwurf aktuell. Es ist unsere Realität, die hier aufscheint in ihrer frühesten Fassung. Wie ermunternd ein Denken, das die Subjekte derart entlastet. Philosophie als Lebenselixier, der Denker als geistiger Fitneßtrainer, so hat er sich selbst gesehen in der Rolle des Zarathustra. Seit Rhetorik kein Pflichtfach mehr ist, läßt sich sein Sprachempfinden nurmehr bewundern, dieses absolute, an der lateinischen Ökonomie eines Horaz und Sueton geschulte Gehör. Zugegeben, man kann ihn leicht parodieren und pastichieren. Etwa so: Wir Größenwahnsinnigen mögen es nicht, wenn man uns vom Größenwahn spricht. Überhaupt wird man ihn unfehlbar an seiner hypertrophen Metaphorik erkennen. Die Metapher als Übersprungshandlung, das war sein Coup. Nietzsche, der verhinderte Dichter? Unsinn, wie jede andere, so hat er auch diesen scheinbaren Gegensatz – von Weisheitsliebe und Poesie – aufheben wollen wie der Seiltänzer die Wirkung der Schwerkraft. Wenn schon Dichter, dann einer, der sein eigenes Genre begründet hat. Wer so beweglich über die Satzperioden gebietet, kommt auch ohne Verstechnik aus. Das wilde Denken bahnt sich auch diesen Weg wie von selbst. Doch als Lyriker, der er genauso gern gewesen wäre wie Komponist oder Konzertpianist, verrät er sich schließlich, so wie sich jeder Dichter in seinen Lieblingsbildern verrät. Viel Zoologie ist im Spiel, genügend Stoff für die maskulinen, erotischen Phantasien. Visionäre Landschaften dienen als Allegorien für den unendlichen Seelenraum, sein innerstes Afrika. Da ist, nicht nur in den überspannten Dionysos-Dithyramben, viel von *Oasen* und *Urwäldern* die Rede. *Adlerhorste* und *buntzottige Raubthiere, südlich gesund und schön,* erfreuen das Auge des Darwinisten. Gegner figurieren als *moralische Brüllaffen*. Elektroschocks für eine künftige europäische Moderne. Die Reihe der Dichterfürsten, für die sein Bilderkosmos Nervenkitzel und Futter der Imagination war, ist lang und eindrucksvoll. Sie reicht von Strindberg bis Yeats, von Rilke bis Pound, von Thomas Mann bis zu Benn, um nur die größten der Klubmitglieder zu nennen. Es war der Stil, der sie verführt hat, dieser besondere *Sound*, die Geheimmelodie, an der die Auserwählten einander erkannten. Keiner kam fortan an Nietzsche vorbei. Man muß schon aus anderem Holz sein, abgebrüht wie wir Heutigen, um sein Bestiarium ignorieren zu können. Kaum einer läßt sich heut mehr auf seine Finten ein. Nein, wir sind nicht zu kurz gekommen bei der Aufteilung der Macht, auch das Begehren hat es, dank sexueller Revolution und dem Dauerfeuer der Pornographie, allenfalls mit den Tücken der Toleranz zu tun. Sollte Moral wirklich nichts anderes gewesen sein als Ersatzbefriedigung für entschwundene Schönheit, dann ist nach Antike und Christentum der Sinn für beides verlorengegangen. Nietzsche war der letzte, der diesen Sinn zu schärfen versuchte. Dafür hat alle Selbstzerstörung sich schließlich gelohnt.

26. August
Ein Dämon hat sich ins Haus geschlichen. Nun tappt er mit scheelem Blick um den Wohnzimmertisch, schlängelt sich im Schlafzimmer unter die Kopfkissen, wetzt in der Küche nachts die schärfsten der Messer. Es ist ein schwer faßbarer Dämon, der viele Schlupflöcher und viele Ausflüchte kennt: es ist die Eifersucht unter Geschwisterkindern. Eisern hält er die Herzen im Griff, kein strenges Erzieherwort kann ihn beirren. Blanker Hochmut, zu glauben, ein Therapeut könne ihn mit seiner Leimrute fangen. Wie oft hatte das Einzelkind staunend den Anekdoten gelauscht, die sich um diesen Dämon rankten. Sie waren weit schauerlicher als die Geschichten vom Riesen Rübezahl. Sein bester Schulfreund hatte ihm einmal eine solche antike Szene geschildert, in der er selbst, als kaum Vierjähriger, von seinen Eltern dabei überrascht wurde, wie er eben daranging, seinem neugeborenen Brüderlein im Kinderbett mit einem Bleistift das Auge auszustechen. Auch von Erstickungsversuchen hatte er mehrmals gehört. Immer lag da ein Kissen, ein schweres Spielzeug, ein Bügeleisen bereit, mit dem man den winzigen Nebenbuhler zum Schweigen bringen konnte. Schon in so frühen Jahren kennt die Mordphantasie offenbar keine Grenzen. Freilich würde man wohl eher von Totschlag sprechen, so spontan entlädt sich der garstige Affekt. Wie alt mußten die tückischen Kains-

zwerge sein, ehe man ihnen vorsätzliches Handeln überhaupt unterstellen konnte? Erst kürzlich stand in der Zeitung ein solcher tragischer Fall. Ein eifersüchtiger Knabe hatte sein Schwesterlein aus dem Fenster gestoßen. Was immer den Leuten dazu auch einfiel, es blieb tabuisiert wie alles, was aus dem Schoß der Familie drohte. Immer machte die Analyse auf halbem Wege halt, wie im Märchen jene verzagten Kinder, die man im Wald ausgesetzt hatte. Denn wie verräterisch, wie entlarvend war im Grunde die Eifersucht des Erstgeborenen gegen sein jüngstes Geschwisterlein. Ohne es zu wissen, ja ohne daß die naiven Eltern auch nur den geringsten Verdacht hegten, gab es mit seiner Aversion zu, daß es sich immer schon wie der Kaiser von China gefühlt hatte, ein absoluter Herrscher in einem familiären Reich der Mitte. Überraschend war nicht der aufflammende Egoismus, sondern die Selbstverständlichkeit, mit der es zu Werke ging, als wollte es sagen: Nicht wahr, ihr habt es doch selbst so gewollt? War dies nicht das sicherste Zeichen für die Verwöhntheit der kleinen Seele, die sich zu Recht hier im Kriege befand? Nicht blinde Eifersucht, die man durch gutes Zureden beiseite schaffte, sondern der lange geförderte Wille des Platzhalters tat sich hier kund. Das Einzelkind war längst krank gewesen, trunken von wohlgenährtem Begehren. Nichts hatte es vorbereitet auf einen solchen Umsturz, so hatte niemand mit ihm gewettet. Nun mochten die ratlosen Schmeichler zusehen, wo sie mit ihrer zu spät gekommenen Einsicht blieben. Sie selbst hatten das süße, kleine Scheusal ja über alles gestellt und lange Zeit mit sich spielen, verhandeln, sich erpressen lassen. Nun stand es da, auf beiden Beinen in seiner kindlichen Glorie – als Stellvertreter der familiären Hybris. Mit dem Instinkt des geliebten Tyrannen tat es nur, was jeder römische Kaiser, bei Strafe des eigenen Untergangs, getan hätte: es zog aus, seinen künftigen Konkurrenten zu beseitigen. Die geschwisterliche Eifersucht ist niemals persönlich gemeint. Ihr geht es nicht, wie der psychotischen Liebe, um den andern, um das geliebte Subjekt, dessen Verlust sie fürchtet. Ihr Objekt ist die Machtposition innerhalb der Familie. Und diese wird sie mit Zähnen und Füßen verteidigen. Die Körpergröße hat dabei nur den Zweck einer taktischen Täuschung: Ach, wie gut, daß niemand weiß. Rumpelstilzchen erscheint, so gesehen, als Allegorie der kindlichen Eifersucht, die sich plötzlich ertappt weiß. Das Einzelkind tobt, sobald es durchschaut ist, vor Enttäuschung wälzt es sich auf dem Boden. Nicht bevor es sich mitten entzweiriß, wird der gewünschte Geschwisterfrieden im Hause einkehren.

Zur Embryonalentwicklung, ein Nachtrag. Der Mutterleib ist die Fähre des Charon, unterwegs in entgegengesetzter Richtung. Zehn Monate dauert es, bis der Tote ans diesseitige Ufer übergesetzt ist. Während dieser Zeit durchläuft er die Stadien der jüngeren Schöpfungsgeschichte, vom thalassalen Keimling über den blinden, reptilartigen Fötus bis zum voll entwickelten Menschen mit dem unbekannten Bewußtsein. Kaum sind die Herztöne hörbar, wird der Ruderschlag schneller: das Reich der Lebenden zieht den Embryo an. Schließlich wird es ihm zu eng an Bord, er spuckt die Münze aus und springt an Land. Statt des hundsköpfigen Kerberos erwarten ihn freundliche Hebammen, statt der Todesengel mit den gesenkten Fackeln ein Elternpaar. Die Vulva ist das Portal, durch das er den Hades verläßt und hinaustritt ins irdische Licht, auf die befristete Lichtung der Tage. Die Nachgeburt ist der Honigkuchen, mit dem die zurückbleibenden Hüter der Unterwelt bis zum Wiedersehen beschwichtigt werden. Nur der Nabel mit seinem nekrotischen Ende erinnert noch an die Schwärze der vergangenen Nacht. Doch schon ist die Rückfahrkarte gelöst.

27. August
Hamlet The Thing
Hamlet, ein Fragezeichen auf Europas Bühnen –
Ein Mann in Schwarz, der einem Geist gehorcht.
Der umgekehrte Ödipus: er rächt den Vater,
Der Neue Mensch, ein Held *in antic disposition*.
Sein Traum von einem langen Schlaf, sein Sprung
Ins Grab hat ihn berühmt gemacht, den Muttersohn,

Der am Geburtsort auf der Stelle tritt.
Wer zählt die Opfer seines eloquenten Zögerns,
Wenn jedes Wort entthront ist, alles schwankt?
Was sind Tragödie... Farce... und Possenspiel,
Was sind Gesetze... Taten... Politik,
Vor dem beredten Unernst des cunctators?
Hamlet, ein Wortschwall im verkauften Raum –
Sein Feind der Machtmensch, Machiavellis Fürst,
Dem er die Füße kitzelt als verspielte Katze.
Prinz Hamlet in der Rolle des beleidigten Narziß,
Der durch die Blume spricht und in den Vorhang sticht,
Ein Automat, sein Ziel die Selbstzerstörung.
Der Ignorant, der alle Unschuld straft – Ophelia.
Nach Poe ins Horrorkino, in die *gothic tales*,
Kehrt er als Golem wieder, Alien, Körperfresser.
Hamlet *the thing* und seine Zukunft fern von Denmark.

28. August
Nachts am Friedrichshain, zum Ausführen des alten, graubärtigen Hundes. Die ersten Nebel sind in den Park eingefallen, die Wiesen milchweiß umwölkt. Die Baumstämme, da wo sie vom Souterrain der oberen Erdschicht übergehn in die erste, luftgefüllte Etage, stehen wie Ankerpfähle in einem dampfenden Bergsee. Doch die friedliche Atmosphäre trügt. Sie nährt eher historische Gespensterphantasien als Träume von Elfenreigen und munteren Trollen. Man steht hier auf hart umkämpftem Gelände, mitten in der ehemaligen Frontstadt Berlin. Wen würde es wundern, tauchten dort Geistersoldaten aus den Gebüschen auf, versprengte Truppenreste der Armeen des letzten Weltkriegs? Leicht möglich, daß plötzlich Gestalten in Feldgrau und Wehrmachtshelmen sich aus dem Boden schälen, Großväter vom Volkssturm in mottenzerfressenen Wollmützen, jammernde Hitlerjugend, die ihren Leitwolf verloren hat. Oder ein Häuflein Rotarmisten, in jene schlafsackähnlichen weißen Tarnanzüge gehüllt, wie man sie aus dem Dokumentarfilm kennt, seit die Wende auf den Schneefeldern um Stalingrad sie Richtung Westen

wehte. Berlin war das Räubernest, in dessen Sog sie mit ihren Kolonnen gerieten, auch am Friedrichshain haben sie sich in den Häuserkampf gestürzt. Wie auf den Friedhöfen die Risse im dichten Efeu, die zertrümmerten Grabsteine vom nächtlichen Totentanz zeugen, so künden die Einschußlöcher an vielen der bröckelnden Fassaden noch immer vom Endkampf im April '45. Das halbe Jahrhundert seither hatte die Spuren nie restlos verwischen können, zumindest im Ostteil der Stadt war das erbitterte Ringen überall sichtbar geblieben. Die verzweifelten Zivilisten, die Nahkampffanatiker der letzten Stunde wie die ungebetenen Befreier aus den Tiefen Asiens, wo sonst wären sie noch im Tode so heimisch gewesen wie hier? Der Park ist ihre Opernbühne, ein Ort, der die typischen Elemente eines sowjetischen Ehrenhains mit den Pappmachékulissen einer Bayreuther Nibelungenaufführung vereinigt, sobald ihn die Nebel verklären. An allen Ecken und Enden gibt es Versammlungsplätze für das mythische Personal. An der einen Seite empfängt sie der *Märchenbrunnen* mit den Figuren der Brüder Grimm, an der andern das Mahnmal für den Weltfrieden, ein Geschenk der polnischen Kommunisten, mit seiner Terrasse aus Beton und Granit. An einer der Längsseiten lockt sie das Denkmal des Spanienkämpfers an, ein plumper Bronzekoloß mit den Gesichtszügen des Arbeitersängers Ernst Busch, das Knie angewinkelt, vom schweren Uniformmantel zu Boden gezogen, in der erhobenen Faust statt des Gewehrs ein archaisches Kurzschwert. Der massige Kerl scheint im Flug gefroren, zum Dämon verzerrt wie die Windsbräute der Pekingoper. Im Innern des Parks lädt sie auf einer Feldherrensäule die Büste des Fridericus Rex zum preußischen Biwak ein. Ein paar Meter weiter harren auf einem kleinen Friedhof, scharf bewacht von einem Kieler Matrosen, die Märzgefallenen von 1848 und ein versprengtes Häuflein von Novemberrevolutionären unter Grabplatten der Auferstehung. Ihnen allen bleibt nur das Warten auf den fernen deutschen Sankt-Nimmerleins-Tag, an dem ein Fanfarenstoß sie aus dem Totenschlaf weckt. Einstweilen streichen nur ein paar Dauerläufer in Trainingsanzügen um die verlorenen Stellungen, und im Gebüsch sieht man abends einzelne sinistre

Männergestalten auf der Suche nach Liebhabern. Denn der Park ist, gut getarnt mit all seinen Kinderspielplätzen und lauschigen Bänken, seit Jahren ein stadtbekannter Schwulenstrich, ein wahrer Sodoms-Winkel inmitten der grauen Steinwüste Berlins. Selbst Hermann, der uralte Schäferhundrüde, fürchtet sich vor den Nebelschwaden heut nacht. Er zieht es vor, auf den Wegen zu bleiben, auf Fährtensuche, dicht bei den Fahrradspuren und Pfützen. Ganz ungeheuer sind ihm die Büsche und grünen Rasenhügel. Vorsichtig prüft er mit seinem schwankenden Methusalemgang diesen doppelten Boden. Die Nase bleibt in der Luft, die Augen sind schielend ins Weiße gedreht, wenn er sich nach mir umsieht. Hier also wohnen wir, hier gehen wir, mangels sonstigen Auslaufs, Abend für Abend spazieren. Während der Hund an den Steinen schnuppert und das Bein hebt, wo ihm ein Artgenosse hier und da eine scharf riechende Botschaft hinterließ, geht sein Herrchen wie durch ein Heimatmuseum und wälzt in Gedanken Erzählungen aus dem einstigen Staatsbürgerkundeunterricht. Seit der Staat, der sich vierzig Jahre lang auf sie berief, untergegangen ist und nun seinerseits in die Schulbücher einzog, sind sie unbrauchbar geworden, trügerisch. Der Nebel, in dem sich die Geisterheere formieren und wieder verschwinden, ist alles, was davon blieb. Sein milchiger Wasserdampf nährt die Sehnsucht nach weißen Stellen in dieser mörderischen Geschichte.

29. August

Eine der primitivsten Fortbewegungsarten, wenn auch die eindrucksvollste, gerade für Kinderaugen, ist das Zusammenziehen des Körpers zu einem Schwippbogen, wie jede Raupe sie beherrscht. Sie ist so einfach wie effektiv, wenn man auf Ästen vorankommen und das Blatt, auf dem man selbst sitzt, in aller Ruhe auffressen will. Doch nicht einmal dazu ist der Mensch als Neugeborenes imstande: Ohnmächtig liegt es auf dem Wickeltisch, genau so, wie man es dort abgelegt hat, ein Bündel zuckender Arme und Beine, in der Mitte der kugelrund aufgetriebene Bauch. Sowenig es seinen eigenen Nabel berühren kann, sowenig gelingt es ihm, sich auf die Seite zu drehen. Keinen Zentimeter weit könnte es kriechen. Wie der Mistkäfer, den ein Windstoß auf den Rükken geworfen hat, kann es nur strampeln und hilflos den Kopf wenden. So scheint auch sein markerschütterndes Schreien nur Kompensation zu sein, ein wütender Hilferuf, mit dem es sich für die Bewegungsunfähigkeit rächt. Die armen Käfer im Wald, rücklings in die Klemme geraten zwischen den Wipfeln der Grashalme, wenn sie doch schreien könnten. Das aber wäre der reine Selbstmord, sie würden nur ihre Feinde herbeilocken, deshalb wohl sind sie von Natur aus stumm. Der Mensch dagegen ist alles andere als stumm. Während der Körper wochenlang auf den eignen Radius beschränkt bleibt, reicht seine Stimme bis in den letzten Winkel der Wohnung. Irgendein mitleidiger Helfer wird sich schon finden und ihn aus seiner Lage befreien, diesen passiven Winzling. Der Preis solcher ursprünglichen Behinderung ist freilich hoch. Für lange Zeit muß er es sich gefallen lassen, von einer Armbeuge zur nächsten zu wandern, überall abgelegt und gleich darauf ohne Vorwarnung emporgehoben zu werden. Wie im gebrechlichen Alter oder nach einer Querschnittslähmung ist er darauf angewiesen, daß die Umwelt sich seiner annimmt. Eigens für ihn hat man Fahrzeuge erfunden, diverse Transportmethoden. Umhergefahren und verschaukelt zu werden ist sein frühestes Schicksal. Immerhin, Vera scheint es mit Fassung zu tragen. Geduldig fügt sie sich und gibt ihren Körper, der im Moment einzig der Schwerkraft gehorcht, jeder Ortsveränderung hin. Manchmal scheint ein ironisches Lächeln ihre Lippen zu umspielen. Doch fällt es nur dem auf, der sich selbst unbehaglich fühlt in seiner Position als Krankenpfleger, Chauffeur, Deus ex machina. Mit lauter Kosenamen versucht er die Willkür, das Ausgeliefertsein zu verdrängen. Wie verräterisch unzutreffend sie allesamt sind: Krabbe, Zwerg Nase, Engerling, kleine Raupe. Der Gehätschelten sind sie so gleichgültig wie die Fliege am Hinterkopf oder das Rauschen der Klosettspülung dicht nebenan.

30. August
Die tägliche Zeitungslektüre ist natürlich nichts für sensible Wesen. Keiner von uns empfindsamen Blütensaugern würde etwa ein brodelndes Fußballstadion, eine düstere Vorstadtkneipe betreten. Und doch schlägt einem aus den Seiten der Tageszeitungen (nicht nur der Boulevardblätter) derselbe dumpfe Lärm entgegen wie dort, nur gedämpfter, in Schriftform. Beim Überfliegen der Regenbogenpresse bleibt einem wenigstens noch der Trost des guten alten, aufrichtig falschen Lebens. Ein Flugzeug stürzt ab, der schöne Silbervogel Concorde, und das Titelblatt schreit das Schicksal einer der unglücklichen Insassinnen hinaus: »Krebs besiegt, beim Urlaubsflug abgestürzt!« Ein russisches Atom-U-Boot liegt gesunken am Grund der Barentsee, und anderntags heißt es: »Heut nacht geht ihnen die Luft aus!« Was ist die herzhafte Bosheit solcher Verlautbarungen gegen die tückische Schadenfreude der Feuilletons, die ihre liberale Leserschaft mit ziselierten Vorurteilen beliefert? In beiden Fällen dieselbe Niedertracht, hier von den Marktschreiern ins Megaphon gebrüllt, dort von gebildeten Voyeuren durch die Schlüssellöcher geflötet. Wer sich nicht längst ein dickes Fell zugelegt hat, sollte das Zeitunglesen vermeiden.

31. August
Gedanken zur laufenden genetischen Revolution. Es ist also vollbracht. Das menschliche Erbgut ist entschlüsselt, nun kann die Übersetzung beginnen. Die DNS-Panzerknacker haben die kostbare Information fast bis zur letzten Sequenz abgehorcht und in lesbare Datensätze verwandelt. Was ist gewonnen, was ist verlorengegangen mit diesem Schritt, den die Staatsmänner der beteiligten Nationen als historischen Durchbruch feiern?
Zunächst einmal scheint sich nur etwas fortgesetzt zu haben: Erst das »Mercator«-Projekt, die Vermessung und Kartografierung der Erde, dann die Erfassung des Sonnensystems und der an die Milchstraße angrenzenden Galaxien, schließlich die Aufstellung eines Periodensystems aller Elemente und nun die Erstellung der Blaupause des Menschen, seine Entzifferung nach

dem biochemischen Alphabet. Die Sache war einfach überfällig.
Dank erweiterter Rechnerkapazitäten, schnellerer Mikroprozessoren ließ sie sich termingerecht einbringen in den Milleniumstrubel.
Der Urtext des Menschen besteht also, jetzt wissen wir es, aus etwa drei Komma zwei Milliarden Paaren der Basen Adenin, Cytosin, Guanin und Thymin. Auch wenn es vorerst nur Phantasien sind aus dem Geist E.T.A. Hoffmanns oder der Mary Shelley, in ferner Zukunft könnte die Entwicklungsrichtung ganzer Bevölkerungsteile von simplen Laborfehlern bestimmt werden. Vererbt würden dann nicht mehr nur angeborene Merkmale, sondern auch jene unvorhersehbaren Zuchterfolge und ihre Nebenwirkungen. Es beruhigt ungemein, wenn uns die Genforscher versichern, daß sie einstweilen nur an ausgewählten Stellen in die Embryogene einzugreifen gedenken. Hier und da ein wenig Optimierung, mehr soll gar nicht sein. Und doch beschleicht einen der Gedanke: Was, wenn diese letzte Lockerung auch hier den Fehlerteufel, getarnt als menschlichen Faktor, ins Spiel bringt? Was Darwin auf empirischem Wege herausfand, jetzt ist es bewiesen: Der Schimpanse teilt mit uns 98 Prozent des genetischen Materials. Die kleinste Unachtsamkeit im Genlabor, der geringste Übertragungsfehler eines übermüdeten Assistenten würde demnach genügen, um mit Fleisch und Blut Schicksal zu spielen. Natürlich ist die Vorstellung nicht ohne Reiz, die Evolution könnte in Zukunft ins Stottern geraten, Bocksprünge machen und eine Menschheit, die sich selbst überdrüssig wurde, bereichern um lauter kultwürdige Mischwesen, defekte Humanoiden und Freaks aller Art.
Ein neues Abenteuer also, und warum nicht? Immerhin ließe das Spektrum der Erdpopulation, das Farbenspiel der Rassen, das ethnische Kaleidoskop sich auf diese Weise enorm erweitern. Vorerst geht es nur um die Klonierung harmloser Embryos, an Vervielfältigung und serielle Homunculus-Produktion mag im Augenblick niemand denken. Allzu kurios erscheint die Literatenvision, der klonierte Mensch könnte, dank eines winzigen Lapsus bei der In-vitro-Zucht, dem braven Rotpeter, Kafkas ge-

lehrigem Affen, in umgekehrter Richtung begegnen, an dem tierischen Aufsteiger vorbeiziehn zurück in die Zeitentiefe der Evolution. Was uns nicht alles bevorsteht bei der Überfahrt in die künstlichen Paradiese, welche lustigen Anachronismen, welcher Zirkus der ungewollten Mutationen! Man bedenke: Endlich wäre, dank spielerischer Gentechnik, das Prinzip linearer Entwicklung durch Auslese wieder aufgenommen. Der Mensch könnte die Fesseln seines zufälligen Gewordenseins abstreifen, den biologischen Entwicklungsstillstand durchbrechen.
Es nützt nichts, als apokalyptische Phantasie abzutun, was dereinst nüchterne Risikokalkulation sein wird. Natürlich findet im klimatisierten Großraumlabor keine Sintflut nach biblischem Drehbuch statt. Es genügt, sich auszumalen, was geschieht, dringt ein Computervirus in die Bio-Datenbank ein. Die Folge sind Reklamationen des klonierten Materials, Reparaturmaßnahmen im großen Stil. Da es sich um lebendige Ware handelt, Produkte mit eigenem Bewußtsein, wird es mit einfachen Rückholaktionen wie bei falsch verdrahteten Toastern oder kontaminierten Impfstoffen schwerlich getan sein. Und schon sitzt der Laie, der bloße Nutzer von Gentechnologie, in der Falle. Verweigern hilft nichts, die Entscheidung haben ihm andere abgenommen, ihm bleibt nur, sich vertrauensvoll hinzugeben, wie immer, wenn Wissenschaft sich der intimsten Lebensbereiche bemächtigt. Die Spezialisten experimentieren, die Spezialisten können sich irren, die Spezialisten werden es richten.
Mehr denn je werden wir auf ihr Krisenmanagement angewiesen sein. Wie soll ein technisch verursachter Gehirndefekt beispielsweise sich selbst regenerieren? Wie kann der Körper Fehler, die durch Genmanipulation, also Fremdeinwirkung, entstanden sind, ausgleichen? Man sagt uns, wir wüßten, auf welchen Chromosomen die erblichen Krankheiten liegen. Mit anderen Worten: Die Speicherplätze für Farbenblindheit etwa, Alzheimer oder bestimmte Formen von Blutkrebs sind nunmehr dingfest gemacht. Man kann sie, wie die Steckbriefe von Schwerverbrechern, jetzt an die Öffentlichkeit geben. Demnächst also wird man den Symptomen zuvorkommen, im Zellgrundriß die Ursache der

Krankheit bekämpfen, ohne die furchtbare Wirkung erst abwarten zu müssen.

Prophylaxe am Ausgangspunkt also, wer verstünde das nicht? Keine weiteren Begründungen – mit solcherlei unanfechtbarer Argumentation panzert sich heute die Forschung. Tatsächlich aber ist hier die alte menschliche Neugier nach den Determinanten und Invarianten am Werk, der Drang, den Kausalzusammenhang zu beherrschen. Wüßte man erst um den Bauplan der Genotypen, man könnte ihn ändern zugunsten dessen, wovon man immer schon träumte, den perfektionierten Menschen. Die alten Kulturen kannten nur das äußere Schönheitsideal, nach dem sie den höheren Menschen modellierten, wir aber verbessern ihn nun von innen her, aus der zarten Wurzel.

Gewiß doch, all das sind Zukunftspläne, Bio-Utopien auf der Suche nach Investitionskapital. Eines aber zeigt sich schon heute: Die Ohnmacht wird damit keineswegs kleiner. Die beschämende Lücke von Diagnostik und Therapie läßt sich nicht über Nacht schließen, sie wächst im Gegenteil mit den Erkenntnissen. Mag auch dem Embryo dereinst geholfen werden, den Lebenden, der als unheilbar Kranker todgeweiht ist, erwartet nichts als die endgültige Einsamkeit. Er empfängt nun das Todesurteil Jahrzehnte vor seinem sicheren Ende.

Einstweilen blüht jedoch schon, in den Zwischenräumen gentechnologischer Praxis, wohlkalkuliert, das Geschäft mit der Angst. Ohne die qualifizierten Mechaniker und Installateure mit dem genbiologischen Fachwissen wird man demnächst genauso verloren sein wie heute schon als Benutzer von Waschmaschinen, Fernsehgeräten und Kleinwagen. Wegwerfteile, undurchsichtige Reparaturen, rasches Auswechseln von Leiterplatten und Implantaten, wohin man sieht. Illusorisch, zu glauben, ein derart kapitalintensiver Wirtschaftszweig könne zu demokratischen Spielregeln der Produktverteilung, zu Gleichbehandlung und egalitärer Nutzung führen. Wissenschaft, dieses Ziehkind der Aufklärung, ist längst zum Garanten der Chancenungleichheit geworden, quer durch die *offene Gesellschaft* diesmal, weit entfernt von jeglicher Philanthropie.

Die Reaktion mancher Versicherungsgesellschaften auf die jüngsten Erkenntnisse ist erst der Anfang einer neuen Soziopolitik. Nach den Klassenkämpfen und Rassenideologien von gestern kommt nun die Ära der gentechnisch maskierten Diskriminierung. Es kann jeden treffen, ein Fetzchen Gewebe genügt als Indiz. Dann heißt es: Die Edlen ins Töpfchen, die Minderwertigen schröpfen, so lange, bis die einen den anderen freiwillig weichen und kleinlaut aus dem gepflegten Menschengarten verschwinden. Nach dem Muster stalinistischer Selbstkritik sollen sie, als Ausschuß der Schöpfung, ihrer Beseitigung zustimmen, diesmal nicht per natürlicher Auslese, sondern im Zuge der Genrevolution aussortiert.

Ökonomisch betrachtet, geht mit dem Boom der Biowirtschaft eine Neuverteilung der sogenannten Schlüsselindustrien einher. Bereits jetzt sind die Auswirkungen auf den Aktienmarkt spürbar. Demnächst bestimmen sie das Verhalten der Politikerkaste, die mit dem üblichen nacheilenden Gehorsam sich bemühen wird, die rasante Entwicklung zu steuern im Namen des Standorts. Genetische Hygiene als erste Bürgerpflicht: Dem kollektiven Druck wird keiner standhalten können. Unsterblichkeit heißt die Verlockung. Die Frage der Lebensqualität ist von der Tagesordnung gestrichen. Gemeint ist Unsterblichkeit als Bruttosozialprodukt oder die bloße Verlängerung leerer Lebenszeit nach dem Muster heutiger Freizeitkultur. *Leute, wollt ihr ewig sterben?* lautet der Schlachtruf. Reicht es nicht, daß ihr bis gestern mit nichts als Altersfürsorge beschäftigt wart, Frührentner im Geiste, Sklaven der Arbeitsgesellschaft und ihrer generativen Neurosen?

Der langlebige Mensch als raffinierteste Warenform kommt in Sicht. Die Reklame hat schon begonnen. Die Subskriptionsliste für das Unsterblichkeits-Ticket wird jedenfalls länger sein als die für Klassikerausgaben oder Charterflüge zum Mond. Garantiert zweihundert Jahre Lebensdauer ist das Versprechen. Wir halten den Zellverfall auf, das ändert alles, Familienplanung, Vermögensanlange, Arbeits- und Freizeitorganisation, die Nachwelt kann warten. Wie bedauernswert sind die gewöhnlichen Sterblichen früherer Epochen.

Ihr Schicksal war dieser kurze Lebenszyklus. Was soll uns ihr nörgelndes Vanitas vanitatum, die übertriebene Todesfurcht dieser Eintagsfliegen mit ihren beschränkten Aussichten, ihren morbiden Vergänglichkeitsphantasien, die Elegie *Von der Kürze des Lebens*? Ein Philosoph wie der Römer Seneca hatte unrecht, sich derart moralisch zu brüsten. Wie anmaßend war seine Theorie vom Mehrwert der Muße, wie albern sein wählerischer Stoizismus, erwachsen aus kleinlichem Endlichkeitsdenken. Man kann es schon blöken hören, das neue Unsterblichkeits-Schaf. Es trägt alle Züge des Letzten Menschen, wie Nietzsche ihn karikiert hat: Ich habe das Glück erfunden, meckert es, und blinzelt zufrieden. Endlich wird der Mensch wirklich der langersehnte Selbstschöpfer sein, einzige Ursache seiner Majestät.

Was aber, wenn dies das Ende aller Abenteuer ist, die das Leben erst lebenswert machen? Eines Tages tritt der genetisch allseits aufgeklärte Mensch auf den Plan, das uninteressanteste Geschöpf auf Erden, der universelle Langweiler, ein offenes Buch, mit lauter gleichförmigen Zeichen bedruckt. Auf einen Blick erkennt er, umgeben von seinesgleichen, den biologischen Algorithmus.

Nicht daß er sich selbst dann, dank Molekularbiologie, vollkommen durchsichtig wurde, ist das Unheimliche. Der wahre Schrecken wird sein, daß die Gefahr nun nicht mehr, wie seit Jahrtausenden, primär von außen kommt, sondern sich fortan im Inneren konzentriert, in den Zellen des eigenen Körpers, den die Gesellschaft, legitimiert von der Wissenschaft, auf eine nie dagewesene Weise kontrolliert. Man muß es sich klarmachen. Sämtliche Optimierungsprojekte im Lauf der Geschichte konnten sich des Menschen immer nur von außen bemächtigen. Solange Sektenschulung, Gehirnwäsche und Psychoterror die härtesten Druckmittel waren, ließ sich der Zugang zur Persönlichkeit nur vorübergehend erzwingen. Solange es bei externen Maßnahmen blieb, war das Bewußtsein der letzte Halt, auf Dauer eine uneinnehmbare Festung. Im Grunde hat sich die Konstitution des alten Adam, sieht man von Frühreife, absolutem Körperwachstum und beschleunigter Reizverarbeitung ab, erstaunlich konstant gehalten. Seit zehntausend Jahren ist sein Gefühlshaushalt mehr oder weniger der gleiche. Alle Versuche, ihn von außen her zu erschüttern, stießen zuletzt auf einen eisernen biologischen Widerstand. Der harte Kern des Menschen blieb gegen jede Normierung, jede dauerhafte Manipulation resistent. Schon die nächste Generation fiel unbeschadet in den Ausgangszustand zurück.

Insofern war jeder Eingriff vergeblich, von den Erziehungsprogrammen Platons über die Pflanzschulen des Humanismus, die idealen Inseldiktaturen der Utopisten, bis hin zur modernen Eugenik und Stalins Demiurgenarbeit am Neuen Menschen.

Das wirklich Teuflische, die wahrhaft tiefgreifende Revolution wird sein, daß man den Körper nunmehr von innen her angreift. Die Gespenster, die immer von außen kamen und als solche erkennbar blieben, in Zukunft kommen sie aus dem Zellkern, endogene Kräfte, die im Innern des Menschen wirken und ihn von dorther umgestalten. Ist der Kern aber erst einmal gespalten, versiegen die Differenzen, das Subjekt gerät ins Zwielicht.

Die mentalen Reserven, die es so lange widerstandsfähig machten gegen jeglichen Einfluß von seiten der Gesellschaft und ihrer objektivierenden Tendenzen, werden im selben Moment aufgebraucht sein, da es sich selbst erkennen muß als genetisch fremdbestimmt. Jeder Einbruch ins Genom wird die Selbstentfremdung des Menschen steigern.

Der Typ da, den er im Spiegel erblickt, könnte sein wohlgeratener Bruder sein, ein Idol aus der Werkstatt grandioser Genotypen, aber auch ein Vampir, sein intimster Feind in der eigenen Körpergestalt. Daß er sich selbst zum Verwechseln ähnlich sieht, heißt nichts. Natur, dieses Inwendige, das uns so lange äußerlich war und eben deshalb in Grenzen beherrschbar schien, kehrt nun entstellt in uns zurück, ein Tückisch-Künstliches, von uns selbst implementiert. Der Wechsel von aller bisherigen externen zu einer zukünftigen internen Körperpolitik markiert eine Wende in der Menschheitsgeschichte.

Zur Erinnerung: Fünfzig Jahre lang war das Geschäft der Atomwaffenlobby die Umwandlung von Paranoia in Industriekapital. Tausende Arbeitsplätze entstanden so aus dem Nichts. In Zukunft besorgt diese Disziplinierungsarbeit die Genindustrie, getreu jenem Angst-Energieerhaltungssatz, von dessen Gesetzmäßigkeit zuallererst die Privatwirtschaft profitiert, wobei die Angst sich wie immer als Verantwortung für den Fortbestand der Spezies tarnt. Der einzelne wird mit der Rhetorik der Gesundheitsfürsorge gewonnen. War es die jüngste Lektion der Menschheit, nach dem Zeitalter der politischen Totalitarismen, vor sich selbst auf der Hut zu sein, so lehrt die nächste sie, wie leicht es ist, über sich selbst hinauszugelangen. Eine einzige Drehung, nicht der Rüstungsspirale, sondern der Doppel-Helix genügt. Erst damit kommt wirklich das Reich der Freiheit in Sicht.

Von sich selbst befreit, Herr seiner Determinanten, mag sich der alte Adam getrost vergessen. Alles, was diesen schwierigen Aufrechtgänger zuinnerst geprägt hat – der Sprung aus der Nahrungskette auf die exzentrische Lichtung, das Ödipus-Drama seiner Familiengeschichte, Geburt und Tod seiner Götter –, wird damit zur bloßen Vorgeschichte degradiert.

Was gegenwärtig geschieht, ist vielleicht nichts als die Anpreisung uneinlösbarer Paradiese, doch schon die ist markerschütternd. Nach den Wonnen der Atomphysik und der Bescherung mit Heimcomputern für jeden bricht nun das fröhliche Zeitalter des Menschenmachens herein. Und doch will sich kein Glanz einstellen. So viel Neues im schlechten Tausch gegen den Trost des Gewohnten, so viel Aufbruch ohne Heimkehr, so viele Angriffe aufs Zentrum. Man muß schon sehr alt sein, sehr europäisch, das heißt aus urtümlichem Holz geschnitzt, um im Lauf eines einzigen, kurzen Menschenlebens so viele Erschütterungen zu überstehen.

Lang war der Weg der Naturwissenschaften. Voller Skrupel begannen sie mit Bacons *Novum Organum Scientiarum*, dem Manifest des neugierig experimentierenden Geistes; als Positivismus, der alle sonstigen Denkformen verächtlich beiseitefegte, trumpften sie später auf; schließlich waren sie zu jener neutralisierenden Macht geworden, als die jedes Schulkind sie heute kennenlernt, ein gewöhnliches Betriebssystem zur Aufrechterhaltung prothetischen Lebens. Naturwissenschaft, darin lag ihr verborgener Sinn, hat uns fit gemacht für den Überlebenskampf der Generationen. Zuerst half sie uns aus der Umklammerung durch die Natur,

dann aus den Zwängen der eigenen Gattung. Wen kümmert noch, daß sie von Anfang an Abhängigkeit schuf?
Und nun die gute Nachricht, nach so viel unkonstruktivem Sarkasmus. Du, der du heut faktensatt, von Informationen zerrissen, unter enormem Anpassungsdruck durch Landschaften und Städte wanderst, die dir noch immer lieb und vertraut sind, du wirst das goldene Zeitalter der Gen-Zauberei nicht mehr erleben. Natürliches Auslaufmodell, das du bist, vom technologisch überrundeten Evolutionsprozeß ad acta gelegt, bleibt dir wenig, woran du dich halten kannst. Nur dein Anachronismus, die Würde des Überholtwordenseins. Beneide sie nicht, deine effizienteren Nachfahren, jene genoptimierten Superenkel, die aus allen Poren Vollkommenheit ausstrahlen. Ihr Schicksal wird die Langeweile sein, die Trübsal am Rande der posthumanen Wüsten. Länger als je zuvor ein Mensch müssen sie unter ihresgleichen verweilen, umgeben von lauter zählebigen, hundertprozentig gesunden Phäaken, die alle dieselbe Einheitszeit teilen. Dir als Letztem wird es vergönnt sein, am Ende deiner gezählten Tage, nach einem verworrenen Leben, das frei war von biologischer Vorsehung, erschöpft die Augen zu schließen – nach sterblicher Vorfahren Art.

1. September
Ein neuer Weltkriegstag hat begonnen. Nicht in unseren Breiten, hier ist es gottseidank still. Lange vor deiner Zeit hat sich Geschichte hier ausgetobt, nun sind die Grenzen gezogen, die fragilen Bündnisse geschmiedet. Allianz heißt das Zauberwort, das sich die Staatsmänner zuraunen bei ihren regelmäßigen Treffen, weil es so beruhigend nach Stahltresor klingt, nach Ritterorden und Versicherungskompagnie. Doch fern von hier, an den Rändern des Reiches, über das unsichtbar die Abfangnetze der *Pax Americana* sich spannen, sind die Landschaften wehrlos wie eh und je der Zwietracht ihrer Bewohner ausgeliefert. Längst gehen da neue Supermächte ins Rennen, jede lüstern nach Hegemonie. Es müßte schon mit dem Teufel zugehn, wenn sie in Zukunft die gehegten Erdteile nicht abermals in ein Spielfeld ihrer Interessen

verwandeln wollten. Glaubt man wirklich, der Krieg ließe sich auf Dauer durch freie Marktwirtschaft domestizieren? Ökonomischer Wettbewerb war noch nie Ersatz, allenfalls Aufschub und Vorspiel militärischer Konflikte. Schon gibt es Pläne, das Duell ins All zu verlagern. Hinterm Orion vielleicht geht den Kriegen der Atem aus.

2. September

Der Vater, das zeigt sich sofort, bleibt lange Zeit unwichtig. Naturgemäß interessiert den Säugling nur die Molkerei in Gestalt des Mutterkörpers. Alle andern Personen, Familienmitglieder genauso wie Fremde, werden mit konzentriertem Vorbeiblick gestreift, so wahllos wie neugierig. Man mag sich noch so sehr einreden, bemerkt worden zu sein, was zählt, ist die rote Zielscheibe der Mutterbrust, alles andere macht nur flüchtigen Eindruck.

Um so mehr hat man selbst Zeit für Beobachtungen. Niemand wird so ausführlich und indiskret studiert wie das Kleinkind. Die äußerlichen Veränderungen sind vielfältig und jedesmal überraschend. In kürzester Frist hat der fragile Körper sich gefestigt und überall Fett angesetzt. Gestrafft ist die runzlige Haut. Von den Waschfrauenhänden löst sich langsam in Streifen ein feiner Film. Nach und nach verschwinden die Überblendungen von Alt und Jung. Nur selten erscheint noch das zukünftige Großmuttergesicht als Chimäre auf den bekannten Zügen. Der Kult kehrt zum Baby zurück, er hört auf, in Gedanken in Altersfürsorge zu münden. Gebannt auch die Gelbsuchtgefahr der ersten Tage, als der Augenhintergrund sich verfärbt hatte. Ein Test zerstreute die Sorgen. Bei der Blutentnahme sah ich zum erstenmal den hochroten Kopf meiner Tochter, die schrie wie am Spieß. Mit einem Röhrchen, das aussah wie eine zerbrochene Ampulle, wurde der linke Fuß geritzt. Fersenblut, wie der behandelnde Kinderarzt fachmännisch einstreute. O ihr hilfsbereiten Sadisten. Tage später zeigte sie erste Anzeichen von Ekel, als man ihr Lebertran einflößte, wenige Tropfen nur, die genügten, daß der kleine Mund sich verzog. Von Anfang an war da Mimik, doch kam einem immer nur Heine in den Sinn: Ich weiß nicht, was soll es bedeuten? So viele Fratzen, so viele Grimassen, das ganze Repertoire war bereits da. Bis auf den Ekel, den man sofort erkennen konnte, blieben die meisten von ihnen vollkommen schleierhaft.

Der Eisberg und seine Spitze

> »Dann springt das Jetzt in beide Augen, ihren Grund.«
> Ossip Mandelstam

Von Anfang war da Mimik. Fragt sich, *was soll es bedeuten*?
Der wippende Weidenzweig, das Beben der Schmetterlingsflügel
Sind wie das Säuglingslächeln, unbewußt. Warum gerad heute?
Kein Fältchen kreuzt diesen Pfad über die Pausbackenhügel,
Wo die Laune heraufkriecht. Ist das Traurigkeit? Ist es Süße?
Ein Köpfchen, behaart wie die Kokosnuß, so weich wie Papayas,
Und schon liegt die Stirn gerunzelt, ein Schneefeld für
                                                        Krähenfüße.
Was heißt denn Ausdruck? Sie lüften den Schleier der Maya,
All die Grimassen, seraphischen Mienen, doch keine läßt Spuren.
Manchmal erschauern die Lider, kräuselt der Mund sich, nur so.
Noch sind sie blau, diese Augen, ihr Blick folgt den Konturen
Der Gesichter dort oben, der Kissen, des Zimmers, der Brüste.
Dann erscheint sie, die Spitze des Eisbergs, blank wie der Po –
Dieses Etwas, das einmal Ich sagen wird. »Wenn ihr wüßtet…«
All dieses Kichern, Sichzieren, Beleidigttun, Aufstöhnen ist
So unfaßbar wie die Laus auf der Leber, das Wetter, der jüngste
                                                                   Tag.
Das Deuten überläßt er den Seinen, dieser winzige Expressionist.
Und so geht es, ein Leben lang. Verstehn wird ihn nur, wer ihn
                                                                   mag.

3. September
Wie ungleich der Ruhm doch verteilt ist, welche absurden Wege er geht. Manche sind nur berühmt geworden für die enorme Menge an Schaden, die sie in ihrem Leben angerichtet haben. Andere haben sich durch einen einzigen Willkürakt eingeprägt, durch ihre unglaubliche Impertinenz. Gezielte Bosheit scheint

noch immer das sicherste Mittel, um sich ins Menschheitsgedächtnis einzuschleichen, wenn die Erscheinung nachher auch eher dem Staub in den Ecken des Pantheons gleicht als den Charakterköpfen auf ihren hohen Sockeln. Einer zum Beispiel ist überhaupt nur berühmt geworden, weil er im Streit die Nase des großen Michelangelo zerschlug. Jedes Portrait des Bildhauers trägt nun für alle Zeit seine Handschrift. Der gebrochene Nasenrücken des Meisters war sein Beitrag zur Kunstgeschichte. Dank Vasari kennt die Nachwelt seinen Namen.

4. September

Wie treibt man dem Gedicht nur das Kleinkalibrige, Gemmenartige aus, den Miniaturcharakter, der es ganz unvermeidlich zur literarischen Schmuckform macht? Und wozu überhaupt? Vielleicht ist ja gerade dies seine wahre Bestimmung: Dekor zu sein, Rüsche am Saum der großen Erzählungen. Seitdem die langatmigen Metren, die Hexameter und Pentameter, ausgestorben sind, tendiert das Gedicht zum Fragment. Ein Opus aus Versen ist nun verdächtig geworden, ein reiner Gewaltakt, ein poetischer Anachronismus. Nach dem Zerbröckeln der Heldenepen, der großen Lehrgedichte und mythologischen Kataloge hat sich die Ausdruckslast auf die Bruchstücke verteilt. Wann immer die Strophen später ins Freie drängten und in die Breite gingen, wie etwa in Goethes Faust, sind sie zum Sprechvers mutiert, zielte die Spannung zuletzt aufs Drama. Miltons *Lost Paradise* und Klopstocks *Messias* können als Ausnahmen gelten der neuen Regel. Wo wäre die Basis gewesen, der Adressat für ihre monströsen Weltgedichte? Erst Ende des neunzehnten und im ersten Drittel des zwanzigsten Jahrhunderts kommt wieder Schwung in das uralte Unternehmen. Namen wie Whitman und Eliot, Rilke und Pound, Pessoa, Perse oder Achmatowa, so verschieden ihre Formen und metrischen Maße sind, stehen stellvertretend für den Versuch einer Wiederbelebung des großen Gedichts. Das Ausufern in Zyklen, die Komposition in ganzen Gesängen, Oden oder Romanen in Versen war ihre Art der Echolotung hinaus in die mannigfaltigen Räume (der Erde wie auch des Weltalls) und zurück in die frühen Epochen von Antike bis Renaissance, als die Gedichte noch die großen Zusammenhänge beschworen, von der *Georgica* des Vergil über die *Metamorphosen* Ovids bis zu Dantes *Summa Theologiae* in Gestalt seiner *Göttlichen Komödie*, um nur diese zu nennen. Jedesmal geschah das als Aufbrechen der lyrischen Kleinformen, wie sie sich seit Kallimachos und den detailversessenen Dichtern des Hellenismus allgemein durchgesetzt hatten. Ohne das eine aufzugeben, die enorme technische Raffinesse der spätgriechischen Dichtung, strebten sie doch nach der übergreifenden Konstruktion, den Musikern gleich, die von der schlichten Melodie zum Sprung auf die Symphonie ansetzten und aus der Oper plötzlich mit einem Volkslied zurückkehrten. Die zierliche Gemme in den Gigantenfries einzupassen und so aus einer höheren Ordnung heraus funkeln zu lassen, darin bestand ihre Synthese. Blickt man von heute aus zurück, kann man darin das Hauptziel der klassischen Moderne in der Poesie erkennen.

Nichts von dem, was wir denken und dichten, wir wortverliebten Idioten, nichts von dem wird je eingehn in die Ordnung des Universums. Wo wir stehn, ist der Rand. Wir selbst sind dieser Weltrand. Was uns ausmacht, ist etwas Immaterielles. Wir sind das singende, klingende Nichts. Unser einziger Vorteil ist, daß wir es jederzeit wissen. Gedichte sind, so verstanden, Exerzitien, konzentrierte Übungen in kosmischer Demut für jene, denen der direkte Zugang via Psalm und Gebet nicht mehr gegeben ist.

Gewiß doch, alles Symbolische stirbt irgendwann ab. Aber eines Tages kehrt es wieder; als Knochensplitter, Tonscherbe, Reliquie, philologisches Fundstück taucht es auf dem Antiquitätenmarkt wieder auf. Aufs neue geht es, als Rarität, in den Kulturkreislauf ein und stiftet so ein zweites Wertesystem, fern der ursprünglichen kultischen Funktionen, die den Alltag ordnen halfen und den Transfer der Bedeutungen. Die Zukunft des Symbolischen ist das kunstgeschichtliche Artefakt. Der Nachwelt erst wird das Gedicht, gereinigt von allen historischen Schlacken, zum begehrten Objekt.

5. September
Dieses ungeheure Schwindelgefühl bei dem Gedanken: keine zwei Handlungen, die ein Mensch ausführt, sind gleich. Die wahre Langeweile wird durch die infinitesimalen Abweichungen in den immergleichen Handlungsabläufen nur hinausgeschoben bis zum letzten Atemzug. Für das Bewußtsein genügen offenbar schon die unendlich kleinen Unterschiede. Es genießt die Abweichungen als lauter Variationen und berauscht sich an ihrer scheinbaren Vielfalt. Willig folgt es den Wechselfällen im Immergleichen. Entscheidend ist, daß man dasselbe immer anders erlebt. Schon der um einen Millimeter längere oder kürzere Grat, den ein Dreher an einem Werkstück bemerkt, das er seit Jahren mit denselben Handgriffen bearbeitet, vermag ihn zum Entzücken zu bringen. Das vielsagende Komma im Konferenzbericht, den die Sekretärin des Ministerialbeamten abtippt, kann ihr den Tag retten. Die seltsame Kombination von Haushaltsprodukten im Warenkorb des Junggesellen hilft der Kassiererin über die Misere der letzten Wochen. Oder der Schriftsteller: dieselben Dudenworte, abgenutzt vom gedankenlosen mündlichen Gebrauch, in frischer Kombination verursachen sie plötzlich ein Herzklopfen. Die Oberfläche scheint glatt wie immer. Nur richten mit einemmal sich die Haare am Unterarm auf, man bekommt eine Gänsehaut, und die Schläfen beginnen zu glühen. Über solcherlei Nichtigkeiten vergeht die Zeit.

6. September
In Bucharins *ABC des Kommunismus* – das im übrigen zur Veranschaulichung der Idee des Kommunismus jede Menge kurioser, volkstümlicher Vergleiche einführt – findet sich der Hinweis auf die Industriebehörden der frühen bolschewistischen Wirtschaftsorganisation. Zur besseren Verwaltung der einzelnen Bereiche hatte man verschiedene Organe geschaffen, die streng zentralistisch den jeweiligen Wirtschaftszweig kontrollierten. Es gab da unter anderem eine Nägelzentrale, eine Knochenzentrale, sogar eine Zündhölzerzentrale. Noch immer liegt über dergleichen ein Hauch von Märchen. Wie die Zwerge ins Bergwerk sind jene

Altkommunisten mit ihrem kindlichen Feuereifer ins Labyrinth der modernen Industriegesellschaft eingefahren. Mit Marx-und-Lenin-Begriffen wollten sie wie mit goldenen Hämmerchen die groben Eisennägel in den Fels der versteinerten Verhältnisse schlagen. Der Titel verrät es, sie sind wie Erstkläßler, ABC-Schützen, ans Werk gegangen. Nachdem sie die Riesen getötet hatten, blieb ihnen nichts, als von vorn zu beginnen, mit schwachen Kräften und unzulänglichen Mitteln. Heute scheint es, als sei der Kommunismus nie über sein frühkindliches Stadium hinausgekommen. Es blieb bei den märchenhaften Abenteuern, den grausamen Hauruck-Aktionen, denen so unerhört vieles zum Opfer fiel, Menschen, Flüsse und Berge. Das Spielplatz-Chaos aber hieß wunderlicherweise Schlaraffenland.

7./8./9./10./11. September
Deutsch-Arabisches Dichtertreffen im Jemen. Für sage und schreibe vier Tage verlasse ich den geliebten Schreibtisch und mache mich auf in den äußersten Zipfel der arabischen Halbinsel. Es ist mein erster Besuch in der orientalischen Welt, eine lächerliche Stippvisite. Während des Heimflugs bei der Zwischenlandung in Paris der lapidare Kommentar aus dem Unbewußten: Du bist nie im Jemen gewesen. Gut möglich, daß es mit meiner Furcht vor dem Islam zu tun hat. Dabei habe ich mir, als vertrauensbildende Maßnahme, wenige Tage vor Reiseantritt eigens den Koran gekauft, um schon bei der zweiten Sure schlappzumachen: »Dies ist ein vollkommenes Buch; es ist kein Zweifel darin: eine Richtschnur für die Rechtschaffenen...« Am Tage der Ankunft, mitternachts, dann die Ernüchterung, im Zimmer des Sheraton-Hotels am Rande der ehrwürdigen Metropole Sana'a, einer staubigen Stadt wie aus Tausendundeiner Nacht, von jeglichem Alkohol abgeschnitten, trockengelegt wie ein Säugling in den weißen Bettlakenwindeln. »*Es gibt keinen Gott außer Gott...* zirpt in schneidiger Kalligraphie / Der Koran, der die Jünger seit jeher verwandelt in trockne Zikaden«. So fing ein erstes Gedicht an, das dann unter der Dusche zur Abkühlung kam, bevor es andertags seine Fortsetzung fand während einer Landpartie in

die Berge. Die Fahrt ging nach Norden, auf einer von deutschen Ingenieuren gebauten Straße, an der das Bemerkenswerteste die vielen Kadaver frisch überfahrener Hunde waren, und daß unsere Reisegruppe, der von Polizei mit Sirene und Blaulicht eskortierte Troß aus schwarzen Luxuslimousinen für die Dichterfürsten und einigen Kleinbussen für die mitgereisten Journalisten und Kamerateams, unterwegs mehrere Militärposten passieren mußte, an denen Soldaten, bewaffnet mit Kalaschnikows, den Verkehr kontrollierten. Das Ganze glich einem Ausflug im Traum, nur bei geöffneten Augen. Links und rechts der kurvenreichen Fahrbahn erstreckten sich, bis hinauf zu den Bergrücken, Geröllfelder, eine Steinwüste, spärlich begrünt. Die Landschaft sah aus wie das Produkt ihrer Sprengung, überall Schutt und Felsbrocken, hier und da aufgelockert von wilden Halden mit dem üblichen Zivilisationsmüll. Hoch oben auf den Felsen mehrstöckige Lehmhäuser, wie Adlerhorste ans Gestein geklebt. Das Wort von den Berg-Jemeniten machte die Runde, bäuerliche Stammesgemeinschaften, die stolz ihre jahrhundertealte Autonomie bewahrt hätten und sie notfalls mit Waffengewalt und Touristenentführung mit anschließender Lösegelderpressung gegen die Zentralregierung verteidigen würden. Einmal sah man, auf einem der Hügel inmitten von Lavafeldern, das Denkmal der gescheiterten Motorisierung: das Skelett eines Lastwagens, aufgebockt, die Räder hatten sich aus dem Staub gemacht. Ohnehin glichen die meisten Autos hier zerdrückten Konservendosen. Stadtauswärts Hunderte Investitionsruinen, Häuser, von denen gerade mal das Rückgrat aus dem Boden ragte, in Form zerbröckelnder Stahlbetonpfeiler. Überall gab es Ziegenherden, von Kindern, die eben erst laufen lernten, durchs steinige Gelände getrieben. Entlang der Straße allerlei Volk zu Fuß, das unserm Konvoi oft in letzter Sekunde erst auswich, um gleich darauf blinzelnd gegen die Staubfahne anzugehn, gewöhnt an derlei überirdische Fata Morganas. Einmal ein Alter mit Turban, der seine beiden Dromedare in einer Kurve an saftigen Büschen weiden ließ. Militär in verschiedenfarbigen Uniformen. Einzelne Bauern mit Naturalien, unterwegs zu den Märkten der Stadt. Frauen in schwarzen Gewändern, von der Statur anti-

ker Klageweiber, tief verschleiert bis auf den Sehschlitz in Höhe der Augenpartie. Männer im hellen Kaftan, darüber ein dunkles Anzugjackett, fast alle den traditionellen Krummdolch im Gürtel, zum Zeichen der Virilität. Mancher trug auf dem Kopf, zum Reisigbündel verschnürt, frische Zweige des Qat-Baumes, die Nationaldroge, offenbar harmlos und deshalb halblegal, die hier quer durch alle Bevölkerungsschichten gekaut wird (mit Ausnahme der Frauen natürlich), stundenlang, bis der Blick glasig wird. Überall Männer, die aussahen, als hätten sie Zahnschmerzen, die Backe prall vorgewölbt wie Louis Armstrong beim Trompetensolo. Zumindest die Geschlechterfrage schien hier geklärt, auf dem Lande wie in der Stadt, wenngleich nicht unbedingt zur Zufriedenheit beider Seiten. Die Privilegien der einen waren allzu offensichtlich. Archaischer Orient: unverändert seit den Tagen Mohammeds leben Männer und Frauen dort in einem Zweikammer-System, der Druckausgleich – sprich Heirat, separate Erziehung und die gesellige Heimlichkeit untereinander – ist strengstens geregelt. Niemand würde die Demarkationslinien, die, für den Fremden unsichtbar, kreuz und quer durch die Gesellschaft verlaufen, je übertreten. Das ganze Leben ist durchdrungen vom islamischen Bilderverbot. Erlaubt sind allenfalls Schriftzüge, Zahlen und Zeichen, abstrakte Symbole. Die Kalligraphie (und neuerdings auch die Typographie der Reklametafeln) spielt in den raffiniertesten Formen, doch gibt es nirgendwo Bildmotive, nichts Gegenständliches, das die Sinne aufreizen könnte. Der Körper bleibt unverspiegelt, das Auge keusch. Ein ideales Aufmarschgebiet für westliche Firmenlogos und Markennamen. Der fremde Betrachter, des Arabischen unkundig und von den Bildern im Stich gelassen, betet nach einem Tag, statt der gewichtigen Suren, nurmehr das Einmaleins der freien Markenwirtschaft her: Coca Cola, Marlboro, Colgate und all die anderen Lautfolgen, die ihn an seine Heimat erinnern. Beim Bart des Propheten, hättest du dir träumen lassen, daß du eines Tages beim Rezitieren konkreter Gedichte Trost finden würdest?
Mehrmals in diesen Tagen wurde, gebetsmühlenartig, der gute Geist Goethes beschworen. Gewiß doch, der Weimarer Effendi

auf seinem West-Östlichen Divan eignet sich ganz vorzüglich zu nichtssagender Völkerverständigung. Aus seinem unschuldigen Rollenspiel mit der Maske des Hafis, dem Flirt mit Marianne-Suleika, ist eine diplomatische Note geworden, ein bilaterales Techtelmechtel, im Grunde das Schrecklichste, was man der Dichtung antun kann. Wen kümmert schon, daß er in Wahrheit mit persischen Versformen und Metaphern liebäugelte. Alles eins, Hauptsache Orient. Freundlich redet man, während der Lesungen und anschließenden Diskussionen im Tagungshotel, in vielen Zungen aneinander vorbei. Einmal mehr zeigt sich, das erste Opfer jeder Gedichtübersetzung ist die Poesie. Der innigste Wunsch bei solcherlei kulturpolitischen Verfremdungsübungen ist immer der gleiche. Einmal um den Globus herumübersetzt, von Fremdsprache zu Fremdsprache geschleift, möchte man nur noch im Deutschen ankommen, in der Hoffnung, das Original möge zumindest in groben Umrissen erkennbar geblieben sein. Allen Sonntagsreden zum Trotz: Goethe hat niemals den Orient bereist. Der Austausch, wie er ihn verstand, war eine Frage der Imagination, ein Traum von Fernstenliebe, der bei Erfüllung sich alsbald verliert. Im Gegenteil, eine Reise ins Gelobte Land wird mit Sicherheit die kostbaren Traumbilder zerstören. Die Phantasie kann nur Schaden nehmen, kaum hat man den fremden Boden betreten. Es läuft also, wieder einmal, alles auf Fernstenliebe hinaus. Erst bei der Heimkehr lösen sich die Paradoxa auf, und aus den Widrigkeiten treiben die schönsten Giftblüten. Baudelaire hatte recht, sein Instinkt war untrüglich. Er tat gut daran, auf halbem Wege nach Indien vom Schiff zu springen und unverzüglich nach Hause zurückzukehren. Nur so konnte er weiter unbehelligt, als katholische Jungfrau, vom Orient träumen. »Simsalabim, schon war man ein Andrer. Der Hintere Orient / Macht dich schneller zum Flaschengeist als dir lieb ist, Tourist.«

13. September
Eines der Geräusche, die aus der Welt einen Opernsaal machen, ist das Auffauchen der Triebwerke im Moment der Schubumkehr, kurz nachdem das Flugzeug auf der Landebahn aufgesetzt

hat und der Pilot mit dem Bremsmanöver beginnt. Ich kann mir nicht helfen, aber jedesmal muß ich dabei an meinen Vater denken, den Flugzeugingenieur, der schon als Junge vom Flugwesen träumte. Ein frühes Photo zeigt ihn als Vierzehnjährigen in einer Ecke des Durchgangszimmers in der elterlichen Wohnung im thüringischen Gotha (er hatte kein eigenes Spielzimmer, ebensowenig wie sein älterer Bruder, die beengten Verhältnisse erlaubten es nicht). Von der Decke herab baumeln, an Bindfäden aufgehängt, Dutzende Flugzeugmodelle, die er selber gebaut hatte damals, aus Pappe und Holzleisten. Das Dröhnen, das mir bei jeder Landung in den Ohren wühlt und die Erinnerung an seinen Lebenstraum freisetzt, liegt also in der Familie. Er blieb übrigens unerfüllt, dieser Lebenstraum, gerade das macht den Lärm so überaus traurig. Was den meisten Passagieren als höllischer Schreck in die Glieder fährt, versetzt mich augenblicklich in eine melancholische Stimmung. Jedesmal zieht der Lebensfilm meines Vaters an mir vorüber. Die Jahre des Studiums an der Technischen Hochschule in Dresden, sein Ausflug nach Westberlin Anfang der 60er Jahre, wo er zusammen mit einigen Kommilitonen an der TU vorsprach und man ihm riet, er möge in einem Jahr wiederkommen, dann sei dort ein Studienplatz frei. Die Enttäuschung, als über Nacht die Berliner Mauer gebaut wurde, plötzlich saß man in Ulbrichts Falle, und alle Pläne zerplatzten. Kurz darauf der nächste Schicksalsschlag, als nach wenigen Semestern das Fach Flugzeugbau in der DDR abgeschafft wurde, nachdem der erste Versuch mit einem eigenen Passagierflugzeug gescheitert war, weil die Maschine beim Jungfernflug abstürzte. Die Folgen waren ein Sabotageprozeß, hohe Haftstrafen für einige der beteiligten Konstrukteure und der Befehl aus Moskau: keine weiteren Experimente. Von da an ging alles bergab. Er mußte das Studienfach wechseln und war gezwungen, sein Diplom als Ingenieur für Regelungstechnik zu machen, was immer das hieß. Die Anstellung in der Flugzeugwerft Dresden später war nur ein schwacher Ersatz für die hochfliegenden Ziele, die er sich selbst früh gesteckt hatte. Er durfte nun Reparaturen an russischen Flugzeugen vornehmen, Maschinen vom Typ Antonow und Tupolew, und unter strenger Geheimhaltungspflicht an Jagdfliegern und Abfangjägern herumbasteln. Das höchste der Gefühle war die Entwicklung spezieller Bremsvorrichtungen. Wirklich zu tüfteln hatte er nur, wo es um die Verbesserung der groben russischen Bordelektronik ging. Das war alles, damit gingen die wichtigsten Jahre seines Lebens dahin, bis in den neunziger Jahren die Airbus-AG den maroden Volksbetrieb übernahm und er mit Tausenden anderen entlassen wurde, lange vor seiner Rente. Man hatte ihm angeboten, in eines der Zweigwerke zu gehn, nach Toulouse, aber dafür war es zu spät. Er war längst seßhaft geworden, zog sich zurück in sein Eigenheim mit Garten am nördlichen Stadtrand von Dresden. Offiziell arbeitslos, ließ er noch einige Jahre lang die verschiedensten Qualifikationen über sich ergehen, wurde zum Spezialisten für Energieanlagen in Industrieunternehmen, aber noch fand sich kein Arbeitgeber, der ihn hätte einstellen können. So mähte er lieber den Rasen auf seinem Grundstück und sah, wenn er den Kopf in den Nacken legte, die schweren Maschinen einschweben zum nahegelegenen Flughafen Klotzsche. Geflogen ist er nur selten, ein, zwei Mal an die Ostsee zum Sommerurlaub. Seinen ersten Transatlantikflug erlebte er 1997, als Mutter und er ihr einziges Kind, den Schriftstellersohn, der mittlerweile zum Vielflieger geworden war, in Los Angeles besuchten. Im Westen hätte er ohne Zweifel Karriere gemacht. Ein Ingenieur mit seiner Begabung wäre heute vermögend, im goldenen Ruhestand angekommen, den Schrank voller Wertpapiere. All das liegt nun, wie in der Brandung das Thema vom Fliegenden Holländer, im diffusen Getöse der Flugzeugturbinen begraben. Immer wenn ich sie höre, erfaßt mich dasselbe Grundgefühl und singt mir als Wiegenlied die Elegie vom gründlichen Scheitern. Was nützt es ihm, daß ich Dichter bin, daß es mir gutgeht, wenn ich die Augen schließe? Mir bleibt der Sirenengesang, in dem alles vergebliche Leben zu kakophonischer Auflösung drängt. Für einen wie mich genügt solche Höllenmusik. Mehr als das habe ich niemals begehrt.

14. September

Wer kann schon *ich* sagen, ohne ein Lächeln zu unterdrücken? Am liebsten würde man sich den Mund zuhalten. Dieser Beinahe-Zischlaut könnte sich schnell als ein Rülpsen entpuppen, und wäre damit nicht alles verraten? So peinlich unvermeidbar es scheint, das *ich* ist die körpereigene Duftnote des Satzes, der zum Pronomen geronnene Mundgeruch. Daß niemand ihn ganz unterdrücken kann, ist sein primäres Charakteristikum, vor allen anderen. Sobald man als einzelner Sprecher auftritt, geht von allem Gesagten ein scharfer Geruch aus, der sich schnell steigern kann zum Gestank. Kein grammatikalischer Trick hilft als Deodorant darüber hinweg, auch wenn nicht jeder über die Hundenase verfügt, die Fährte zu wittern. Mag sich die Stimme auch noch so sehr verstellen, spätestens beim Hervordrängen des *ich* hört man sie, spitzt man die Ohren, leicht überschnappen. Das *ich* markiert den Moment, da der Gaumen entblößt wird, mag auch der Reißzahn, das aggressive Gebiß von den schmeichelnden Lippen verborgen werden. Der Gebrauch des *ich* durchkreuzt alle Finten der Scham. Da hilft nur beherztes Maulaufreißen, wie Kafka es vorgemacht hat in seinen Tagebüchern, wo es ihm vor dem eigenen, unwillkürlichen *ich, ich, ich,* im Moment des Aushauchens immer wieder den Atem verschlägt. Wie kein zweiter hatte er ein geradezu hündisches Gespür dafür, wieviel Lüge mit jedem Ich-Sagen entweicht. »Heute sprach ich beim Frühstück mit der Mutter zufällig über Kinder und Heirathen, nur ein paar Worte, aber ich bemerkte dabei zum erstenmal deutlich, wie unwahr und kindlich die Vorstellung ist, die sich meine Mutter von mir macht. Sie hält mich für einen gesunden jungen Mann...«

15. September

Kleine Dampfmaschine

Dieses Ächz-und-Grunz-Geräusch,
Soll das meine Tochter sein?
Manchmal weint sie, tief enttäuscht,
Saugt statt Milch nur Heißluft ein.

Später hört man sie dann schnarchen,
Eine Spielzeugdampfmaschine.
Ach, es rührt selbst Patriarchen
Jede ihrer Leidensmienen.

Rot das Köpfchen, strampelnd stoßen
Füße gegen taube Kissen.
Fünfmal größer sind die Großen,
Die von Blähungen nichts wissen.

Aus Verzweiflung muß man schielen,
Zittern wie die Aufziehmaus.
Durch die Nasenloch-Ventile
Strömt der Atem ein. Tagaus

Mahnt uns lange noch ihr Schnaufen,
Wie das anstrengt: Luft zu holen.
Eh die Kolben lautlos laufen,
Wird uns noch viel Schlaf gestohlen.

16. September

Philosophie ist die konkrete Form der Allgemeinbildung. Ich weiß nicht, woher diese Ansicht rührt, und ich könnte sie wahrscheinlich niemals begründen, aber sie sitzt doch fest. Philosophen zu lesen, ganz gleich welchen, egal wovon er im einzelnen handelt, ist mir immer unmittelbar nützlich erschienen. Zumindest strahlte die Energie, die von philosophischen Abhandlungen ausging, jedesmal auf das ganze Leben aus. Selbst so trockene Geister wie Leibniz oder Spinoza erzeugten, sobald man sich durchs Gestrüpp ihrer Lehrsätze kämpfte, ein Wohlbefinden wie es höchstens noch ein Wannenbad oder ein Glas frischgepreßten Orangensafts bringt. Woher rührt diese Kraft, die das Philosophieren zum Elixier macht? Ist es die einzigartige intellektuelle Anspannung, der Druck, unter dem das Gehirn zu wachsen scheint? Vermutlich liegt es daran, daß Philosophie zuallererst eine Frage des Stils ist. Die Grammatik der Aussagesätze, das sprachliche Korsett, in dem die Theoreme daherkommen, erlaubt keine Redundanzen. Das Konzentrat, zu dem die Sprache im philosophischen Destillationsprozeß verdichtet wird, bis sie an ihre eigenen Grenzen stößt, klärt das im allgemeinen getrübte Bewußtsein wie in den seltenen Momenten intensiven Erlebens. Es zeigt sich, daß Texte, wenn sie die nötige Konzentration des Gedankengangs haben, die vagabundierenden Sinne zusammenzwingen und unter Strom setzen. Indem sie das Allgemeine, das Liebesleben der Kategorien, in besonderen Anekdoten erzählen, ertappen sie das Bewußtsein in flagranti und nötigen ihm über sich selbst Einsichten ab. Erkenntnis heißt immer, auf frischer Tat gestellt zu werden. Insofern ist Philosophie Aufklärung über die Funktionsweisen des Bewußtseins, und damit höchste und allgemeinste Form der Bildung.

Unvergeßlicher Morgen. Meine Tochter gewährt mir die Audienz eines ersten langanhaltenden Blickes. *Und wer bist du?* Tupfen, Tupfen, Komma, Strich – fertig ist das Sonnenblumengesicht. Bestehend aus einer erstaunlich hohen, deutlich gewölbten Stirn, einer Stupsnase, zwei Hamsterbacken, einem auffällig kleinen Mund und zwei blitzblanken Seelenfenstern anstelle der Augen, weit aufgerissen, bereit zu lächeln und zu staunen. Blinzelnd öffnen und schließen sich ihre Lider, als könnte sie es noch immer nicht fassen, so plötzlich auf Erden gelandet zu sein, inmitten all der sinneverwirrenden, flutenden, hellen und dunklen Erscheinungen. Ein langes, gedehntes Heraufsehen, das an den großen Tierblick erinnert, dieses unverwandte, die Umgebung sichernde

Äugen der Antilope. Ein Augenaufschlag, und es nehmen, unbeirrbar, zwei kreisrunde Lichtsensoren ihren Betrieb auf: mit tiefen Atemzügen wird das Gesehene eingesaugt. In solchen Momenten spannt sich der Bogen vom Krokodiljungen, das eben erst aus dem Ei schlüpfte, zu Manets nackter *Olympia*, unverschämt selbstbewußt hingestreckt auf dem Divan. Oder vom außerirdischen Gnom mit den gütigen Zügen E.T.s zu Klimts orchideengeschmückten Damen in der Blüte der Jahre, aufrecht vor byzantinischen Mosaiken. Ein gurgelnder Seufzer, der an die Schnorchelgeräusche beim Tauchen erinnert, dann öffnet sich das Gesicht zu einem einzigen goldenen Strahlenkranz. »Warum gabst du uns die tiefen Blicke?« fragt Goethe in einem anderen Zusammenhang. Hier wie da geht es um Liebe, wenn nicht alles täuscht, auf den ersten Blick.

Waldspaziergang mit Vera

Birke, Pilz und Kanapee
Grüßen dich im Waldgelände.
Kleine stadtgeborne Fee
Mit den roten Waschfraunhänden.

Schatten klebt am nassen Laub,
Wo dein Kinderwagen bockt.
Spitzohr zeigt, du bist nicht taub.
Reh, du hast zu früh frohlockt.

Blattwerk über dir, im Rücken
Weich ein Schaffell, und du gähnst.
Würdest jedermann entzücken,
Dem erlaubt ist, dich zu sehn.

Wie sie duftet, schwärmen Freunde.
Doch die Schönheit riecht nach nichts.
Jeder Satz kann nur verleumden,
Meint er dich, du Milchgesicht.

Windrad, Waldweg und Oktober
Spielen gemeinsam für dich Haydn.
Schlaf ruhig. Wirst umhergeschoben
Von den allernächsten beiden.

17. September
Von den Mühlsteinen. Im Grunde sucht der Mensch sich nicht aus, was ihn ein Leben lang belastet. Nein, so läuft das hier nicht. Das eigne Gehirn beschwert einen mit den größten Gewichten. Jeder bekommt seinen eigenen Mühlstein um den Hals gehängt. Nicht einmal die allernächsten Angehörigen ahnen, die engsten Freunde, was es ist, das einen derart herabzieht, warum man mitunter so erleichtert aufblickt und scheinbar grundlos lächelt. Man nennt es Depression und glaubt an äußere Ursachen, die sich zu neuronalen Schwermutsknoten verdichten. Doch der wahre Grund ist fast immer die Last, mit der einer selbst sich belädt. Nicht an der Welt, sondern daran, daß sie sich selbst überfordern, brechen die Menschen zusammen. Zum Beispiel kann man ohne weiteres Dichter sein und leicht wie ein Pfauenauge durch die Korridore von Raum und Zeit gaukeln. Man kann es sich aber auch schwermachen und alle Tage gegen geschlossene Fenster torkeln. Man kann sich vergeblich bemühen, aus den Bleiwüsten der Zeitungen Nektar zu saugen, kann sich wie einst die Asphaltapostel am Lärm der Straße berauschen oder gespannt auf den Theaterdonner der großen Mutter Natur lauschen wie der letzte romantische Mohikaner. Anstatt sich treiben zu lassen, wohin einen der Wind weht, sitzt man dann mit bebenden Flügeln auf seinem Fleck und räsoniert gegen das völlige Aufgehn der Dichtung in literarischer Technik. Angestrengt hofft man, daß sich der tote Gott vielleicht doch einmal meldet. Die Fühler zu Boden gesenkt, wartet man, hoffnungslos hingegeben, auf die seltenen Epiphanien des Alltags und unterwirft sich den Arrhythmien des eigenen Herzens. Statt ein für allemal loszulassen und dieses unvorhersehbare Leben zu nehmen, wie es eben kommt, begibt man sich freiwillig auf Wanderschaft durch die Muttersprache und sucht sein Glück in bedeutsamen Fernen. Mit ande-

ren Worten, man selbst bückt sich früh unters Joch und lädt sich die Mühlsteine der toten Vergangenheit auf. Keiner zwingt einen, sich vor der Zukunft zu verstecken. Jeder ist frei, ihr Angebot zur Leichtigkeit eines prospektiven Lebens anzunehmen oder zurückzuweisen. Niemand zwingt ihn, sich in die Rolle des Atlas hineinzusteigern, der die gesamte Last des Erdballs auf seine schmächtigen Schultern lud. Jeder trägt selbst die Schuld an den Beschwerden, die er sich zumuten will. Er muß sich nicht wundern, wenn er eines Tages einsam dasteht, als Eckpfeiler eingebaut in irgendein düsteres Amtsgebäude, in dem man das Geld verwaltet, Sitzungen abhält, Recht spricht und Delinquenten zu hohen Haftstrafen verurteilt. Die Welt wird von ihm Abstand nehmen und gandenlos zusehn, wie ihr Gewicht ihn erdrückt.

18. September
Wahrscheinlich stirbt ja der Mensch irgendwann aus, so wie der Auerochse, das Quagga, der tasmanische Beutelwolf ausstarben. Nicht als Gattungswesen – dazu ist die Population zu zahlreich, zäh wie Unkraut, über sämtliche Lebensräume verstreut –, auch nicht als Spezies *homo sapiens*, die als Emigrant aus der biologischen Ordnung ausstieg, um über Fauna und Flora zu herrschen, aber als einzelnes Exemplar nach dem Ebenbild Gottes. Besser, man stellt sich schon jetzt darauf ein. Den meisten erscheint dieses Verschwinden freilich als bloße Transformation, wie es sie seit dem Neandertal gab, als fortwährende Weiterentwicklung und Ablösung der einen Form durch die nächste. Merkwürdig nur, daß fast immer die Besten dabei auf der Strecke bleiben. Nein, verschwinden wird nicht die Tierart, die in einem beispiellosen Exodus die Naturgeschichte durchquerte, deren Umweltminister Noah den Bestand sicherte, indem er einst auf seine Sintflut-Odyssee allerlei Haustiere und Nutzpflanzen mitnahm. Überleben wird immerhin der Maschinenmensch, der mehrfach gekreuzte Mais, das resistente Zuchtrind, mit oder ohne angeborenen Wahnsinn. Deshalb ist jede Trauer so nutzlos. Im biologischen Prozeß bleibt sie allenfalls Episode. Es hilft nichts, sich aufzuregen: Als zoologisches Geschöpf kann der Mensch nur überleben,

indem er sich immer neu definiert und nach dem letzten Evolutionsstandard aktualisiert, wie es die Anthropologie lehrt. Sobald er aufhört, sich zu verändern, ist er zum Aussterben verurteilt. Sobald er als Invariante und genetisches Original sich in seine terrestrische Ecke verkriecht, ergeht es ihm wie der Dronte, die als plumper, vertrauensseliger Landvogel auf ihrer abgelegenen Insel Island verendete. Die Beschleunigung, mit der er die Schöpfung in seine Geschichte hineinreißt, erfaßt ihn am Ende selbst als Drohung baldiger Ausrottung. Heiliger oder Massenmörder, Renaissancemensch oder Barbar im Rohzustand, Scheusal oder Roboter aus Fleisch und Blut, ganz egal, Hauptsache, die Art bleibt erhalten. Frei nach Darwin stirbt nur der Unangepaßte aus, die kostbare Ausnahmeerscheinung, der Spezialist in der sozioökologischen Nische, sei es Dandy, Gralsritter oder zölibatärer Übermensch à la Nietzsche. Dieser Tage erst hat ein Physiker die Wahrscheinlichkeit angedeutet, daß noch in diesem Jahrtausend die natürlichen Energieressourcen verbraucht sein werden. Dann ist ohnehin Schluß mit dem fröhlichen Erdendasein. Dann heißt es, Abschied zu nehmen vom einzigen Paradies, aus dem niemand uns bisher vertrieb. Keine Frage, auch nach dem Aussterben des Menschen wird es noch menschenähnliche Wesen geben. Nur wird keiner von denen, die dann entfernte Planeten besiedeln, je mehr verstehen, worum unseresgleichen damals geweint hat hier. Eine der Lehren aus der Evolution, vielleicht die bitterste, ist ja: es gibt kein Organ für die absoluten Verluste.

20. September
Apropos *Beseelung*. Es scheint so, als hätte das beseelte Sprechen als Daseinsgrund der Literatur aufgehört. Es ist allmählich verstummt, sogar in der Poesie. Die letzten Stimmen aus dem Flüsterchor haben klein beigegeben. Wir sind im völligen Diesseits angelangt. Hier gilt nurmehr das physische Wort, der pure Laut, der ans Trommelfell knallt und als Schriftbild den Augenblick fortwischt wie die vorüberflimmernden Sequenzen auf dem Fernsehschirm. Das Wort hat sich vom dunklen Hintergrund seines zögernden Sprechers gelöst. Es hat aufgehört, Psyche zu sein,

Signal zwischen Innenwelten, Echo aus einer Sphäre, die jenseits der Mitteilung liegt. Es fällt damit eher in den Bereich der täglichen Körperpflege, des reibungslosen Sozialverkehrs, der sogenannten Kommunikation, die sich auf Informationen stützt und Psychologie zur Privatsache macht. Je weniger Dichtung, die wirklich zu Herzen geht, um so länger die Warteschlangen beim Therapeuten. Gesagt wird heutzutage mehr als jemals zuvor, doch schließt es immer weniger Ungesagtes ein. Dank der durchgängigen Medialisierung aller Haushalte findet alles sich ausgesprochen im selben Moment, da es gedacht wird. Nur sind es meistens die andern, die sprechen, eloquente Profis, flott formulierende Entertainer, an deren Geplapper Proust und Tschechow zuschanden gehen. Wie eine Seuche verbreitet sich in der vernetzten Welt die Redeweise dieser Plaudertaschen, an deren Futter, von innen nach außen gewendet, kein Stäubchen mehr haftet. Das beseelte Wort war der Kieselstein, der als erstes zu Boden fiel. Niemand liest ihn mehr auf.

22. September
Fremdsprache. Das Wort allein deutet schon darauf hin, daß von allen am Ende nur eine die eigene sein wird. Es ist die Sprache, die man als Kind aufgesaugt hat, die familiäre Geräuschkulisse, die einem vertraut war, lange bevor man selbst die ersten Laute nach ihrem Muster nachzuahmen begann. Selbst Kinder, die mehrsprachig aufwuchsen, bestätigen diese Regel, auch für sie gibt es jenseits der verinnerlichten Laute ein phonetisches Ausland. Was sprachlich zu einem gehört, entscheidet sich in der Kindheit. Das Eigene wird von da an immer die früheste Lautbildung sein, eine zweite Haut, an der man die Seinen wiedererkennt. Nur sie wird wirklich als musikalisch empfunden. Sie schmeichelt den Ohren wie die Stimme der Mutter, die einem zum Einschlafen abends aus dem Märchenbuch vorlas. Fortan wird die kleine Prinzessin, der Prinz, eine Geisel der Märchen sein, die ihm die Muttersprache diktiert hat, womöglich im heimischen Dialekt. Insofern ist jede Muttersprache auch Mundart. Sie kam aus den Mündern, die man am längsten betrachtet hat, lange bevor man lernte, den

Stimmen auch jenseits der Körper noch zu gehorchen. Ihr allein ist man hörig. Alles andere ruft als Kauderwelsch Mißtrauen hervor. Schlimmstenfalls löst es Aversionen aus oder nervt gar als Störgeräusch. Die absolute Fremdsprache, das verwirrende Lautbild von Menschen entfernter Kulturkreise, wird nurmehr als Kakophonie wahrgenommen. Gewisse Zischlaute etwa, ein gutturales Glucksen, eine ostinate, als allzu schrill empfundene Konsonantenhäufung werden flugs ins persönliche Feindbild übersetzt. Hier spricht alles, was niemals ich war und meine innigsten Kindheitsgefühle verletzt. Fremdsprachenlernen dient deshalb auch immer dem Abbau diffuser Entfremdungsängste. Und dennoch, man mag sich noch so sehr einfühlen später, das Bewußtsein wird bis zuletzt eine gewisse Reserviertheit gegen die fremde Ausdrucksart hegen. Auch wenn man alles daransetzt, sich einzufühlen in andere Sprachen, über die Mimikry, die in solcher Annäherung liegt, täuscht man sich selten hinweg, selbst bei größter phonetischer Perfektion. Frustriert bleibt man, zumindest am Anfang, im Stadium der zweitausend Worte, an den groben Maschen des fremden Wortschatzes hängen. Und selten verliert man gänzlich die Erinnerung an den mühsamen Anfang. Auch nach Jahren noch geschieht es immer wieder, daß man sich selbst beim Zuhören ertappt. Eine Ewigkeit zappelt man radebrechend im Netz des primären Ausdrucks, der ein Gefühl der semantischen Nacktheit erzeugt. Allzu deutlich bleibt alle Expression an die schlichten Affekte gebunden. Ist Sprechen im Grunde nicht ein Versteckspiel? Wer sagt, daß es nur der Verständigung dient? Während die eigene Sprache genügend Verstecke bietet (wie die Höhlen der Kindheit), bewegt man sich durch die Fremdsprache lange Zeit wie im Traum der Entblößte, der alle andern ringsum bekleidet sieht, während er selbst vollkommen nackt dasteht. Voller Scham registriert er, je geschickter er sich in die Rede der andern hineinzuschwindeln versucht, wie sie ihn neugierig mustern und seine Blöße belauschen. Das Auge läßt sich leicht täuschen, das Ohr, ein Organ des Instinkts wie die Nase, bleibt bis zuletzt unbestechlich. So wie die Sprache dem Einzelnen gewissermaßen als Fuchsbau dient, verwenden die

Kollektive sie gern als Mittel zum Ausschluß der andern. Vor allem Sprachen, deren Teilnehmer sich viel auf ihren Schwierigkeitsgrad, ihre Exklusivität, zugute halten, bleiben für Außenstehende ein Leben lang undurchdringlich. Ein solcher Fall ist das Französische, ein subtiler Code zur Verachtung all jener, die seiner nicht mächtig sind. Bis in die untersten Volksschichten gebraucht man es gerne als Waffe zur Diskriminierung. Ein einziger Laut genügt dort – das indignierte *hein?* –, um den Abstand zum Rest der Welt zu behaupten.

23. September
Zum erstenmal hat Veras Gesicht sich zu einem Lächeln verzogen. Natürlich ist es für Spekulationen noch viel zu früh. Und doch wird einem, mit der liebenswürdigsten Anschaulichkeit, vorgeführt, daß dem Erkennen das Wiedererkennen vorausgeht. Dabei ist nicht einmal sicher, ob dieses Lächeln ein Zeichen für ein erstes flüchtiges Vis-à-vis ist, ob es sich tatsächlich entzündet hat an den vertrauten Gesichtskonturen. Immerhin ahnt man, daß in Momenten wie diesen das Gehirn erste Indizien sammelt, einen Grundstock für alles künftige Unterscheidungsvermögen. Vorsichtig schält sich, wie eine analytische Wendung aus einem Husserlschen Traktat, eine gezielte Regung aus dem Kontinuum der Babywahrnehmung heraus. Irgend etwas, wenn auch noch nichts Bestimmtes, hat sich gelöst aus der Vielfalt, dem Fluten der abertausend Phänomene. Ein breites Grinsen quittiert den Empfang eines Eindrucks, der einer ersten Sensation gleichkommt. Es zeigt sich, daß die Phänomenologie auf der richtigen Spur war mit ihrer Methode der voraussetzungslosen Beschreibung jener Prozesse, die zur Bewußtseinsbildung beitragen. Daß man denselben Urmoment auch anders ausdrücken kann, hat die Dichtung gezeigt. Als *Geburt des Lächelns* hat ein russischer Dichter, zeitlebens begabt mit dem Kinderblick, ihn in Versen gebannt. Und der Kinderblick selbst? Was tut er, wie schwimmt er sich frei? Zuerst irrt er lange umher. Sobald der Hals sich verdrehen läßt, wendet der Säugling sich von den gaukelnden Fernen ab und fixiert die gröberen unter den Umrissen seiner Umgebung. Sein

Blick streicht zunächst über die Köpfe von Mutter und Vater hinweg, kehrt dann zurück aus den Hintergründen und scheint irgendeine Merkwürdigkeit in der Nähe zu fokussieren, seitlich der Ohren, unter dem Kinn. Unklar bleibt, ob er wirklich schon Einzelheiten erfaßt hat. Man möchte zu gern wissen, was die Aufmerksamkeit des kleinen Systematikers als erstes erregte. Oder vielmehr, wer von denen, die vom Tag der Geburt an durch seinen Gesichtskreis schwirren. Man kann sich leicht ausmalen, auf wen der erste Erkenntnisstrahl trifft. Der Kurzschluß von der primären Nahrungsquelle zur Physiognomie der Mutter ist sicher der erste in einer Kette logischer Schlüsse, die ihm die Vielfalt der Phänomene in lauter Kausalzusammenhänge zerlegen. Das Lächeln im Babygesicht, so diffus es am Anfang erscheint, ist die Signatur eines ursprünglichen *quod erat demonstrandum*. Ein Strahlen der Augen, ein Breitziehen des Mundes, ein tiefer Kehllaut, der wie ein Seufzer klingt, so erwacht er, der menschliche Geist. Eine zarte Kontaktaufnahme, eine der möglichen Definitionen des Glücks.

24. September
Wie vieler Opfer es bedurfte, bis man die Geschichte endlich unter Generalverdacht stellte. Nicht der Fortschritt, das brutale Kehrbild der gußeisernen Lady Clio, heißt seither Moderne, sondern die archäologische Konzentration auf die dunklen Stellen. Die Fähnchen am Rande der Massengräber und Schlachtfelder markieren den Übergang von der bloßen Chronik zum Indizienprozeß. Wehe den Siegern, nun sitzen sie selbst auf der Anklagebank. Daß es nur mehr Anwälte gibt, die im Namen der Opfer, der verdrängten Toten, sprechen, ist der historische Sinneswandel, der alle bisherigen Revolutionen auf einen Schlag revidiert. Bis hierher waren alle sich einig. Jahrtausendelang fügten Aufstieg und Untergang der historischen Kräfte sich zu einem Gesamtepos, bestehend aus lauter neutralen Ereigniszyklen nach dem Modell des Wetterberichts. Wer hätte gewagt, jene göttliche Erzählerinstanz, die sie alle zu bündeln versuchte, jemals in Frage zu stellen? Immer behielt sie das letzte Wort. Selbst der Ernied-

rigte willigte eines Tages resigniert in seine Ohnmacht ein, solange sein Überleben gesichert war. Fatalistische Völker, Nationen, befangen im Schlaf der Ungerechtigkeit, Minoritäten, die, mundtot gemacht, in der Masse verschwanden, sie alle geködert vom Versprechen der Assimilation, erpreßt vom Frieden des Status quo. Seit jeher war Geschichte dieser Triumphzug, in dem selbst der Geschlagene scheinbar freiwillig mitging, vom Sieger in die gemeinsame Zukunft geschleift. Wer am Wegrand liegenblieb, gehörte den Aasfressern, den Hyänen und Geiern. Sein Untergang gehorchte Naturgesetzen, die älter waren als alles Menschenwerk. Das Gedächtnis saß stets auf den Tribünen, es hatte nur Augen für den Herrscher im Kurulischen Sessel, für die Phalanx der siegreichen Soldateska. Allenfalls gab es ein Requiem in Auftrag, erfrischte sich turnusmäßig im Thermalbad der Katharsis. Rituale verbürgten, daß die Krokodilstränen gesammelt wurden in bronzenen Weihwasserbecken mit der Inschrift *amor fati*. Die Sklaven, die Kriegsgefangenen, die erbeuteten Hoheitszeichen und fremden Waffen galten nur als exotische Farbtupfer im Auf und Ab der Erscheinungen. Sie wurden mitgerissen im Reigen der Umwertung der Werte und sorgten für den dramatischen Akzent auf dem Fries. Selbst ein sterbender Gallier konnte, in seiner denkwürdigen Isoliertheit, die Ordnung der ewigen Sternbilder nie stören. Im Werk Mantegnas findet sich eine Studie, die den Triumphzug am Beispiel des römischen Imperators Titus zum Gegenstand hat, ein Denkbild aller bisherigen Geschichte. Ihr kann man entnehmen, daß schon den Künstlern der Renaissancezeit das alte Schema zumindest verdächtig geworden war. Doch erst im zwanzigsten Jahrhundert, infiziert vom Marxismus und einer Geschichtswissenschaft, die sich methodisch und mit juristischen Mitteln vom Relativismus befreite, erst im Licht der Photographie, die den Prozessen von nun an beweisführend folgte, trat jene Wandlung ein, der wir das Mißtrauen in den Gang der Geschichte als bloßen Gewaltmarsch verdanken. Seither sind alle Rechnungen offen. Bis zurück zu den frühesten Griechenstämmen, die Europas Festland besiedelten, wühlt der Verdacht in den Leichenbergen, er richtet sich gegen alles und jeden.

Abermals werden die wenigen Unbestechlichen in den Zeugenstand einberufen. Thukydides, der nach dem Peloponnesischen Krieg seine Landsleute anklagt, Xenophon, der während des Fußmarschs der Zehntausend den Ansichten seiner frustrierten Kameraden lauscht oder Flavius Josephus, der als Jude aufmerksam bleibt für die Ungereimtheiten des Bürgerkriegs und der römischen Selbstüberhöhung, alle die namenlosen Kommentatoren der Feldzüge und der Palastintrigen von Athen über Konstantinopel bis zu Karl dem Großen, Versailles und in die Hinterzimmer der Kolonialkriegsgewaltigen, sie alle werden aufs neue verhört. Wieder und wieder werden ihre Aussagen mit den Dokumenten der Gegenseite verglichen und hinterfragt. Das gesamte Abendland vom Kampf um Troja bis zu den Weltkriegen der Gegenwart ist zum Gegenstand einer großangelegten Revision geworden, die prinzipiell unabschließbar ist. Keine Partei wird als absoluter Rechthaber je mehr daraus hervorgehen. Es ist, als hätte die Zeitrechnung sich umgekehrt unterm Drang einer Recherche nach den verlorenen und erniedrigten Seelen. Jedem, der an dem großen Gerichtsprozeß beteiligt ist, bleibt nur, den Abstand zur jeweils eigenen Gegenwart zu vergrößern. Nurmehr Sarkasmus vermag nun, den Blick zu schärfen. Gründlich Entwurzelte und im Geiste Enthistorisierte, sind wir gewohnt, mit den schändlichen Kompromissen, die das Überleben hervorbringt, hart ins Gericht zu gehen. Die Gnade der späten Existenz gebiert den allumfassenden Argwohn. Im Zeitalter der Allinformiertheit ist von der Geschichte nur dieser riesige Scherbenhaufen geblieben, an dessen scharfkantigen Splittern der Einzelne sich jederzeit schneiden kann. Ein falscher Griff, ein einziger Gedächtnisfehler kann zur Ursache einer tödlichen Blutvergiftung werden.

26. September
Seit einigen Tagen steht Veras Kinderwagen, ein niederländisches Fabrikat, im Hausflur. Gleich neben den Briefkästen, ein schwarzes Leichtmetallfahrzeug nach dem letzten Stand der Technik, ausgekleidet mit einem Schaffell wie die Wiege mongolischer Nomaden, erinnert er die anderen Mieter des Hauses an den fri-

schen Nachwuchs. Ein Aufnäher verkündet den Ehrgeiz der Firma: »The official stroller for Millenium Babies«. Mit derlei Albernheiten hält der Zeitgeist sich über Wasser. Dazu ein Gelegenheitsgedicht aus der Mappe *Una storia vera*.

2000 n. Chr.

Leider, leider, kleine Vera
Bist du nicht allein geboren.
In Italien hieß es *Bona sera*,
Und ein Tief von den Azoren

Machte hierzulande Wetter.
Dabei war es höchster Sommer.
Merkur, statt hinaufzuklettern,
Zog es vor, ans Glas zu trommeln.

Mancher Urlaub fiel ins Wasser.
Schade um die Meeresstrände.
In den Kinos klingelten die Kassen.
Allrads gings durch Matsch-Gelände.

Regen mit Milliarden Tropfen
Gab dir Laut davon, wie viele
Menschen heut die Welt verstopfen.
Tränen löschen hier die Ziele.

Einsamkeit kommt von Vermehrung.
Keinen machen Kinder froh.
Aus der Weihnacht ward Bescherung
Und aus Bethlehem ein Zoo.

Doch entspann dich. Keine Miß
Muß sich je um Panzer scharen.
Männer haben vorm Kommiß
Ruh nur in geburtenstarken Jahren.

Allen, die wie du zweitausend
Purzelten auf den Planeten X,
Bist du ausgeliefert. Ihre Flausen
Mußt du dulden bis zum Styx.

Denn die Hölle sind die andern:
Mama, Papa und der Rest.
Reisen tröstet, mehr noch Wandern,
Schlehmilgleich in Richtung West.

Unerlöst bleibt hier Begehren,
Und ab Christus wird gezählt.
Geld zerrinnt bald. Kein Beschweren
Hilft dir, wo die Liebe fehlt.

Also Kopf hoch, kleine Vera.
Freu dich ruhig, du bist gesund.
Halt, wenn Zeus tobt, dich an Hera.
Gib dem Trübsinn keinen Grund.

27. September
Gibt es einen Zusammenhang zwischen der äußeren Helligkeit und den Graden sprachlicher Dichte? Wenn ja, dann läßt er sich am besten wohl negativ bestimmen. Bei Tageslicht wird argumentiert, prozessiert, gefeilscht, politisiert, Geld transferiert usw. Schließt die Börse nicht pünktlich bei Einbruch der Dämmerung ihre Pforten? Zumindest hierzulande ist ab acht Uhr Ladenschluß. Keine Gerichtsverhandlung geht bis tief in die Nacht, auch keine Vorlesung im Hörsaal, und nur in Krisenfällen ziehen Gewerkschaftsverhandlungen sich bis in die späten Abendstunden hin, unter Ausschluß der Presse, versteht sich. Wenn im Theater die Vorstellung anfängt, der Dirigent im Konzertsaal den Taktstock hebt, sind die meisten Geschäfte getätigt, die Verträge längst unterzeichnet. Doch kaum ist es Nacht geworden, fängt ein emsiges Dichten und Trauern an, wird im stillen Kämmerlein meditiert. Der Tag gehört den kollektiven Beschäftigungen, den

Ausschußsitzungen und Verbandstreffen, den Workshops und Teams (mit Ausnahme der Dreh-Teams beim Film). Die Nacht ist den Abtrünnigen reserviert. Sie dient dem Einzelnen dazu, die am Tage verlorene Zeit wiederzufinden. Vorsichtig tastet er im Dunkel nach den verschwundenen Szenen und Formen. Langsam schleicht er, ein Lemur, durchs Gewölbe der Nacht, lauscht noch einmal den Straßengeräuschen, die sich tagsüber fingen im Ohr, und fährt den Konturen der Stunden im Sonnenlicht nach wie jenen am Körper der Geliebten. Der Tagtraum wird von den *Night thoughts* umsponnen. In ihren Fäden schaukelt er wie das sterbende Insekt im Netz der Kreuzspinne, das glänzt – glänzt vom Speichel des abwesenden Räubers.

28. September
Männlein im Frauenkleid. Jedes Jahr im Herbst kommen dir wieder die Fliegenpilze in den Sinn, die dich als Kind so beeindruckt hatten. Immer war es unverhofft, ein kleiner Schock, wenn man beim Waldspaziergang auf sie stieß, am Rand einer Lichtung etwa oder halb versteckt unter Häufchen von Fichtennadeln, abseits der Wege. Bei ihrem Anblick überkam dich jedesmal ein Schaudern, als wäre da, weich aus dem samtenen Waldboden, ein Geschlechtsteil erblüht. Daß sie hochgiftig sind, hieß es sofort, wer sie aß oder auch nur von ihnen kostete, mußte unbedingt sterben. Ich rieche Menschenfleisch, hatte der Riese gesagt.
Wer sich den Fliegenpilzen näherte, konnte förmlich sehen, wie es aus ihnen heraustropfte in kleinen Blasen, ein Gift, von dem sich der Volksmund verzog. Einzeln standen sie da, jeder eine besondere Todesdrohung in Purpurrot. Ach, dieses schockierende Rot und die weißen, rupfenartigen Flecken auf dem verbeulten Hut, den man doch nie zu berühren wagte, aus Angst, er könnte herunterfallen und einem nachrollen, womöglich bis nach Hause ins Kinderzimmer und unters Bett. Oder als fürchtete man, den Finger in ein Stück frisch geschlachteten rohen Fleischs einzutauchen. Lieber noch wollte man sich flach auf den Boden legen und aus sicherem Abstand die Unterseite des Monstrums studieren. Da aber kam erst der wahre Schreck. Hätte man rechnen können

mit jenen schmutziggrauen bis schwefelgelben, wie von Schnäbeln zerzausten Lamellen, die an die Faltenröcke alter Lehrerinnen erinnerten? Ein Mann in Frauenkleidern, so stand er da, ein zitternder Lustgreis und puterroter Entblößer. Einer, der beide Weichteile im Angebot hatte, den gedrungenen Stengel und das labiale Unterfutter, die Krause aus zerbissenen Lippen.
Fliegenpilze! Einmal in ihre Nähe geraten, war man leicht versucht, sich auf Zehenspitzen davonzustehlen. Mit der pulsierenden Stille um diese Gewächse kam sofort Argwohn auf. War der Waldboden ringsum nicht weicher als anderswo, nachgiebiger unterm Fuß? Vielleicht lag ein Schläfer darunter ausgestreckt, ein uralter, sabbernder Träumer, locker von Erde bedeckt, erkennbar nur an der prächtigen Erektion. Jederzeit konnte er aufstehen, die Streu aus Tannennadeln abschütteln wie einen Ameisenhaufen und losstapfen, das ängstliche Kind zu verfolgen. Lag nicht ein Wispern und Kienspanknistern dort in der Luft? Etwas wie böser Blick? Balladen von süßem Kindertod kamen herbei, schreckliche Märchenszenen, die man in Bilderbüchern jedesmal hastig überblättert hatte, und später auch dies, das Schlimmste. Die Erinnerung an das erste Mal, als man beim Einschlafen in Höhe der Schenkel etwas Klebriges zwischen den Fingern gefühlt hatte, ein wäßriges, weißes Sekret, etwas, das so verstörend aussah, so unwahrscheinlich, als wäre es: Fliegenpilzmilch.

29. September
Das Gespür für die alten Dramen, die antike Figurenkonstellation unter dem aktuellen Tagesgeschehen, scheint in meiner Generation völlig abgestorben zu sein. Die meisten entzünden sich an den Idolen der Werbung. Ihre einstweilige Stärke liegt darin, daß ihre Empfindungskraft sich auf die Mythen des Alltags konzentriert. Die Besten von ihnen verfolgen, nach dem Vorbild der amerikanischen Erzählkunst, die unscheinbaren Details im Großstadtleben. Sie unterhalten den Leser mit den verkürzten Innenperspektiven irgendwelcher Durchschnittstypen, die symptomatisch für diese Gegenwart sind. Im Glücksfall erbeuten sie jenes gewisse Etwas, auf das auch die klassischen Texte als Ingre-

dienz nie ganz verzichten konnten, das sogenannte Authentische. Auf der Jagd nach dieser kostbarsten aller Substanzen, die sich immer nur in Spurenelementen zeigt, erschöpfen sich freilich die meisten. Der ungeheure Boom junger deutscher Prosaliteratur hat weniger mit einem Mangel an Lebenserfahrung zu tun als mit dem Unvermögen, sich in der Menschheit wiederzuerkennen. Mit jedem Roman, jedem Erzählband steigt das Gefühl ihrer Einzigartigkeit. Überall Lebensnischen, soziale Dunkelzonen, unbekannte Milieus, die ihre Jungfräulichkeit soeben entdeckt hat. Daß die Welt, die sie beschreiben, nur durch hauchdünne Membranen von Ovids Metamorphosenkosmos getrennt ist, entgeht ihrem Neugeborenenblick. Ahnungslosigkeit ist das Pfund, mit dem sie einstweilen wuchern. Was sich auszahlt, ist ihre Naivität.

30. September
»Jerusalem oder Athen«... dieses vielbeschworene Doppelantlitz aller bisherigen Demokratie war immer schon ein Ergebnis politischer Restauration. Vor zweitausend Jahren schon ist das Urbild unkenntlich geworden. Rom hat die Züge verzerrt. Das römische Gesellschaftsmodell hat alle Entwürfe, die ihm vorausgingen, ausgelöscht. Rom ist der *Prima-facie*-Beweis für den Verfall jeder späteren Demokratie. Durch dieses Prisma sind alle früheren Formen nurmehr als gebrochene sichtbar. Wie gutgläubig die Legende von der Pervertierung der Demokratie durch den Aufstieg des Römischen Reiches. Der große Ideenarchäologe Foucault hat einmal die bange Frage gestellt: »Und wenn Rom nun die Revolution eroberte?« Aber so ist es. Von diesem Richtungswechsel ist die Geschichte Europas bis zur Besiedlung Amerikas und der darauffolgenden Globalisierungsepoche, in der wir Heutigen leben, gezeichnet. Denn die politische Grundordnung hat ja durch Rom nicht nur irgendeine Ergänzung erfahren. Sie hat sich genau dort, an jenem Zentralort des Mittelmeerraums, verhärtet zu einem Block, um den alle späteren Formen seither sich nur noch lose wie Schichten von Schwemmsand legten. Wo immer ein demokratisches Gemeinwesen von einiger Größe mit hegemonialen Ener-

gien nach außen auftrat, war Rom mit im Spiel. Sein imperatorisches Muster lag allen folgenden Expansionen zugrunde. Karl der Große und das Heilige Römische Reich deutscher Nation, Napoleon, der Europamane, oder das Britische Commonwealth, im Takt der Jahrhunderte folgten sie alle dem Ideal Roms. Von dorther kamen der Kalender, das Dezimalsystem, der zivile Kodex, die politische Rhetorik. Von daher die Tugendethik (in christlicher Neubegründung bis hin zum amerikanischen Puritanismus), aber auch die körperliche Hygiene, die urbanen Lebensformen, Luxus und Dekadenz und die Verwahrlosung der Sitten. Aus ein und derselben Quelle die Rechtsnormen, die militärische Strategie, der Corpsgeist und die Grammatik, der merkantile Profittrieb und das System des ökonomischen Wettbewerbs. Rom war der Ausgangspunkt für jene bürgerliche Indifferenz, das Stillhalteabkommen zwischen den Besitzlosen und den Besitzern, die hohe Kunst des Ausgleichs im Ungleichen, aber auch für die Bürokratisierung des Alltagslebens, den beinahe tierhaften Drang zur Staatenbildung, der auf Assimilation, Gewaltenteilung und ethnischer Toleranz beruht. Seit damals gibt es jene Stabilität im Gefühlshaushalt der Rechtsanwälte, Zahnärzte, Senatoren, Schauspieler und Legionäre, die immer wieder über die schlimmsten Krisen hinweghilft. Brot und Spiele verbürgen durch alle Turbulenzen hindurch den sozialen Frieden. Erst vor dem Hintergrund Roms läßt sich das Ineinander von Archaik und Moderne, das Webmuster jeder entwickelten Zivilisation in Europa bis zum heutigen Tag, erkennen. Inmitten der möglichen Lebensvielfalt das graue, geregelte Dasein, das man seit langem die westliche Kultur nennt, ohne von ihrem Ursprung zu reden.

1. Oktober
Allein mit dieser grellen Gesellschaft, ihren groben
            Vergnügungen,
Zäh wie Tundraflechten, klebrig wie Spaß auf Kosten der
                Andern,
Allein unterm alten Regenbogen der Ironie, den leeren
               Himmeln

Aus Schwarzem Humor, durchzuckt von Blitzlichtgewittern,
Am Ende der Straße, die aus der Geborgenheit in die Allmacht
          führt –
So ging es Nero nach der totalen Zerstreuung, als alles
          verbraucht war
Im leeren Palast, in der Stille der Springbrunnen und
          Labyrinthe.
Plötzlich stand er entblößt, nackt als Made auf dem polierten
          Marmor,
Roms mächtigster Mann, von unsichtbaren Schnäbeln bedroht,
Nachdem ihn die Wachen verlassen hatten, ein lebender
          Leichnam.
Selbst die Giftampullen hatten sie mitgenommen, den einzigen
          Halt.
»Hab ich denn gar keine Freunde mehr, keinen einzigen
          Feind«,
Soll er geklagt haben, formvollendet wie immer. Aristoteles
Half ihm als letzter Souffleur über die Peinlichkeit des Moments,
Den ihm die Schreiber gönnten im Namen der bodenlosen
          Geschichte.
Ist nicht der Neid das mindeste, was dem Tyrannen gewährt
          wird?

2. Oktober
Woher die Zuversicht kommt? Unmittelbar aus dem Unglück der andern. Du weißt ja, bald erwischt es auch dich. Bis dahin gilt: Augen auf und ab durch die blutige Mitte. Solange man überlebt, ist die laufende Katastrophe der wirksamste Schutz vor dem allgegenwärtigen Nichts.

3. Oktober
Die einen besitzen die Güter (Grund und Boden, Produktionsmittel, Förderrechte, Medien, Immobilien), die anderen die Ideen. Zwang und Freiheit heben sich gegenseitig auf den offenen Märkten, im Kreislauf des Tauschgeschäfts, auf. So bleibt alles immer in Bewegung, das Kapital, die moralischen Werte, die wechseln-

den Ansichten über ein und dieselbe Sache. Keiner wird müde, keiner erwacht.

4. Oktober

Heute, am frühen Vormittag, wurde ich Zeuge einer lehrreichen kriminellen Handlung. Nach den Regeln des epischen Theaters hätte der Zwischenfall wohl als sogenannter Vorgang durchgehen können. Minuten später war der passende Titel für die kleine Szene gefunden: »Der Mantelklau«. Ort der Handlung: eine noble Herrenboutique am oberen Ku'damm. Während ich bei den Pullovern und Hemden herumsuchte und lange nicht fündig wurde, machte ein junger Mann, dem Aussehen nach Osteuropäer, sich in einer der hinteren Ecken des Ladens zu schaffen. In der Nähe der Umkleidekabinen, wo auf fahrbaren Chromgestellen die Mäntel und Anzüge hingen, war er schließlich in Deckung gegangen. Was dann geschah, lief so lautlos und schnell ab, daß ich nur noch das Nachsehen hatte. Ein Sprung wie aus Startlöchern, ein Slalomlauf vorbei an Vitrinen und Garderobenständern, die Stille zerrissen vom Aufschrei der blonden Verkäuferin, schon war der Mann aus dem Laden entwischt. Und nun das Merkwürdige. Obwohl der Dieb draußen vor dem Schaufenster innehielt, einen hellbraunen Kaschmirmantel abstreifte und beinah seelenruhig zum handlichen Päckchen zusammenrollte, rührte keiner vom Personal des Ladens sich von der Stelle. Dabei hatten sie alle sofort begriffen, worum es ging. Keiner der Männer vor den Umkleidekabinen und an der Kasse, immerhin drei an der Zahl, nahm die Verfolgung auf oder versuchte wenigstens, die Polizei anzurufen. Nicht daß sie gelähmt gewesen wären oder auch nur für Sekunden verdutzt, sie schienen ganz einfach keine Lust zu haben zu einer Verfolgungsjagd, und das, obwohl der Dieb noch immer in Reichweite war. Sie hatten die Ware im selben Moment aufgegeben, in dem sie die Absicht (oder besser die wilde Entschlossenheit) des Mannes einsehen mußten. Es war ihnen ohne weiteres klar, daß sie es mit einem Profi zu tun hatten, auf den an der nächsten Ecke ein Kompagnon warten würde oder ein Auto mit laufendem Motor. Nichts geschah, keiner lamentierte, auch die Frau hatte ihre Nerven sogleich wieder im Griff. Sie alle waren auf eine erstaunliche Weise gefaßt, wie ein Schauspielerensemble, das nur eben eine Theaterszene geprobt hatte. Statt großer Gesten machte sich einer der Verkäufer daran, die durcheinandergeworfene Ware zu ordnen. Es hätte mich nicht gewundert, wenn der Dieb sogleich wieder aufgetaucht wäre, sozusagen zurück auf Anfang. Dann hätten sie alle die Szene wohl ein zweites Mal durchgespielt. Das Erstaunlichste an dem Vorgang war die Gleichzeitigkeit, mit der hier Verbrechen, Zurkenntnisnahme und Resignation zusammenfielen, als hätte ein Choreograph, der Eleganz des Hauses angemessen, das Ganze so dezent und geschmackvoll wie möglich mit allen Beteiligten inszeniert. Die Leistung war wirklich bühnenreif. Eigentlich fehlte nur noch der Applaus, und als Kritiker wäre man dankbar gewesen, jemand hätte den kichernden Pudelbesitzer an der Champagnerbar zum Schweigen gebracht. Den beiden Japanern jedenfalls, die dort mit ihren glänzenden Tüten standen und durch die getönten Gläser ihrer Designer-Brillen blinzelten, war das Ganze völlig entgangen, wie der Auftritt eines besonders flinken Zauberkünstlers. Ärgerlich war nur der mißtrauische Blick, mit dem der Pulloververkäufer mich nachher musterte. Mein Erstaunen und das sekundenlange Verharren in der Pose des begeisterten Zuschauers hatten mich zweifellos verdächtig gemacht. Sicher, wer hätte ausschließen können, daß ich im Bunde war mit dem geschickten Langfinger? Jeder der Kunden war plötzlich das potentielle Mitglied einer Bande von Ladendieben. Nur Höflichkeit, der Ruf des luxuriösen Geschäfts, verbot hier die Taschenkontrolle. Aber auch diese hätte ja wenig erbracht. Allzu sicher waren beide Seiten sich ihrer Professionalität. Im Licht dieses Vorgangs erschienen Kunde und Einzelhändler plötzlich als Angehörige zweier Parteien, die arbeitsteilig und von langer Hand ihre gegenseitige Überlistung betreiben. Wer übervorteilt worden war, zog sich ohne Protest zurück und behielt die Stellung im Auge. Peinlicherweise brauchte ich einige Zeit, um die vollendete Tatsache ganz zu begreifen. So kam es, daß ich in Unkenntnis der Situation mit gespielter Gleichgültigkeit noch ein Weilchen in der Rolle des Kaufwilligen verharrte, bevor ich den Laden, der mir von nun an unheimlich war, ohne weitere Nachfragen verließ. Für jene, die mir verächtlich nachblickten, war ich nur ein armer Gesinnungsbruder des erfolgreichen Diebes.

5. Oktober
Herbst, Puschkins großes Gedichtfragment aus dem Jahre 1833, bricht mit den Worten ab: »Er schwimmt. Wo ziehn wir hin?...« Es geht um die Leichtigkeit der Reime, den beflügelten Schreibprozeß, der zum Bild eines Schiffes wird, das als Koloß die Wellen zerschneidet. Doch kaum ist das Schiff in Sicht, stockt das Gedicht in der zwölften Strophe und endet mit einer Frage. Gegen den Aufbruch, die Mozartsche Schwingung der anderen Zeilen steht plötzlich die Beklommenheit dieses jähen Endes. Ein Eindruck von Atemnot, Überdruß, Ratlosigkeit macht sich breit. Ein Jahr nach Goethes Tod zeigt auch bei Puschkin sich das Symptom des gebrochenen Klassikers. Natürlich liegt das zuallererst am Fragmentcharakter der Arbeit. Der klassizistische Text verträgt keinen Abbruch. Per Definition ist er das Abgeschlossene, in der Durchführung Vollendete, die zirkuläre Bewegung von Alpha zu Omega und zurück. Auch *Herbst* steht noch ganz im Bann solcher Bewältigungsästhetik, die sich das lebenszyklische Denken der Griechen zum Vorbild nahm. Das Gedicht beginnt mit den Zeilen: »Oktober ist es schon – und Ast und Zweig verlieren / Im Wald ihr letztes Laub und sind bald kahl und leer.« So könnte es weitergehn bis zum Schluß, wäre da nicht dieser fatale Interruptus nach zwölf Strophen munterer Jahreszeitenbetrachtung und Landschaftsschau. Was immer dem Dichter dazwischenkam bei der Schilderung dieses ewigen Reigens, fest steht, daß es ihn Mühe gekostet hat, einfach so fortzufahren. Wie ein Schatten legt sich die Geste der Resignation über die abgeschlossenen Zeilen. Und nicht nur das. Für den heutigen Leser, an Brüche und literarische Niederlagen gewöhnt, wird sie zum Webfehler, von dem aus das ganze Werk sich auftrennen läßt. Der schockierende Stopp nach »Wo ziehn wir hin?«, die Unterbrechung des metrischen Tanzes, wird für den Interpreten zu einer Einladung, näher

zu rücken. Es ist, als hätte Puschkin ihn plötzlich herbeiwinken wollen, den Tod, keine drei Jahre vor seinem mutmaßlichen Ende im Duell mit der Welt. Von Kafka stammt die Empfehlung: Im Kampf zwischen dir und der Welt, sekundiere der Welt. Genau das tut Puschkin in diesem Moment. Keinen Vers länger erträgt er die Verstellung, die ihm das Gleichmaß des Daktylus auferlegt. Man kann es als Ausdruck einer Zeitkrise deuten, als eine plötzliche Müdigkeit, die den Dichter beim Blick in den romantischen Abgrund erfaßte. Wer weiß, vielleicht packte ihn genau da das Grauen vor einer Zukunft, die seine Kunstfertigkeit Lügen strafte, und er sah das Ende eines goldenen Zeitalters gekommen. Solange es möglich war, mit den Chariten und Grazien zu flirten, machte der heitere Ton die Musik, und einer wie Puschkin war frei und geborgen wie das Kind in der Mitte der Welt, selbst noch in Rußland, also fern aller Vernunftideale, dort wo sie in Schlamm und Chaos versanken. Mensch und Staat mochten dahinvegetieren, der weite Raum, die Natur saugte sie gleichmütig auf, und wer auf ihrer Seite stand, konnte niemals verlieren. Doch warum argwöhnen? Es genügt, sich an den Dichter zu halten, den talentierten Tausendsassa mit dem impulsiven Naturell. Am Ende war es dieselbe Triebkraft, seine Wahrhaftigkeit, die ihm die Augen öffnete. Sein wacher Instinkt für Veränderungen, für die kleinsten Temperaturschwankungen in der Gesellschaftsluft, ließ ihn mitten im Vers innehalten wie ein Reh, das im Waldesdickicht plötzlich einen Zweig knacken hört. Sieht man genauer hin, zeigt sich beim Wiederlesen, daß der Blockade mehrere Warnsignale vorausgingen. Nicht daß Puschkin je mit persönlichen Ansichten hinter dem Berg gehalten hätte. Gerade das Augenzwinkern, der individuelle Witz, die Spur eines singulären Charakters verbürgen die besondere Qualität seiner Gedichte. Klassizität hin oder her, wie im Falle Goethes (und sehr im Gegensatz zu Schiller etwa) halten Lebendigkeit und geistige Beweglichkeit ihres Autors sie frisch. Umso schwerer wiegt es, wenn einem Mann vom Schlage Puschkins eines Tages die Geduld ausgeht, wenn sich die ersten Anzeichen zu innerer Verhärtung und einseitiger Stellungnahme mehren. Ein Gedicht aus derselben Zeit hebt mit den Zeilen an: »Gib,

Gott, daß mich nicht Wahnsinn packt. / Nein, lieber alt und arm und nackt...«. Weniges fasziniert so sehr wie ein solcher Umschwung in einem solchen Gemüt. Das Gedicht *Herbst* ist durchzogen von derlei Attentaten auf den eigenen Seelenfrieden. Mehrmals droht der Geduldsfaden, der hier mühsam noch einmal, vielleicht ein letztes Mal, gesponnen wird, zu zerreißen. Plötzlich wird das Parlando trügerisch, wie Splitter ragen die nackten Bekenntnisse aus der polierten Oberfläche. Man traut seinen Ohren kaum. Ist das noch immer derselbe Puschkin, die russische Nachtigall, die da singt? »Der Herbst ist meine Zeit: den Frühling mag ich nicht; / Tauwetter, Schlamm, Gestank – all das läßt mich ermüden; / Es gärt das Blut; Gram macht Gefühl und Geist zunicht«. Spätestens hier, in der zweiten Strophe, hätte der Puschkin-Verehrer gewarnt sein müssen. Sein leichtfüßiger Held, der Liebling der Anthologien, war endgültig vom Pfad abgekommen. Von nun an ging es auf Abwegen weiter. Etwa so: »Wie mach ich euch das klar? Nun, er gefällt mir halt, / Wie euch, wahrscheinlich, auch zuweilen schon gefallen / Ein junges Mädchen, das an Schwindsucht leidet...« Was soll das heißen: »wie euch«? Wenn irgend etwas, dann ist es die Unverschämtheit der Unterstellung, der impertinente Gaunerton, der die Scheidung besiegelt. So spricht ein Dichter, der nicht nur mit der poetischen Konvention brechen will, sondern auch mit der Mehrzahl seiner arglosen Zeitgenossen. Das Gedicht wird zum grimmigen Abschiedsgruß. Mutwillig stößt es die Schwärmer, die höflichen Liebhaber der Musen vor den gepflegten Kopf. Soll keiner sich wundern, wenn das Schiff seiner entzündeten Phantasie ohne ihn ablegt. Das Fragment bezeugt ja gerade, daß selbst dem Dichter, kaum an Bord gegangen, vor der Ausfahrt unheimlich wurde. Vielleicht hat das Meer ihn verstummen lassen, und zwar nicht irgendein Meer, sondern dieser bleierne Stille Ozean der Zukunft, dessen graue Wellen schon auf die Gegenwart zurollten. Mag sein, daß ihn in letzter Sekunde der Anblick des Schiffes davon abgehalten hat, mutig in See zu stechen. Denn auch das Schiff war vermutlich nicht irgendein munteres Segelschiff, eins dieser Prachtstücke etwa, mit denen Peter der Erste, der Zimmermannszar, Rußland nach holländischem Vorbild zu einer Flottenmacht reformierte. Auch wenn es allzusehr nach Verdrehung poetischer Tatsachen aussieht, nach einem Vexierspiel mit der Geschichte – eher gleicht Puschkins Schiff jenem Schicksalskahn, von dem aus Coleridges *Ancient Mariner* den arglosen Albatros schoß. Oder Rimbauds *Bâteau ivre*, gefangen im Wirbelsturm der vergeblichen Revolutionen, die in den Wüsten Abessiniens enden. Oder dem *Wrack der Deutschland*, an der Themsemündung gekentert mit seinen toten Nonnen an Bord, dem Hopkins ein Denkmal setzte mit seiner Ballade. Oder Poes Siebzig-Tonnen-Schoner, der bei den Lofoten in den schaurigen Schlund des Maelstroms geriet. Oder der *Pequod*, dem berühmten Walfangschiff, dessen Odyssee auf der Jagd nach dem weißen Wal Melville in seinem Monumentalwerk beschrieb. Die Reihe ließe sich fortsetzen. Vielleicht löst sich alles zum Guten auf, wie in Mendelssohns Ouvertüre *Meeresstille und Glückliche Fahrt*. Mit ihrem Untergang jedenfalls und den menschlichen Dramen an Bord haben all diese Schiffe Literaturgeschichte geschrieben. Bei Puschkin ist davon vorerst noch nichts zu sehen. Er hält den Moment fest, in dem das Fahrzeug (nach dem altgriechischen Gleichnis vom Staatsschiff) eben in See sticht. Bezeichnenderweise geschieht das an Land, als Halluzination mitten im herbstlichen Rußland. Es ist die bloße Ahnung eines entsetzten Dichters. Über die kommenden Abenteuer, die Schrecken der Irrfahrt schweigt er sich aus. »Reglos schläft so ein Schiff auf unbewegten Wogen«, heißt es noch in der vorletzten Strophe. Doch man weiß, wie es weiterging. Schon der sarkastische Unterton, der sich durchs ganze Gedicht zieht, hat einen hellhörig gemacht. »Ich liebe neu des Seins gewohntes Einerlei« – meilenweit ist ein solches Bekenntnis entfernt von der gewöhnlichen klassischen Ironie. Daß es sich hierbei um Seemeilen handelt, weiß man spätestens, seit die traditionellen Reisebilder, die heimischen Fortbewegungsmittel wie Pferd oder Schlitten verdrängt wurden von der Vision des Schiffes. Auch wenn der Frost, der Ausblick auf eisbedeckte Seen und Bäche zur Grundausstattung russischer Gedichte gehören, man spürt, für Puschkin sind sie mehr als das übliche Dekor. Der Dichter hatte die

Grenzen der eigenen Wahrnehmung überschritten, den geopolitischen Horizont. Vor ihm lagen die Schrecken des Aufbruchs ins Unbekannte. Es gehört zu den Paradoxa der russischen Existenz, daß die Seefahrt hier immer wieder am Packeis scheitert, der Freiheitsdrang an den blockhaften Massen von Landschaft und Mensch zerschellt. Deshalb Atomeisbrecher mit todgeweihten Soldaten an Bord, deshalb Plutoniummüll in der Bucht von Murmansk. Puschkins Frage »Wo ziehn wir hin?« reicht als Nachhall bis ins zwanzigste Jahrhundert hinein. Insofern ist *Herbst* etwas mehr als nur die finstere Aussicht auf den Winter der klassischen Poesie. Wie alle großen Gedichte nimmt es die Schrecken der Zukunft vorweg.

6. Oktober
Der Mensch, definiert durch seine einzigartige Position in Raum und Zeit. Wollte man das Dasein auf eine letzte Formel bringen, so blieben nach Abzug aller sonstigen Variablen zumindest diese beiden Größen übrig. Der Dualismus von Leib und Seele verschwindet im physikalischen Rahmen. Oder vielmehr, er geht auf in der nächst höheren mathematischen Funktion. Raum und Zeit bedingen sowohl die Außenwelt wie auch ihre Wahrnehmung und Übersetzung ins psychische Innere. Das Bewußtsein wäre ohne sie mittellos. Sie sind die Basis oder, wie Kant gesagt hat, die Modi der Anschauung, die alle Gedankenarbeit erst in Gang setzt. Scheinbar ursprungslos, sind sie von Anfang an da, sobald ein Mensch mit nichts als dem Instrumentarium seines Gehirns im Ozean der Erscheinungen zu navigieren versucht. Das Tier, heißt es, weiß nichts von Raum und Zeit. Wie aber sah es am Übergang aus, auf der Schwelle zum ersten Menschen? Bewußtseinsbildung ist ein Gerinnungsprozeß. Wie gerann dieses Etwas inmitten chaotischer Sinnesreize, im Fluten der Phänomene? Wie wuchs dieser Flüssigkristall unterm Druck der Reflexe, resistent gegen alle Affekte, harter Kern in der nervlichen Brandung? Lange bevor es Uhren, Landkarten und Kilometerzähler gab, hatte der Mensch sich intuitiv schon verortet, war ihm das Nacheinander, das aus Impulsen und Schreckmomenten Ereignisse

macht, in Fleisch und Blut übergegangen. Abermillionen Aufmerksamkeitsblitze hatten im Wirbel der Tages- und Jahreszeiten den Turnus erkannt, in den schier endlosen Savannen und Urwäldern den eignen Bewegungsradius ermittelt. Indem das Gedächtnis den Tierfährten folgte, dem Sonnenstand und den Wetterzeichen, gewann das bloße Ringsum allmählich an Tiefenschärfe und wurde zur Dimension. Alle die Stimmungswechsel bei Tag und Nacht, die Beobachtung von Wachstumsprozessen, die Erforschung des eigenen, sich dramatisch verändernden Körpers, brachten ihn schließlich auf den Gedanken der Wiederkehr. Dem Schwindel, inmitten ewiger Kreisläufe zu stehen, ohne selbst Mittelpunkt zu sein, begegnete er mit der Einführung von Ritualen, die dem Bewußtsein Halt gaben wie die Kerben am Schaft einer Lanze, mit denen er sich angewöhnte, seine Beutetiere zu zählen. So entstanden die ersten Maße und Relationen anhand der Gestirnkonstellationen und der terrestrischen Merkmale, die er sich einprägte wie die Narben am Körper der Jagdkameraden. Ohne daß er die Anlässe hätte zurückverfolgen können, waren Zeit und Raum eines Tages zuinnerst verankert in ihm. Glänzten die Augäpfel nicht auf dieselbe Weise wie vor ihm der Wasserspiegel des Sees? Wer hätte sagen können, was zuerst da war, die sichtbare Welt oder das Traumbild im Innern des Schädels?

8. Oktober
Plötzlich beim Windeln Veras der Gedanke: die Genitalien, die du da siehst, werden irgendwann ein Geheimleben führen. Der vorläufige Mangel an Individualisierung, das Objekthafte des Kleinkindes, zeigt sich schon daran, daß man es jederzeit entblößen kann. Solange das Kind sich ihrer nicht erwehren kann, sind die indiskreten Blicke auf das, was einmal zum Kern der Diskretion werden wird, ein Übergriff, der nur deshalb folgenlos bleibt, weil niemand ihn registriert. Die Pflicht der Eltern, die körperliche Integrität des Kindes zu garantieren, ihr Sorgerecht für Hygiene, Gesundheit und leibliches Wohl, ist nur die Kehrseite jener Verfügungsgewalt, die der Autonomie des Subjekts widerstrebt. Jede Reinigungshandlung ist ein Einbruch in die Intim-

sphäre. Indem man sich auf die Genitalien als Organe der Ausscheidung konzentriert, bleibt ihre künftige Sexualität außen vor. Egal wie sachlich oder verstohlen man an dem kleinen Körper hantiert, solange der Unterleib willenlos dargeboten wird, bleibt er bloßes Objekt. Erst mit dem Versteckspiel, mit der Geheimniskrämerei um die primären Geschlechtsorgane etabliert sich das individuelle Bewußtsein. Subjekt ist, wer seine Genitalien verbirgt. Die Persönlichkeit erwächst aus der Herrschaft über das eigene Intime, in dessen Hoheitsgebiet keiner mehr eindringen darf. Im Laufe der Pubertät erst, mit dem Aufkommen der Scham schält jener Mensch sich heraus, den man von nun an ernst nimmt, weil man ihn nicht mehr kennt. Der Unterschied von Wickelkind und Stripteasetänzerin liegt in der Verfügungsgewalt über jene Schwachstellen des Körpers, die man in dieser Sprache die Weichteile nennt. Schon deshalb ist Kindersex (eins der abscheulichsten Unworte des zwanzigsten Jahrhunderts) ein Oxymoron. Es suggeriert einen Zusammenhang von Täter und Opfer, eine verborgene Bereitschaft oder versteckte Willfährigkeit der Mißbrauchten, wo es sich in Wirklichkeit doch um eine Zerreißung der zarten Subjekthüllen handelt.

9. Oktober

In geschlechtlicher Hinsicht ist jeder Geburtstag ein kleiner Skandal. Das Datum erinnert den Jubilar, der gar nicht versteht, was er da eigentlich feiern soll, an jenes allererste Verhängnis, aus dem alle weiteren folgten. Nicht zufällig liegt ja die Feierlichkeit bei den Gratulanten, bei den Verwandten und Freunden also, die sich um ihn wie um das einzig mögliche Resultat der Menschwerdung scharen. Vierundzwanzig Stunden gilt man den Seinen als Ausnahmeerscheinung. Allein die Tatsache des Geborenseins macht einen zum Glückspilz, dem jeder wie einem Wunderkind huldigt. Jedes Jahr wieder ist man der Held des Tages. Dabei wäre die einzige Person, die wahrhaft Grund zum Feiern hätte, so wie man ein Richtfest, den Erfolg einer Arbeit feiert, doch die Mutter. Bis heute blieb mir das Unbehagen vor diesem Tag, der angeblich so groß und einmalig ist. Am liebsten würde ich mir die Ohren verstopfen, wenn mir das fröhliche *Happy Birthday* aus vollen Kehlen entgegenschallt. Es nützt nichts, mir einzureden, daß nur ich das Echo der Schadenfreude aus dem Geburtstagsständchen heraushöre. Jede Ablenkung, die über den peinlichen Anlaß hinweghilft, ist mir willkommen. Und sei es auch eine Audienz beim Bundeskanzler. Ein Gespräch mit dem mächtigsten Volksvertreter in seiner Dahlemer Amtsvilla, eine Plauderei über Tagespolitik (die serbische Revolution und den Stand der Nahostkrise etwa), das langsame Untertauchen in einer Tafelrunde von Schriftstellern – jeder Strohhalm wird dankbar ergriffen. Leider gelingt es nur selten, das Besondere dieses Tages mit einem besonderen Ereignis wie diesem zu neutralisieren. Selbst hier noch nimmt man auf das Geburtstagskind Rücksicht, behandelt es schonend wie einen Kranken. Der Geburtstag ist der jährliche Höhepunkt im biographischen Wahnsystem jedes Einzelnen, ein Datum, das ihn zurückwirft in den Sumpf des Narzißmus. Es soll Leute geben, die das wiederkehrende Ohnmachtsgefühl überlisten, indem sie den Anlaß verschweigen.

10. Oktober
Noch einmal Geschlechtsleben und Identität. Es fällt auf, daß sogar Philosophen vom Range Kants diesen zentralen Punkt, bewußt oder unbewußt, überspringen. In seiner *Anthropologie in pragmatischer Hinsicht* bestimmt er das Aufkommen des Egoismus (Vom Bewußtsein seiner selbst) ganz richtig in Abhängigkeit vom Sprachvermögen. Damit ist aber nur ein formeller Ansatz geleistet. Die inhaltliche Bestimmung jener Vorstellung, die das Ich von sich selbst hat, bleibt dabei unscharf. Die allgemeine Selbstbeobachtung des heranwachsenden Wesens ist das eine, etwas anderes ist der geheimnisvolle Grund, in dem diese Halt findet. Erst die Psychoanalyse hat das fehlende Mosaiksteinchen einfügen können. So systematisch Kant und seine Nachfolger auch vorgingen, als Anthropologen kreisten sie immer nur um den blinden Fleck. Noch Hegels *Phänomenologie des Geistes* liest sich wie die Umschreibung eines gewaltigen Hohlraums. Darin, daß sie ihn überhaupt erst gebildet hat, liegt das Verdienst des

subjektphilosophischen Denkens. Erst nachdem die Recherche mit der Umzingelung jener gefährlichen Leerstelle abgeschlossen war, konnte einer wie Freud mit der Tiefenbohrung beginnen. Mit Spannung liest man, wie auch Kant schon, im zweiten Teil seiner Anthropologie, erste Vorstöße in jenes unbekannte Terrain unternimmt. Unter dem Stichwort *Der Charakter des Geschlechts* blitzen Momente einer Erkenntnis auf, die zumindest die Richtung markieren. Mutig marschiert er aufs Zentrum zu, dann aber bleibt er, in typischer Junggesellenmanier (wie nach ihm sein aggressiver Gefolgsmann Schopenhauer und später der überspannte Weininger), an den Grenzen kleben. Eine der Standarten, die er unbeirrt aufpflanzt, verkündet: »Die Weiblichkeiten heißen Schwächen.« Es geht ihm um das Ineinandergreifen des männlichen und des weiblichen Prinzips in der Natur, um den anthropologischen Sinn der Geschlechterspaltung und um die Funktion, die den beiden Teilen im Kräftespiel zukommt. »Als die Natur dem weiblichen Schoße ihr teuerstes Unterpfand, nämlich die Spezies, in der Leibesfrucht anvertrauete, durch die sich die Gattung fortpflanzen und verewigen sollte, so fürchtete sie gleichsam wegen Erhaltung derselben und pflanzte die *Furcht*, nämlich vor *körperlichen* Verletzungen und Schüchternheit vor dergleichen Gefahren, in ihre Natur; durch welche Schwäche dieses Geschlecht das männliche rechtmäßig zum Schutze für sich auffordert.« Daraus ergibt sich nach Kant die Kulturdifferenz, aus der alle Kunst wie von selbst hervorgeht, das subtile Gefüge von männlicher Täterherrschaft und weiblicher Demutsregie durch gesteigerte Empfindlichkeit. Von den Instrumenten, die solcher Abhängigkeit als Triebgesetzgeber zugrunde liegen, ist nur am Rand die Rede. Nicht das Geheimleben der Genitalien interessiert ihn, sondern allenfalls der *Schoß*, eine Art Heiligtum, das die Frau zum Zwecke der Fortpflanzung hütet. Indem ihm die Vagina als das Zentrum des Eigensinns entgeht, übersieht er den Selbstzweck der Lust, das konkret Subjektive. Die gesamte anthropologische Konstruktion ruht auf tönernen Füßen, weil die Erkenntnis vorm Innersten des Tempels, vorm Allerheiligsten der Schleimhäute zurückschreckt. Nur ein kleiner Schritt fehlte, und er hätte in den Genitalien das gesuchte *noumenon* dingfest gemacht. Von indiskreten Biographen wird, hinter vorgehaltener Hand, berichtet, Kant sei ein Leben lang Onanist gewesen. Darin den Schlüssel für seine Erkenntnissperre zu sehen wäre allerdings primitiv. Immerhin wirft es ein Licht auf die Schattenseiten der bloßen Vorstellungskraft, jene Bruchstellen zwischen den Subjekten, die Wittgenstein mit dem Begriff der Aspektblindheit markierte.

11. Oktober

Levana

Unvergeßlich der Morgen, als sie uns gähnend
Die Audienz eines ersten Blickes gewährte,
Der weder mir galt noch dir.

Keiner der Götter begrüßte sie. Wir allein
Beugten uns segnend über das Körbchen,
Wo sie lautlos in Kissen versank.

Später erst las ich: ein Schwung hinauf in die Luft,
Das war die Taufe der Römer (Heiden wie wir),
Levana zu Ehren, der göttlichen Amme.

Schwindel erfaßte das Kind, von der Mutter entzweit,
Wenn der Vater es aufhob zum blauen Himmel
Und rief seinen Namen zum ersten Mal.

Alles ist besser, als diese Angst, wenn der Kopf
Ins Taufbecken taucht. Verzeih uns, Levana.
Ich weiß, du beschützt sie auch so.

12. Oktober
Unterwegs mit dem Zug durch Deutschland, überfällt dich noch immer das Staunen, wie groß sie doch ist, diese Landmasse inmitten Europas. Ein Jahrzehnt ist es her, daß dieser siamesische Zwil-

ling (nach einer Zeichnung Albrecht Dürers), der so lange getrennt war, in einem beispiellosen Fusionsakt vernäht wurde zu einem neuen, abnormen Riesenkörper. Wunder der Medizin: aus den zwei Köpfen, den zwei Blutkreisläufen und der doppelten Menge an Organen und Gliedern ist wieder eins geworden. Während chirurgischer Ehrgeiz sonst auf die Trennung des verwachsenen Zwillingskörpers abzielt – zumeist auf Kosten des schwächeren Teils, der daraufhin eingeht –, hat Politik in diesem Fall aus zweien ein neues Ganzes gemacht. In den zehn Jahren, die seit der gewagten Operation vergangen sind, ist das Geschöpf prächtig gediehen, auch wenn die alten Glieder noch manchmal wie im Phantomschmerz zucken. Dabei erinnert die Leibesfülle jederzeit an den gemeinsamen Ursprung. Die Angst der Nachbarländer, es könnte eines Tages zum Fettwanst werden oder auch nur zum alten Leibesumfang anschwellen, hat sich als unbegründet erwiesen. Nachdem aus dem Hänschen, wie einst Novalis so fürchterlich kindlich orakelte, der *Hans aller Hänse* geworden war, steht der brave Koloß nun, an der Weltherrschaft gescheitert, genauso aufgeklärt und verlegen da wie seine *frühklugen Geschwister*, die übrigens keineswegs längst vermodert sind, wie der Dichter noch glaubte. Und doch blieb ein Unbehagen zurück. Mancher Spielkamerad in den umliegenden Ställchen war in großer Sorge darüber, ob die Flüsse im Osten und im Norden das Meer den verschweißten Riesen in Zukunft noch bändigen würden. Man muß schon selbst Fleisch von seinem Fleische sein, von Geburt an eingebunden in diesen mächtigen Organismus eines Hybriden, um die Verwandlung in freien Zügen genießen zu können.

Im ICE – dieser futuristisch anmutenden Schlange, die den meisten noch immer zu langsam dahinkriecht, auf der Fahrt von Berlin nach Bayreuth etwa – wird einem endgültig klar, wie gewagt die Verschmelzung der Zwillinge war. Schmächtig der eine, in die Weichen des siebenmal größeren Geschwisters gedrückt – und doch ist von Atemnot nichts mehr zu spüren. Selbst die Geburtstage scheinen nun synchronisiert. Allmählich flaut auch der Streit um die leidige Identität und das Erstgeburtsrecht ab, auch wenn Millionen sich heimlich noch immer fragen, wohin sie gehören.

Niemand kann heute behaupten, die Haut des andern, die Fettpolster hier, die mageren Schultern und Lenden dort, kämen ihm gänzlich fremd und unfamiliär vor. Man fliegt durch die Landschaft und übersieht immer öfter die Schnitte und Narben. Dank Transfusion wurde das Ganze zu einem einzigen, pulsierenden Rübezahlkörper verjüngt. Sieht man genauer hin, aus der Nähe, gleicht er jedoch eher dem berüchtigten Frankenstein-Monster, jener schaurigen Flickpuppe aus Leichenteilen, fabriziert von einem Studenten in Ingolstadt, und man schließt lieber die Augen. Vielleicht liegt es daran, daß der Blick aus dem Zugfenster so schnell ermüdet. Nach wenigen hundert Kilometern ist der Reisende eingenickt und träumt von den früheren Grenzen. Noch einmal sucht ihn die Phantasie heim mit den Alptraumbildern aus jener Zeit, als der Koloß ein Krüppel war, der an Stacheldrähten und Öl-Pipelines hing und rund um die Uhr kontrolliert wurde von Abhöranlagen. Sehr zur Beruhigung der Nachbarn, hatte er als gehbehindertes Doppelwesen vierzig Jahre lang auf der Stelle getreten. Nun hat er sich ächzend erhoben und reibt sich den Schlaf aus den Augen. Zum Vorschein kommen die braven Gesichtszüge einer Märchenfigur, von der man den Kindern Gute-Nacht-Geschichten erzählt. Ihr Treublick aus Auen und Wäldern besagt: Hier stehe ich und bin ein Andrer. Vom Zugfenster aus sieht man ihn manchmal freundlich herüberwinken, mit großen Windkraftwerksarmen, die Fäuste zu Hochöfen und Chemieanlagen geballt. Selten gilt diese Geste den emsigen Bürgern, die seinen Körper als Angestellte, *Arbeitgeber und Arbeitnehmer*, wie Libellen, Mistkäfer und geschäftige Ameisen bevölkern. Er wendet sich eher ins Allgemeine, an dieses neue, unübersichtliche Europa, ein Gremium ungleicher Götter, Olymp und Walhalla und Abendmahlstafel zugleich, dessen Mittelpunkt ausgerechnet im tristen Brüssel liegt. Breit hingelagert auf seiner Spielwiese, überblickt er den Kontinent mit den neugierigen Augen eines Kindes, das vor Tatendrang bebt und doch nicht zum Zug kommt, weil es sich in die eigenen Glieder verstrickt hat. Ein Dichter wie Heine vielleicht hätte ihn schalkhaft zurückgegrüßt, mit salomonischer Ironie, und wie damals wäre seine schmerzhafte Liebe unerwidert geblieben. Doch wer wäre heute noch Igel genug, um sich wie dieser, mit Stacheln und romantischen Phantasien bewehrt, zu seinen Füßen zusammenzurollen? Alle die vielen, winzig kleinen Heines landauf und landab haben sich längst das Schnäuzchen verbrannt, keiner singt mehr sein Deutschlandlied. Ihr heiseres Krächzen und kritisches Quieken hört sich eher nach Lungenentzündung an als nach Gesang. Da ist es schon besser, man zieht sich zurück in sein Blechgehäuse, sei es VW, Opel oder Mercedes, und lauscht den Ständchen, die aus dem Autoradio dröhnen. Oder döst vor sich hin und rekelt sich, Zeitung lesend, im stromlinienförmigen Panzer des ICE. Nichts geht über den Komfort deutscher Technik, hat man das Land erst, wie unsereins, hunderte Male durchquert. Nebenbei bemerkt, der einzige Unterschied zwischen den Wagen der ersten und zweiten Klasse ist die Geräuschkulisse. Kaum betritt man einen der First-Class-Großraumwagen, fällt einem dort die gedämpfte Atmosphäre auf, die wohltuende Ruhe unter den weit auseinandersitzenden Reisenden vor ihren laptops und videoscreens, die Gesichter versteckt hinter den raschelnden Seiten der *Wirtschaftswoche*. Der einzige Luxus, den man sich mit dem teuren Ticket erkauft, ist die Stille. Während in der zweiten Klasse der Betriebsausflug tobt, mit Karaoke, Karneval und Ahoi, kann man sich auf den besseren Plätzen bequem zurücklehnen, von der letzten Bayreuther Ring-Aufführung träumen und den Riesen getrost dem Management der Alariche überlassen: Die machen das schon.

13. Oktober
Da ist er also, wieder einmal, der berüchtigte Freitag, der dreizehnte. Wie sich das trifft. Ausgerechnet an soeinem Tag arrangiert der astronomische Zufall – getreu der Keplerschen Planetenbahngleichung – die Große Konjunktion der Gestirne. Jupiter, Saturn und der volle Mond stehen dicht beieinander, wenigstens aus der Sicht des erdgebundenen Betrachterauges, das staunend den Himmelsprospekt betrachtet und von den schwindelnden Tiefen nichts weiß. Vielleicht fühlt ein Opernbesucher sich an Schinkels Entwürfe zum Bühnenbild von Mozarts *Zauberflöte*

erinnert. Vor zweitausend Jahren zuletzt hatte der Sternenhimmel schon einmal dieselbe Karatzahl. Damals, heißt es, sei die einzigartige Konstellation das Signal für die Heiligen Drei Könige gewesen, die Verheißung des großen Ereignisses, auf das sich die Bibel beruft. Die große Konjunktion war der himmlische Fingerzeig für ihren Aufbruch gen Bethlehem. Es fällt auf, daß sich fast alle Religionen bis hin zum Christentum auf astronomische Ausnahmezustände stützen. Gottes Handschrift zeigt sich als Sensation hoch oben am Firmament. Die Chaldäer, die ägyptischen wie die aztekischen Priester, sie alle waren Sterndeuter, ihre Autorität kam unmittelbar aus der Kenntnis der Gestirnbewegungen, die sie mit ihren Geheimformeln voraussagen konnten. Keine Predigt war so erfolgreich wie eine angekündigte Sonnenfinsternis.

Freitag, der dreizehnte also: ein Datum des Aberglaubens trifft mit einer besonders seltenen Planeten-und-Trabanten-Stellung zusammen und verweist auf den Anfang der neuen Zeitrechnung, die Geburt eines Mannes, dessen Schicksal für einen Teil der Menschheit noch immer vorbildlich ist. Laut Statistik dürften an diesem Tag etwa zwei Milliarden Menschen solche und ähnliche Gedanken hegen. Die Konjunktion ist insofern auch eine des allgemeinen Bewußtseins. Von Hegel stammt die Idee, das Christliche als das Universale zu denken, und für den Schweizer Haller galt, daß die Herzen, zumindest jene der Christen, zusammengewachsen sind: nur deshalb können wir uns verstehn. Das Firmament wäre demnach die *magna charta* all dieser vielen, im Zeichen des Kreuzes über die Erde verstreuten Individuen, ihr gemeinsamer Ideenhimmel, aber auch der Grund ihres Glaubens und Aberglaubens. An einem Freitag wie diesem zeigt sich, worauf derlei fundamentale Annahmen beruhen. Im Angebot sind: die Logik der Konstellation, der Grundriß einer überirdischen, diamantenen Schönheit sowie die Vorstellung der Wiederkehr. Indem die Planeten sich hin und wieder zu einer außerordentlichen Verbindung herablassen, liefern sie dem nach Indizien gierenden Geist den Beweis einer höheren Ordnung. Transzendenz hin oder her, es braucht die Augenweide, um sich von ihr hinreißen zu lassen. Doch nichts ergreift so sehr wie die Verbindung von Glaube und Aberglaube. Am liebsten fischt Spekulation in den trüben Gewässern des Nachthimmels. Was für ein teuflisches Datum dieser Freitag der dreizehnte ist, erkennt man am besten am Titelblatt der Bild-Zeitung, der die Sache einen Aufmacher wert ist. Ein Festtag für alle, die nach Symbolen jagen, ein Termin, der sie alle verbindet, Heiden und Christen und Atheisten.

14. Oktober
Wer wärst du gewesen, damals... Eine Überlegung, die jedesmal aufkommt beim Stöbern durch Antiquariate und Privatbibliotheken. In letzter Zeit löst der Anblick bibliophiler Schätze immer öfter den Fluchtreflex aus. Es ist, als wären all jene Massen vorzeiten bedruckten Papiers ein Anschlag auf das ohnehin schon geschwächte Zeitbewußtsein dieses wankelmütigen Ichs. Ein Schwindelgefühl erfaßt einen bei der Vorstellung, wer man gewesen wäre als Zeitgenosse Georg Büchners, als durchreisender Jungschriftsteller am Weimarer Musenhof oder als Stammgast im Romanischen Café inmitten all der publizistischen Größen. So abwegig solcherlei träumerische Zeitreisen sind, hinter ihnen verbirgt sich die Ahnung von der Bedingtheit der eigenen Laufbahn, vom Zufall, der aus der persönlichen Situation zu jeder Zeit eine besondere Haftordnung schafft. Von all den Möglichkeiten, an dem Spiel teilzunehmen, war einem ausgerechnet diese eine bestimmt. Seltsam, es überhaupt zu erwähnen: das Paradoxon der Literatur besteht ja gerade darin, daß man als Leser meint, überall dort dabeigewesen zu sein, in so vielen Vergangenheiten verweilt zu haben, an all den Orten, zu denen die Bücher uns Zugang verschaffen, während wir in Wirklichkeit immer nur in der einen Gegenwart anwesend sind, im Hier-und-Jetzt. Literatur, indem sie das jeweils größere Imaginäre auf Kosten des eigenen kleinen Realen entwickelt, macht die Gehirne der Leser zum Schauplatz einer unendlichen Sehnsucht, die immerfort in Enttäuschung und Verlustgefühl deliriert. Natürlich ist jede frühere Epoche mit ihren Meisterwerken und stilistischen Höhenflügen, schon weil

sie abgeschlossen ist, grandioser als das vorläufige Interregnum, in dem man selber als Nachgeborener täglich um Ausdruck ringt. Hilft es, sich klarzumachen, daß keiner von denen, die man heute als vollendet bewundert, solange er selbst biologisch am Zug war, vom Wert der eigenen Arbeit so überzeugt sein konnte wie wir, seine späteren Kenner? Alle Gewißheit ist erst posthum zu haben, sie kommt nur den Toten zugute, denen sie nichts mehr nützt. Gerade deshalb aber ist der Gedanke, wer man gewesen wäre, so enorm verführerisch. Man weiß, daß es töricht ist, sinnlos, absurd, und dennoch versucht man sich vorzustellen, was aus einem geworden wäre damals, ausgestattet mit demselben Talent, von der gleichen Neugier getrieben, genauso entschlossen, durchsetzungswillig, in den Ideen, Formprinzipien und Leitbildern jener Zeit heimisch. Wofür soll das gut sein? fragt die Vernunft, die weiß, daß sie recht behalten wird. Und eine Stimme, dem Künstler nur allzu vertraut, antwortet ihr: als Positionsbestimmung. Um der Genauigkeit des persönlichen Lebensentwurfs willen. Weil sich nur so die eigene, so begrenzte wie singuläre Lage eines Tages erkennen läßt. Wie sonst willst du herausfinden, worin gerade dein besonderer Auftrag besteht? Literatur funktioniert wie eine Befehlskette quer durch die Zeiten, sie reicht bis zu dir. – Warum zurückschaun? Jeder gedeiht nur im Klima der eigenen historischen Zeit. Alles andre sind Spekulationen, Phantasien im Konjunktiv, romantische Rollenspiele – ohne die es kein Schreibhandwerk gäbe. Für den Dichter ist jeder Dichter, der ihm etwas zu sagen hat, ein Zeitgenosse, ganz gleich in welchem mythenfernen Jahrhundert, in welchem längst vergessenen Provinznest er gelebt hat. Von dem Augenblick an, da seine Stimme sich als unverwechselbare zu erkennen gab, wird sie ihm nah sein, so nah, als stünde der Mensch, dem sie einmal gehörte, leibhaftig vor ihm, ausgeschnitten aus Raum und Zeit. Noch bei geschlossenen Augen wird ihm sein Wort gegenwärtiger sein als jede aktuelle Gegenwart, deutlicher vernehmbar als das eigene, kurzatmige Schnaufen. Was du Rückschau nennst, ist in Wirklichkeit eine Einübung in das Zugleichsein aller poetischen Geister. Für das Bewußtsein zählt nur die Begegnung, und diese ist immer unmittelbar, quasi resurrektiv, sie hält sich an keine Chronologie. Dank Buchdruck und Alphabetisierung bleiben die Toten und ihre Gedanken immer in Rufweite. Der sterbliche Autor mag längst verschwunden sein, in Staub aufgelöst – als Stimme, die seinen Namen trägt, mischt er sich unter die Lebenden. Mit geflügelten Worten rauscht er durch die Gespräche der Nachgeborenen, schlängelt in Versen sich in ihre Ohren und hält sie alle zum Narren als Echo, das aus der Zukunft kommt. Während sie sich um ihre Lebenszeit reden, gehört ihm schon der nächste Tag. Er ist der Schatten, der keinen Körper mehr braucht. Wir beide, auch du, meine liebe hochverehrte Vernunft, erleben ihn immer nur im Vorübergehn. – Woraus folgt, daß dein Damals ebensogut ein Übermorgen sein könnte. Nicht wahr? – So ist es. Nur daß mich alles, was nach uns kommt, ziemlich kaltläßt. Zukunft ist schließlich das Stadium, in dem von uns beiden, dir und mir, nur die erwähnte Stimme geblieben ist. Wie soll sie sich auskennen dort, wo wir niemals gewesen sein werden? Wir werden, wenn es soweit ist, für immer vergangen sein. So verlockend die Frage ist *Wer wärst du gewesen, damals*, so vollkommen sinnlos ist ihr Pendant *Wer hätte ich sein können, dereinst*.

In den Erzählungen und Skizzen des düsteren Poe gibt es ein kurzes Stück, das mich mit seinem Orakelton bei jeder Lektüre aufs neue elektrisiert. Allein der seltsame, lapidare Titel verheißt ein Geheimnis: »Schatten. Eine Parabel«. Schließt man die Augen, sieht man im Dunkeln noch lange diesen beunruhigenden Punkt in der Mitte des Titels. Es scheint so, als würde von dorther die Stimme des Erzählers kommen, bevor sie genau dort wieder verschwindet wie in den Schwarzen Löchern in der Tiefe des Sonnensystems unzählige Sterne. Man kann das kleine Stück noch sooft lesen, immer bleibt da ein letzter, unauflöslicher Rest, der im Bewußtsein nachhallt. Es beginnt mit den leisen, prophetischen Worten: »Ihr, die ihr dies lest, seid noch unter den Lebenden; ich aber, der ich dies schreibe, werde längst eingegangen sein in das Reich der Schatten.«

15. Oktober
Du glaubst also, du müßtest hier einen Offenbarungseid leisten. Warum sonst zeichnest du all diese Einfälle auf? Für die wenigen Wahlverwandten und existentiellen Geschwister, in denen du dir selbst zu begegnen hoffst? Wahrscheinlich meint jeder, der sich schreibend entäußert, er gehöre zum harten Kern einer Bande Kulturverschworener. Dabei deutet doch alles darauf hin, daß es hier bestenfalls um den Austausch von Kassibern geht, um die Verständigung zwischen Zellennachbarn, die aus Überdruß an ihrer Einzelhaft-Existenz angespannt auf ein vertrautes Klopfzeichen warten. Kultur ist die Komödie des Gefängnisalltags, den man nur aushält in der Rolle des Papageien, der plötzlich anfängt, aus voller Brust lautstark zu krächzen und ungefragt Ansichten von sich zu geben. Kopfüber stürzt er sich in sein Selbstgespräch, mit der Ausdauer eines Delinquenten, der scheinbar begriffen hat: Lebend kommst du hier nicht mehr heraus. Doch eben nur scheinbar. Warum sonst soviel Indiskretion?

16. Oktober
Sie weben ein zartes, kleines Geheimnis, und das heißt Osten. Der Osten, das ist das große Rätsel – in den Augen des Westens. Das Unbekannte, das Wilde und Rohe, ein phantastischer, unabsehbarer Raum, in dem das zitternde, mädchenhafte Bewußtsein der Aufklärung sich auflöst in eisige, undurchdringliche Geographie. Ein wahres Phantasma, das sie alle um ihren Schlaf bringt, die träumende Inconnue aus der Seine, die Lady am Themseufer, die blonde Loreley am Rhein. Der Osten ist jene Schreckensregion in den Fängen namenloser Tyrannen, in der all unsere Humanismen seit Jahrhunderten vergewaltigt werden. Und doch geht ein Sog aus von dort, und das Begehren folgt immer wieder dem Lockruf der Sümpfe und Wälder, wo alles, was uns im Westen heilig ist, die Prinzipien, moralischen Werte, Technologien und philosophischen Kategorien, spurlos verschwindet.

17. Oktober

»Macht es Ihnen was aus, wenn ich nicht mitlache?« Selbst als höfliche Frage gestellt, würde ein Satz wie dieser heute allgemein Mißtrauen erregen. Wer sich nicht augenblicklich durchkitzeln läßt, gilt als Spaßverderber. Woran liegt das? Woher das Ressentiment gegen jeden, dem das Lustigsein nicht ins Gesicht geschrieben steht? *Humorlos* gehört mittlerweile zum Arsenal diskriminierender Schlagwörter, es trifft tiefer als *spießig* oder *verklemmt*. Locker bleiben heißt die Devise. Die kollektive Selbstkontrolle im Fernseh-Fitneßstudio hat sich der Lachmuskeln bemächtigt. In den Feuilletons liest man, die Deutschen seien, vom Ausland betrachtet, leider immer noch ein allzu humorloses Volk. Dem läßt sich abhelfen, haben sich die Programmgestalter gesagt. Ganze Bataillone von Pointenschreibern brüten nun rund um die Uhr über ihren Kalauern. Täglich wächst der Bedarf an flotten Sprüchen, mit denen das Fernsehn allabendlich die Seinen erfreut. Der Comedy-Star rückt auf die Titelblätter, die Ulknudel ist das Idol der Nation. Was unterm Stalinismus die Spekulation mit der Angst war, ist hier das allgegenwärtige *fun*, ein Animiermechanismus, der die Gesellschaft auf Vordermann bringen soll. Nur wer als schlagfertig gilt, rundum vom Jux erneuert, hat im Wettbewerb eine Chance. Nur er darf hinaus ins globale Leben. Der Witz ist zum Mittel der Völkerverständigung geworden, er wirkt *enteisent*, wie es auf den Etiketten der besseren Mineralwassermarken heißt. Sprudelnde Diplomatie allerorten, wer wollte sich dem entziehen, und wozu auch?

Dazu fällt mir, ganz unpassend, wieder jene Bemerkung ein, die der alte Stalin, durch die eigenen Taten nachdenklich geworden, einem westlichen Besucher gegenüber gemacht haben soll: »...ideologische Gründe vergehen, Angst aber bleibt ewig.« Der Mann wußte, wovon er sprach. Kaum ein anderer Diktator der Weltgeschichte hat eine solche Angstatmosphäre erzeugt, flächendeckend, über sämtliche Klimazonen hinweg. Die meisten Stalin-Witze folgen der simplen Logik: an die Stelle der Ideologie setzen sie einfach die Angst. Das Resultat war die bekannte sardonische Heiterkeit, mit der sich der ohnmächtige Sowjetmensch über

Wasser hielt. Die tödliche Bedrohung explodierte in lauter sarkastischen Scherzen. Bei aller Verschiedenheit der politischen Systeme: das Unbewußte, dieser erstaunliche Stauraum für verdrängte Gefühle, funktioniert immer noch nach dem gleichen Entlastungsprinzip. Entscheidend ist nicht, worüber gelacht wird, sondern daß jedes echte Lachen nur als Befreiung von Alpträumen wirksam ist. Auch im Zeitalter der verschwundenen Ideologien sind die Gemüter durchwachsen, überzogen vom Schatten der allgegenwärtigen Versagensangst. Wenn das letzte Gekicher verebbt ist, zeigt sich: der Mensch lebt nicht allein von Parodie.

18. Oktober

Meine lieben Freunde, es ist Zeit, einen Verlust zu vermelden. Langsam stirbt die Kunst der Bauchrednerei aus. Ein Jammer ist das, niemand kümmert sich mehr um die Sprache, die aus den *Tiefen der Eingeweide* kommt, wie der große Euryklus, unser wandernder Bruder, der zuletzt bei den Skythen, an den Ufern des Schwarzen Meeres, gesehen wurde, die heilige Tradition nannte. Wer nimmt noch die Mühe auf sich, mit der verborgenen Stimme zu sprechen, seit die Welt auf das Zucken der Lippen fixiert ist? Sie alle vertrauen dem Lippendienst, das Gesicht ist zur letzten Instanz geworden, von dorther saugt man die Wahrheit der Rede. Alle Verstellungskunst konzentriert sich auf die Physiognomie. Der Bauch, dem so lange die Anbetung galt, jener Nabel der Welt, ist dabei, zu verstummen. Gelichtet ist unser Kreis, der Geheimbund der Eurykliden, denen das Murmeln der unsichtbaren Organe seit Jahrhunderten als Orakel galt. Manche, die besten von uns, konnten unmittelbar aus dem Solarplexus sprechen. Andere beherrschten die hohe Kunst, an die Magenwände zu klopfen, und wieder andere beglückten uns mit den Vibrationen ihres geschmeidigen Zwerchfells, das für gewöhnlich dem Lachen dient, dieser primitivsten aller Ausdrucksformen, in der doch die Sehnsucht nach einer letztgültigen Wortmeldung steckt. So weit ist es gekommen, daß die Bauchrednerei, wenn sie denn noch gepflegt wird, nurmehr der Unterhaltung dient wie der Kopfstand des Akrobaten im Zirkus. Eingekerkert in seinen Körper, formt ein jeder, der öffentlich auftritt, nun seine Worte im Mund, der ansonsten nach Alkohol lechzt, nach Zungenküssen und der erregten Berührung mit feuchten Schleimhäuten. Vergessen das große Dementi aus dem Innern des Leibes, Freunde, der raunende Gegenlaut aus dem Delta der Lenden. Jenseits der Stimmbänder herrscht nunmehr Schweigen, der Kehlkopf gibt ihnen den Ton an. Ihm sind sie hörig. Erst mit dem Speichel vermischt, erscheint ihnen die Wahrheit. Nur wer die Lippen bewegt, mit den Augen rollt und gestikuliert wie im Fieberwahn, darf noch mitreden. O, ich habe Bauchredner gekannt, die trugen ihr Publikum wie Delphine hinaus in die Weite der Zeiten. Ihr Wort war ein Sog bis hinab ins antike Rom. Wenn sie sprachen, schloß jeder die Augen und tauchte, gezogen von ihren Lauten, in die tiefsten Meeresgräben, zu den versunkenen Ruinen, den Säulentrümmern und tönenden Memnonkolossen. Wenn sie sich räusperten und in Seufzern aufstießen, ging ein Raunen durch die Reihen der Zuhörer, und es verharrten die Tiere. Ach die edlen Tiere, sie allein wissen es noch zu schätzen, wenn der Mensch aus dem Bauch spricht. Sie spitzen die Ohren, wenn irgendein neuer Euryklus seine verborgene Stimme erhebt. Nachahmer seien wir, sagt man uns nach, läppische Imitatoren. Was für ein trauriger Irrtum. In Wahrheit hüten nur wir, unbewegten Gesichts und mit der Langmut stoischer Philosophen, das geheiligte, das ungreifbare Wort. Wir allein überbieten das vorgeschriebene Schweigen. Wächter der Ataraxie, sprechen wir mit den Zungen der Steine, des Windes und der undurchdringlichen Erde, in deren Tiefen der Hades sich auftut, der die Schatten der Sterblichen dereinst verschlingt. Wir sind die letzten, die den Kontakt zum Totenreich halten. Man sieht uns nicht an, wie wir denken und fühlen, während wir übersetzen und übersetzen, was uns von dorther erreicht.

19. Oktober
Bei seiner nachdenklichen Lebensweise sind ihm wahrscheinlich schon unzählige Götter über den Weg gelaufen. Doch keinem hat er die nötige Aufmerksamkeit geschenkt. Ungenutzt sind ihm die

seltenen Begegnungen vorübergegangen. Sein Pech war, daß er alle Lektionen immer auf einmal bewältigen mußte. Zu viele für einen einzigen Mann. Jede verschlang einen anderen Teil seiner Wahrnehmungskraft. In der Kürze der Tage blieben die meisten von ihnen als Aufgaben liegen. Je mehr er sich konzentrierte, um so aussichtsloser wurde der Kampf. Immer nur stückweise begriff er, was um ihn her vorging. So verwirrte sich ihm allmählich das Leben.

20. Oktober
Halloween, der amerikanische Volksbrauch, hat vor einigen Jahren auf Europa übergegriffen. Ein harmloses Kinderfest, glaubt man amerikanischen Freunden. Bezeichnenderweise ist es das Lieblingsmotiv vieler Horrorfilme. Was aber ist das eigentlich Schreckliche an diesen ausgehöhlten Kürbissen, die eine Zeitlang die Fenster der Eigenheime schmücken, die Gärten der Vorstadthäuser und die Veranden? Daß sie, von innen beleuchtet, ein irres Grinsen zeigen wie die Köpfe der Enthaupteten in einer Geisterbahn? Lange erschien mir das primitive Schnitzwerk dieser Gesichter, der Schreckeffekt der kantigen Augenhöhlen, der zackenförmigen Münder und Nasen vor allem als makabrer Scherz, den ein boshafter Erwachsener sich ausgedacht haben mußte zum Gaudi der Kinder, die sofort begriffen hatten, wie gut sich damit die Welt ihrer Erzieher terrorisieren ließ. Insofern hat wohl auch dieses Spiel eine ehrwürdige Wurzel, es folgt dem Vorbild der römischen Saturnalien, das heißt der erlaubten Umkehrung der realen Machtverhältnisse wie in allen Formen des Karnevals. So wie dort für einen Tag die Hierarchie auf den Kopf gestellt wird und die Sklaven den Herren befehlen, natürlich zum Schein nur, sind es hier die Kinder, die den Erwachsenen Beine machen. Halloween gehört in die gute alte Tradition des simulierten Ausnahmezustands, mit dem die Macht ihre prinzipielle Unantastbarkeit demonstriert, indem sie sich in einem vorübergehenden Festakt freiwillig unterwirft. Der Horror entspringt der Furcht vor dem Risiko, die Mitspieler könnten, verlockt von der augenblicklichen Freiheit, die Regel verletzen und aus der fingierten

Grenzüberschreitung eine wirkliche machen. Hinter dem Kürbis steckt demnach immer schon das Gespenst der Revolution. In Zeiten amoklaufender Schüler, mordender Teenager ist die Gefahr, daß aus den Spielzeugpistolen plötzlich echte Munition kommt, durchaus real. Eine Kindheitserinnerung: Mit Herzklopfen denke ich manchmal an jene Herbstabende zurück, da wir, als grimmige Räuber maskiert, in einem Wäldchen dicht bei den Russenkasernen den Rentnern auflauerten, um ihnen, auf einen Pfiff hin, in die Quere zu springen und einen Wegezoll abzuverlangen. Ich weiß noch, es durften immer nur alte Leute sein, zittrige Großmütter mit ihren schweren Einkaufstaschen, kurzsichtige Greise am Stock. Je gebrechlicher sie daherkamen, um so skrupelloser stellten wir unsere Forderungen, geschützt durch die Masken und im Notfall sofort zur Flucht bereit. Erwachten die Alten aus ihrer Lethargie und drohten uns Prügel an, verließen wir uns auf unsere jungen Beine. Doch wehe, wenn sie unsicher wurden. Beim geringsten Anzeichen der Schwäche wurden aus uns, den harmlosen Kindern, erfinderische Sadisten, die ihr Opfer sogleich in die Enge trieben, bis es kapitulierte und seinen Obolus zahlte. Unbändig die Freude, wenn sie dann schimpfend abzogen, die alten Leutchen, von der feixenden Jugend erniedrigt. Nicht auszudenken, was uns erst eingefallen wäre, hätten wir damals schon Halloween gekannt. Sobald sie den Freiraum wittern, sobald sich ihnen die Möglichkeit zum legalen Terror bietet, kriecht aus den Menschenkindern der böse Wolf. In der Kindheit lernt man, wie schnell die Verwandlung zum Scheusal vonstatten geht. Grausamkeit wurzelt im Infantilen, in einem vorpubertären Mangel an Mitleid und Vorstellungskraft. Insofern sind die halbwüchsigen Folterknechte in den Reihen der Roten Khmer, die afrikanischen Kindersoldaten mit ihren Maschinengewehren nur die besseren Killer, konsequente Erben jener Ära der Vernichtungslager und Gulags. Doch genug der Hysterie. Ich weiß nicht, warum einem all das ausgerechnet beim Anblick der stumpfen Kürbisse einfällt. Was ist so unheimlich an ihnen? Schließlich ist der Spuk schnell vorbei, eine flüchtige Erinnerung nur an den Abgrund. Am nächsten Tag bereits hausen in ihnen die Maden, und es fließen wieder die Kindertränen. Ein leichtes Kräuseln, schon schließen sich über dem Alptraum die Wasser der kindlichen Unschuld.

21. Oktober
Rein phänomenologisch betrachtet, war die wichtigste Veränderung beim Übergang von der östlichen Alltagskultur zu den Standards des Westens die Umstellung von Schwarzweiß-Film auf Technicolor. Gewöhnt an das Grau in Grau sozialistischer Lebenswelten, erzeugte die Farbvielfalt westeuropäischer Großstädte im Kopf des Nomaden sofort einen Schwindel. Dabei war seine Wahrnehmung keineswegs unterentwickelt. Im Gegenteil, als Experte in puncto Minimalismus, verfügte der *homo orientalis* über einen ausgeprägt differenzierten Sehapparat. Seine Stärke war das Gespür für die Nuance, die Konzentration auf die feinen Unterschiede. Gezwungen zum Überleben in seiner monochromen, reizarmen Umwelt, blieb ihm nichts, als sich akribisch in jede Grauabstufung zu vertiefen. Die feinsten Spuren im Erdreich und in den neutralen Gesichtern der Machthaber konnten bedeutsam sein. Wie im Tierreich galt es, jeden noch so kleinen Hinweis ernst zu nehmen. Ein Schatten, der über Betonwände huschte, konnte über Leben und Tod entscheiden. So machte gerade der Mangel an Abwechslung und Farbe aus ihm ein sensitiv hochspezialisiertes Wesen. Offensichtlich gibt es hier einen Widerspruch zur Theorie einiger Verhaltensforscher, die im Experiment mit Laborratten nachzuweisen versuchten, daß eine visuell invariante Umgebung deutlich zu einer Verödung im Verhalten der betroffenen Tiere führte, zu einer Unterentwicklung bestimmter Gehirnstrukturen. Es heißt, ihre bessergestellten Artgenossen, aufgewachsen in schönen, bunten Gehegen mit jeder Menge Auslauf, seien biologisch später klar im Vorteil gewesen. In natura jedoch und beim Menschen kann von einer solchen Überlegenheit keine Rede sein. Auch wenn dem Ostler über Nacht, im *blackout* der Vereinigung, jeglicher visuelle Halt abhanden kam, nach einer gewissen Eingewöhnungsphase, sobald er die erste Orientierungsschwäche überwunden hatte, konnte

er sich glücklicher schätzen als seine privilegierten Brüder und Schwestern. Läßt sich der Freudentaumel der ersten Monate nicht ebensogut auch als fröhliches Plantschen in einem Jungbrunnen deuten? Nach kurzer Zeit bereits zeigte sich, daß er im Grunde gekräftigt daraus hervorging und fortan mehr sah als die im Überfluß Aufgewachsenen mit ihrer einseitigen Umweltprägung. Und so ist es geblieben. Der wahre Vorteil, über den er seither verfügt, ist das zweite Gesicht, der schärfere Durchblick. Nur die wenigen reisefreudigen Pioniere, die in den Zeiten des Kalten Krieges die Baracken des Sozialismus besuchten, können sich heute mit seiner Kontrastwahrnehmung messen. Der Mehrheit geht diese Fähigkeit ab. Sie wüßten wohl auch nichts damit anzufangen. Tief überzeugt von der einseitigen Stoßrichtung aller modernen Weltgeschichte, müssen sie den geheimen Nutzen einer westöstlichen Optik und der Flexibilität, die sich aus ihr ergibt, für überflüssig erachten. Für sie fällt das Ganze allenfalls in den Bereich der Augenheilkunde. Nicht sie, die anderen, die Massen der unterbelichteten Überläufer, haben das Problem der Anpassung. Vielleicht ahnen sie etwas von den Möglichkeiten, die im Dazulernen und Adaptieren stecken, der Instinkt jedoch sagt ihnen, daß sie den Novizen mit ihren großen Augen um Jahrzehnte voraus sind. Das Grau, in dem jene sich auskannten wie in den Taschen eines Uniformmantels, ist endgültig von gestern. Es verschwindet mit jeder neuen Reklametafel, jedem Wechsel der Kleidermoden und der Bebauung des öffentlichen Raumes. Guten Gewissens können sie auf die Lektionen und Metamorphosen verzichten, die jene Hinterwäldler im Zuge der großen Ost-West-Passage verarbeiten mußten. Schon mit der nächsten Generation werden die Unterschiede verschwunden sein. Nur der Umsiedler weiß noch, was es heißt, beide Hemisphären gleichzeitig in all ihren Unterschieden zu erleben. Überall sieht er verborgene Schätze funkeln. In seiner Phantasie zerfällt der Raum ihm in lauter Vorder- und Hintergründe, zerstiebt ihm die Zeit in Millionen Augenblickspunkten aus Heute und Gestern. Nur dieser darbenden Ratte, der alles Östliche, alles Westliche auf einen Blick sichtbar ist, ergibt sich ein annähernd stereoskopisches Bild seiner

Umwelt. Seine Armut war also in Wirklichkeit eine Reserve. Verlaßt euch drauf, er wird sie einbringen, wo immer sich die Gelegenheit dazu ergibt.

22. Oktober
Die ungeheure Zeitspanne bis zum letzten Atemzug: ein imaginärer Graben, in den das Bewußtsein stürzt. Seltsamerweise scheint dieser Graben mit dem Älterwerden immer breiter zu werden. Je kürzer die verbleibende Lebenszeit, um so größer der Schwindel vorm Abgrund. Dasein heißt, sich im Innern eines Sturms zu bewegen, der gewöhnlich mit seiner Stille trügt. Selten dringt sein Geheul in die Ohren, nur ausnahmsweise wird der Körper von ihm erfaßt und umhergewirbelt. Wann immer einem die Sinne vergehn – in der Liebe, bei Verrat, Betrug und jäh aufflammender Aggression –, zeigt sich der Sturm von seiner offenen Seite. Man könnte ihm dankbar sein, wüßte man nur, woher er im nächsten Augenblick weht. Sekunden vorher jedoch ist alles noch ruhig. Nichts deutet auf den Überfall hin, der die Sinne sogleich durcheinanderwirft. Im Moment der Katastrophe erst zeigt sich, wie tief dieser Riß war, über dem man von Tag zu Tag balancierte.

23. Oktober
Poesie ist der festliche Rechenschaftsbericht über den Sublimierungsprozeß einer Kultur. Nun weiß man aber, nicht erst seit dem letzten Jahrhundert, daß Verse ebensogut auch zu Krieg und Gewalt aufrufen. Was also bleibt dann noch von dem großen Anspruch? Ist Dichten seither nicht unverantwortliches Tun? Hölderlin, Eichendorff, Kleist und Konsorten... Aus der erhabenen Arbeit, die niemand brauchte und die doch jeden bereicherte, der ihre Früchte im stillen genoß, ist eine kleinliche, sektiererische Schrebergärtnerei hinter dem eigenen Häuschen geworden. Das selbstgenügsame Handwerkeln von Leuten, die mit ihrer Freizeit nichts Besseres anzufangen wissen. Sublim daran allenfalls noch die Nutzlosigkeit, und daß es ein friedliches Geschäft ist im Vergleich zu den expansiven Abenteuern der Mehrwertsucher. Nein, der Dichter jagt nicht nach Profit, ihm

geht es ausschließlich um Bedeutungsnuancen. Wenn er Glück hat, erlangen sie einen gewissen Seltenheitswert. Von Unternehmertum, Finanzspekulation, Kapitalvermehrung ist das alles weit entfernt. Aber leider auch von Nachbarschaftshilfe, Altruismus, Solidarität mit dem ärmeren Teil der Bevölkerung und selbst schlichtester Zivilcourage, an die der verwirrte Mitmensch im Zweifel sich halten könnte. Die einen trainieren ihre Muskulatur in den Fitneßstudios, die andern ihre Empfindsamkeit am Schreibtisch, konzentriert auf das weiße Blatt. Es fehlt nicht viel, und man könnte ihre Etüden in Feinsinn für reinsten Egoismus halten. Es sei denn, man käme überein, in der Idiosynkrasie einen Dienst an der Menschheit zu sehen, in der Ästhetisierung von Überempfindlichkeit ein philanthropisches Werk. Das aber hieße, noch einmal von vorn zu beginnen, den Faden dort wiederaufzunehmen, wo die Kultur auf ihrem Irrweg durch die jüngste Geschichte ihn abschnitt und liegenließ.

24. Oktober
Dieser erotische Moment, wenn der Staat die Nerven verliert, sobald einer der Volksvertreter Opfer eines blutigen Attentats wird. Kaum sind die Maschinengewehrsalven verhallt, geht auf den Straßen, die eben noch sicher schienen, ein Gespenst um: die Anarchie. Plötzlich raschelt in den Alleebäumen das Laub wie ein Stapel Flugblätter, und die Pfützen bekommen einen verdächtig metallischen Glanz. Anderntags brüllen am Kiosk die Titelblätter in fetten Lettern vor Schmerz und Empörung auf. Panik schleicht durch die Sitzreihen im Parlament. Über Nacht läßt Furcht die verfeindeten Lager zusammenrücken zu schlotternden Kommissionen. Die Opposition wirft sich schluchzend an den Hals des politischen Gegners. Krisensitzung: hinter verschlossenen Türen erleiden mehrere ältere Abgeordnete einen Schwächeanfall. Die Regierung verspricht rasche Aufklärung und kann doch den Schock über die grausame Tat nur schwer unterdrücken. Stündlich zeigt man im Fernsehn das demolierte Dienstfahrzeug, die Scheiben von Kugeln durchsiebt, auf den blutverschmierten Sitzen die verrenkten Leiber der Chauffeure und Bodyguards. Von

dem entführten Minister fehlt bislang jede Spur. Noch ist kein Bekennerbrief eingetroffen. In den Redaktionsstuben der großen Tageszeitungen herrscht düstere Goldgräberstimmung. In hektischen Brennpunkt-Sendungen behandeln Experten den Fall. Die Nation tappt im dunkeln wie bei einem landesweiten Stromausfall. Tausende Polizisten im Sondereinsatz, Fahrzeugkontrollen quer durchs Land, Razzien und Hausdurchsuchungen. Es fehlt nicht viel, und der Notstand wird ausgerufen. Ah, diese prikkelnde Atmosphäre auf den Straßen der Innenstädte, die irritierten Blicke der Passanten. Angst läßt die Körper zusammenrücken. Überall bilden sich kleine Inseln um Straßenredner und Schwätzer, die mit Halbinformationen hausieren gehen. Unbekannte liegen einander zerknirscht in den Armen und helfen sich gegenseitig mit Taschentüchern aus. Jeder wartet auf das erlösende Wort, die Entladung der unsichtbaren Gewitterwolken. Das träge Alltagsleben, plötzlich ist es in einen höheren Schwingungszustand versetzt. Kaum ist der Staat in der Krise, beginnen die Verhältnisse wieder zu tanzen, erhält das politische Handeln seine verlorene Würde zurück, die Brisanz eines Sexualakts. Hier und da kommt ein Charakter zum Vorschein. Politiker, von denen man jahrelang nichts als Blabla hörte, reden mit einemmal Tacheles. Im Innersten angegriffen, verjüngt sich die Polis. Mitten im Herbst des Terrors bricht allerorten ein perikleischer Frühling aus. Der erotische Augenblick der Gefahr wird zum rettenden Einfall für das anästhesierte Gemeinwesen. In Stunden, die niemand vergessen wird, verwandelt sich wie durch Geisterhand Politik in Geschichte.

25. Oktober

Im allgemeinen scheinen Eltern davon auszugehen, daß Kinder die zarte Frucht einer Vereinigung sind. Man kommt der Wahrheit näher, wenn man sie sich stattdessen als das Produkt einer Spaltung denkt. Das kleine Bündel, dem bald alle Aufmerksamkeit gilt (und manche alberne Sentimentalität), ist in Wirklichkeit der gespaltene Kern zweier Individuen. Sie mögen sich noch so gerührt und selbstvergessen über die Wiege beugen, in dem, was da in Riesenschritten heranwächst, in diesem Körper, von beiden gezeugt und in närrischer Zuneigung gehätschelt, strebt unaufhaltsam das Gemeinsame auseinander. Allein die Frage, wem das Kind mehr gleicht, von wem es die liebenswerten Züge und Eigenschaften wohl hat, führt zu immer neuen spekulativen Rangeleien. Familie, das zeigt sich, ist dieses Triebgeflecht aus lauter versteckten Egoismen und Diskriminierungen, und das ist gut so. Denn das Glück der Vereinigung erschafft nur die Oberflächen, darunter hat schon der Kampf ums Überleben begonnen. Je stärker die Gegenkräfte, die dort im Untergrund wirken, um so mehr ist die Liebe der beiden Erzeuger gefordert. Am Ende bleibt ohnehin nur das Phantasma ihres gemeinsamen Kinderwunsches aus grüner Vorzeit. Dauphin oder Prinzessin, Mamas Liebling oder das Herzblatt des Vaters, der kleine Dieb nimmt sich von beiden, was immer er braucht, nach der Devise: *divide et impera*. Fortpflanzung ist weniger ein Zusammenspiel als vielmehr ein Auseinanderstreben des jeweils Eigenen. Überleben wird nicht das Gesamtbild, sondern der zerschlagene Spiegel, ein Scherbenhaufen aus lauter Elternteilen. Das Kind der Liebe, an ihrer beider Stärken und Schwächen bereichert, hat sich längst auf und davon gemacht, hinaus ins *feindliche Leben*.

26. Oktober
Requiem für den Stör. Ich höre, daß dieser uralte Fisch, ein Zeitgenosse der Saurier und des Urvogels Archeopteryx, allmählich aus dem Wolgadelta verschwindet. Wenn nicht ein Gott sich seiner erbarmt, wird er in wenigen Jahren durch Überfischung ausgerottet sein, ein Fabelwesen in den Legenden der Anwohner des Kaspischen Meeres. Der Weltmarktpreis für den begehrten Beluga- und Sevruga-Kaviar hat die Gier der russischen Habenichtse entfacht. Bis in den letzten Flußarm wird dieser mächtige, muskulöse Fisch mit dem stahlgrauen Panzerrücken verfolgt. Mag sein, daß iranische Dunkelmänner ihm noch ein knappes Ultimatum gewähren. Meinen letzten Kaviar habe ich vor vier Jahren gegessen, gemeinsam mit der Großmutter, die solche Delikatesse an frühe Dienstmädchenjahre in Großbürgerhaushalten

erinnert. Hundert Gramm dieser edlen grauen Kügelchen, das war ihr sehnlichster Weihnachtswunsch gewesen. Hätte ich damals schon gewußt, daß beim Genuß der himmlischen Speise förmlich die Evolution auf der Zunge zergeht, wieviel länger hätte ich ihn im Mund behalten. O ihr Dandys und Großfürsten, beim nächsten Mal lege ich ein Schweigeminute ein. Dann wird der Gaumen zur Krypta und die Lippen verharren in paläontologischer Trauer. Einen Löffel nur gönnt mir, ihr Räuber der Schöpfung.

27. Oktober
Eva – *spes mea*. Wie zwei Pokerspieler, als psychoanalytische Laien getarnt, sitzen wir uns allabendlich gegenüber, flirtend und grübelnd bis tief in die Nacht. Und das Wunderbare ist: bei diesen Partien gewinnt jede der beiden Seiten. Was daran liegt, daß wir um keinen verbalen Trick, keine zärtliche Bestechung verlegen sind und immer noch einen Augenaufschlag, eine weitere Anspielung aus dem Ärmel schütteln. Am Ende hat jeder genügend Asse in seinem Blatt, oft sogar in denselben Farben, doch keiner fühlt sich ob dieser Ungereimtheit betrogen. Es ist, als hätte der Kartensatz sich unter den Händen vervielfacht. Die Buben haben sich zu wahren Räuberbanden vermehrt, die Damen hecken allesamt Fünflinge aus. Jedem König bietet ein identischer Gegenkönig Paroli. Ein willkommener Gast ist uns der Kiebitz, der wechselseitig über die Schultern schaut. Verschmitzt lenkt er die Blicke, die Gesten und Sätze, mit denen einer den andern immer aufs neue überrascht und beglückt. Kaum schaut der eine beiseite, zwinkert der andere ihm insgeheim zu.

28. Oktober
»Wer nur gelernt hat, hoch zu fliegen, was soll der tun, einmal auf dieser Erde gelandet?« / »Wieso glaubt einem niemand, daß man im Zeitalter elektronischer Allgegenwart genauso desperat empfinden und verloren leben kann wie im finstersten Mittelalter?« / »Das vergebliche Warten in den künftigen millenarischen Wüsten hält nur der Stoiker aus, der Franziskanermönch, der Buddhist. Vor Langeweile sterben dagegen werden die ungefestigten Her-

zen.« Drei Stimmen, aufgefischt aus der Gegenwart, bevor sie untertauchten im Strom der Zeit. Seit langem verfolgte ihn die Idee eines Oratoriums als Sammelplatz für die ortlosen Stimmen. Er ging und lauschte den vorüberziehenden Widersprüchen. Das Ohr auf Durchzug gestellt, fing er sie ein wie jene Fliegen, die unermüdlich ans Fenster trommelten, immer auf dieselbe Stelle, wie Gefangene, die mit den Fingernägeln an der Zellenwand kratzten. Keine von ihnen fand jemals ins Freie.

29. Oktober

Was einen so müde macht an dieser Kultur, sind die sinnlosen kleinen Verschwendungen, die Routinen des Überflusses. Ihr deutlichster Ausdruck ist der Reklamedreck, den man jeden Morgen aus dem Briefkasten fischt. Hier scheint kein Entrinnen mehr möglich. Lieber zahlt man das Bußgeld, als eine weitere Runde zu drehen, auf der Suche nach einem Parkplatz. Lieber als zum Kochbuch zu greifen und selbst sein Glück zu versuchen, läßt man sich dreimal pro Woche im Restaurant abspeisen, mehr schlecht als recht. Was hat man sich nicht schon alles andrehen lassen, nur weil es eben erschwinglich schien? Selten konnte man, was da spontan erworben wurde, mehr als einmal gebrauchen. Irgendwelche namenlosen Frustrationen, die typischen gemischten Gefühle des Städtebewohners, haben in einer schwachen Minute zum Konsum verführt. So wird die Wohnung zur Beutehöhle, in der sich das Strandgut vergessener Wochentage häuft. Alberne Geschenkartikel, Markenklamotten, allerlei unpraktisches Mobiliar und das hunderste Hi-Fi-Gerät, das bald in der Ecke landet und dort verstaubt, weil man gar keine Zeit hat, sich all die Tonträger und Filmkonserven konzentriert zu Gemüte zu führen. Immer ungestillt, ein wahlloser Beutejäger, jederzeit zum Kaufakt bereit, so schleicht er durch die Straßen der Großstadt wie durch lauter Kaufhausetagen: der idealtypische Konsument, der Liebling des Einzelhandels. Er weiß, daß er Brille trägt, und kauft doch die neuesten Kontaktlinsen, die schon bald im Kühlschrank vergammeln, weil er sich ekelt vor ihrem Gebrauch. Auf Triebtäter wie ihn gründet sich die Wirtschaftskraft dieser viertmächtigsten aller Bruttosozialprodukt-Nationen. Andererseits, wie sonst soll er das Leben in diesem Sozial-Container mit seinen vielen Hintertüren ertragen? Erpreßt vom Komfort, Geisel einer Erwerbsgesellschaft, umzingelt von lauter cleveren Rittern des Mehrwerts, geht er in jede Falle, die vor ihm aufgestellt ist, in Form glitzernder Schaufensterdekorationen, Rolltreppen und automatisch sich öffnender Boutiquentüren. Nein, ich jage keine Profite, murmelt er, angewidert von der eigenen ökonomischen Ohnmacht. Doch was nützt es ihm, außerstande, einfach auszutreten aus der Verbraucherkolonne? (Gedanken zum zehnten Jahrestag der Ankunft im Kapitalismus)

30. Oktober
Welcher Typus Mensch stand hinter dem sozialistischen Funktionär? Läßt sich die Frage, aus heutiger Sicht, etwa verhaltensbiologisch beantworten? Ernst Jünger hat die Gestalt des Arbeiters beschrieben, den Archetypus des Produzenten und allgegenwärtigen Destrukteurs im Zeitalter der totalen Mobilmachung. Von Czesław Miłosz stammt der Versuch einer Klassifikation des stalinistischen Parteifunktionärs. Ich weiß noch, wie sein Buch *Verführtes Denken* mir damals, Mitte der achtziger Jahre, die Augen öffnete, leider viel zu spät. Gemeinsam mit Canettis *Masse und Macht* war es die Aufklärungsschrift überhaupt, mit der sich die Personnage und das Muster ihrer Rollenspiele im Bauch des Leviathans plötzlich begreifen ließen. Es hat lange gedauert, bis die Mehrheit der Bevölkerung diesen Typus durchschaute und ihm offen entgegentrat. Erst im Augenblick kollektiver Abkehr zeigte sich, wie ohnmächtig, morsch bis in die Knochen, dieser angeblich staatstragende Parteisoldat war. Ein Wesen, so denkfaul, veränderungsunwillig, weltfremd und auf hohle Autoritäten fixiert, daß der bloße Vertrauensentzug genügte, ihn zum Nervenzusammenbruch zu bringen. Kaum zufällig wurden die mediokren Politbürogreise fast allesamt über Nacht zu Pflegefällen. Ein schwacher Luftzug – Karikatur einer Revolution –, und reihenweise knickten sie ein. Wahre Jammerlappen wie dieser Minister für Staatssicherheit, der in der Volkskammer zu betteln

anfing wie das Kind um die Liebe der Mutter. Solange Lemuren wie diese gefürchtet waren, blieb alles stabil und in schönster, bedrückender Ordnung. Die beste Garantie für den täglichen sozialistischen Gang war dieser deutsche Hang zu politischer Selbstaufgabe und Knechtseligkeit.

Östlich der Oder dagegen war man, und keineswegs nur in Dissidentenkreisen, mit der inneren Loslösung aus den Fängen des Molochs längst weitergekommen. Im katholischen Polen, in Ungarns fröhlicher Baracke und im neutralen Jugoslawien hatte man die gegenseitige Abhängigkeit der Funktionäre und der von ihnen betreuten werktätigen Massen als den Grundwiderspruch des Zwangssystems Sozialismus durchschaut. Daß hier die wahre Ursache für die fatale Produktionshemmung lag, erscheint im nachhinein als die wahre Pointe, ein dialektischer Salto mortale aus dem Geist des Marxismus. Denn der wahre Systemfeind, soviel steht heute fest, war niemand anderes als der Funktionär. Die Saboteure saßen ganz oben im Apparat. Parasiten, die den uniformierten Organismus von innen zerstörten, Zensoren, die alle lebenswichtigen Lernprozesse verhinderten, Hüter des Mangels und der Desinformation, Urheber für die Verkalkung und den schließlichen Blutstau im Inneren der gelähmten Gesellschaft: ihre historische Mission war die der Zersetzung. Wenn auch unfreiwillig, fern jeder Einsicht in ihre Rolle, als Bankrotteure haben sie ihren Auftrag vor der Geschichte mustergültig erfüllt. Die fünfte Kolonne im antikommunistischen Kampf war das stehende Heer der Apparatschiks, die Nomenklatura der Gerontokraten. Wer immer als Jugendlicher aufgenommen wurde in ihre Reihen, fand sich sogleich um Jahre gealtert, verwandelt in eine Phrasendreschmaschine, eine menschliche Marionette. So lebten sie, bis zuletzt abgeschnitten vom Bevölkerungsalltag, wie jene todgeweihte Priesterkaste im alten Ägypten.

31. Oktober
Alles Bestimmende im Leben des Einzelnen zerfällt zuletzt in *tristia* (d.h. traurige und betrauernswerte Ereignisse) und *res secundae* (die sogenannten glücklichen oder unglücklichen Vorkomm-

nisse). Zu den ersten gehören alle Arten von Verlusten, Krisen, Katastrophen und persönlichen Niederlagen, also Todesfälle geliebter Menschen, Augenblicke größter Verzweiflung (sprich das Bangen überm Abgrund des Selbstzweifels), Momente tiefster Ohnmacht und endgültigen Versagens, historische Verluste, die unkorrigierbare Einrichtung der Welt, mit anderen Worten: das Niewiedergutzumachende im Laufe der eigenen, fehlbaren und absolut zufälligen Existenz. Der Rest, die Masse der individuellen Erlebnisse, alles was Glück oder Unglück bedeutet, die Momente des Gelingens ebenso wie die verhaßten, zuwiderlaufenden Dinge und Situationen im Leben, ist dagegen zweitrangig, auflösbar in Prozesse und Handlungen, die dem Willen erreichbar sind, mithin prinzipiell zu bewältigen – Spielmaterial für das verwöhnte Gedächtnis, das nichts lieber tut, als im Relativen und also Phantastischen zu schwelgen.

Es ist die Unwiederbringlichkeit, die eine eigene Klasse von Erinnerungen schafft, die Domäne der Melancholie. Sie ist es, die jeden Eigensinn überschreitet und im Bewußtsein eine höhere Ordnung etabliert, in die alle anderen Eindrücke, freudige oder unangenehme, wie in eine Landkarte eingetragen werden. Das Nichtzubewältigende legt sich über die anekdotischen Erinnerungen, es schwärt im Körper als offene Wunde und überformt das Selbstbewußtsein. Die Trauer, das Vermögen zu trauern, erzeugt durch ihr absolutes Zeitmaß den Grund der Persönlichkeit. Man müßte die Zeit selbst überwinden (oder unempfindlich sein für ihr tyrannisches Wirken), um, wenigstens subjektiv, dieser Bestimmung zu entrinnen und sich durch das Vielerlei einprägsamer Lebensmomente frei bewegen zu können. Ist es überhaupt denkbar, daß die Menschen sich eines Tages von den *tristia* lossagen? Und was wäre damit gewonnen? Eine neue Souveränität, eine quasi übermenschliche Naivität (Nietzsches Furcht und Traum) oder eher ein anästhesiertes Dahinvegetieren, Unempfindlichkeit jenseits von Schmerz und Verlustgefühl, Dasein, vergangenheitslos, Subjektivismus in reinster Form?

Denn die *res secundae* (oder *adversae*) bleiben ja, was sie immer waren. Sie treiben den Menschen als Widrigkeit auch in Zukunft an, als widerstrebender Zufall auf dem Lebensweg, Melange aus Unglück und Glück. Die Fülle der Widersprüche – nichts anderes ist ja die Hoffnung, die diesen Zweibeiner aufrechterhält und bei Laune, sei es als Schock (*sexaginta*), Herausforderung (*provocatio*), äußerer wie innerer Antrieb (*stimulus* und *impetus*) oder Vorwand für das Allerheiligste, seinen Willen (*voluntas*). Gegen die ehernen Gesetze, die im Reich der *tristia* gelten, gegen die Allmacht des Verschwindens, vermögen sie nichts. Als unabhängige Zeitebenen zerschneiden sie das Subjekt. Die einen sind durch die anderen niemals zu beschwichtigen. Musikalisch betrachtet, laufen sie immer nur nebeneinander her, als Leitmotiv die einen, die andern als jeweils dringliche Melodie in den Episoden des vielgestaltigen Einzellebens. Allenfalls durch Kunst – Existenzkunst – lassen sie sich auf Dauer quasi kontrapunktisch verflechten. Aus der Masse der Ereignisse und Erinnerungen ragen die *tristia* lebenslang als Dominante heraus. Sie geben die Tonart an. In jedem singulären Musikstück sind sie das Schicksalsmotiv, das erst dann unhörbar wird, wenn sich die ganze Kultur eines Tages auf taube Ohren gründet. Dann aber hört das Bestimmende auf, und das Leben aller zerfällt in zufällige Einzelmomente von mehr oder weniger hohem Gefühlswert, die allesamt nichtig und für das Ganze unmaßgeblich sind.

Für eine solche Welt wäre die Hegelsche Philosophie allerdings die zutreffende Beschreibung. Sein Diktum, das bloß Individuelle bringe immer nur den Schein des Moralischen zustande, könnte dann nicht einmal mehr als Skandal aufgefaßt werden. Wir alle wären dann schließlich in jene preußische Bastille eingesperrt, die den Staat zum Gehäuse macht, in die tiefsten Verliese des Seins, dort wo die verdammten Subjekte schmoren, an sich selbst und ihr kleines Vor und Zurück gefesselt, an ihren Ketten zerrend im eigenen Dreck. Tatsächlich wäre der Mensch dann, als nichtiger Querulant inmitten der Vernunftordnung, einkerkert ins Universum seiner Einsamkeit. Vieles spricht dafür, daß es genauso kam.

1. November

Seit dem Christentum der Reißzahn gezogen wurde, bleibt für den Gläubigen dieser Religion nur noch das Beten für eine friedliche Welt. Jeglicher Kampf, mit Ausnahme des ökonomischen Wettbewerbs, ist ihm untersagt. Die letzten Kreuzzüge liegen Jahrhunderte zurück, als Glaubenskrieger hat er sich längst selbst disqualifiziert. Der Vergebungsgedanke, das eiserne Tötungsverbot zwingen ihn zu politischer Toleranz. So muß ihm die Weltgeschichte seither als eine einzige Elegie erscheinen. Die Hände gebunden, bleibt ihm außer der Klage nichts als die Einsicht in die Logik des Streits, in das Gerangel der andern, die nach ihm die historische Bühne betraten, um dort ihre Leidenschaften zu verkörpern, das Drama von Aktion und Gegenaktion aufzuführen vor seinen Augen, den Augen der Welt, wie er nicht müde wird zu behaupten. Es versteht sich von selbst, daß er aus solcher Defensivposition die orientalischen Religionen mit ihren eliminatorischen Aggressionen nur beschönigen kann. Nichts als Appelle, diplomatische Noten hat er ihnen hinzuzufügen. Kein westlicher Politiker, schlimmer noch, nicht einmal der Papst, dieser letzte Heerführer im Namen Christi, hätte den Mut und die Mittel zur Hand, hier einzugreifen. Wenn sich Islam und Judentum in blutigen Kämpfen verbeißen, bleibt dem christlichen Glauben nur kopfschüttelnde Überlegenheit, getarnt als Neutralität. Dabei sieht er das ganze Ausmaß weinenden Auges im Rückblick, er weiß um die Wurzeln der tödlichen Verstrickung nur allzu genau. So muß ihm der israelisch-arabische Konflikt als Fortsetzung der eigenen überwundenen Todfeindschaft erscheinen: als Verdrängtes kehrt er im Tafelbild früher Kulturgeschichte zurück. Was so mörderisch macht, so plausibel selbst noch für ihn, den bloßen Beobachter, ist die gemeinsame Basis, das Alte Testament. Bei aller erfolgreichen Heilsgeschichte bedeutet es immer noch den Anfang der eigenen Überlieferung. Das Auge-um-Auge und Zahn-um-Zahn der modernen israelischen Politik muß ihm vertraut vorkommen wie gewisse Szenen im Traum, in denen der eigene Alltag fern aller christlichen Sublimierung ihm als Gewaltszenarium wiederkehrt. Biblische Überlieferung zwingt ihn zur Sympathie. Dem Islam gegenüber hegt er dasselbe familiäre Mißtrauen. Doch hält ihn das neutestamentarische Denken ein für allemal von jeder Parteinahme ab. Ohnmächtig muß er mit ansehen, wie das eigene Glaubensbekenntnis mit Bomben und Steinen herausgefordert wird. Dabei sind ihm die Steinewerfer in ihrer hilflosen Lage näher als die schwerbewaffneten Soldaten des Alten Testaments, die jungen Zeloten aus dem Gaza-Streifen und von der Westbank. Ergriffen lauscht er den Rednern der unterlegenen Seite, den verzweifelten Palästinensern. Nur für die Bombenleger, die böswilligen Alliierten aus den finsteren arabischen Nachbarstaaten fehlt ihm das letzte Verständnis. Sicher ist nur, daß er nicht intervenieren wird. Auch wenn die Sache, die dort im Heiligen Land, auf vertrautem Boden also, mit fanatischer Härte am Rand eines Krieges mit Hunderten Toten ausgefochten wird, seine ureigene ist. Am Weihnachtsfest spätestens, im Gedenken an Bethlehem und die Folgen, fragt er sich grollend, was all das soll.

2. November

Flabellina

Dieses Liegen auf dem Rücken,
Wochenlang wie Kafkas Käfer,
Muß ermüdend sein, bedrückend,
Macht aus Babys Winterschläfer.

Ausgestreckt wie an Expandern,
Bleibt nur, wo man eben fällt,
Hilflos Auf-der-Stelle-Wandern,
Einmal um die ganze Welt.

Flabellina, kleiner Wedel,
War in Rom ein Mädchenname.
Durch den weichen Kinderschädel
Geistert längst die große Dame.

Trommelbauch wölbt sich im Sitzen.
Füße nehmen Körbchen krumm.
Indignierte Fingerspitzen
Fächeln in der Luft herum.

Hände sträuben sich, und Beine
Wollen von der Erde weg.
Körper zerrt an kurzer Leine,
Von Reflex durchzuckt und Schreck.

3. November
Poesie. Trance. Introspektion. Der eigentliche Schreibakt, im Volksmund gern kreative Arbeit genannt, läßt sich am besten mit einem Zustand minderer Trance vergleichen. Die Neurologen beschreiben Trance als eine Art Schwebe zwischen innerer Konzentration und nach außen gerichteter Aufmerksamkeit. Die Rede ist von der kortikalen Sensibilisierung in den Phasen der Trance. Den Untersuchungen zufolge unterscheidet sich die Gehirnaktivität in diesem Zustand deutlich von jener des Schlafs und der Bewußtseinsarbeit beim Träumen. Die Gedächtnispsychologie hat als Kriterium hierfür die sogenannte Verarbeitungstiefe entwickelt. Der höheren Gedächtnisleistung, ermittelt durch anschließende Befragung der Tranceerlebnisse, entspricht demnach eine tiefere Verarbeitung der Inhalte. Während der Trance, so die Beobachtung, bewegt das Gehirn sich auf einem prinzipiell anderen Niveau geistiger Regsamkeit. Die Tätigkeit erstreckt sich über weitere Felder, indem sie gleichzeitig die Ressourcen mehrerer Achive benutzt und Zugang findet sowohl zum semantischen als auch zum episodischen und autobiographischen Gedächtnis. Durch die radikale Verschiebung des Aufmerksamkeitsfokus nach innen werden komplexe, assoziative Verarbeitungsprozesse in Gang gesetzt. Der Trancezustand zeichnet sich dadurch aus, daß in ihm das vertraute Ich auf Wanderschaft durch die Auen der Anschauung geht. Reflektierend und bildersammelnd streift es durch eine innere Flußlandschaft, während die Sinne, offen gegen die Umweltreize, in erhöhte Alarmbereitschaft versetzt

sind. Von der Anästhesie des Schlafs, vom Delirium nächtlicher Träume ist die geistige Reiselust, die kognitive Grundspannung in den hypnotischen Stadien der Trance denkbar weit entfernt. Doch weist sie verblüffende Ähnlichkeiten auf mit dem Zustand, in den man beim Schreiben verfällt.

Die Hauptfunktion poetischer Arbeit besteht in der Herstellung einer Auszeit, die dem Gehirn eine größtmögliche Konzentration im Dienst der Introspektion erlaubt. Je länger dieser Idealzustand anhält, umso mehr wächst einem von überallher zu. Immer größer wird so der meditative Spielraum (und nebenbei auch das Glücksgefühl, das einem zusätzliche Kräfte verleiht). Nicht das Endprodukt ist das Ziel, irgendein fertiges Kunstwerk, das Gedicht als Resultat dieser wunderbaren Absenz, vielmehr ein Maximum an innerem Seelenleben. Die Reichtümer der Weltliteratur sind Beweis genug: Dichten ist offensichtlich eine der umfassendsten Hirnaktivitäten, der seltene Ausnahmezustand polymerischen Denkens und Mitfühlens. Es zeigt den ganzen intelligiblen, empfindsamen Menschen in seiner Arbeit am Wort. Oder anders gesagt: bei der konzentrierten Transformation von Welt in Sprache. Poesie, so sachlich das klingen mag, ist davon geprägt, daß sie die Hirnstrukturen optimal ausnutzt. Leider stellt dieser ideale Betriebszustand sich immer nur anfallweise her, in Intervallen von kurzer Dauer, die um so kostbarer sind, je seltener sie zustande kommen. Kein Zaubertrank könnte ihn künstlich herbeiführen. Das Rendezvous mit den Musen läßt sich durch nichts erzwingen, weder durch gezieltes Bewußtseinstraining noch durch irgendwelche Meditationstechnik. Auch die Einnahme von Drogen kann immer nur Randbedingungen schaffen. Bestenfalls stimuliert sie eine dem Dichtungsprozeß ähnliche Atmosphäre, was immer die Apologeten der Psychedelik, die Pharmapoeten von Baudelaire bis Burroughs darüber verbreitet haben. Der Mensch im Rauschzustand ist viel zu unkontrolliert, viel zu erregt für die semantische Feinarbeit, auf die es hier ankommt. Selbst der Opiumrausch gleicht nur einem langen, lethargischen Traum. Aus diesem Seeabenteuer des schiffbrüchigen Geistes ragen allenfalls Bruchstücke auf, und der narkotisierte Alpträumer versucht sie

wie Planken zu umklammern, bevor es ihn weitertreibt, ziellos. Kein Halt ist in diesem Meer des zerfließenden Ichs. Gerade darauf aber kommt es an: es gilt, Koordinaten zu setzen. Insofern ist die Trance dem Dichten nur äußerlich verwandt, ein Experiment, das gewisse Vergleiche erlaubt. Bei aller Vorsicht vor falschen Parallelen, zeigt es Verbindungen auf, etwa die Wege zum Hippocampus, dem Ort des Gedächtnisses, die beschleunigte Informationsverarbeitung im Gesamtnetzwerk. Merkwürdig ist, daß in Trance wie im Schlaf die Hirnrhythmen deutlich langsamer werden. Konzentration ist eine Folge der Reizunterdrückung, sie entsteht aus der instinktiven Abwehr irrelevanter Informationen. Erst die Entstörung des nervlichen Funkverkehrs ermöglicht die absolute Kontrolle. Und genau darum geht es beim Dichten.
Entscheidend ist die innere Ruhe. Erst wenn sie eingetreten ist, darf man auf zügige Flugverbindungen zu den verschiedenen Zentren hoffen. Poesie ist nicht irgendein bloßes Genre; es ist die Fähigkeit, semantisch weit auszugreifen, das entfernt Auseinanderliegende möglichst rasch zu verknüpfen. Ein Denken in Bildern, Gleichnissen und Metaphern ist darauf angewiesen, daß es schnell vorankommt. Tausende Einzelheiten – Indizien! Motive! Zitate! – müssen unverzüglich daraufhin geprüft werden, ob sie sich eignen als Steinchen in einem Mosaik, das im Grunde aus lauter Unbekannten besteht. Dazu gilt es, nach allen Seiten zugleich auszuschwärmen. Man stelle sich das Gehirn vor als eine neuronale Metropole bei Nacht. Kein Stadtplan zur Hand, die Straßen liegen im Dunkel, und doch müssen, in kürzester Zeit, von überallher Erkundigungen eingezogen werden, von allen Marktplätzen, Museumsinseln, geheimen und öffentlichen Versammlungsorten der Stadt. Aus den Zeitungsredaktionen und Kneipen etwa, wo fortwährend das gesamte Wörterbuchwissen aktualisiert wird, oder aus den Bibliotheken mit ihren enormen Schätzen an Literatur, Theorie und Naturkunde, aus den Kunstsammlungen (allen voran den Gemäldegalerien), die Theater und Opernhäuser nicht zu vergessen, ja selbst aus den Ämtern, den Schulen und Universitäten. Operative Kontrolle erfordert es, daß im Kontrollturm Bewußtsein der Flugleitzentrale ein ganzes

Telephonnetz aus heißen Drähten zusammenläuft. Oberstes Gebot ist die Ausschaltung aller Störgeräusche von draußen bei gleichzeitiger Empfänglichkeit für die Funksignale der Welt. An alles will gedacht sein, nichts darf verdrängt und vergessen werden. Was immer der Wahrnehmungszensur zum Opfer fällt, muß als Hintergrund kenntlich bleiben, weil sonst das Ganze schließlich durch Ignoranz ungültig wird. Und diese ambivalente Habachtstellung ist vermutlich die größte Schwierigkeit. Sie macht den Schreibprozeß zum geistigen Balanceakt, der nur in Ausnahmefällen wirklich gelingt. Das Gehirn jedenfalls läßt sich immer nur vorübergehend auf ein solches Geduldsspiel ein. Allzu anstrengend ist ihm der produktive Ausnahmezustand. Gleich sucht es wieder Anschluß an das vegetative Nervenssystem. Erleichtert überläßt es sich den limbischen Badefreuden, lehnt sich entspannt zurück und taucht unter im Klatsch und Tratsch der zwischenmenschlichen *Realitäten*. Endlich darf es wieder tun, was es am allerliebsten tut: in Alpharhythmen dahindämmern, ein serviler Gefährte des Körpers, der mit ihm davonzieht in seine kleinen libidinösen Affären.

»Wenn ich damit das Wesen und Amt der Poesie auf das deutlichste angegeben zu haben glaube, so weiß ich doch, daß es kein Mensch verstehn kann, und ich ganz was albernes gesagt habe, weil ich es habe sagen wollen, und so keine Poesie zu Stande kommt«, entschuldigt sich Novalis in seinem kurzen *Monolog*, in dem er die Urdifferenz zu bestimmen versucht, nämlich die zwischen Sprechen und Schreiben. »Gerade das Eigenthümliche der Sprache, daß sie sich blos um sich selbst kümmert, weiß keiner. Darum ist sie ein so wunderbares und fruchtbares Geheimniß – daß wenn einer blos spricht, um zu sprechen, er gerade die herrlichsten, originellsten Wahrheiten ausspricht. Will er aber von etwas Bestimmten sprechen, so läßt ihn die launige Sprache das lächerlichste und verkehrteste Zeug sagen.«

Der Gehirnforscher Pöppel, Entdecker des Drei-Sekunden-Intervalls, nach dem sich im wachen Bewußtsein regelmäßig ein Zeitfenster öffnet und schließt, stellt in einem Aufsatz, den er gemeinsam mit einem amerikanischen Lyriker verfaßte, die Behauptung auf: *that the master-rhythm of human meter ist not pulmonary, but neural*. Nicht der Atem also hat die wechselnden Metren diktiert, mit denen wir es seit Archilochos zu tun haben, sondern die natürliche Kapazität des Bewußtseins, das die Sinneinheiten immer nur häppchenweise erfassen und verarbeiten kann.

Hinauf und hinab jagt an der Wirbelsäule, kaum zu fassen, das muntere Nervenhörnchen. Niemand hört, wie das agile Tierchen in seinem Käfig wimmert.

4. November *(Für Ivan Nagel)*
Es ist erstaunlich, wie einen die kleinsten Dinge bezaubern können. Seit Wochen liegt eine Münze auf meinem Schreibtisch, immer wieder zieht sie den Blick an. Was sie zum Fetisch macht inmitten soviel wertlosen Krempels in meiner Wohnung, ist die Summe der Augenblicke, die sie aus aller Materie ringsum heraushebt. Im Heuhaufen der Alltagsgegenstände wird die Stecknadel zum auratischen Objekt. Allerdings, es hat mit dem Alter der Miniatur zu tun, mit ihrem Wert als Sammlerstück. Es ist eine altgriechische Münze, kaum größer als eines Mannes Brustwarze nach der Berührung mit eiskaltem Wasser. Der Händler, dem ich sie abgekauft habe, ein typischer Berliner, von dem noch zu reden ist, gab als Herkunftsort auf dem Begleitpapier *Velia* an, eine Stadt in Lukanien, an der tyrrhenischen Küste gelegen. Geprägt wurde sie etwa zwischen 420 und 380 vor Christus. Dieses *Velia* aber, mit dem ich lange nichts anfangen konnte, wird einem wundersamerweise sofort vertraut, wenn man sich klarmacht, daß es nichts anderes ist, als das aus der antiken Literatur nur allzu bekannte *Elea*. Ein byzantinischer Name, der in keinem Philosophielexikon fehlt. *Elea* ist der Geburtsort des großen Parmenides, jenes sagenumwobenen Denkers der ersten Stunde. Geht von dem kleinen Metallstück nicht gleich ein noch viel größerer Glanz aus? Donnerwetter! Demnach wäre ich also im Besitz eines Geldstücks (eines Silberstaters, wie die Numismatiker sagen), das kaum hundert Jahre nach dem Tod des berühmten Eleaten – des

Erfinders der Ontologie – in Umlauf gebracht wurde. Was durch die Hände so vieler längst Verstorbener ging, auf verschlungenen Pfaden, zweieinhalb Jahrtausende nach seiner Herstellung ist es durch einen Zufall ausgerechnet auf meinem Schreibtisch gestrandet. Euphorie flüstert mir zu, es sei weit und breit das älteste Artefakt, an Jahren höchstens noch übertroffen von den Schätzen des Pergamon-Museums. (Dorthin zog er sich manchmal zurück, wenn das Berliner Einerlei ihm zuviel wurde und er Zuflucht suchte vor dieser *Gegenwart*). Die Vorderseite der Münze zeigt einen Löwen, der nach links ausschreitet, dicht über der Mähne schwebt der griechische Buchstabe Phi, am oberen Münzrand wirbelt ein dreibeiniger Läufer ohne Kopf, eine Art Veitstänzer, ganz unten, durch einen Balken abgetrennt, steht der Ortsname. Auf der Rückseite prangt ein behelmter Athenakopf, im Nacken das Kürzel des Münzmeisters, ein Kappa.

»Das Nicht-Seiende aber kannst du weder erkennen – denn das ist undurchführbar (*aniston*) – noch kannst du es zeigen (deutlich machen, verkünden).« Also sprach Parmenides. Mit diesen Worten endet das zweite Kapitel aus seinem Lehrgedicht *Über die Natur*, von dem nur Bruchstücke überliefert sind. Kaum ein anderer Text der Antike hat so viele widersprüchliche Deutungen provoziert. Man stelle sich vor, die *Odyssee* wäre nur in Fragmenten erhalten geblieben: hier eine Rede des Telemachos, da ein Streiflicht vom Hadesbesuch, dazu ein paar unzusammenhängende Zeilen, die von den Unarten der Mägde im Haus der Penelope handeln. Genauso verhält es sich mit den Spruchweisheiten des Parmenides. Voller Lücken wie die aller Vorsokratiker, geben sie Raum für mancherlei gegensätzliche Auslegung. Man steigt in sie hinab wie in eine Fundgrube, in der es nur so wimmelt von lauter rätselhaften Gedanken. Die Sprache selbst, von der Zeit benagt und durchlöchert, wird zum Urgrund der Dialektik, ein Spielplatz für die Archäologen der Philosophie. Seit mehr als zweitausend Jahren drehen und wenden sie diese spärlichen Zeilen wie Knochensplitter oder Pfeilspitzen. Sie zu studieren heißt, die ältesten Antinomien in Bewegung zu halten. Wohin führt beispielsweise seine Beschreibung des Seienden, wohin sonst als in den Abgrund der Tautologie? »Als dasselbe und in demselben verharrend, ruht es für sich und verharrt so fest auf der Stelle.« Daß dieses Seiende als Ganzes unverletzlich ist (*asylon*), mag man noch hinnehmen. Was aber heißt es, wenn da behauptet wird: »So ist Werden ausgelöscht und unbekannt das Verderben (Vergehen)«? Jedes Naturgesetz, das der Mensch seither fand, spricht gegen dieses unbegründbare Diktum. Und wie geht das zusammen mit einem Orakel aus dem dritten Kapitel, wo verkündet wird: »Denn dasselbe ist Erkennen und Sein«? Soviel Verwirrung auf engstem Raum – Ursprung der Philosophie. Man könnte ebensogut behaupten, das Großeganze sei wie ein Baum (einem ontologischen Symbol par excellence, solange wir nichts vom Waldsterben wußten). Immerhin wäre das, schon von der Wurzel her, ein Abbild der Wirrnis alles Wirklichen. Bezeichnenderweise beginnt ja die Philosophie unter Berufung auf das ältere Versepos. Parmenides, nach homerischem Vorbild, stimmt den Gesang des abstrakten Denkens an. Sein Lehrgedicht ist in Metren verfaßt. Es beginnt, genau wie die *Ilias*, mit einer Anrufung der Göttin. Ihre Worte sind es, die der philosophierende Barde als bloßes Sprachrohr an die Sterblichen weiterreicht. Der Ursprung der Philosophie aus dem Geiste der Dichtung, – kein schlechter Anfang jedenfalls für die abendländische Philosophie. Und spätestens im sechzehnten Kapitel, wo von den menschlichen Körpern die Rede ist, weitet sich das Gedicht zum Hymnus auf die Gattung. Was sich zeigt, ist der anthropologische Hintergrund aller Ontologie. »Denn wie man jeweils die Mischung in den viel schwankenden Körperteilen hat (*polyplagkton*: umherschweifend, d. h. im Leib selbst), so wird Erkenntnis den Menschen zuteil. Denn was die Beschaffenheit der Körperteile begreift, ist für die Menschen dasselbe, und zwar für alle und jeden: das Mehr aber ist die Erkenntnis.« Hier ist kein Mißverständnis mehr möglich. In wünschenswerter Deutlichkeit wird ausgesprochen, woraus Erkenntnis (*noesis*) entspringt. Aus der physischen Ungleichheit nämlich, daraus, daß keine zwei Menschen im Körperbau absolut identisch sind. Als biologische Singularitäten enthalten sie, ungleich vererbt, jeweils verschiedene Anteile des Seienden. Erst in den Mischungsverhältnissen, über die alle sich wechselseitig verständigen, erfährt sich die Menschheit als Ganzes. Mit jedem Einzelnen, der zu denken beginnt, kommt eine andere Facette des Seienden zum Vorschein. Das aber heißt ja: Es gibt Bewegung in dieser trüben Ursuppe, die man nur deshalb zum Absolutum verrührt hat, weil die Grammatik es hergab. Was lag näher, als die Vielfalt der Erscheinungen unter ein einziges Machtwort zu beugen? Das All reagiert darauf wie der Franzose, der einen Dank mit der Formel quittiert: *De rien*. Nichts rechtfertigt die begriffliche Herrschaft über sämtliche Dimensionen und das Ganze des Universums (auch so ein Terminus, der Erfaßbarkeit vortäuscht). Und siehe da, selbst Parmenides, der Stammvater aller monistischen Weltanschauungen mit seiner Lehre von einem einzigen, unteilbaren Sein, kehrte schließlich zur eigenen Physis zurück, der einzigen Realität, die uns noch im Schlaf gegenwärtig ist. Ist nicht der Körper die Seinsform, die alles umschließt, das Reservoir jeder überzeitlichen, überräumlichen Ordnung? Wo sonst als in ihm könnte der Kerngedanke des Philosophen, die Unterscheidung von Wahrheit (*aletheia*) und bloßer Meinung (*doxa*) sich denn entfalten? Sympathischer Platon – mit der gewohnten sokratischen Ironie fragt er sich, was das wohl sein mag, jenes *Seiende*, von dem die Allwissenden faseln. Was, wenn es nichts war als eine hysterische Überschreitung, der Versuch des Menschen, den Horizont aller Horizonte zu umarmen mit einer einzigen Idee, in der sämtliche Urbilder aufgehen.

Zurück zu dem Münzhändler, einem übellaunigen, vor Ungeduld schnaufenden Herrn Anfang sechzig, der die Kundschaft nach telephonischer Absprache in seiner Westberliner Sozialbauwohnung empfing. Ich, der numismatische Laie, war ihm auf Anhieb suspekt. Erst beim vierten Treffen – er schickte mir mittlerweile seine Kataloge zu – taute er etwas auf. Wenig später brach über ihn das Unglück herein, er wurde das Opfer eines Raubüberfalls, organisiert von einer Bande rumänischer oder bulgarischer Kunstdiebe. Dunkles Haar, schlecht rasiert, schimpfte er, also Osteuropäer. Jedenfalls keine Türken, die hätte er wiedererkannt, seine besten Lieferanten für Schwarzware von den Fundstätten

Kleinasiens, die tun so was nicht. Nüchtern erzählte er von dem Vorfall, im Ton einer Zeitungsmeldung, gleichsam als sei nicht er, sondern irgendein Unbekannter aus der Nachbarschaft hier geschädigt worden. Seltsam unbeteiligt holte er aus dem Schrank die leeren Tabletts hervor. Mit vorgehaltener Pistole seien sie eingedrungen, zwei Männer, während unten ein Dritter Schmiere stand, das Handy im Anschlag. Selber schuld sei er gewesen, ihnen die Wohnungstür aufzumachen. Profis waren das, mit einem kurzen, dumpfen Schlag hätte der eine ihn niedergestreckt, der andere ihm mit Lenkerband den Mund zugeklebt und die Hände hinterm Rücken gefesselt. Ruckzuck hätten sie alles in einen Sack gefegt, die griechischen und die römischen Münzen, den Goldschmuck und die kleinen Marmorbüsten, die Amulette, die Fibeln und die zerbrechlichen attischen Bandschalen. Übriggeblieben sei nurmehr ein trauriger Rest, den er im Schlafzimmer gelagert hatte. Keine fünf Minuten, dann war die Aktion vorüber. Eine Viertelstunde später hatte er sich von den Fesseln befreit. »Ick hab mir dann erst mal nen Kognak jenehmigt und in aller Ruhe meine Wunden jeleckt.« Mit der Anzeige habe er sich Zeit gelassen: die Bullen von der Kripo, wie die sich anstellen mit ihrer Spurenermittlung, da würde einem schon vom Hinsehen schlecht. Der Einbruch lag etwa eine Woche zurück, auf seiner Stirn war noch immer der Bluterguß zu erkennen. Bemerkenswert war die trockene Art, mit der er die haarsträubende Geschichte zum besten gab. Diese Kaltschnäuzigkeit, typisch für den echten Berliner, ist vermutlich ein Überbleibsel aus friederizianischen Tagen. Komme was wolle, ein Preuße jammert nicht. Mit derselben Haltung wappnet sich hier der Currywurstverkäufer gegen unzufriedene Kundschaft, der Busfahrer in der Hektik des Berufsverkehrs, die Bäckerin frühmorgens beim Zusammenklauben der Schrippen. Was immer ihm Dummes passiert war, mein Münzhändler schien längst wieder obenauf. Ein paar kurzfristige Ankäufe von alten Geschäftspartnern hatten ihn über Nacht wieder flottgemacht. Ab sofort hatte er jede Menge Silberdenare aus der frühen Kaiserzeit, darunter auch Stücke mit Tierdarstellungen, wonach ich ihn jedesmal fragte, im Angebot. Die Notation reichte aus, um das Gesicht zu wahren. Und so kam es, daß ich zu guter Letzt in den Besitz jenes Staters gelangte, der kleinen Münze aus der Heimat des Philosophen.

5. November
Vera und die Reflexe. Wie zu erwarten, konzentrieren die ersten Untersuchungen sich auf die Motorik des Kindes. Seit den siebziger Jahren gibt es hierzulande eine gesetzlich vorgeschriebene Serie von Tests zur Früherkennung möglicher Fehlentwicklungen des Bewegungsapparates, denen der Säugling sich unterziehen muß. Protokolliert werden sie im Gesundheitspaß, einer Art *checklist*, wie man sie auch bei Autos verwendet. Das scheckheftgepflegte, garagenbehütete Kind. Durch das Studium der Reflexe, die Beobachtung einzelner Bewegungsabläufe lassen sich Rückschlüsse auf die zerebrale Entwicklung ziehen. Nach der sogenannten U 3 ergibt sich ein erster kritischer Befund. Vera, so zeigt sich, hat Schwierigkeiten mit dem Labyrinthstellreflex. Zweieinhalb Monate nach der Geburt fällt es ihr schwer, in der Bauchlage den Kopf zu drehen und die Arme wie gewünscht seitlich nach vorn zu ziehen. Das schläfrige Kind macht auf halbem Wege schon schlapp. Ein bedenklicher Reaktionsmangel, wie der Kinderarzt feststellt. Da hilft nur Bewegungstraining. »Zentrale Koordinationsstörung mittelschwer, seitendifferent«, heißt es auf dem Überweisungsschein. Dagegen fällt positiv auf, daß sie sich deutlich aufs Gegenüber konzentriert. Kaum etwas bereitet ihr ein so großes Vergnügen wie die wechselnden Physiognomien, die sich in ihr Gesichtsfeld schieben. Die Reaktion darauf, ihr bezauberndes Lächeln, wird ihr als geistige Aktivität gutgeschrieben. Überhaupt scheint sie wenig frustriert über all die Versuche, die der Arzt mit ihr anstellt. Noch in der unbequemsten Lage, bei äußerster Anstrengung, bleibt sie seltsam gefaßt. Dabei ist sie leicht schreckhaft, laute Geräusche verunsichern sie. Schon ein Händeklatschen kann sie zum Weinen bringen. Wäre sie eine Schnecke, sie würde sogleich die Fühler einziehn. Beim Auslösen des Glabellareflexes durch Druck auf die Mitte der Stirn schließt sie die Augen, ganz wie es sich gehört. Nur tut sie es langsam, beinah bedächtig mit

der vollendeten Ruhe eines Buddha, der sich im Zentrum der Welt weiß. Und sofort erscheint dieses selige Lächeln.
Zu Hause ist ihr Lieblingsplatz der Wickeltisch im Badezimmer, ein flaches Luftkissen auf dem Gehäuse der Waschmaschine. Man könnte glauben, das Rumoren der Trommel beim Waschgang erinnere sie an die goldenen Zeiten im glucksenden Uterus, so entspannt gibt sie sich den Geräuschen hin. Stundenlang liegt sie dort, beinah unbeweglich, auf dem Rücken, in die Betrachtung ihrer zehn Finger versunken. Daß sie sich längst schon aufraffen, getrieben vom Greifreflex, den Hals drehen und mit den Beinen in die Luft strampeln müßte, läßt sie einstweilen kalt. Unbekümmert, zufrieden mit sich und der Welt, verschläft sie den nächsten Entwicklungsschritt.

6. November
Draußen geht der Nichtleser um, ein gefährliches Tier.

7. November
Wer immer in der Welt aktiv ist, lebt in der Vorstellung, evolutionär ein kleines Stück weiter zu sein als der Rest. Der Mensch schaut auf die Tierwelt herab, der Europäer auf den Bewohner der ärmeren Kontinente, der Mann auf die Frau, der Westen auf den historisch zurückgebliebenen Osten, der Osten auf die armen Länder der Dritten Welt usf. Was die Blickrichtung bestimmt, ist die Idee einer unsichtbaren Stufenleiter, auf der jedes Geschöpf, jede Region, jede Bevölkerungsschicht eine bestimmte Sprosse besetzt hält, die einen ganz oben, an der Entwicklungsspitze, die anderen drunten, näher am Ursprung. Sie alle stimmen, stillschweigend, darin überein, daß es um jeden Preis gilt, fortzukommen von diesem Ursprung. Klammheimlich jedoch sehnen die meisten sich nach da unten zurück. *Nostalgie de la boue* ist das Erbteil derer, die Evolution und Fortschritt heimatlos machte. Daher die Bewunderung des zivilisierten Westens für den chaotischen, aber vitalen Osten (seit Nietzsche und Dostojewski, Kipling und Tagore...). Daher das behagliche Schaudern des Stubenhockers vor der allesverschlingenden Natur und ihren

Raubtierinstinkten. Daher der männliche Kult um den geheimnisvollen Schönheitssinn des *Weibes*, von dem alle Ästhetik erst ihren Ausgang nahm. Mit solcher Abhängigkeit rächt sich die Evolution, indem sie jedes Lebewesen an seinen Platz verweist. Biologische Ungleichheit und der Zwang zu Geselligkeit und Symbiose machen aus jeder scheinbaren Überlegenheit ein spezifisches Defizit. Dies ist es, was die Ehen zusammenhält, die Weltwirtschaftsgremien, die Kunstgeschichte und den *contrat social*. Was geschieht, wenn die Verträge einseitig aufgekündigt werden, zeigt sich nirgends deutlicher als an dem Bruch mit der Natur. Wo Höherentwicklung zum Freibrief für rücksichtslose Emanzipation wird, schlägt der Mangel, das Unvermögen, gleich auf welchem Niveau, in totale Ignoranz um und kehrt wieder als tödliche Bedrohung. Dagegen hilft kein Heimweh mehr, das ohnehin nur als schlechtes Gewissen getarntes Selbstmitleid ist. Hybris hat den, der sich selber als Ziel ans Prozeßende setzt, in eine Todeszone geführt. Früher oder später wird er in seinem komfortablen Abseits elendig umkommen. Niemand mogelt sich ungestraft aus der Stammesgeschichte heraus. Evolution hieß von Anfang an, mit gehörigem Respekt im Buch der Schöpfung zu blättern, sich zu vertiefen in die Lektüre alles Vorausgegangenen. Der wahre Sieger nämlich, dem noch keiner gewachsen war, ist nicht irgendein Spitzenreiter, ein *supremus* auf höchster Warte, sondern ein kaltes, anonymes Prinzip, das nichts kennt als Zerstörung. Es ist der Krieg, der die Defizite der Einzelnen gegeneinander ausspielt und bislang noch immer das letzte Wort behielt. Verächtlich schaut er auf das geordnete Leben herab. Er ist der einzige, der mit Recht von sich behaupten könnte: Wie herrlich weit hab ich es doch gebracht.

9. November
So viele Zeiten zur selben Zeit – und alle sind sie zu einem einzelnen Menschenleben verschlungen. All die Jahre lag Shakespeares Vers aus dem *Macbeth* mir im Ohr, der hämmernde Herzschlag des gefesselten, rastlos auf der Stelle tretenden Körpers. *Tomorrow and tomorrow and tomorrow* ... So hört es sich an, wenn sie still-

steht, die Zeit, hypnotisiert von historischer Dialektik, während das Bewußtsein im Sumpf der eigenen Ohnmacht versinkt. Und plötzlich geschah, was keiner so recht mehr erwartet hatte. Vom Lärm der Auferstehungsposaunen geweckt, brach das totale *today* über Osteuropa herein. Ein knappes Dezennium ist das nun her. Im Rückblick erscheint es dem Träumer kaum länger als ein schulfreier Montag. Da erst, als alles vorbei war und jeder sich wie benommen die Augen rieb, fiel es mir ein: Gewiß doch, man kann ein Leben genauso verschwänzen wie einen beliebigen Schultag. Unbeschreiblich das Schwindelgefühl, als wie ein Schock die Erkenntnis eintrat: Sinnlos war sie vergeudet worden, unwiederbringlich, die Jugendzeit, aufgezehrt von lähmenden Fluchtgedanken und Ressentiments gegen die Welt, verschwendet im Warten auf eine schließliche Amnestie. Wie beraubt stand man da, als der Eiserne Vorhang fiel, unangekündigt, wie über Nacht. Kampflos hatte das Imperium kapituliert, die Macht sich davongeschlichen unter den grauen Himmeln. Welche Enttäuschung: so lange war man hingehalten worden, erpreßt von der eigenen Angst, für nichts, für nichts. Lebenslänglich, so hatte das Urteil gelautet, und nun war, im Augenblick der Befreiung, das ganze Strafmaß zusammengeschrumpft, zu einer einzigen Schaltsekunde, die alles Durchhalten für nutzlos erklärte. Null und nichtig die Lebenserfahrung dreier Generationen. Am falschen Ort gewesen zu sein, zur falschen Zeit, blieb als letzte Einsicht.
Seltsames *timing*, Orwells magisches *annus horribilis*, der Termin für die Blütezeit totalitärer Herrschaft, lag nun schon fünf Jahre zurück. Und siehe da, die totale Menschenfinsternis war wider Erwarten nicht eingetreten. Aus dem mit Spannung erwarteten Jubiläum war ein Verfallsdatum geworden, an dem sich der Niedergang der proletarischen Diktaturen nun fortan messen ließ. Lüge die Rede von der friedlichen Revolution, Propaganda wie alles, was sich im Namen des Kommunismus, pro oder contra, politischen Spielraum zuschrieb, als sei dieser Block irgend anders als durch nacktes Begehren, Selbsttäuschung und strikten Ideenverzicht zu sprengen gewesen. Nur im Unbewußten der Kollektive, in der wunschlosen Lethargie der betäubten Massen, in den

verödeten Hirnen und Eingeweiden der historisch Zukurzgekommenen konnte sich diese Umwälzung vorbereiten wie eine lange, unendliche quälende Verdauungsstörung. Wahrhaft ein Zurückwälzen, ein Zurückdrehen der Weltzeit war dieser epochale Stuhlgang, und nur insofern hatte er etwas von einer *revolutio*, nicht im Sinne des Aufruhrs, des hoch motivierten Umsturzes, sondern in dem der Erleichterung: Endlich ließ sich auf all das scheißen.

Ein befreiendes Jahr, ein erschöpfendes Jahr: 1989. Wieviel Rhizinusöl mußte fließen, wie lange hatte gedrückt und gepreßt werden müssen, ehe die verdauungsgestörten Ostler endlich den Durchbruch schafften von der Kolik zur erlösenden Defäkation. 1989 war das Jahr, als die Latrinen geflutet wurden, die Lagertore sich öffneten. Plötzlich war der Blick frei auf ein Friedhofsgelände, über dem eine halbe Ewigkeit lang, geschützt von unüberwindlichen Mauern, eine Grabesruhe lag wie andernorts nur noch an Weihnachten, wenn man die Toten allein ließ an ihren Ruhestätten. Über einer ganzen Bevölkerung hob sich damals der Sargdeckel. Und keineswegs war die tiefste Empfindung dabei jene peinliche Euphorie, wie sie die jubelnden Menschenmassen vor den Fernsehkameras zur Schau stellten. Bohrender, schwerer zu fassen und von den Gesichtern kaum ablesbar, war der sarkastische Ingrimm in den Herzen der Leute. Jeder ein Glückspilz, dem es gelang, an der eigenen Schadenfreude sich aufzurichten. Nur er war gefeit gegen die kommenden Depressionen, mit denen das *timelag* zurückschlagen sollte. Einige konnten es Monate später noch immer nicht fassen. Mancher war anderntags schon ernüchtert beim Anblick der leeren Hände, mit denen er nach der Freiheit gegriffen hatte. Die meisten jedoch büßten noch jahrelang für ihre Freudentänze beim Überqueren der Datumsgrenze. Heute, elf Jahre später, ist der historische Augenblick verblaßt zum erotischen Jugendtraum, eine Phantasie, die nie in Erfüllung ging.

Erinnert bleibt, in den Annalen verzeichnet, der Untergang eines Imperiums von erstaunlicher Dauer. Nurmehr auf alten Landkarten wird man es dereinst wiederfinden, eine geopolitische Legende. Mit raunender Stimme wird der Lehrer den Kindern davon erzählen: das Märchen vom Kalten Krieg. »Stellt euch vor, im zwanzigsten Jahrhundert gab es ein Reich, so groß wie das Römische, das erstreckte sich von Magdeburg bis zum fernen Wladiwostok, von Murmansk bis Tirana. Sogar eine Insel in der Karibik gehörte als Außenposten dazu...«.

(Nachtrag: Pünktlich mit dem Zerfall des sozialistischen Reiches aber, im selben Moment, da der Krieg der Systeme ohne Blutvergießen zu Ende ging, traten die Viren auf den Plan. Koinzidenz oder schäbige Vorsehung – die Ankunft brandneuer, tödlicher Krankheitserreger von schier unabsehbarer Virulenz und maximalem Wirkungsradius machte sogleich einen Strich durch die historische Rechnung. Nicht das Überschäumen der Kapitalflüsse, die Ausbreitung des Dollars bis in die innerste Mongolei, zeigte die neue Zeitordnung an. Der wahre Vorbote der Globalisierung war ein kugelförmiges Virus, dessen Namen bald jedes Schulkind buchstabieren konnte. Was sich, unter Chiffren wie AIDS und HIV, mit Nachrichtengeschwindigkeit in die Phantasien der Leute einschlich, stand bald als Codewort für das Ende aller erotischen Unschuld. Von nun an zählte auch die sexuelle Freizügigkeit zu den gescheiterten Utopien, war der Marquis de Sade genauso verdächtig geworden wie die Vordenker des Kommunismus. Nach dem Verschwinden des Proletariats war als letzte rächende Klasse die Familie der Retroviren geblieben. Und rasch gingen weitere Angreifer gegen die verkommene Menschheit in Stellung, revolutionäre Subjekte mit so exotischen Namen wie Ebola, BSE oder Hepatitis B. Gerade dies, daß sich manche von ihnen so überaus zäh entwickeln, daß sie sich Zeit nehmen, ehe sie eines Tages zum epidemischen Aufstand rufen, macht sie wahrhaft zu Erben aller bisherigen Revolutionen. So gesehen, steht jede Geschichtsepoche unterm Verdacht, bloße Inkubationszeit zu sein. Zurück bleibt die unheimliche Gewißheit, daß jede Wendung zum Besseren längst überschattet ist von kommendem Unheil. Dem Traum vom Frieden ist noch jedesmal das böse Erwachen gefolgt. *Et in Arcadia ego:* selbst in den irdischen Paradiesen war der Tod schon zu Gast gewesen, vermutlich als

Virus getarnt. Die nächsten Ovids werden sich mit den kleinen Verwandlungskünstlern beschäftigen müssen. Der Rest meines Lebens wird, wie die sonnigen Kindertage, nur Latenzzeit gewesen sein für die künftigen Katastrophen.)

10. November
Dieser verfluchte Kolumnen-Stil, sogar die Gedichte durchdringt er. Alles dreht sich um künstliche Dinge, um dieses kunterbunte Panoptikum der Waren und Artefakte, den Müllberg der Zivilisation. Der *jingle* macht die Musik, das Thema, mit dem die Schaufensterinhalte durchs Bewußtsein der Konsumenten rauschen. Das poetische Bild bleibt den Objekten verhaftet, Funktion der Vergegenwärtigung industrialisierter Lebenswelten, selten schwingt es sich zur Metapher auf. Selbst die gepriesene Umgangssprachlichkeit der modernen Dichtung hat viel vom *recycling* der Konsumgüter in den wechselnden Moden und Stilformen. Locker bedient sie sich eines Taschenspielertricks, indem sie aus der Gegenwart die Vergangenheit zaubert (und umgekehrt) durch Vertauschung der Alltagsgegenstände und gewisser signifikanter Motive aus dem *whirlpool* aller Kulturen. Ziel ihrer Kunststücke ist die Erzeugung einer überzeitlichen Präsenz. Das geht so, seit an den Ufern der Newa die römische Dame den Verlust ihrer Kamee beklagte, während in den Pariser Nachtclubs, leichtbekleidet, Chariten tanzten und bei den Tee-Parties der Londoner Highsociety die Pythia in Gestalt einer Hellseherin vor der Glaskugel den gesellschaftlichen Mittelpunkt bildete. Es dauerte seine Zeit, bis die Dingwelt ganz Gegenwart wurde, ohne demotisches Augenzwinkern und byzantinisches Wenn und Aber, ein Katalog schlichter Gebrauchsgüter vom Primuskocher bis zum Schubkarren im Garten. Im Zuge der Pop-art schließlich hielt ins Gedicht dann der Kühlschrank Einzug, das *Kleenex*-Tuch und die Sonnenbrille. Fortan war kein Halten mehr, die Poesie war zur Rumpelkammer geworden, vollgestopft mit allem, was der Supermarkt hergab. Die Sprache paßte sich dem Anzeigenteil der Zeitungen an, der Vers wurde zum Kaufhausregal. Und wieder blieb nur der Sprung in den Hellenismus, das Durcheinander-

werfen der Requisiten, bis die Amphore neben der *tubberware* lag, das Transistor-Radio zwischen den Terrakotten. Arion, der aus den Fluten Gerettete, Symbol für das Überleben der lyrischen Dichtung – man stellt ihn sich wohl am besten in der Person eines Pfandleihers, eines Angestellten im Fundbüro vor. Von Zeit zu Zeit löst der gesammelte Ramsch ihm die Zunge. Dann erhebt er, aus lauter Langeweile und Überdruß, die Stimme zum Gesang und registriert krächzend die Lagerbestände. Der Staub, den er aufwirbelt, reizt ihn zum Husten, und dieser Husten ist das Geräusch, das die Zeilen skandiert und die Metren zerreißt, wie es sich für moderne Gedichte gehört. Schon der flüchtigste Blick in eine beliebige Anthologie zeigt: am Ende des zwanzigsten Jahrhunderts ist Lyrik ein Sammelsurium aus Register-Arien für das Banale geworden, ein rhythmisierter Versandhauskatalog. Jede Menge Sonderangebote und Models in allerlei Standardpositionen, und jedes Produkt, jede werbewirksame Emotion hat einen Kaufpreis in Form einer funkelnagelneuen Pointe.

11. November

Ganz aus der Mode gekommen ist in Literatenkreisen der Selbstmord. In den letzten Jahren schied keiner der Großen mehr freiwillig aus dem Leben. Stattdessen zog man es vor, eines natürlichen Todes zu sterben, hochbetagt, am Ende eines erfüllten Lebens im Rampenlicht, wenn auch mitunter nach langer Krankheit. Um so größer erscheint uns der Selbstmord der Alten Meister. Offen wird nun die größte Hochachtung denen entgegengebracht, die außer ihrem bedeutenden Werk ein Beispiel des Freitods gegeben haben, vor dem die andern sich ein Leben lang schämen können. Der Tod steht noch immer im Ruf, ein Schlußstrich zu sein, und wer ihn zu setzen wußte aus eigenen Kräften, gilt der Gemeinde als heimliches Vorbild. Kaum einer fragt sich jedoch, worin dieses Vorbildliche liegt. Man ist darin übereingekommen, daß der Selbstmord dem Œuvre erst seine besondere Schwere verleiht. Der Tod erscheint so als letzter autorisierter Schreibakt, eine absolute Interpunktion. In seinem Licht wird alles noch einmal anders gelesen, tiefere Einfühlung wühlt sich in jeden einzelnen

Satz. Dieselbe vertraute Schrift scheint plötzlich von einer härteren Grammatik geformt. Alles ist voller Vorzeichen und prophetischer Anspielungen. Aus der leichten Lektüre wird die akribische Spurensuche, und diese hält an, solange man sich mit den Romanen oder Poemen des Toten befaßt. Am Ende überstrahlt der Freitod alles, was in den Büchern steht. Wie kommt das? Schmeichelt es etwa dem unermüdlichen Narzißmus des Lesers, wenn er in fremden Worten die eigene Todessehnsucht wiederzufinden glaubt? Mir selbst, gleich weit vom Tod entfernt wie jeder andere und gleich eng mit ihm verwandt, erschien solcherlei Spekulationslust immer als falsche Ehrerbietung. Warum soviel Aufhebens um eine Tat, die mir selbst jederzeit möglich war? Sich selbst auszulöschen, brauchte es wirklich nicht viel. Ein Fehltritt im Gebirge, ein zerstreuter Schritt auf die Fahrbahn, eine kleine Unachtsamkeit im richtigen Augenblick, schon war es vorbei.
Es fing, eines Tages, mit einem Kinderspiel an. Das Spiel hieß *Blutvergiftung*, ein Klassenkamerad hatte es aufgebracht. Alles was man dazu benötigte, war ein rostiger Nagel. Es gehörte gewiß nicht viel Mut dazu, sich an seiner Spitze die Haut aufzuritzen. Wenn man es nur geschickt genug anstellte, gelangte über die kleine Wunde ausreichend Dreck in die Blutbahn, und schon war der Körper aufs schönste vergiftet. So wenigstens dachten wir damals. Gift – das war das magische Reizwort, wir kannten es aus den Märchenbüchern und Krimi-Heften. Es weckte Erinnerungen an Kräuterhexen und Mordkomplotte im alten Rom. Bis heute spukt mir, wenn ich auf eine Heuschrecke stoße, der Name *Locusta* im Kopf herum, der berüchtigten Giftmischerin am Hofe des Kaisers Nero. Ein kleiner Sprung nur führt von da zu dem Bild jenes roten Striches, der als Signal galt der echten Blutvergiftung. Die ganze Jugend über verfolgte mich die Vorstellung dieser tödlichen Linie, die, auf der Haut deutlich erkennbar, unterwegs war in Richtung Herz. Man mußte nur abwarten, bis sie ans Ziel gelangte. Wenn bloß die Erwachsenen nichts von dem süßen Geheimnis erfuhren ...
Allein der Gedanke, bei vollem Bewußtsein als Todgeweihter herumzuspazieren, stunden-, vielleicht sogar tagelang mit wachen

Sinnen auf das Ende zu warten, erfüllte einen mit träumerischem Stolz. War die Linie vollendet, das wußte man, trat augenblicklich der Tod ein. Mit anderen Worten: Zu diesem Allergrößten, Allerfurchtbarsten gehörte kaum mehr als ein wenig Geduld und Verschwiegenheit. Man war sich der baldigen Leichenstarre so sicher wie des eigenen Atems, der jederzeit aussetzen konnte, wenn man nur lange genug die Luft anhielt. Niemand konnte einem die heilige Sache verpfuschen. Was also sollte so großartig sein an dieser Sache, über die man ja kinderleicht zu gebieten schien? Bis heute fällt es mir schwer einzusehen, warum ausgerechnet der Selbstmord solches Ansehn genießt. Es ist wie mit dem Ficken, dem Töten und Kinderkriegen: ein jeder kann es. Wirklich interessant ist doch nur, warum die meisten darauf verzichten und welche Ausrede ihnen einfällt für diese Unterlassung. Das war es, wonach man in Büchern suchte. Deshalb versenkte man sich in die Romane und zerbrach sich den Kopf über philosophischen Traktaten. Wenn man auch immer wieder verzaubert war von der Todessehnsucht gewisser Dichter, im Gedächtnis wie das Vaterunser blieben von sämtlichen Elegien nur jene, die das Leben bejahten. *Scribo quia absurdum est*. Soviel hatte man eines Tages begriffen: Im Grunde war alle Literatur ein Versuch, sich von der Notwendigkeit des Lebens zu überzeugen, ein raffiniertes Spiel mit seiner tödlichen Schwere. Wer es zu leicht nahm, war schnell als Lügner entlarvt und wurde beiseite getan. Ironie war genauso verpönt wie der Flirt mit der heiteren, optimistischen Muse, eine Flucht vor dem Feind. Das meiste, was als Humor daherkam, war in Wahrheit nur Defätismus, zur guten Laune herausgeputzt. Die triftigsten Argumente *pro vitae* fanden sich allemale im Lager der melancholischen Dichter, bei den Aposteln der schwarzen Romantik, den Kennern der menschlichen Tragikomödie. Bei ihnen suchte man Rat für so manche trostlose Stunde. Hier allein fand sich, was man zum Überleben brauchte. Die Lektüre ihrer Werke, so seltsam das klingt, wirkte erregend wie eine Blutvergiftung, an der man nicht sterben konnte, weil sie den Tod lebenslang vorrätig hielt.

12. November

Schöne Aussicht

Fünfmal Stillen täglich – wie sie wächst.
Horch, man kann es knistern hören,
Sieht Bikini schon und Straps und Strumpf.

Hier ein Fältchen zeigt sich, da ein Klecks
Zarter Haut. Man möchte schwören:
Bald steigt Galatea aus dem kleinen Rumpf.

Schlank, im Handumdrehn, wird dieser Arm,
Wie gemacht zum Abschiedwinken.
Dreht sie sich dem Licht zu, pflanzenhaft,

Ist das Mädchen schon in Sicht, sein Charme.
Schlafen muß sie, noch viel trinken,
Bis der erste Knabe nach ihr gafft.

13.-18. November
New York, zum zweitenmal in diesem turbulenten Jahr. Zehn Jahre lang bin ich regelmäßig als Nomade in diese Steinwüste gepilgert, verloren im Hochgefühl zwischen den Wolkenkratzern mit einer Sehnsucht so groß wie Amerika. Nun ist es aufgebraucht, das schöne Incognito. Vorbei die Zeiten, da man als Anonymus durch diese windigen Schluchten streifte und das Geheul im Innern mit dem an den Straßenecken Manhattans wetteiferte. Jetzt wird man empfangen, gibt Interviews, sitzt gelangweilt in Hotel-Lobbies herum, muß Verhandlungen führen, Lektoren, Redakteure und Literaturmogule treffen. Eine Woche vergeht wie im Flug. Zwischen Terminen und Arbeitsessen schrumpft die Stadt zum Filmzitat. Außer Atem bleibt man hin und wieder vor einer spiegelblanken Fassade stehen und fühlt sich entrückt wie in einem Kinosessel; gleich wird man das *Cinemaxx*-Center verlassen und nach Hause schlendern durch die Berliner Nacht. Derart

unwirklich, mit einer generösen Umarmung, endet die transatlantische Einsamkeit, die man lange Zeit pflegte wie die Erinnerung an eine große Liebe. Einziger Trost in diesem Unterhaltungsprogramm ist ein Vormittag in der *Frick Collection*. Zur Besinnung bleibt nur die Viertelstunde vor einer Zeichnung Mantegnas: *Abstieg in die Vorhölle*. Der wehende Umhang des Unterweltspilgers, der dem Betrachter den Rücken zukehrt, ist alles, woran du dich halten kannst bei der Hadesfahrt durch die geliebte Metropole.

Dabei war schon der Hinflug voller Vorzeichen gewesen. Am frühen Nachmittag ging es im weiten Bogen über Südengland. Die Sicht war so klar, daß man mit einem Panoramablick die britische Küste erfaßte, von Dover voraus über Brighton bis Bournemouth, die Themsemündung und den Verlauf des Flusses bis nach London hinein. Ein ganzes Legenden-Delta lag überschaubar unter dem Flügel. Da unten nahm Joseph Conrads Allegorie vom *Herz der Finsternis* ihren Anfang mit einer Flaute, dem maritimen Bild für die Unheilschwangerschaft, beim Warten auf die Flut, die das Schiff des Erzählers hinaustragen sollte. Erst aus der Höhe zeigt sich, wie die Meere zusammenhängen und die historischen Zeiten. Imperiale Geschichten, soweit das Auge reichte. Landmacht und Seemacht grüßten einander in transversalen Wellen wie die Rundfunkstationen und das Novemberlicht. Seit der Mensch durch die Lüfte reist, mehren sich die posthumen Phantasien. Die Segel sind eingeholt, die Piraten der Königin liegen in ihren Seemannsgräbern am Meeresgrund, wenige nur haben es bis in die Marmorsarkophage von Peter-and-Paul geschafft. Nicht mehr in den Häfen sammeln sich die Erobererträume, sondern hoch über den Wolken, jenseits der Ionosphäre in jenem Niemandsland, das die Turbinen der Flugzeuge pflügen. Fliegen heißt Außersichsein. Abgeschnitten von Biographie und Menschheitsgeschichte, fühlt man sich als Herr über alle Zeiten zugleich. Das ist der Sinn des *jetlag*, man wird bestraft für die billige Hybris anstrengungsloser Globalisation. Vielleicht wird ja der Körper selbst ionisiert auf dem Transport von einem zum anderen Kontinent, elektrisch aufgeladen während der Überfahrt. Tagelang reagiert das Bewußtsein wie ein schlecht entstörtes Gerät, und die Gelenke summen wie Kühlschrankaggregate. Gütigerweise reißen die Stewardessen den Träumer aus seiner lähmenden Euphorie. An Bord das Betreuungsprogramm sorgt dafür, daß man auch meilenweit über der Erde brav auf dem Teppich bleibt. Der Kabinenstaub, in den hereinfallenden Lichtstrahlen tanzend, bringt dich zurück in die Gegenwart. Weit mehr in Anspruch als alle Grübelei über die distanzlosen Entfernungen, nimmt einen das Ausfüllen der Formulare für Einreise und Zoll. Eine ganz andere Bürokratie, gewaltiger als selbst die deutsche, fordert vom Reisenden ihren Tribut. Es fängt mit der Eins ohne Aufstrich an, vor der man jedesmal neu zum ABC-Schützen wird. Selbstzweifel weckt auch die inquisitorische Frage, ob man nicht etwa geistig behindert sei oder drogenabhängig, ob man jemals in terroristische Aktivitäten verwickelt war oder am Völkermord in der Zeit zwischen 1933 und 1945 beteiligt. Als Bürger eines ehemaligen kommunistischen Regimes kann einem bei solcherlei Mißtrauen schon mulmig werden... Vorm unbestechlichen Auge der US-Beamten bei der Paßkontrolle fühlt man sich plötzlich so klein wie Karl Roßmann vor den schweigsamen Herren der Hafenbehörde in ihren blitzenden Schiffsuniformen. Erst ein Blick durch die Bullaugen nach draußen in die makellose Wattelandschaft vertreibt das schlechte Gewissen. Staunend registriert man, daß da noch andere Flugzeuge unterwegs sind. In Gegenrichtung wie Barrakudas im Schnellverkehr, sausen sie an den Fenstern vorbei. Beruhigt klappt man den Videobildschirm ein, schließt die Augen und verschläft den Rest des Hollywoodfilms über den amerikanischen Unabhängigkeitskrieg.

Manhattan, unverwüstlich wie immer, hat keine Zeit für den einzelnen Besucher. Staatsmänner stolpern unerkannt durch die Menge, Konzernführer aus den Provinzen Europas, rumänische Großfürsten bleiben unbemerkt, nur der Popstar wird hier persönlich empfangen als VIP, wenn ihn die schwarze Limousine vorm Eingang der Grandhotels ablädt. In den *streets* und *avenues* herrscht die wohlbekannte Hektik. Wie von Amphetaminen beschleunigt, wirbeln Tausende Fußgänger, *yellow cabs*, Touristen und Polizisten aneinander vorbei. Die Stadt als Termitenhaufen, das ist New York, Urbanität in höchster Konzentration: Leben und Sterben, Weltruhm und tiefste Verlorenheit, alles dicht ineinanderverschlungen auf wenigen Quadratkilometern Bühnenfläche. Sofort zuckt der Körper wie aufgeladen, hin- und hergerissen im Wechselstrom von Intro- und Extroversion. Synästhesie putscht die Nerven auf. Der Schädel, ein Transformatorenhäuschen, summt und brummt, während die Füße im Eilschritt einen Rhythmus hämmern, der in den Ohren nachklingt wie *Aspirin, Aspirin*. Nach einer Stunde bereits ist man völlig erschöpft, verausgabt vom bloßen Zuschauen und Weitertaumeln. Der letzte Zufluchtsort ist am Abend die Hotelbadewanne. Mit Haut und Haar untertauchend im knisternden Schaum, versucht man sekundenlang abzuschalten, ein erwachsener Embryo, der nur noch eins will: Entspannung im uterinen Frieden.

Allein die Stärke des Dollars. Früher hätte ich bei dem Wort an Lenins Imperialismus-Theorie und Banküberfälle in Westernfilmen gedacht. Heute lassen mich Währungen und die mit ihnen verbundenen Finanzspekulationen zwar noch immer kalt, doch aus den Augenwinkeln nehme ich sie zur Kenntnis. Früher, wenn die Rede auf Wechselkurse kam, fiel mir nichts Intelligenteres ein als der Spruch eines Mitschülers, der den angekündigten Lehrstoff mit der Bemerkung quittierte: »Das interessiert mich doch wie die Wasserstandsmeldungen von der Elbe.« Jammerschade, daß dieser Gleichmut dahin ist. Man muß nicht viel vom Geldwert wissen, um zu begreifen, wie brutal so ein Gefälle sich auswirkt. Ein Tag in der Todeszone der *Wallstreet*, und man erlebt, als träumender Habenichts aus Europa, die schönsten Ohnmachtsgefühle. Amerika, auf höchsten Dollarwogen getragen, stößt sich gesund an der restlichen Welt. Warum, weshalb bleibt ein Rätsel, das einem vielleicht Mr. Greenspan in einer ruhigen Minute erklären könnte. Wenig gesagt wäre damit über die schrankenlose Hegemonie dieser mächtigsten Währung der Welt, nichts über das schiefe Verhältnis von Preis und Leistung. Allerorten wird man über den Tisch gezogen, im Restaurant, an den Kaufhauskassen, im Hotel, selbst in den Kinos, die doch traditionell das Billigste waren, schon deshalb, weil es sich hierbei um hundertprozentige Eigenproduktion handelte. Mittlerweile sind dieselben antiquarischen Bücher, die man dereinst in den Regalen stehenließ, um das Dreifache teurer geworden. Richtig gefährlich wird es, weil man hierzulande alles bis zum Gelegenheitskauf eines Regenschirms mit der Kreditkarte abwickeln kann. Am Monatsende, längst nach Hause zurückgekehrt, sitzt man dann fassungslos über den Abrechnungen. Da erst wird einem bewußt, welchen uralten Teppichhändlertricks man dort aufgesessen war, und mit der Reue kehrt die Erinnerung an die vielen Szenen wieder, in denen man schwach wurde und sich vom munteren Verkaufspersonal mit der berüchtigten guten Laune einlullen ließ. Ja, so wird's gemacht. Dem Kunden schmeichelt der Kaufakt wie eine Nackenmassage. Weil er mit Barem kaum in Berührung kommt, spürt er gar nicht mehr, wie ihm das Geld aus den Taschen gesaugt wird. Am Ende spaziert er wie Hans-im-Glück von dannen, die Tüten voller Nichtigkeiten, die alle zusammen der Reisekasse den Garaus machen. Daß es sich meistens um minderwertige Ware handelt, dank Dollarpreis als Sonderangebot lockend, wird ihm erst hinterher klar. Doch selbst der standhafte Nichtkäufer kommt hier nicht ungeschoren davon. Immer wird irgendein Obolus fällig, an der Brücke die Mautgebühr, im Restaurant der obligatorische *tip* für die Kellnerin. Die grünen One-Dollar-Scheine hält man am besten gleich bündelweise bereit. Der wohlpräparierte Flaneur benutzt dazu einen *money-clip*, eine silberne Spange in Form eines Dollarzeichens.

Thema der Woche war erwartungsgemäß die Präsidentenwahl und das Fiasko der Stimmenauszählung in Florida. Die Verschiedenheit der Wahlzettel in den einzelnen Bundesstaaten führt zu immer neuer Verwirrung. Besonders verhängnisvoll erweist sich das Prinzip der indirekten Wahlen. Sogenannte Wahlmänner, gut römisch *Electoren* genannt, bringen das ganze demokratische Procedere in ein Zwielicht. Höchst ungerecht, daß im Fall zweier gleich starker Kandidaten ausgerechnet ein Gremium von Lobbyisten den Ausschlag gibt. Ein Bekannter erklärt mir den politischen Kunstgriff mit der uramerikanischen Furcht vorm reinen Volksentscheid. Offenbar ist das Vertrauen in den Souverän, dieses unbekannte Herdentier, doch nicht so groß, wie es die landesübliche Freiheitsrhetorik den Leuten weismachen will. Das Hickhack der beiden Präsidentschaftsanwärter war längst zum Kalauer geworden, auf allen Fernsehkanälen, in jeder Talk- oder Comedy-Show. Bei dieser Gelegenheit fiel mir eine Szene vom letzten Amerikabesuch ein, als ich im Frühjahr für ein paar Wochen in Washington wohnte. Damals lud mich der Chef eines Instituts für Deutsch-Amerikanische Studien zu einer Spritztour in den benachbarten Bundesstaat Massachusetts ein. In der Kleinstadt Bethesda, mitten in der Einkaufspassage eines der vornehmeren Viertel, besuchten wir den Wahlkampfauftritt des Demokraten Bill Bradley. Es ging darum, mir, dem skeptischen Europäer, den vernünftigsten Kandidaten vor Augen zu führen. Und wirklich sah alles danach aus, als wäre dem wenig aussichtsreichen Mann, einem ehemaligen Basketballspieler und Ex-Senator aus New York, am besten mit herzlichem Beileid gedient. Denn was immer der wackere Zwei-Meter-Kerl an Problemen aufwarf, klang überaus einleuchtend, nur war es kaum mehrheitsfähig, wie auch dem Zugereisten bald auffiel. Erstaunlich sein Interesse für ein gerechtes Gesundheitswesen, für Chancengleichheit in der Bildung und die Aufhebung der unsichtbaren Ghettoisierung des schwarzen Bevölkerungsteils. Auffällig war sein Mangel an Nationalismus und professioneller Heuchelei. Unter all den Poseuren und Politschauspielern ringsum wirkte er wie der einzige Mensch mit guten Manieren. Es war die Woche vor dem sogenannten *Super-Tuesday*, dem Halbfinale der vier Kandidaten beider Mehrheitsparteien. Wie zu erwarten, schied Mr. Bradley kurz darauf aus. Sein Programm war so ziemlich das Gegenteil des staatlich sanktionierten Egoismus gewesen, auf den auch die Ärmsten der Armen hier schwören wie auf die Bibel. Von Hannah Arendt, der deutschen Emigrantin, stammt das undankbare Bonmot über die glorreiche Demokratie der USA: »Der Grundwiderspruch des Landes ist politische Freiheit bei gesellschaftlicher Knechtschaft.«

Eines Nachts sah ich, in meinem *kingsize double-bed* im Peninsula Hotel, das wie geschaffen war für grandiose Träume, im Schlaf ein merkwürdiges Panorama. Es war die Vision der Pax Americana. Ihr Urbild ging auf die langen Fußmärsche durch Washington zurück, damals, als mir der Grundriß des klassizistischen Chefarchitekten L'Enfant, seine Stadt der prachtvollen Distanzen, zum erstenmal aufging. Vor mir im Traum sah ich, vom idealen Betrachterstandpunkt, eine Allee von Obelisken, die von Washington bis hinauf nach New York führte. Vom *Washington Monument* auf seinem Hügel gleich hinterm Weißen Haus bis nach Downtown Manhattan reihten sich wie Chausseebäume die steinernen Erektionssymbole mit den ägyptischen Schriftzeichen. Diese Obelisken waren die modernen Verwandten der Monolithe aus jenen fernen Tagen, in denen Pharaonen an der Spitze des Staates thronten und später römische Soldatenkaiser, niemals zuvor jedoch ein von der Bürgerschaft gewählter Präsident. In ihrer geometrischen Strenge waren sie eine Manifestation des eindeutig Inhumanen, die Inszenierung eines versteinerten Willens zur Macht. Daß sie in solchen Massen die Straße säumten, war ein Indiz für den Sieg dieser Macht. Ganz aus einem Guß, wie sie waren, stellten sie die äußerste Distanz zu ihrer natürlichen Umgebung dar, Fremdkörper in einer unterworfenen Landschaft. Kein Mensch war zu sehen zwischen all den gen Himmel erhobenen Zeigefingern, den Vorläufern der künftigen Trägerraketen, mit denen dasselbe Imperium auszog, den Weltraum zu erobern. Und plötzlich, beim Anblick der monströsen Obelisken-Allee, war jeder Zweifel verflogen, und es zeigte sich: Ja, auch die Supermacht Amerika wird dereinst untergehen wie das Römische Reich. Eines der Monumente, das sie den Archäologen hinterlassen würde, war der Termitenhaufen New York.

Wie kommt es, daß man immer zum ersten Mal in Amerika landet, sooft man auch hier war zuvor? Da ist sie ja wieder, mag sich der Reisende sagen, hineingewirbelt vom Flughafen in die nächstbeste Stadt: diese bezaubernde Märchenwelt aus geschwollenen Proportionen, in der die Autos an Clubzimmer erinnern, die Gebäude die Wolken kitzeln und alles bis hin zur schlichtesten Türklinke eine Nummer größer ausfällt. Soviel geräumiger scheint das Ganze, weil hier der Mensch an die Stelle des Riesen getreten ist, und alles, was er geschaffen hat, liegt nun als Riesenspielzeug verstreut in der Landschaft umher. Dabei ist es doch immer nur der erste flüchtige Eindruck, unheimlich und dabei wunderbarerweise vertraut, doch er reicht aus, das Körpergefühl zu verändern, als wäre man plötzlich geschrumpft, während den Sinnen schwindlig wird in der Anpassung an den größeren Maßstab. Der erste Streifzug bald nach der Ankunft gleicht jedesmal einem Gang durch das Kinderparadies in den Tiefen der großen Warenhäuser. Immer kommt etwas Neues, noch Erstaunlicheres zum Vorschein, zeigt sich das längst Gewohnte, von früheren Reisen Vertraute überraschend anders und neu. Franz Kafka hatte in seinem Roman *Der Verschollene* genau diesen Effekt der Verstörung durch Anamorphose im Sinn. Sein Amerika erscheint, aus der Distanz des Zeitungslesers beschrieben, als ein modernes Feenreich, ein wüstes Schlaraffenland, in das der Einzelne auszieht, um das Fürchten und Staunen zu lernen. In den urbanen Labyrinthen dieser Phantasmagorie aus Tausend-und-einem-Werktag konnte man sich verlieren wie Hänsel und Gretel im tiefen Hexenwald. Amerika, das ist die Fremde schlechthin, hat Siegfried Kracauer gesagt. Im Kleinsten wie im Größten, überall hat dieselbe maßlose Übertreibung die bekannten Formen verzerrt. Alles wirkt aufgeschwollen, protzig, wie für kräftigere Schultern, robustere Glieder und Kauwerkzeuge gemacht. Die ersten Tage eines Europäers in Amerika seien ja einer Geburt vergleichbar, läßt Kafka, der selbst niemals dort war, seinen Helden Karl Roßmann einen Augenzeugen zitieren. Ganze Listen ließen sich aufstellen über die Einzelheiten einer hypertrophierten Dingwelt. Der Erzähler gibt sie getreu wie Tatsachen wieder, ganz wie Homer, wenn er detailversessen die Lebensgewohnheiten der Zyklopen beschreibt. Da wird von Zeitungen berichtet, die fast bis zum Boden reichten,

von mächtigen Schreibtischen mit Hunderten Fächern, mechanisch verwandelbar wie die Krippenspiele zu Hause in Böhmen; von Telegraphensälen, in denen die Angestellten rund um die Uhr im sprühenden elektrischen Licht unter ihren Kopfhörern sitzen; von Kapitalisten, im Maul die dicksten Zigarren der Welt; von Landvillen, die eher Festungen gleichen, Brieftaschen, die an Größe und Dicke Ungeheuer ihrer Art sind; von riesigen Buffets, auf denen die Kuchen und Truthahnstücke wie aufgepumpt aussehen; von Serviertabletts im Umfang von Billardtischen; anstelle bescheidener Plakate werben meterhohe Tafeln auf eigens für sie aufgestellten Gerüsten. Und nicht nur die Technik, das Mobiliar und die Dinge des Alltags, auch die Menschen selbst scheinen hier von der Elephantiasis erfaßt. Monströses Beispiel ist die unförmige Sängerin Brunelda, eine echte Vorläuferin der bedauernswerten *couch-potatoes* des Fernsehzeitalters, von der es im Roman heißt: »Ich dachte, Du hättest hier zehn Kartoffelsäcke und jetzt ist es ein einziges Frauenzimmer.« Wem fielen da nicht die grotesk übergewichtigen Gestalten in den Warteschlangen bei McDonalds ein, jener gewisse Typus von Fettleibigkeit, wie ihn so nur die hiesigen Ernährungsgewohnheiten hervorbringen?
In Kafkas Phantasie-Amerika erscheint der Fortschritt in Szenenbildern des Zirkus und der Operette. Barnum und Offenbach und die Väter der Stummfilmklamotte haben sich zusammengetan zur großen Choreographie nach einem Libretto Walt Whitmans. »Eine große Stadt ist die, die die größten Männer und Frauen hat, / Und wären es nur ein paar lumpige Hütten, so wäre es doch die größte Stadt auf der ganzen Welt.« Es ist, als würden die Figuren, selbst im Flüstern, den Mund an die Schulter des Nebenmannes gedrückt, die ganze Zeit über Megaphon aufeinander einreden. Auch dies reine Hellsicht: Bis heute liegt hier die Lautstärke, noch beim intimsten Gespräch, deutlich höher als in anderen westlichen Kulturen. Jedes Wohnzimmer kann leicht zur Bühne werden, jeder Tisch im *diner* und jedes Drehkreuz am Bahnsteig der U-Bahn-Station. Deshalb die zahlreichen *sit-comedies* auf allen Fernsehkanälen, ihre Beliebtheit bei einem Publikum, das an öffentlicher Zurschaustellung eine geradezu kind-

liche Freude hat. Deshalb der Eindruck von Dekoration und Spielfilmkulisse, der den meisten Innenräumen hier jede Privatsphäre nimmt. Im Handumdrehn ist die vierte Wand beiseite geschoben. Die intimsten Szenen spielen oft mitten auf offener Straße, an den belebtesten Ecken der Stadt. Man kann nie wissen, ob man nicht plötzlich im Scheinwerferlicht steht, und also agiert man wie vor versteckter Kamera, jeder ein Star in der jüngsten Folge einer Familienserie, und immer ist beste Sendezeit. Kafkas *Naturtheater von Oklahoma* ist längst nicht mehr bloße Parabel und mythischer Ort, seit es Las Vegas und Atlantic City gibt, den *Theatre-District* am Times Square oder die weihnachtliche Show mitsamt Eislaufarena am Fuße des Rockefeller Center.

Meine erste Erinnerung an New York ist eine Straßenszene an einem sonnigen Freitagmittag im schönsten *Indian summer*. Kaum hatte ich den Flughafen-Bus an der Penn-Station verlassen und war zu Fuß in Richtung Fifth Avenue aufgebrochen, wäre ich beinahe von einem jungen Schwarzen umgerannt worden, der sich in wilder Flucht seinen Weg durch die Passanten bahnte. Hinter ihm her, im Diskant, schrie und kreischte eine ältere Dame mit bläulich verfärbtem Haar. Nach wenigen Metern hatten zwei *cops* den Schurken gestellt, an die nächste Hauswand gedrückt und mit Handschellen versehen. Es war ein klarer Fall von Taschendiebstahl, in einer Stadt wie dieser kaum eine Unterbrechung wert im geschäftigen Straßenleben. Nur der Neuankömmling blieb lange wie angewurzelt stehen. Sein Blick hing an den blauen Uniformen der Polizisten. Tief beeindruckt sah er im Halfter den Dienstrevolver. Sein hölzerner Griff, schartig und abgestoßen, zeigte deutlich Gebrauchsspuren. Es war der obszönste Anblick, den ein so junges Gemüt sich vorstellen konnte, eine Belästigung, schlimmer als ein feuerrotes Glied, das aus der Hose heraushing. Es war dies, frei nach Rilke, der Geschlechtsteil des Gesetzes. In Abwandlung einer Passage aus den *Duineser Elegien*: »Für Erwachsene aber / ist noch besonders zu sehn, wie das Geld sich vermehrt, anatomisch, / nicht zur Belustigung nur: der Geschlechtsteil des Gelds, / alles, das Ganze, der Vorgang...« Vor meinen Augen, so schien es mir damals, hatten die Hüter des Privateigentums am hellichten Tag schamlos mit einem Gesetzesbrecher kopuliert. Ich war, wie zur Begrüßung in diesem Sodom, sogleich Zeuge geworden einer unerhörten Arschfickerei, von der außer mir offenbar niemand Notiz nahm.

Zehn Jahre später erscheint all das mir selbst wie ein Traum. Nicht nur mein Herz, auch die Stadt hat sich gründlich gewandelt, seit ein drakonischer Bürgermeister hier den Ton angibt, ein ordnungswütiger, homophober, kunstfeindlicher Saubermann, der die Parks leergefegt hat von Junkies und Obdachlosen. Viel ist nicht geblieben von der urbanen Savanne inmitten der Wolkenkratzer, von den einstigen rauchdunklen Todeszonen – so wenig wie von der sagenhaften Industriekultur, in deren Eingeweiden der kleine Charlie Chaplin mit den Maschinen kämpfte wie David dereinst gegen Goliath. New York ist, was seine Aura als Metropole des modernen Anthropus betrifft, einer der großen Verlierer der Globalisierung. Aus dem mythischen Ort – Babylon oder Atlantis, Sodom und Gomorrha in einem – ist eine aufgeräumte Großstadt geworden, ein Architekturmuseum für europäische Wochenend-Touristen. So bequem man es derzeit erreichen kann, in knapp sieben Flugstunden, so unbeschwert wird man es wieder verlassen.

19. November

Pädiatrie

Ach, so früh schon hast du versagt,
Wenn auch nur vor Herrn Voijta.
Schäm dich! Von Therapien geplagt,
Bist den Ärzten jetzt leichte Beute.

»Störung motorischer Koordination«
Heißt die bedenkliche Diagnose.
Zwölf Wochen, da möchten sie schon
Etwas mehr von dir sehn als das bloße

Falten der Fingerchen zum Gebet.
Oder dies spastische Strecken
Deiner putzigen Füße. Zu spät
Hebt vom Praxistisch sich dein Becken.

Ein Druck auf die Stirn (sprich *glabella*):
Gleich schließt du die Augen. Brav, brav.
Doch kommt sie kaum von der Stelle,
Bäuchlings. Liegt da wie im Schlaf.

Ausgeprägt – Sehn Sie? – die Asymmetrie.
Das Kopfdrehn erfolgt noch en bloc.
Schwester, ein Tuch. Das Kind macht Pipi.
Auf Lärm reagiert sie geschockt.

Hüfthaltung gut, die Schultern verkrampft.
Was macht der Thorax, der kleine Zeh?
Von wegen Mäuschen ... Nein, und so sanft.
Kleine quietschende Orchidee.

20. November
Das Tagebuch als Protokoll von den Abenteuern der Psyche. Dem einen entgleist es zum hysterischen Krankenbericht, der andre bewahrt die Haltung und zeichnet sein Leben als nüchterne Chronik auf im Stil taciteischer Geschichtsschreibung. Keiner kommt gänzlich von seinen Privatangelegenheiten los. Insofern bleibt es wohl ein banales Genre. Das meiste läuft, auch bei sorgfältigster Vermeidung des Partikelchens *ich* auf eine Fallstudie in Narzißmus hinaus, ob gewollt oder unbewußt, der Unterschied ist gering. Wen interessiert schon der tägliche Stuhlgang des Nachbarn? Wir alle sind Zeitgenossen, arme Teufel des Zeitgeists, ein jeder in seiner Höllennische gefangen. Mancher mag sich da komfortabel eingerichtet wähnen, exklusiv interniert in der eignen Bewußtseins-Zelle: Weiter als bis zu Kassibern und Klopfzeichen wird auch er es nicht bringen. Ein Minimum immerhin an persönlicher Disziplin verspricht das Gedankentage-

buch. Doch von den Zettelkästen entfernt auch diese Form des Diariums sich kaum. Weil die Gedanken sprunghaft sind wie die Begehrlichkeiten und Interessen, hält man am Ende auch hier nur ein Dokument der Krise in Händen: Ephemeriden und Paralipomena. Sein Ideal wäre das Reisejournal des zerstreuten Geistes durch die Provinzen der inneren Mongolei.

21. November
Die einzige Verkörperung des Unsterblichen in der Literatur, der ich in diesen Breiten begegnet bin, war ein Dramatiker, der mit seinen Figuren Kegeln spielte, indem er die übergroßen, grotesken Kugeln der Ideologie zwischen sie rollte. Anstelle der Katharsis, gab es bei ihm nurmehr das martialische Krachen, mit dem die Schauspielerpuppen im Rhythmus der Blankverse von der Bühne gefegt wurden. Seit der Jugend hallt das Geräusch in mir nach: seit meiner Zeit als Kegelaufsteller. Mehrere Jahre lang hab ich mit dieser Tätigkeit in den Betriebssportstunden des Vaters und seiner Arbeitskollegen mein Taschengeld aufgebessert. Jedesmal betete ich im stillen, die Kugel möge am Rand vorbeirollen und möglichst keinen der Kegel streifen. Je weniger Treffer, um so weniger Arbeit. Mit meinen Stoßgebeten habe ich mehr als eine Kugel verhext. Der Höllenlärm, wenn das Geschoß wider Erwarten doch in die vollen traf und am anderen Ende der Bahn ein Männerchor »Alle neune!« brüllte, dröhnt mir noch immer im Ohr.

23. November
Arm wie die Kirchenmaus, hatte er dennoch Prinzipien. So bestand er etwa darauf, gut zu essen, wann immer der Appetit ihn überkam, außerdem sich exzellent einzukleiden und jedes interessante Buch, und wäre es noch so teuer gewesen, sogleich zu bestellen. Nicht um Besitz ging es ihm und schon gar nicht um Repräsentation. Doch war ihm kein Geld zu schade für die Aufrechterhaltung des guten Lebensstils und eines Komforts, der ihn umgab wie eine zweite Haut. Körper und Geist zu pflegen und sich mit allem zu versorgen, was seine Sinne verlangten, vom Vitaminsaft bis zur Faksimile-Ausgabe von Hölderlins Homburger Folioheft,

gab er jährlich Unsummen aus. Lieber verschuldet als unterernährt sein, leiblich wie seelisch, war seine Devise. Er hatte nicht viele Maximen oder vielmehr, er wechselte sie täglich wie die Unterwäsche, an der einen aber hielt er doch eisern fest: Das Beste nur war ihm gut genug. Die Begründung war denkbar einfach. Das einzige Hindernis, das man zwischen sich und die Welt der aufdringlichen Mitmenschen legen konnte, war ein bestimmter Luxus. Nur, woher nehmen und nicht stehlen, fragte er sich oft mit Blick auf den letzten Kontoauszug. So ging es ihm wie den meisten in dieser Gesellschaft, deren Egalität vor allem in Schuldenmachen bestand, im Wechselfieber der Wünsche, die ihn niemals verließen. Sobald einer erfüllt war, galt es, sich sogleich zu distanzieren von ihm. Dieses Spiel hatte alle Symptome einer echten Idiosynkrasie, in Wirklichkeit aber war es ein pathologisches Phänomen. Auf dieser Krankheit beruhte der ganze Wohlstand des Landes, in dem er sein launisches Dasein fristete, Geisel der eigenen, übersteigerten Reizbarkeit, die alles in allem ziellos war. Auf den zerbrechlichen Schultern von Amateur-Dandys und laienhaften Genießern wie seinesgleichen konnte der ganze elende Pseudo-Luxus dieser Gesellschaft sich voll entfalten.

24. November

Time and again

Past will be future. At least, my dear:
    Objects in mirror are closer than they appear.

(Ein Mantra, das mir bei jedem Blick in den Rückspiegel durch den Kopf ging bei einer Autoreise durch Kalifornien auf dem legendären Highway One.)

25. November
Von Zeit zu Zeit kehrt das trotzige Kind in dir wieder und rezitiert einen Gassenhauer. Aus Trotz hält es sich an die linkischen, humpelnden Reime, wie zum Beweis dieser gehbehinderten

Sprache. An ein versprochenes Wiegenlied, das man niemals zu hören bekam, erinnert der falsche Reim, so infantil und schlicht ist er, so windschief wie Bauernmöbel oder naive Malerei. Wie tröstlich sind Knittelverse. Sie bringen das wacklige Tischlein-deck-dich zurück, aus dem Märchenbuch die gemalte Schinkenkeule und das rostige Küchenmesser, das der zerstreute Gänsehirt sich in den Arm steckt, weil er fürchtet, es sonst zu verlieren. Sie erinnern an Mutters leiernde Intonation beim Aufsagen der gereimten Büttenrede auf der Betriebsfeier. Mit ihnen feiert die ferne Schulstunde Auferstehung, als man vor versammelter Klasse, unbeirrt von der Schadenfreude, die jedes Stocken und Steckenbleiben mit einem hämischen Feixen quittierte, den Zauberlehrling vortragen sollte. Zitternd nahm man vorm drohenden Stimmbruch Zuflucht in die Sicherheit monotoner Endreimbetonung. Noch am Abend zuvor, beim Einschlafen, hatte man brav die klassischen Strophen memoriert. Seliger, unvergeßlicher Augenblick. Selten war man der Muttersprache so nahe gewesen wie damals.

26. November

Rühr-mich-nicht-an

Schreckhaft ist sie. Fährt beim kleinsten Mucks
Zuckend wie das Springkraut aus dem Schlaf.
Lauscht erschüttert, wenn der Ausguß gluckst
Und das Radio schmettert »All you need is love«.

Übel nimmt sie Lärm und Kinderein
Der Erwachsnen, die sich gerne dadaistisch geben.
Veuve Cliquot, ein Knall – es ist zum Schrein,
Wenn auch selten komisch so ein Säuglingsleben.

Alles Plötzliche – Hatschi! – macht sie nervös.
Jede Tür, die explodiert im Ohrenhintergrund.
Nur beim Arzt, im Mord-von-Bethlehem-Getös,
Spielt ein Zug von Seelenruh um ihren Mund.

28. November
Je länger ich in Berlin wohne, um so fremder wird mir die Stadt. Dabei geht es längst nicht mehr darum, sich in ihr nicht zurechtzufinden wie damals, Anfang der achtziger Jahre, als ich zum Studium hierhergezogen war und wenig mehr kannte als den Bezirk Prenzlauer Berg, die urbane Mongolensteppe am Alexanderplatz und die Gegend rings um die Universität Unter den Linden. Auch die Lektion, sich in dieser Stadt zu verirren, *wie man in einem Walde sich verirrt*, liegt lange zurück. Die Fremdheit des Alteingesessenen ist etwas anderes als das Schwindelgefühl des Neulings, dem im Moment des Umzugs die Großstadt den Boden unter den Füßen wegzieht. Im Falle Berlins hat sie mit den Verwandlungen zu tun, denen die Stadt seit ihrer Wiedergeburt als ganze unterworfen ist, und zwar von Jahr zu Jahr radikaler. Das Besondere an dieser fortwährenden Umgestaltung ist, daß sie unmittelbar aus den Antagonismen folgt, von denen die neue Hauptstadt geprägt ist wie keine andere europäische Siedlung. Berlin war und ist die Stadt im permanenten Ausnahmezustand. Ein Wunder, daß hier nicht ab und zu nächtliche Ausgangssperren verhängt werden, um bis Tagesanbruch ungestört den Umbau voranzutreiben. Die Bevölkerung könnte sich währenddessen unter die Erde zurückziehen. Ohnehin gibt es es an diesem Ort eine Neigung zum Leben im Untergrund. Man denke an all die Bunkersysteme, U-Bahn-Schächte, Kellerclubs und Fluchttunnel, in denen die Lichtscheu der Reichsführer mit der Paranoia der Mauerbauer und den Tanzritualen der Technogeneration zusammenfloß zu einer seltsamen *Phantasie noir*, der die Stadt ihren Ruf einer Metropole auf Tauchstation verdankte.
Die historisch bedingten Entwicklungsunterschiede und gegenseitigen Hemmungen der beiden ehemaligen Stadthälften machen aus der Siedlung im märkischen Flachland nun ein Vexierbild der Ungleichzeitigkeit. Je näher man die Bezirke betrachtet, um so verwirrender und unübersichtlicher erscheint einem das Ganze. Selbst ein Jahrzehnt nach der Beseitigung der Barrieren, die Berlin im Innern durchzogen, bleibt es bei jenem unscharfen Gesamteindruck, den die Teilung dereinst den Bewohnern auf-

zwang. Noch immer grenzt Polen hier unmittelbar an die Niederlande und Belgien, begegnen die Weiten Rußlands den gepflegten Villenvierteln westdeutscher Städte. Eine Taxifahrt von Karlshorst, jener Kommandantur, in der bei Kriegsende die Kapitulation des »Dritten Reiches« besiegelt wurde, hinüber nach Friedenau oder Charlottenburg entspricht einer Reise quer durch Zentraleuropa. Vor allem im Winter verliert man, in der frühen Dämmerung abseits der Hauptstraßen, bald jegliche Orientierung. Umfährt man das Ganze auf einer der Stadtautobahnen und bewegt sich dann plötzlich von irgendeinem Abzweig aufs Zentrum zu, ist es, als würden die Himmelsrichtungen sich im Kreise drehen. Die geographische Lage selbst scheint verrückt zu spielen. Wo hier Südosten ist oder Nordwesten, erkennt der Ansässige wie im Blindekuhspiel zumeist erst, wenn er inmitten der wenigen ihm vertrauten Stadtviertel auf ein Wahrzeichen stößt, das auch im Dunkeln noch Halt verspricht. So zerfällt die Stadt in lauter unverbundene Nachbarbezirke, in denen man, je nach individuellem Bewegungsradius, entweder sich unbesehn auskennt oder desorientiert wie am ersten Tag einer Auslandsreise umhertappt. Was haben Weißensee etwa und Zehlendorf miteinander gemein? Nichts als das alte Verkehrsnetz aus der Vorkriegszeit und den Index der Straßennamen, mit dem der Pharus-Plan sie dereinst im selben Maßstab vereinigte. Welcher Vektor verbindet den Treptower Park, Sitz des Sowjetischen Ehrenmals für die gefallenen Kämpfer der Roten Armee, mit dem nationalsozialistisch geprägten Gelände rings um den Funkturm, von dem die Avus den Autofahrer in Richtung Atlantik und Westwall davonträgt? Welcher verschollene Generalbebauungsplan verklammert die Gastarbeiterbezirke Kreuzbergs und des ehemals roten Wedding mit der vitrinengeschmückten Flaniermeile des Kurfürstendamm, den Speckgürtel aus Villen und Wassergrundstücken rings um den Wannsee mit den erbärmlichen Arbeitslosenasylen Neuköllns?

Ich werde nie vergessen, wie ich einem Freund, der sich aus einer Laune heraus zum Taxifahrer ausbilden wollte, eines Tages beim Vorbereiten auf die mündliche Prüfung half, indem ich ihn wahl-

los nach den abgelegensten Fahrzielen abfragte. Der Ärmste hatte auf dem Teppichboden seiner Neuköllner Mietwohnung mehrere Stadtpläne ausgebreitet und gab nun sein Bestes, sich die unmöglichsten Straßennamen und Streckenverbindungen einzuprägen. Taxifahrer war ein begehrter Job. Vor allem Ostdeutsche, mittellose Studenten und Ausländer mit Aufenthaltsgenehmigung bemühten sich damals um die begehrte Lizenz. Um so strenger waren die Prüfungsregeln. Die kleinste Lücke in der Kenntnis des engmaschigen Straßennetzes bei einer Fläche von mehreren hundert Quadratkilometern, und man war aus dem Rennen. Der Freund war übrigens ein gewisser Ingo Schulze, angehender Schriftsteller, soeben zurückgekehrt aus St. Petersburg, wo er als Jungunternehmer mit einem westdeutschen Kompagnon eine Stadtzeitung gegründet hatte, bevor er sich mit seinem Anteil, einer roten Corvette-Limousine, ins Privatleben zurückzog. Die Schublade längst voller *short stories*, war er auf der Suche nach einem Nebenverdienst, der ihm Luft verschafft hätte für eine ungestörte literarische Arbeit. In jenen Monaten zu Beginn der neunziger Jahre war unsere Freundschaft, die tief in die Schulzeit zurückreichte, gerade aufgefrischt worden. Für ihn sollte die Fron der Lesetourneen und Interviewtermine erst noch beginnen.
Damals wurde mir klar, wie sehr diese Stadt aus allen Nähten geplatzt war. Seit der Wiedervereinigung hatte hierzu eine wilde Kulissenschieberei eingesetzt. Über Nacht wurden Dutzende Straßen umbenannt. Frischgewählte Kommunalpolitiker und Investoren sorgten mit immer neuen Bebauungsplänen für reichlich Verwirrung. Allenthalben wurden neue U-Bahn-Stationen eröffnet, das Liniennetz der Stadtbahn war generalüberholt worden. Binnen weniger Monate wurden mehrere Großbaustellen aus dem Boden gestemmt. Ihr Herzstück war der Potsdamer Platz, die leere Mitte zwischen Ost und West. Das Gesicht der Stadt veränderte sich in einem Tempo, das den Biographien ihrer Bewohner Konkurrenz machte. Gab es irgendeinen Ort der westöstlichen Syrte von vergleichbarer Entwicklungsdynamik? An dem alle infrastrukturellen Knotenpunkte doppelt vorhanden waren

und deshalb ein doppeltes Maß an Stadtplanung erforderten? Ein zweifaches Zentrum, mehrere Großkliniken, Theater und Opernhäuser in allen Varianten, Gedenkorte für beinah jedes Kapitel der jüngeren deutschen Geschichte. In Tempelhof rostete auf seinem Sockel der amerikanische Rosinenbomber in Erinnerung an die Luftbrücke zur Zeit der Belagerung Westberlins, beim Brandenburger Tor, auf der Straße des 17. Juni, der russische Panzer zum Zeichen der sowjetischen Teilhabe am Viermächteabkommen der Alliierten. Schinkels Spree-Athen, das Traumbild einer *città ideale* aus dem Geiste des preußischen Klassizismus, und die monströsen Überreste der Welthauptstadt Germania nach den Plänen des Reichsbaumeisters Speer. Im Bewußtsein des Spätgeborenen ergab all das zusammen nicht mehr und nicht weniger als ein Ensemble aus lauter Fata Morganas, ein Konglomerat aus Luftschlössern, Wohnburgen und Ausgrabungsstätten mitten im märkischen Sand. Nach Jahren der Wüstenwanderung stand man plötzlich wieder am Anfang. Man rieb sich die Augen, blickte hinauf in den nördlichen Himmel mit seinem einzigartigen Blau und kroch zurück in den jeweiligen Unterstand, den man sofort wieder aufgab, sobald der nächste Tapetenwechsel fällig wurde.

29. November
Das Tor zwischen West und Ost steht weit offen. Nicht viele sind bisher hindurchgeschritten. Die wenigsten aufrecht und ohne Hintergedanken, kaum einer mit erhobenem Kopf.

30. November
Vera im Bastkorb neben dem Bett. Dieses unheimliche Stöhnen hat sie von mir geerbt. In den winzigen Nasenlöchern raschelt die Atemluft wie im Kamin einer Berghütte. Manchmal steigert sich das Geräusch zu einem bedenklichen Röcheln. Man möchte ihr Luft zufächeln oder die kleine Miranda auf ihrer Dauneninsel von Mund zu Mund beatmen.

1. Dezember
Kindesmißbrauch

Vom Wickeltisch, hört ihr, das Schrein?
Ein Säugling in schockschwerer Not.
Sie foltern sie wieder, sie sind zu zwein!
Gesichtchen zerknautscht, puterrot,

Fügt sie sich qualvoll dem eisernen Griff
Der Zange vom Nacken zum Spann.
Das dauert, bis Vater den Knöchel trifft.
Du böse Mutter, was tust du mir an?

Lieb Tochter, gib Ruhe, es muß ja sein.
Der Arzt sprach von Hilfe, von Therapie.
So herzzerreißend dein elendes Schrein,
Falsch Mitleid vergibst du uns nie.

2. Dezember
Was aber, wenn die Geschichte nie zweimal denselben Fehler macht, sondern immer wieder neue Kreuzungen von Mißständen hervorbringt, im einzelnen zwar repetitiv, im ganzen jedoch unvorhersehbar? Marx' Idee von der Wiederkehr der Geschichte als drittklassige Farce bezog sich lediglich auf den Spielbetrieb im Zeitalter der Bourgeoisie. Mit den kapitalistischen Diktaturen des zwanzigsten Jahrhunderts hat sich die Szene gründlich verändert, und mit ihr das Genre und die Chronologie der Ereignisse. Hitler und Mussolini oder der leninsche Bolschewismus lassen sich beim besten Willen nicht mit einem derben Lustspiel verwechseln. Das Operettenmodell der Aufeinanderfolge napoleonischer Bürgerkaiser war einfach ungeeignet zur Vorhersage der schockierenden Auftritte der neuen blutigen Hanswürste. Auf einmal waren, in den modernsten aller Hochkulturen, beim höchsten Entwicklungsstand von Industrie und Technik, irgendwelche provinziellen Stubengelehrten und primitiven Schlägertypen im Besitz einer Machtfülle, wie es sie allenfalls zu Zeiten orientali-

scher Despotenreiche oder antiker Sklavenhaltergesellschaften gab. Näher am Sachverhalt war der Löwe aus der British Library mit seinem Bonmot, daß die Dummheit noch schreckliche Tragödien aufführen wird. Das Bestürzende ist, daß jene Tragödien noch in der Rückschau der staunenden Menschheit als Novum erscheinen. Wer immer es früher gewußt hat, war in der Minderheit. Wenigstens half ihm sein Wissensvorsprung, das nackte Leben zu retten. Noch immer bemühen die Überlebenden sich mit allem akademischen Aufwand um Erklärungen wie um die Lösung des Rätsels der Sphinx.

3. Dezember

Beim Spiel mit Kindern kann es vorkommen, daß man in der Hitze der Selbstvergessenheit plötzlich mit dem Vornamen eines der kleinen Spielkameraden angesprochen wird. So hat Marlene im Lauf unserer seltenen Wochenendverabredungen auf dem Boden des Kinderzimmers mich abwechselnd Julius genannt, Wolf oder Joel. Wir beide waren so vertieft in die Welt der *Playmobil*-Figuren, daß keiner den Lapsus sofort bemerkte. Minuten später erst gab es den schamvollen Seitenblick, das kurze Erröten, doch bewahrten wir jedesmal höfliches Schweigen darüber. Peinlich wurde es erst, wenn sie mich aus Versehn mit dem Namen ihres leiblichen Vaters rief. »Du, Eugen, kannst du mal...« Natürlich wurde der Irrtum sogleich korrigiert, aber das änderte nichts an dem Körnchen Wahrheit, das in dem Versprecher steckte wie im beliebigsten Herrenwitz der Keim zur Theorie vom Unbewußten. Für einen Moment hatte das Kind die Kontrolle verloren über das *Who is who* im gesprengten Familienkreis. Dieselben Verhältnisse, die es zu permanenter Wachsamkeit anhielten, waren im Eifer des Spiels Ursache einer plötzlichen Irritation geworden. Und das Gerührtsein des Erwachsenen über den kindlich zarten Fauxpas änderte nichts an der Verstörung der kleinen Seele, die alt genug war, sich im stillen Vorwürfe zu machen wie über eine unverzeihliche Taktlosigkeit. Kein *Schon gut, macht doch nichts* hätte den Ehrgeiz, allen gerecht zu werden, in diesem Augenblick beschwichtigen können. Noch Tage später standen

Marlene bei der Erinnerung an die Entgleisung Tränen der Scham in den Augen. Dabei traf sie doch zuletzt die Schuld an einem Familienchaos, das alles in allem harmlos war und dank gegenseitiger Achtung besser funktionierte als mancher intakte Haushalt. Bei solcher Gelegenheit kam zum Vorschein, wieviel psychologische Verantwortung für diesen infantilen Elternzirkus das Kind längst übernommen hatte.

4. Dezember
Im Grunde ist es absurd, auf das Mitgefühl auch nur eines einzigen Menschen zu zählen. Jeder in seiner Welt, das ist die Lage. Demnach gäbe es derzeit also mehr als sechs Milliarden Einzelwelten, die sich allenfalls oberflächlich, nur im Vorübergehen berühren. »Wir müßten uns die Schädeldecken aufbrechen und die Gedanken einander aus den Hirnfasern zerren«, sagt Georg Büchners Danton, als ihm bewußt wird, er hat sich verrechnet in seinen Träumen von der Verbesserung des Menschengeschlechts. Keine Eisscholle am fernen Polarkreis, keine Wüste dort draußen im Sonnensystem ist vergleichbar der einsamen Ödnis des menschlichen Bewußtseins, jener unwirtlichen Einsiedelei, in die ein jeder zeit seines Lebens verbannt ist. Gewaltige Kräfte tief im Innern des Körpers sind es, die unsereins isolieren von seinesgleichen: die höllische Selbstsucht, der nimmermüde Überlebenswille, die Angst vor Entblößung und das Mehr oder Weniger an echtem Liebesvermögen, das der Einzelne aufbringt. Vor allem ist es die beißende Todesgewißheit, zu wissen, von Anfang an, daß man ganz allein sterben wird, jeder den eigenen unbegleiteten Tod. Am besten, man versteckt, was einem hoch und heilig ist, kommt jedem Anschlag zuvor, rechnet jederzeit mit Verrat und pfeift auf ein Mitleid, das man selbst, Hand aufs Herz, immer nur flüchtig gibt. In seinen Hintergedanken bleibt jeder als Todeskandidat in der *death row* allein. Die einzige Brücke zum Rest der Menschheit, fragil wie die meisten philosophischen Argumente, ist die Idee, daß es den anderen kein bißchen besser ergeht. Einzelhaft ist die *condition humaine*, Grund aller Weltbilder, der kollektiven Katastrophen wie der hysterischen Utopien.

5. Dezember
Man spricht von verseuchten Rindern und zersetzten Gehirnen, von den Kadavern kranker Tiere, die in gewaltigen Fleischwölfen zerschreddert und zu Futtermehl verarbeitet werden, man spricht von Virusepidemie und vergiftetem Sonntagsbraten, dabei ist das Oberthema, das niemals genannt werden darf und doch immer anklingt wie ein verstecktes Leitmotiv: Menschenfresserei – die teuflischste Verschlußsache schlechthin, das größte denkbare Tabu. Am Ende des Nahrungszyklus angelangt, bei einer Landwirtschaft, durch und durch industrialisiert, auf dem Höhepunkt erpresserischer Naturausbeutung, wird der gierigste Fleischfresser der Erde, das Lebewesen mit der zahlenstärksten Population, seiner verzweifelten Lage gewahr. Die Menschheit hat angefangen, sich vor sich selbst zu ekeln. Nichts anderes bedeutet dieser Skandal, der nach außen hin wie jeder beliebige vor ihm daherkommt, mit einem Schwall von Fachausdrücken, dem üblichen medizinischen Kauderwelsch. Von krankhaft veränderten Proteinen ist die Rede, sogenannten Prionen, die das Gehirn zum Schwamm verwandeln, von der tückischen Creutzfeldt-Jakob-Krankheit, übertragen von Haustieren, die gleichsam ein Codewort befallen hat, ein Virus aus drei bedrohlichen Buchstaben, dessen Name an die Kürzel gewisser Volksparteien erinnert. Beklagt wird die barbarische Praxis der Fleischproduktion, der ach so tragische Übergang von der guten, alten, geduldigen Weidewirtschaft extensiver Agrarkultur zu einer schnellen, profitträchtigen Massentierhaltung nach intensiven Zuchtmethoden. Man tut so, als sei dies ein bloßer Verfahrenswechsel gewesen, das alte Risiko technischer Fortschritt, und nicht der Sündenfall einer Herrenspezies unersättlicher Allesfresser. Untermalt wird die Klage, wie gewöhnlich, vom Tremolo plötzlicher Selbstzerknirschung, das sogleich übergeht in ein Andante der Zuversicht. Der Konsument gelobt Besserung, der Nahrungsmittelhersteller verspricht ab sofort strengste Observanz. Mit einigen Wochen Diät und ein paar neuen Verordnungen glaubt man, den unappetitlichen Zwischenfall bald überstanden zu haben. Ganz so, als wäre die Rinderseuche ein schlichter Betriebsunfall, auf den man

behördlicherseits mit Quarantäne reagieren könnte, und nicht etwa das Menetekel, mit dem eine neue Zeit über die Speisetafeln hereinbricht. Es gibt kein Zurück zu den reinen Quellen, den unschuldigen Weidegründen. Das bukolische Zeitalter der Tierhaltung ist endgültig vorbei. Die Schadstoffe – Chemikalien, Hormonpräparate, mutierte Eiweißpartikel – sitzen längst tief in den Geweben und Zellen. Millionenmal haben sie die Nahrungskette durchlaufen, kein wissenschaftlicher Reinigungszauber wird sie je mehr herausspülen. Von jetzt an wird es nie wieder den ungetrübten Fleischgenuß geben. Die künftigen Katastrophen werden keine des Hungers, sondern solche der Nahrungsmittelproduktion sein.

Doch warum Menschenfresserei? Weil es in Wahrheit immer nur um die Verkürzung der Futterzyklen ging. Schaf frißt Schaf (und nicht mehr nur Gras und Wiesenklee), Rind verschluckt sich am Tiermehl aus eingestampften Rinderresten, Zuchtfisch schlingt Pellets aus grauem Fischpulver, und all das nur, damit der eigentliche Nutznießer, der Mensch, schneller als je zuvor den Bedarf an tierischem Eiweiß deckt. Im Kurzschluß der Futterkreisläufe offenbart sich die Eigendynamik: was auf den Tisch kommt, verdankt sich der letzten Ausscheidung. Im Maul noch den Köder, den tödlichen Brei aus den Trögen, geht es auf kürzestem Weg in die Eingeweide, um sogleich wiederzukehren im nächsten Hauptgang. Über kurz oder lang führt moderne Ernährung an den *tipping point*, an dem der Mensch beim Verzehr von Tierfleisch keinen Umweg mehr geht und unmittelbar seinesgleichen verputzt. Abgeschafft sind all die strengen Ernährungsregeln der verschiedenen Weltreligionen, vergessen der Instinkt für die Ähnlichkeiten in Geschmack und Faserform tierischer und menschlicher Fleischsorten. Hemmungslos steuert der blinde Nimmersatt auf das große Fressen der eigenen Artgenossen zu.

Ist ihm bewußt, wie gefährlich nah er der Unsitte längst wieder ist, die er als kultivierter Esser doch, stolz auf Messer und Gabel, in prähistorische Zeiten verbannt glaubte. In düsteren Anspielungen nur läßt sich davon reden, er kennt sie aus Horrorgeschichten, es schüttelt ihn manchmal bei der Lektüre. Wovor ihm in

Märchen und alten Entdeckerberichten am meisten graut, woran er sich im Theater bei Shakespeare (»Titus Andronicus«) oder Seneca (»Thyestes«) schaudernd ergötzt, das liegt ihm nun selbst auf der Zunge wie das verdrängte Wort aus dem bösen Traum. Kannibalismus, ein Ausdruck, der seit langem auf dem Index der zivilisierten Völker steht, in einer Reihe mit Inzest und Sodomie. Vielleicht ist er deshalb so schwer von Begriff. Einstweilen soll nur das Tier seinesgleichen verspeisen. Die Menschenfresser, das versteht sich, sind immer die andern, primitive Eingeborene, Indianer und Südseeinsulaner. Oder vereinzelte Psychopathen wie jener japanische Student in Paris, der im Liebeswahn seine junge Freundin verspeiste, aus Eifersucht, um sie niemals mehr zu verlieren.
Ich weiß noch, wie meine Großmutter, eine Zeitgenossin des Serienmörders Haarmann, der in den Jahren zwischen den Kriegen sein Unwesen trieb, mir, ihrem staunenden Enkel, eine Erkenntnis aus dem Erfahrungsschatz dieses Schlächters weitergab. Schweinefleisch, wußte sie zu berichten, sei im Geschmack dem des Menschen ganz ähnlich. Die Leute, denen er das Fleisch seiner Opfer verkauft habe – sie glaubte tatsächlich an einen solchen Handel –, hätten den Unterschied überhaupt nicht bemerkt. Nie werde ich vergessen, wie natürlich der Vorgang mir damals erschien. Seit ich meinen Großvater, der ein Leben lang in den Dresdner Schlachthöfen malochte, zum erstenmal bis ans Werktor begleitete, hatte ich die fixe Idee, dort drinnen, in diesem tosenden industriellen Höllenschlund, würden vielleicht nicht nur Rinder und Schweine, sondern hin und wieder auch Menschen zu Konserven verarbeitet werden. Die Vorstellung schien mir so logisch, so absolut zeitgemäß, daß ich sie lange für mich behielt. Irgendwann würde es auch darüber eine verläßliche Statistik geben. Heute erst weiß ich, leider, daß dies gar nicht so weit hergeholt ist. Es geht nicht um einzelne tabuisierte Verbrechen, nicht um Betriebsunfälle wie jenen des armen Schlachterkollegen meines Großvaters, der eines Tages kopfüber in den Brühbottich stürzte. Es geht auch nicht um Geheimsekten, um archaische Satanskulte in den Folterkellern dieser Gesellschaft und erst recht nicht um längst vergriffene Kochbücher mit Titeln wie »Ich aß

die weiße Chinesin«. Wovon hier die Rede ist, das geschieht am hellichten Tag, massenweise und wohlgeplant. Die Tatorte heißen Supermarkt, Viehbörse und Tiermehlzentrifuge. Im beschleunigten *recycling* aller verwertbaren Nahrungsmittelressourcen zeigt sich der alte kannibalische Trieb. Durch die inzestuöse Verkürzung der Futterkreisläufe ist der Mensch unbemerkt an sich selbst geraten. Mit bestem Gewissen frönt er der Sodomie, wenn auch mit anderen Körperöffnungen als seinerzeit die armen, partnerlosen Hirten auf den einsamen Weiden Arkadiens. Das ist es, was sich hinter der Bezeichnung *fast food* verbirgt: der kürzeste Weg zur nächsten fleischhaltigen Mahlzeit führt zuletzt über die Selbstverwertung. Nur zum Schein bilden Schlachthof und Friedhof getrennte Sphären, gibt es die Rückführung der Tierkadaver in den Futtertrog hier, dort die Bestattung der teuren Verblichenen. Schon kommt aus Indien die Nachricht von sogenannten Latrinenschweinen, die man bequemerweise gleich unter dem Donnerbalken mästet. Natürlich würde kein halbwegs wohlerzogener Mensch sich heutzutage den Gaumen mit Menschenfleisch beflecken, es sei denn, in höchster Hungersnot, nach einem Flugzeugabsturz über den Anden oder bei arktischen Expeditionen, zur Rettung des nackten Lebens. Ganz und gar unzeitgemäß, wie aus einer mittelalterlichen Chronik, muten die Schilderungen von Übergriffen während der deutschen Belagerung Leningrads an, wo streunende Kinder und schwache Alte angeblich der Not enthemmter Hungerleider zum Opfer fielen. Und noch immer sind die Capriccios aus der Zeit der Stalinschen Kulakenpolitik in Rußland tabu.
Nur aus solcher Verdrängung läßt sich die gegenwärtige Blindheit erklären. Zum Verbraucherschutz gehört nicht zuletzt, daß man dem Fleischkonsumenten die bittere Wahrheit erspart. Dabei ahnt jedes Kind, wenn es zum erstenmal mit seinem Einkaufszettel vor einer der Fleischtheken steht, woher dieses Würgen im Magen rührt. Die rosigen Stücke in den Frischhaltefolien, die zerhackten Tiergliedmaßen und das Gekröse, das da in sanitären Behältern in seinem eigenen Saft schwimmt, erinnern es allzusehr an den eigenen zerbrechlichen Körper. Nur die Metzgersfrau und

die schwitzende Supermarktangestellte in ihrer weißen Krankenhausschürze wollen ihm immer noch weismachen, es ginge alles mit rechten Dingen zu. Nein, mein Kleiner, das hier ist Rinderlende und das die Niere vom fetten Hausschwein. Du brauchst keine Angst zu haben, die Tante ist keine Hexe, und seit Hänsel und Gretel kommt keines der lieben Kinderchen mehr in den Topf.

6. Dezember
Sarkasmus ist Gallenhumor. Er gehorcht nicht den Reflexen des Zwerchfells, er folgt der Logik der Eingeweide, die im Dunkel des Körpers schmoren. Sie verlangen ihr Recht, indem sie die unerlöste, die sklavische Seite des Lebens zur Sprache bringen, den Stoffwechselprozeß, der auf Zerstörung hinausläuft. Das sarkastische Denken skandiert die Signale der Selbstauflösung, gegen die kein Kraut gewachsen ist. Was an ihm als negativ erscheint, ist in Wirklichkeit Ausdruck des Widerstands, mit dem ein Organismus sich gegen die Umwelt behauptet, solange er lebt. Das Positive mag Sache der Metaphysik sein, Sarkasmus beschäftigt sich mit den körpereigenen Negationen. Denn Leben heißt, sich im Innern des Widerspruchs zu bewegen, hin- und hergerissen von einer Transzendenz in der privilegierten Rolle der Obrigkeit und den bloßen biologischen Funktionen des dienstbaren sterblichen Körpers. Das Bewußtsein sollte erkennen, wieviel es der metabolischen Arbeit der weniger edlen Körperteile verdankt. Seine Schuld reicht weit hinaus über den arbeitsteiligen Beitrag zur Selbsterhaltung des Ganzen. Der ursprünglichen Bedeutung nach bezeichnet *sarkizo* die Tätigkeit des Vorschneiders. In archaischer Zeit fiel dem Familienoberhaupt – bei Homer oft dem tapfersten Krieger – die Aufgabe zu, an der Speisetafel, das Fleisch von den Knochen zu trennen, es abzuschaben und an die anderen Teilnehmer des Mahls zu verteilen. Sarkastische Reflexion aber erschöpft sich keineswegs in beißendem Spott, in der *Zerfleischung* mißliebiger Verhältnisse oder Personen. Sie kommt erst dann zu sich selbst, wenn sie im lustvollen Zerreißen der Zusammenhänge die Verblendung im Blick auf das Ganze vorführt. Der wunde Punkt,

den sie aufzeigt, ist die gegenseitige Abhängigkeit – der Körperteile wie der Gesellschaftsglieder. Indem sie bis zu den Knochen vordringt, macht sie die Anatomie selbst kenntlich. Sie führt vor Augen, was unter der Haut liegt, unter dem Fettgewebe der Theorien und Masken. Ihr eigentlicher Gegner ist jene schillernde Rhetorik, die das Fleisch mit dicken Schichten aus falschem Bewußtsein überzieht, allem voran die Ironie. Sie hat es abgesehn auf die wortreichen Truggebilde, die Camouflagen der Epidermis. Kaltblütig zerfetzt sie die Draperien machtgeschützter Innerlichkeit, mit der die Körper einander über ihre wahren Beweggründe täuschen. So kann es vorkommen, daß sie am Ende nurmehr den Knochen zurückbehält. In diesem Fall bleibt ihr nur noch ihr uralter Humor: Er zeigt, woher ihr Instinkt stammt. Gegen alle Verfestigung – gleich, ob von Kalzium, Nomos oder Beton – war sie schon immer auf seiten der Flüssigkeiten, die in den Körpern zirkulieren und mit ihnen vergehn.

7. Dezember
Im Alltag richtet jeder beim Sprechen sich auf sein jeweiliges Gegenüber ein. Die Rede dient vorrangig der Positionsbestimmung, ist eine Art Duftmarke, wie sie die Tiere gebrauchen zur Markierung ihres Reviers, wobei die feinen Unterschiede sich daraus ergeben, daß man gerade den Sprachraum mit allen anderen teilt. Erst im Schreiben jedoch öffnet sich, in der Abgeschiedenheit isolierter Arbeit am Wort, ein wenig der Spalt ins Unbekannte, die Aussicht auf unbesetztes Terrain. Hier liegt der Schwerpunkt der Poesie. Ihr Paradoxon ist, daß sie das Scheitern der Kommunikation zur Voraussetzung hat und doch nach sprachlichem Austausch verlangt. Ihre Spannung erwächst aus der widerstrebenden Suche nach dem unbekannten Adressaten, der beides wäre, fremder Gesprächspartner und *alter ego* zugleich. Im Laufe des Lebens baut mancher sich so seinen persönlichen Sokrates auf. Poesie lebt davon, daß der Andere die Herzsignale erwidert. Erst das Incognito eines namenlosen Gegenübers, das keineswegs nur in passiver Stummheit verharrt, bürgt für die Freiheit des literarischen Ausdrucks. Poesie ist die Intimität mit dem Anonymen.

8. Dezember

Sobald einer beim Versemachen nicht ganz und gar auf Gedanken verzichtet, bekommt er es von seiten der Fachkritik mit dem Urteil zu tun, er sei ein *poeta doctus*. Seit die Moderne schwierig wurde und aus Trotz gegen die unübersichtliche Welt und die einfachen ästhetischen Lösungen auf das große Publikum zu pfeifen begann, ist dieses Rollenfach zu fragwürdigen Ehren gekommen. Reichlich überfüttert mit Ideen und Philosophemen, thronen die Dichter der Neuzeit, diese mit allen Wassern von Nil und Ganges, Mississippi und Lethe gewaschenen, urbanisierten Gesellen hoch oben in ihren elfenbeinernen Bibliothekstürmen und schauen mit tiefen Eulenaugen auf sämtliche Goldenen Zeitalter der Dichtung herab. Dabei ist Anspielungsreichtum keine Erfindung der Moderne und die sogenannte Gelehrtenpoesie so alt wie die Lyrik selbst. Es hat sie in allen Epochen gegeben, und manche Blütezeit wird überhaupt erst erklärbar, wenn man der Dichtung den Rang einer eigenen Wissenschaft zubilligt. Macht aber nichts, das Ideal eines musikalischen Infantilismus aus Reim und Strophe ist unausrottbar. Zu allen Zeiten hat man das Scheusal *poeta doctus* in seinen wechselnden Masken als Erscheinung der Dekadenz verklagt. Die Musen flirten nicht mit den Mumien, der Engel der Dichtung ist ein Jüngling mit klaren Augen (und hin und wieder ein einsames Fräulein, gern auch neurotisch und selbstmordgefährdet), aber kein Greis, keine alte Jungfer mit dicken Brillengläsern. Kein Wunder, daß die Vertreter der Zunft nunmehr auf Abstand achten. Keiner ist scharf auf den unerotischen Titel, keiner will das gefürchtete Zwitterwesen sein: die lyrische Intelligenzbestie. Dem *doctus* haftet die Aura des Hochmuts an, der zur Schau getragenen Bildung, der ausgetrockneten Inspiration, die sich mit Zitaten aus Platon und Plotin behilft, um ihre Impotenz zu verbergen. Dabei, was kostet es schon, den üblen Ruf auf die leichte Schulter zu nehmen und mit dem Bewußtsein des Dandys, der den andern zeigt, was ein reflektierter Stil ist, das Raffinement bis zur Unverständlichkeit zu steigern? Seit Kallimachos, Cavalcanti und Paul Valéry ist Gedankenlyrik absolut legitim und vor der Leserschaft über jeden Verdacht auf Privatvergnügen erhaben. Und doch hat selten einer den Doktorhut freiwillig aufgesetzt. Bis heute gilt der akademische Titel unter den *letterati* als kompromittierend. Den meisten erscheint er noch immer als ein Verstoß gegen die Standesregeln. Man ist entweder Dichter oder Denker; beides zusammen ergibt bestenfalls einen hinkenden Kentauren, der sich mit Pegasus verwechselt, ein Vorurteil, das leider nur allzu oft bestätigt wurde. Ich gebe zu, es durchzuckt mich jedesmal, wenn ich in einer Besprechung auf den abgegriffenen Titel stoße. Abgesehen davon, daß keiner der heute lebenden Spezialisten das Zeug hat, ihn ohne Hochstapelei noch vergeben zu können, ist er tatsächlich so altmodisch, angestaubt und von Motten zerfressen, daß man bei der Verleihung eher einen Hustenanfall bekommt als eine geschwollene Brust. Deshalb mein Vorschlag: wenn schon Titel, warum nicht der eines *poeta empiricus*? Denn Erfahrung ist alles, was denen blieb, die mit dem Dichten noch weitermachen jetzt, da alles gesagt scheint, x-mal schon und meistens besser. Im Altertum waren Empiriker Ärzte, die sich auf die Erfahrung stützten, im Gegensatz zu jenen Quacksalbern, die immer nur Autoritäten zitierten, ob Hippokrates, Galen oder irgendwelche Scharlatane mit ihrem gelehrten Kauderwelsch. Gegen das Schwelgen in spitzfindiger Terminologie setzten sie die präzise Untersuchung des kranken Körpers. Dem medizinischen Disput zogen sie die unmittelbare Anschauung vor, die genaue Diagnose am Einzelfall des Patienten. Es handelt sich hierbei nicht nur um ein beliebiges Gleichnis. Heilkunde und Poesie haben mehr miteinander gemein, als es dem Laien vielleicht erscheint. Glaubt man den wirklichen Koryphäen, so war die Medizin niemals die exakte Naturwissenschaft, als die sie sich ausgab. Jeder Betroffene hat es am eigenen Leib schon erfahren: Auf eine Krankheit kommen fünf verschiedene Diagnosen. Jeder Arzt bevorzugt eine andre Behandlungsmethode, wenn auch nicht gerade bei Grippe oder Beinbruch, so doch bei Heuschnupfen und Hautallergie, ganz zu schweigen von Hepatitis B oder gar Leukämie. Sobald etwa die Leberwerte konstant außer der Norm liegen, kommt das Dilemma zum Vorschein. Schon mancher, der es aus Prinzip mit der Schulmedizin hielt, fand sich am Ende beim

Heilpraktiker wieder. Nicht anders geht es in der Verskunst zu. So viele Dichter, so viele Poetiken, kann als Faustregel gelten. Poesie ist, wie sollte es anders sein, eine Erfahrungskunst. Ihr wissenschaftlicher Anstrich rührt aus den vielerlei Ansätzen zu einer Systematik, die Historiker der Zunft heißen in ihrem Fall Aristoteles, Boileau, Lessing, Schlegel oder meinetwegen auch Hugo Friedrich. Deren Definitionsversuche und Regelkanons haben jedoch nichts an der Tatsache ändern können, daß auch beim jüngsten Debütanten jeder Arbeit am Wort ein singulärer Lebensentwurf vorausgeht, eben jenes Empirische, ohne das sich ein eigener Ausdruck niemals entwickeln könnte. Der Dichtung ebenso wie jeder wirksamen Heilbehandlung zugrunde liegt eine Fülle von Einzelbeobachtungen, Schocks oder Glücksmomenten, die jedesmal anders durchlebte Geschichte eines Erlebens von Sterblichkeit, Vernunft und Passion. Hier wie dort führt erst die Versuchsanordnung zu neuen Ergebnissen, der freie Fall durch die Netze der Tradition hindurch auf den Boden persönlicher Wahrnehmung und Existenz. Empirisch handeln heißt, dem alten griechischen Wortsinn nach: im Wagnis stehen, mit dem Scheitern auf du und du. Die poetischen Formen sind dabei allenfalls, was dem Chirurgen sein Sezierbesteck ist, dem Heilmediziner seine Kräutersammlung oder dem Wunderheiler sein Repertoire undurchschaubarer Tricks. Deshalb ist die Bezeichnung *poeta doctus* so unbrauchbar. Sie unterschlägt, was an unvordenklicher Anthropologie erst demjenigen zufällt, der in die eigenen Lebensabenteuer sich mit der Kühnheit des Piraten verstrickt. Was ihm so zustößt, wird sich immer in den Grenzen der Gattungserfahrung halten. Die Art und Weise erst, wie er daraus seine poetischen Schlüsse zieht, macht die Unterschiede, von denen dann alle Folgenden zehren.

9. Dezember
Das Unwort des Jahres 2000 ist: »Unwort«. Wider Erwarten hat eine janusköpfige Jury sich überraschend auf diesen unscheinbaren Kandidaten einigen können. Lange blieb seine Gegenwart unbemerkt. Den wenigsten war aufgefallen, daß er bei allen No-

minierungen in der ersten Reihe stand, sozusagen incognito, als Türhüter getarnt. Offenbar hatte es in all den Jahren den Segen der Tugendwächter und Rechtschreibkommissare aus allen Lagern. Unter dem offiziellen Schutz der Gebrüder Grimm segelte es mit stolz geschwellten Vokalen durch die trüben Gewässer des ethischen Abschaums und war doch selbst kaum besser als diese. Nun ist es endlich leck geschlagen, die Heuchelei hat ein Ende. Unwort, heißt es in der Begründung des Gremiums, das sich in letzter Minute durch einen Hinweis aus Kreisen von Sprachhistorikern aufrütteln ließ, sei keineswegs die geeignete Arche Noah für die verderbte Ladung aus Neologismen und Floskeln der Inhumanität, als die es Jahr für Jahr herhalten mußte. Ein genealogischer Fingerzeig habe deutlich gemacht, wie sehr es sich selbst kompromittiert habe im Lauf der Geschichte. Mit Geschwistern wie Unkraut, Unmensch oder gar undeutsch sei es ein für allemal untauglich geworden für jede Wahrheitsfindung im Sinne einer höheren Moral. Die Suche nach künftigen Unworten könne hiermit als beendet gelten. Zumindest sei vorerst kein anderer Stempel zur Brandmarkung von Zynismus, Diskriminierung und sprachlicher Würdeverletzung in Sicht.

10. Dezember
Alles auf ein Stück Papier zu setzen, auf die entscheidende Metapher, den nächstbesten Tag, der wie jeder vor ihm daherkommt und doch niemals wiederkehrt; alles wie auf eine Karte auf den einen geliebten Menschen zu setzen, mit dem dich ein Zufall liierte, darum geht es auf dieser kurzen Reise durchs Universum der Zeichen und wechselnden Lebensmotive, die in der Erinnerung erst jenes Muster ergeben, ohne das alles nur Chaos gewesen wäre und Sinnlosigkeit.

11. Dezember
Aus welchen Fernen so ein Säugling kommt. Wachstum ist ein Prozeß der Kenntlichwerdung, ein Durchlaufen physiognomischer Stadien. Langsam lichten die Nebel sich, ein Mensch wird erkennbar, in seinen Verhaltensmustern und physischen Charak-

teristika. Schon das Kleinkind läßt schnell alle tierhaften Artzüge hinter sich und bringt den künftigen Eigenbrötler zum Vorschein. Allein der Säuglingsschrei: man sieht die geöffnete Mundhöhle, den roten Reptilienrachen und darin die gekräuselte, zitternde Zunge. Doch darüber wölbt sich bereits die Stirn, an die von innen der Eigensinn pocht. Daß sie ansprechbar sein wird, absichtsvoll, ein Wesen, das schon jetzt auf Stimme und Gestik reagiert, darin liegt alle Hoffnung, die sich einstweilen begnügen muß mit einer zweisilbigen Lautfolge: Vera.

12. Dezember
Die simpelsten Fragen können zum Sprengsatz werden. So hebt das Kind die Welt aus den Angeln mit seiner Resistenz gegen das vorschnelle Aha. Was ist *Souveränität*, fragt sich der bissige Joseph de Maistre, nach seiner Flucht vor den Schergen der Französischen Revolution, aufatmend im Schweizer Exil. Leib und Leben glücklich gerettet, bringt ihn die Propaganda der Jakobiner, die politische Philosophie ihres Vordenkers Rousseau um den Schlaf. Was, wenn sein Buch vom *Gesellschaftsvertrag*, von den Betreibern der Guillotine flugs in den Rang eines Manifestes erhoben, eine bloße Chimäre beschreibt, wenn es die politischen Realitäten nur eloquent verfälscht? Das Volk sei der Souverän, heißt es dort. De Maistre, unbeeindruckt, stellt kühl die Gegenfrage: von wem? »Von sich selbst offenbar. Das Volk ist also auch Untertan. Hier liegt gewiß eine Zweideutigkeit, wenn nicht gar ein Irrtum vor, denn das Volk, das befiehlt, ist nicht dasselbe, das gehorcht.« Mit dieser Klarstellung fängt ein Traktat an, das es in sich hat. Demokratie, zeigt de Maistre, ist ein einziger Haufen unlösbarer politischer Probleme, ein Kartenhaus, das in sich zusammenfällt, sobald man die Karte mit der niedrigsten Augenzahl wegzieht. Ein Monarchist analysiert die Geburtsfehler der Revolution. Einer der wenigen utopieresistenten Denker seiner Zeit geht an die Wurzel der republikanischen Gesellschaftsdoktrin, auf die alle späteren bürgerlichen Demokratien sich einmal berufen werden. Wie Machiavelli vor ihm betreibt er Sozialphysik. Er beruft sich auf die Gesetze der gesellschaftlichen Mechanik, indem er die Be-

völkerung als Masse nimmt, ihre Flieh- und Trägheitskräfte untersucht und Macht auflöst in Ursache-Wirkungs-Prinzipien.
Sein blinder Fleck ist, daß er die Autorität für gegeben hält: der erste Gesetzgeber empfängt die Gebote wie Moses direkt von Gott, sie werden ihm offenbart, nur so sind sie wirksam. Die jeder Verfassung zugrunde liegen, die Grundgesetze, stehen außerhalb jeder Debatte. Geschichte und Fortschritt, das Kräftespiel der politischen Interessen führen immer nur zur Erosion der steinernen Fundamente. Man muß verhindern, daß sie die heiligen Tafeln zu Staub zermahlen. De Maistre, der Erzkonservative, klammert sich an die unvergänglichen Mythen. Seine Fixpunkte heißen Nation, Volksseele, Gründervater, Magna Charta, primäres Königtum. Er reibt sich die Hände beim Gedanken an das *Wunder der Vandée*, an den Aufstand der Landbevölkerung, die in seinen Augen weit eher Nation ist als das entwurzelte Stadtbürgertum von Paris. Der Bauer verkörpert das Naturrecht, seine Unzufriedenheit ist das stärkste Argument gegen den Subjektivismus der Revolution, so wie der Matrosenaufstand von Kronstadt Lenins Bolschewismus von Anfang an als Konstrukt und Erpressung entlarvte. De Maistres Hauptproblem jedoch ist etwas anderes. Wie die meisten Gegenaufklärer zwingt Aberglaube ihn zur Unaufrichtigkeit. Nur am Rande streift er, was ihn am tiefsten verstört, das Gespenst der Freiheit. Die Königscobra des Monarchismus windet sich unter den Flötenklängen der Freiheit. Während er für die Idee der Gleichheit nur Verachtung übrig hat und die der Brüderlichkeit als substanzlos übergeht, weicht er dem Duell mit der Freiheit aus wie einem Gegner, der keine Satisfaktion verdient. Die Grenzen der Freiheit zeigen sich ihm schon an der Volksbildung. Erziehung der Jugend läßt sich nur durchsetzen, wenn in jedem Klassenzimmer dasselbe Herrscherbild hängt. Eine Alternative wäre die Einrichtung von Orden, wie das Beispiel der Jesuiten gezeigt hat. Den Volksschulen dagegen prophezeit er, daß sie sich alsbald in Bordelle verwandeln werden. Schuld daran ist die Pervertierung der Moral durch die Vernunft, dieses im Grunde so friedfertige Insekt aus Asien, das sich nur unter seinesgleichen wohlfühlt und von Verantwortung nichts weiß. Ge-

meint ist die Seidenraupe. »...das wertvolle Gewebe, das es uns sterbend hinterläßt, formt die Rüstung der Schönheit und den Mantel der Könige.« Aber wehe, man versuchte, auf ein Wesen wie dieses den Staat zu bauen mit Exekutive und Legislative und sämtlichen Institutionen. Selten hat jemand so rücksichtslos, ja borniert gegen den Geist der Vernunftapostel gepredigt wie dieser adlige Demokratieverächter aus seinem Exil. In Voltaire und Rousseau sah er die Drahtzieher der Volkserhebung, die Munitionslieferanten für die Saint-Justes, die Robespierres und Marats aller Zeiten – Freigeisterei als Anstiftung zur Revolution. Sein Plädoyer: »Wohlan! *Ihr habt nicht gemordet*: Das ist das einzige Lob, das man Euch machen kann. Aber ihr habt morden lassen... Der Tiger, der seine Beute reißt, verrichtet sein Werk. Der wahre Schuldige ist der, welcher ihm den Maulkorb abnimmt und ihn auf die Gesellschaft losläßt.« Man kann das belächeln, aber es hat sich gezeigt, daß die rigiden Denker weit mehr Unheil angerichtet haben als ihre armen Vettern, die Dichter, die immer erst vorstellig wurden, nachdem die Macht installiert war und es Vorteile brachte, ihr mit schönen Worten zu dienen. Nur in einem hat sich de Maistre vertan. Er hat sich verrechnet, was die Anzahl der Opfer für die Gewaltenteilung betraf. Es waren nicht nur vier Millionen Menschen, die Europa entzogen wurden als Preis für das Zertrümmern des Absolutismus. Die Verlustquote wuchs später bald auf hundert Millionen an. Zieht man die Gesamtsumme, dann ist das Kapitel Geschichte, das damals begann, in puncto Bevölkerungsdezimierung erst von den beiden Weltkriegen übertroffen worden, die ihrerseits eine Spätfolge des Pariser Umsturzes waren. Die Rechnung wäre unvollständig ohne die Toten der Kolonialkriege und das Massensterben im Maelstrom der rivalisierenden Sozialismen, die sich allesamt vom jakobinischen Terror inspirieren ließen zu ihrer jeweiligen Subtraktionspolitik. Mit dem Wegfall der Nummer eins, egal ob König, Zar oder Landesfürst – die Bezeichnung spielt keine Rolle –, übernimmt bald das Minus die Herrschaft. Sein Ideal ist die Null. Es fängt mit der Volkszählung an und hört mit dem Subtrahieren erst auf, wenn die Statistik stimmt und aus Bevölkerungen homogene Massen geworden sind, Kolonnen aus lauter Nullen, deren einziger Horizont eben jenes Minus ist, nach dem sie sich richten.

Einer wie Baudelaire hat früh die Konsequenzen aus solchen Gedankengängen erkannt. Für ihn war de Maistre, was Marx für Brecht war, ein Guru in Sachen Weltgeschichte und ihrer Deutung. Ein kalter Prognostiker, der alle anderen in den Schatten stellte mit seinem Weitblick. Durch seine Augen wurde Geschichte auf einmal als *Tale of mystery and imagination* lesbar, ein gewaltiges Epos aus Antagonismen, die sich zu lauter Handlungssträngen ordneten, sah man genauer hin, wobei *mystery* für das Rätsel der Souveränität stand und *imagination* die Phantasien aufrief, mit denen sich die Gesellschaft immerfort über ihre wahren Absichten täuschte. De Maistre und Edgar Poe haben mich denken gelehrt, bekennt Baudelaire.

13. Dezember
Rotkäppchen: eine Anekdote aus dem Dreißigjährigen Krieg. Der böse Wolf ist ein kriegsmüder deutscher Landsknecht, der seinen Vollrausch im Bett der Ahnfrau ausschläft, nachdem er die ganze Wildhütersippe aus bloßer Langeweile abgeschlachtet hat in ihrer Hütte, eine halbe Stunde entfernt vom nächsten böhmischen Dorf. Er ist derart blau, daß er sich an den Leichen vergeht und die Kleider seiner weiblichen Opfer überstreift, nur so zum Spaß. Auf einmal taucht da ein Mädchen mit blonden Zöpfen auf, *eine kleine süße Dirne*, wie es bei den Brüdern Grimm heißt, Gelegenheit für ein wenig Notzucht mit Kindern. Doch der Kerl ist allzu besoffen, er kriegt keinen hoch, und seine Frage »Was trägst du unter der Schürze?« fällt dementsprechend ins Leere. Während er sich noch auf dem Mädchen herumwälzt, kommt ein Trupp schwedischer Musketiere vorbei und beendet die Schurkerei mit einem Schuß in den Rücken des Landsknechts. Die Kugel bohrt sich durch beide Körper. Sie nagelt den Simplicissimus auf dem armen Ding fest. Zu spät erkennen die Retter, was sie angerichtet haben. Was da auf den ungehobelten Dielenbrettern im schönsten Hagebuttenrot leuchtet, ist keineswegs das Käppchen,

sondern der blutige Kopf des Mädchens. Aus Angst vor der Strafe ihres Feldkommandeurs fällt den Soldaten nichts Besseres ein, als die Leichen in einen Sack zu stecken, den Sack mit Steinen zu beschweren und die ganze Fracht in einem nahe gelegenen Teich zu versenken. »Finster wie in Rotkäppchens Hütte« gilt seither im Schwedischen als eine besonders unappetitliche Redewendung.

14. Dezember
Das Leben eines Einzellers läßt keine großen Sprünge zu. Aus der beschränkten Sicht der Amöbe muß die Umgebung natürlicherweise eintönig erscheinen, dem armen Tier bleibt nur der Schluß: So öd also ist die Natur. Ein Geißeltierchen wird immer nur auf der Stelle treten, seine Weltanschauung läuft höchstens auf einen vagen Monotheismus hinaus. In den koketten Fächerbewegungen des Wimperntierchens, einer echten Dame unter den zellularen *singuli*, zeigt sich doch nichts als ihr absurder Wettlauf gegen die Zeit. All diese Lebensläufe sind Abenteuer auf mikroskopisch kleinstem Raum. Aber warte, kommt dir das Schema nicht irgendwie bekannt vor? Protozoisch betrachtet, gibts nur ein Schicksal. Egal, ob Pantoffeltierchen, Mensch oder Giraffe, für alle gelten dieselben Haftbedingungen im eigenen Zellenbau: der Körper vereinzelt, und gestorben wird immer noch selbst. Was wir Symbiose nennen – Ehe, Rudeljagd, Staatenbildung usw. –, ist allenfalls Hafterleichterung, wenns hoch kommt, existentielle Arbeitsteilung, mehr nicht. An allen Ecken und Enden des Daseins zeigt sich die Beschränktheit biologischer Verhältnisse. Man bleibt immer im Bannkreis des eigenen Hungers, in Reichweite der Arme und Beine, Tentakeln, Zungen und Organellen. Was tut der Geist? Er bekritzelt die Kerkermauern, wirft Schatten auf Höhlenwände, richtet den Traumreflektor nach draußen durchs Fensterkreuz des Gerippes. So gesehn, kann auch der Punktstrahl des Elektronenmikroskops die Umgebung des Flagellaten in sanftes Mondlicht tauchen. Auch der Laborratte wird das nüchterne Würfelgehäuse ihrer Skinner-Box nachts auf einmal als funkelnde Kathedrale erscheinen: Alles nur eine Frage der Beleuchtung. Und doch bricht das Bewußtsein nur periodisch

aus seiner knöchernen Kammer auf und erhebt sich zum Geisterflug. Sobald die Eingeweide sich melden, mit Klopfzeichen, dumpf durch den dunklen Gefängnisbau hallend, kehrt es beklommen in seine Einzelzelle zurück.

15. Dezember
Eine Tochter aus reichem Haus. Zum erstenmal sah ich sie in der Küche beim Geburtstagsfest einer Freundin. Sie stand vor dem offenen Herd, und als ich hereintrat unter allgemeinem *Hallo!* und *Da ist er!*, drehte sie sich, auf ein verschwörerisches Räuspern der Gastgeberin hin, noch halb gebückt nach mir um, und ich sah sie in der Verkleidung einer Party-Köchin, mit der vorgebundenen Schürze über dem knielangen Rock. Jeder spürte, daß hier etwas in der Luft lag, die Begegnung war von langer Hand vorbereitet, aber nie wär ich gefaßt gewesen auf dieses Lächeln, das selbst der kritischste Romanschreiber nicht anders als entwaffnend genannt hätte. Über beide Wangen strahlend, die graugrünen Augen von jugendlichen Lachfältchen umsäumt, richtete sie sich vor mir auf, und es sah aus wie ein vollendet altmodischer Knicks. Ihr Gesicht funkelte wie in einem einzigen Jubilate. Seither habe ich dieses Lachen wohl noch Hunderte Male gesehen. Aber wann immer es aufschien, erinnerte es mich an den ersten Moment, der genügt hatte, mich ein für allemal zu bezaubern. Ich weiß nicht mehr, was ich mir damals vorgestellt hatte. Der Name war öfter gefallen, ein freundlicher Kuppler hatte ihn mir schon Wochen zuvor verschwörerisch zugeflüstert, die paradiesische Anspielung hatte längst ihre Wirkung getan. Die Beschreibung einer rothaarigen Schönheit von großer erotischer Ausstrahlung wirkte damals, als hätte man mir ein Aphrodisiakum eingeflößt. Gefesselt aber und seither nie wieder losgelassen wie das Meisterwerk eines florentinischen Malers hat mich erst dieser Anblick. Die Überraschung war so vollkommen, als hätte ein Kunstkenner eigens für mich in einer Bilderkammer das Tuch vor einem selten gezeigten Portrait zurückgeschlagen und mich diskret meinem Staunen überlassen.

Das Prinzip der Kuppelei. Was ist so süß am Verkuppeltwerden? Zuallererst wohl dieser besondere thrill: zwei Menschen werden von einem dritten auserwählt für eine erste funkenschlagende Begegnung. Es heiligt den Augenblick, ganz gleich, ob die beiden füreinander bestimmt sind und ob jener Dritte sich seiner Sendung wirklich bewußt ist. Er hat sie zuerst als Paar gesehn, das genügt. Vorausgesetzt, seine Menschenkenntnis erstreckt sich auf beide Seiten, dann fließt sein geheimer Wunsch so oder so in das Rendezvous ein. Allein die Vermittlung macht es zum Ritual vor den Augen einer gespannten Gemeinde. Denn meistens stehn hinter dem Kuppler andere, die dasselbe dachten wie er. Gemeinsam bilden sie einen imaginären Ring um das schüchterne Paar. So schaffen sie eine Atmosphäre vielversprechender Befangenheit, aus der es nur einen einzigen Ausweg gibt: Ja oder Nein. Lange im voraus macht Kuppelei jeden Kompromiß zunichte. Keine Halbheiten, jetzt oder nie, lautet der Auftrag. Das verkuppelte Paar kann sich nur heimlich verabreden, doch der Kontrollchor folgt ihm überallhin.

Dieses Erschauern, gibt es das wirklich nur beim allerersten Mal? *Le grand mal* hat man den großen epileptischen Anfall einmal genannt, zur Zeit von Charcot, einem der Lehrer Freuds. Vergleicht man das Ausbrechen der Liebe mit dieser heiligen Krankheit, von der die antiken Priester und Mediziner berichten, woran erkennt man sie, was sind ihre Symptome? Ist es das unwillkürliche Zittern der Lenden, die Kontraktion der Bauchmuskulatur? Ist es das Schwächegefühl rings um den Nabel, und wie es sternförmig ausstrahlt nach allen Seiten? Ist es das Kräuseln unter der Haut, das den ganzen Unterleib in kleinen Wellen erfaßt, lange bevor es zu den befreienden Konvulsionen kommt, den süßen Krämpfen von Gliederverschlingung und Orgasmus?

Phenoethylamin (kurz PEA) heißt der Stoff, aus dem Liebe gemacht ist, läßt man sich auf die Terminologie der Biochemiker ein. Von ihm rührt jener spezifische Schwindel her, den seit dem Hohenlied Salomos und einigen altägyptischen Frauenversen der

Dichterspruch Liebe nennt: *agape* und *eros*, *amor* und *caritas*, *hubb* und *ahava*, *love* und *amore*, *ljubow* und *sevgi*, *amour* und *milosc*. So verschieden die Worte auch klingen, es scheint, sie alle kommen aus derselben Quelle. Auch wenn die These sich sprachgeschichtlich kaum halten läßt.

Wie mager Liebende sind. Wie ihre Sinnlichkeit in den Knöcheln spielt, über den Körper laufend als Gänsehautschauer, unter Pullovern und T-Shirts sichtbar als bebende Rippenkontur. Das ausgehungerte Herz schlägt unterm Brustkorb wie wild. Die Schulterblätter treten hervor, spitz und gewölbt wie Flügel – ärmliche Engelsflügel, fürwahr. Liebende erscheinen immer ein wenig bulimisch. Heißhungrig fallen sie übereinander her, verschlingen nächtelang das begehrte Fleisch, und sind doch anderntags wie ausgemergelt mit ihren knochigen Leibern. Die erste Woche ist immer die schlimmste: als hätte es nie einen anderen Menschen gegeben, und Freundschaften, Marathonläufe, Affären, Knochenjobs, Strapazen im Gebirge und auf stürmischer See waren immer nur Vorspiel zur echten *amour fou*. Die Arme erschöpft auf den Rücken gedreht, lagen wir lange Zeit hechelnd da. Jeder hatte den Blick nach innen gerichtet, zwei tibetanische Todesdämonen. Der Körper im absoluten Begehren tanzt auf dem Dach der Welt. Gegen fünf Uhr morgens, ungestillt, als hätte ich eben erst angefangen, sie zu berühren, kam plötzlich das deutliche Gefühl, ganze zehn Zentimeter gewachsen zu sein. Wenigstens weißt du nun, wie so ein Riese empfindet, wie einem Halbgott zumute ist.

Ihre Nacktheit innerhalb der eigenen vier Wände, ihre natürliche Grazie, und wie beiläufig sie sich entkleidet... Nacktheit und Bekleidetsein sind bei ihr Zustände, die fließend ineinander übergehen. Sie hat Veilchenbrüste, ganz wie die Sappho sie liebte, die Hüften der aphrodisischen Frau und den Oberkörper des *artemisischen* Knaben. Androgyne Freuden: man mußte nur zugreifen, schon war man beschenkt.
Intermittierend nur existiert sie, die Liebe: sie kommt und geht

auf den ersten Blick. Kehrt wieder und nimmt abermals Abschied. Kaum begrüßt, ist sie schon anderswo. Wer Glück hat, behält ein Depot von Hormonen im Blut und im Gehirn ein paar süße Transmitter, die jederzeit wieder aktiv werden können. Die meisten bekommen nur ihren Skalp zu fassen, ein Stück Haut, das alsbald schrumpft und zu trocknen beginnt. Aus solcher Einsicht hat Michelangelo schon beim ersten Anblick der Vittoria Colonna verzagt. Nicht weil er so häßlich war, so wenig geschaffen zum ewigen Freier, sondern aus Überempfindsamkeit. Er wußte, die Euphorie, die den Stein sprengt, ist nur von kurzer Dauer. Die Biologen geben ihr dreißig Tage, dann sinkt der Pegel, und das irdische Einerlei hat uns wieder.

Liebe ist die Wiederkehr aller vergeblich durchlebten Gefühle in einem einzigen Augenblick. (Höre dazu: *Auf dem Flusse* aus Schuberts Liederzyklus *Die Winterreise*.)

Schließlich: Wenn Männer und Frauen von Liebe sprechen, meinen sie niemals dasselbe. Zu verschieden sind die Beweggründe, die unerfüllbaren Wünsche. Sexuelle Romantik stößt auf romantische Sexualität, das Mißverständnis wohnt in den Körpern. Die weibliche Lust, was weiß ein einzelner Mann schon davon? Was ahnt die Frau vom Begehren dieser behaarten Geschöpfe mit der tiefen Stimme und den schlechten Manieren? Teiresias als erster hat beides erfahren, und weil er die Klappe nicht halten konnte, erging es ihm schlecht. Neunmal größer sei die *hedone* der Frau beim Liebesspiel. Dafür schlug Hera, die ewig eifersüchtige Göttergattin, ihn mit Blindheit, und Zeus verlieh ihm die Sehergabe zum Trost und ein langes Leben. Der Mythos nennt viele Varianten, doch so oder so, Teiresias verlor das Augenlicht, weil er ein olympisches Staatsgeheimnis verriet. Wenigstens bleibt er auch nach seinem Tod in der Unterwelt bei vollem Bewußtsein. Seine einzigartige Erfahrung hat ihn zum ewigen Vermittler und Schlichtungsexperten gemacht: der erotische Weise als ältester Therapeut. Nicht nur Ödipus kann von ihm lernen, selbst der listenreiche Odysseus verläßt sich auf seinen Rat. Und noch eins:

Da Sterblichkeit alles mit Unwissenheit durchtränkt, kommt auch die Reise durchs Bett niemals ans Ziel. Der Tod ist die absolute Grenze, die kein Gedankengang je überschreitet. So trivial diese Aussage ist, bedenkt man die Verschiedenheit der Geschlechter, wird sie zur Hypothese, aus der eine doppelte Logik entspringt. Kein Menschenleben reicht aus, um sie ganz zu entfalten.

»Der sich fortwährend an den Liebesdingen erfreute...« – dilettose continovamente delle cose d'amore: mit diesen Worten wurde Giorgione charakterisiert, der Meister der Dresdner Venus, und es klingt nach aufrichtiger Bewunderung, nach erotischer Festtagsstimmung, wie sie so typisch war für das Venedig um 1500. Glücklich der Mann, und sein Leumund beneidenswert. Wir aber, in tiefster lutherischer Finsternis und aufgeklärtester Prüderie, müssen, entlaufenes Stallvieh, erst mühsam dahin zurück. Bar jeder *ars amatoria*, geschlagen mit allen unschönen Fakten einer wuchernden *scientia sexualis*, wie lange werden wir kriechen müssen, bis wir auf dieser südlichen Lichtung, jenseits der pornographischen Schweinesuhlen und fern des vulgären Dickichts kommerzieller Erotik, die giorgionesche Traumregion wieder erreichen?

Einmal in diesen ersten Wochen, unterwegs mit dem Zug, las ich an jedem zweiten Kühlwaggon auf den Nebengleisen ihren Namen, kreisrund umrandet: eva.

Es ist nicht zu fassen. Da lebt die Frau meines Lebens seit mehr als zehn Jahren schon in derselben Stadt, Tür an Tür beinah. Und während sich blind unsere Wege kreuzen, vor denselben Cafés und Warenhäusern, bei denselben Premieren und Vernissagen, lebt sie die ganze Zeit wie in einer anderen Welt, mit wechselnden Liebhabern, an den heimlichen Orten der Ausschweifung und des Vergnügens, steht mehrere Dramen und Krisen durch, wird unterdessen Mutter und richtet sich schließlich in einer Altbauwohnung tief im Berliner Osten ein. Tagaus und tagein schiebt sie mit Kinderwagen und Mineralwasserkasten durch dieselben Straßen, in denen ich keine zehn Jahre zuvor noch mit düsteren Fluchtgedanken umherging. Posthume Eifersucht ist die sinnloseste Empfindung, an die ein Mensch sich verlieren kann. Nichts widerspricht ihr, nichts kann sie umstimmen. Es ist das Gefühl der im Aneinandervorbeileben verlorenen Zeit, die Essenz aller Wehmut, die auf kein Trostwort hören will, so sehr vertieft sie sich, lautlos schluchzend, in ihr geliebtes Nimmermehr, Nimmermehr. Wenn ich mich nicht irre, heißt im Französischen dieser schwere Gefühlskomplex vergeblichen Nachtrauerns: *la folie russe*. Tatsächlich ist die gesamte russische Dichtung von Lermontow und Fet bis zu Tschechow und Achmatowa getränkt von solcherlei konkreter Melancholie. Der Blick verliert sich im Tunnel der Jahre, durch den immer nur Züge mit verhängten Coupés rollten. Vielleicht war sie ja unter den Passagieren gewesen, wer weiß. Wahrscheinlicher aber ist, daß sie in fremden Armen lag oder einfach nur schlief.

All die Orte, an denen ich sie nicht sah...

Abstammungslehre

Sind das nicht, fragil, dieselben Rippen?
Knochenkantig, spitz nach außen ragend,
Einzeln abzuzähln, vom Typus Mutters Sippe.
Reklamieren wird sie, lernt sie erst zu fragen,

Jedes Grübchen, jeden Flecken auf der Haut.
Sind die Beine nicht zu kurz geraten?
Nach wem komm ich? Wer hat mich gebaut?
Spieglein, Spieglein an der Wand, laß raten:

Woher stammt ihr Mund, so himbeerklein?
Stramm die Waden, meinst du, sie wird dick?
Wird sie eher Komma oder Fragezeichen sein?
Dieser Hinterkopf, bedeutet das Musik?

Wem verdankt sie, blond, das Putzwollhaar?
Mir bestimmt nicht. Ich trag dunkelbraun.
Und dein Rot ist rar wie echter Kaviar.
Überhaupt: soll man, so früh, den Farben traun?

Bruder Mendel, bitt für sie. Vom Züchten
Haben Eltern – Laien – keinen blassen Schimmer.
Bucklig die Verwandtschaft tauscht Gerüchte.
Psyche? Wer errät sie aus der Babystimme?

16. Dezember
Abend für Abend wird jetzt aus der Kinderbibel vorgelesen. Bei näherem Hinsehn erweist sich das Wort als eine Tautologie. Nicht nur, weil uns die christliche Heilslehre bequemerweise zu Menschenkindern verklärt, nein, die Erzählweise der Bibel scheint, im Vergleich zu den griechischen Mythen, insgesamt etwas kindlich. Der Gott aus der Wüste behandelt die Menschheit wie einen Haufen schwererziehbarer Kinder. Daher die vielen Bestrafungen, die leicht durchschaubaren Belohnungen. Matthäus 11,16: »Mit wem soll ich diese Gesellschaft vergleichen? Vielleicht mit Kindern auf einem Spielplatz, die sich gegenseitig vorwerfen, Spielverderber zu sein.« Dazu fällt mir ein, wie ich zum erstenmal von Jonas, Daniel, Jakob und all den andern zu hören bekam. Mein bester Spielkamerad, ein dicklicher Junge aus einem streng protestantischen Elternhaus – der Vater Invalide und Alkoholiker, die Mutter Kantinenwirtin, überfordert mit den drei Söhnen – bat mich, ihn beim Pflichtbesuch der nachmittäglichen Christenlehre nicht allein zu lassen. Also ging ich, ihm zu Gefallen und auch aus Neugier, mit zu den frommen Märchenstunden ins Pfarrhaus, ohne selbst Mitglied der kleinen Kirchengemeinde zu sein. Und während der Freund den Unterricht bald zu schwänzen begann, blieb ich artig bei der Sache, teils weil die Geschichten mich fesselten, teils weil die bunten Bildchen, die man zum Schluß nach dem Vaterunser geschenkt bekam, als Sammelobjekt mein Begehren weckten. Nicht daß ich als ausgesprochener Atheist aufgewachsen wäre. Das hätten die Eltern, als regelmäßige

Besucher der Dresdner Gemäldegalerie Alter Meister schon aus Respekt vor der Kunstgeschichte nie zugelassen. Außerdem war es bei uns nicht üblich, gegen ein gewissermaßen verfolgtes Denken zu argumentieren. Nur mein Großvater, verbittert über die eigene katastrophale Lebensgeschichte mit Inflation, Krieg und Geiselnahme im Sozialismus, ging hin und wieder so weit, sich über die alte Gretchenfrage lustig zu machen und den lieben Gott wegen der Hungersnöte in Afrika, mehr aber noch wegen der Bombardierung deutscher Städte unter Anklage zu stellen. Und doch schien die strenge Religiosität mancher Mitmenschen mir so exotisch wie der Tropenhelm und das ausgestopfte Krokodil in der Wohnung eines Jugendfreundes meiner Großmutter in Gotha, der als Arzt vor dem Krieg an einer Expedition in das Innere Liberias teilgenommen hatte. Wegen der Sammelbildchen also besuchte ich die Christenlehre und auch, um dem Schulfreund bei den Befragungen seiner Mutter ein Alibi zu verschaffen. Erst sehr viel später, als sich die Eintragungen der Bibeltante im Unterrichtsheft als Fälschungen herausstellten, wurde unser Komplott aufgedeckt. Ich weiß noch, wie mich tagelang die Vorstellung von jener Frau verfolgte, die zur Salzsäule erstarrt war, weil sie sich gegen das Verbot Gottes umgedreht hatte, um einen letzten Abschiedsblick auf das brennende Ninive zu werfen. Was zum Teufel war eine Salzsäule? Und was konnte die arme Frau dafür, daß sie trauern mußte um die untergehende Stadt? Mein Mitgefühl mit Lots Weib war umso größer, als ich schon damals sehr genau auf die Erzählungen meiner Großeltern vom Untergang Dresdens achtete. Was mir einleuchtete, war, daß man im Feuersturm niemals innehalten und traurig gaffen sollte. Daß es besser war, den Trümmern den Rücken zu kehren und sich aus dem Staub zu machen wie meine Großmutter, die in der Bombennacht aus dem Krankenhaus floh, wo sie mit Scharlach gelegen hatte. Im bloßen Nachthemd, in eine Decke gewickelt, war sie zuerst an die Elbwiesen gerannt und später vor den Tieffliegern in Richtung Süden davongelaufen, jedenfalls ohne dabei zur Salzsäule erstarrt zu sein. Die kleine Illustration der Szene im Format eines Zigarettenbilds habe ich lange mit mir herumgetragen, bis ich sie eines

Tages verlor. Mein Schulfreund war damals, nach dem Tod des Trinkervaters, mit dem Rest der Familie längst nach Heidelberg ausgereist.
Nun ist es wieder soweit. Ein weiteres Kind wird in die Mysterien eingeführt und darf sich den Kopf zerbrechen über Judas' Verrat und Marias unbefleckte Empfängnis. »Einer von euch wird mich verraten«, heißt es in einem Kapitel der Kinderbibel gleich siebenmal hintereinander. Marlene stolpert über den Unterschied zwischen *etwas* und *jemanden* verraten. Etwas verraten, das leuchtet ihr ein. Zum Beispiel kann man das Versteck verraten, wo die Geschenke für Geburtstag und Weihnacht aufbewahrt werden. Auch kann man verraten, was ein Kind dem andern ins Ohr geflüstert hat, weil die Erwachsenen es nicht hören sollten. Aber jemanden verraten, was mag das bedeuten? Idiome, so zeigt sich, sind genauso schwer zu erlernen wie gewisse Bewegungsabläufe, etwa das Schnürsenkelbinden, und die Bibel steckt voller rätselhafter idiomatischer Wendungen, die kein Kind versteht. Ein Weib erkennen, was könnte das heißen? Sein Erstgeburtsrecht für ein Linsengericht zu verkaufen? Die Bibel, soviel begreift schon das Kind, führt an den Ursprung der Wörter zurück, sie umstrickt alles und jeden mit Redewendungen und Gleichnissen. Da wird von einem berichtet, der umfällt im Kampf. Aus dem Umfallen schließt das Kind auf etwas wie Totsein, Gestorbensein, und irgendwann folgt daraus die abstrakte Vorstellung: der Tod. Ist der Tod ein Zustand, ein Ziel, ein Ereignis, oder ist er ein Wesen, ein wandelndes Knochengerippe mit Sense, das plötzlich wie aus dem Nichts auftaucht und die Menschen zum Umfallen bringt? Und was heißt hier Nichts? Kommt das Wort in der Bibel überhaupt vor?
Apropos Kinderbücher. Eine Idee, die ich lange schon mit mir herumtrage und die kein Verlag mir vermutlich abnehmen würde, ist die eines illustrierten Kinderbuchs mit Gevatter Tod als lustigem Helden. Sein Titel: »Der Tod geht spazieren und keiner will mitgehn.« Ein Kinderbuch ab 6 Jahren. Die Darstellung müßte so ansprechend sein, daß jedes Kind sich mit dem Tod anfreunden könnte. Nachher im Gruppenspiel möchte jeder der

Tod sein, keiner hätte Lust, die Rolle der doofen Menschen zu übernehmen, dieser Spielverderber, über die schon Jesus lästert: »Die einen sagen: Wir wollten mit euch Hochzeit spielen und haben Musik gemacht, aber ihr wolltet nicht dazu tanzen. Die anderen sagen: Wir wollten Beerdigung spielen, aber ihr wolltet nicht mitheulen.«

17. Dezember

Früher Blues

Manchmal, wenn sie heftig weint
Rinnen ihr die Tränen bis ins Ohr.
Unergründlich, was sie da verneint.
Doch es bricht aus ihr hervor.

Was denn, sind das bloße Launen?
Klagt so eine, die nie hungern muß?
Nirgends Mangel: weich in Daunen
Stillt sie jederzeit die Mutterbrust.

Hat sie Angst, man ließe sie allein
Wie am Strand das Robbenjunge?
Woran denkt sie, wenn sie greint,
Zitternd mit geschwollner Zunge?

Pausenlos geht das. Fermaten
Dehnen ihren Schrei. Gesprengt
Liegt der Körper eines Vertebraten
Wie vom Dasein selbst gekränkt.

Wozu ist das gut, Natur, sag du's.
Schreit das Ich so, unser aller Es?
Steigt aus solcher Dissonanz der Blues,
Und es hört sich an wie SOS?

18. Dezember
Die Menschen stecken einander mit der größten Selbstverständlichkeit an. Die Übertragung von Krankheiten scheint ein reines Kavaliersdelikt. Keiner käme je auf die Idee, sich dafür zu entschuldigen. Bedenkt man, daß ein gewöhnlicher Schnupfen einer Neunzigjährigen den Rest geben kann, daß die Grippe, die ein kräftiger Erwachsener bald auskuriert hat, den Säugling von sechzehn Wochen fast hinstreckt, kann man sich nur noch wundern über die Unbekümmertheit, mit der die Leute einander in Lebensgefahr bringen. Nur im Falle von Aids, wenn der als positiv diagnostizierte Vater die eigene minderjährige Tochter beim Mißbrauch infiziert, heißt es inzwischen: Das geht zu weit ...
Mit Vera beim Kinderarzt gewesen, Schutzimpfung, die vierte. Von diesem Vormittag an läuft alles schief. Die Ansteckung, die sie nun tagelang quälen wird, läßt sich fast auf die Stunde genau datieren. Das Problem liegt im *fast*. Bisher verging noch kein Arzttermin ohne längere Wartezeiten. Um zehn Uhr bestellt, wird man um elf Uhr dreißig aufgerufen zur Fünf-Minuten-Visite. Dabei gleicht so ein Wartezimmer, in dem sich die kranken Kinder tummeln, einem Seuchenlabor im Krieg, wo nach einem Volltreffer die Erreger nur so umherfliegen. Gesund zog sie aus in der Frühe, Vera, auf daß sie sich impfen und schützen ließe; infiziert, reich mit Grippeviren beschenkt, entließ man sie in den frostkalten Wintertag. Keine drei Tage später, akkurat nach der volkstümlichen Regel, sollte sie fürchterlich aufgehn, die üble Saat. Und wie ungerecht ist das, bedenkt man, wie heldenhaft sie jedesmal den Nadelstich hinnimmt. Ein kurzer Aufschrei der Überraschung, dann blickt sie verblüfft in die Runde, fast so, als wüßte sie schon, daß mit der lebensrettenden Vorkehrung die größte Bedrohung einhergeht. Nein, sie läßt sich nichts anmerken, grinst nur und pißt vor Mißvergnügen ganz nebenbei auf den polierten Praxistisch. Doch schon nimmt das Drama seinen Lauf. Aus der Schutzmaßnahme ist ein Attentat geworden, die Folgen bringen das kleine Leben an den Rand seiner Kräfte.

19. Dezember
Mon pseudonyme – Aronnax, Museumsprofessor zu Paris, staunender Gast an Bord der *Nautilus*, einer, der beim Durchfurchen der Meerestiefen die Stirne runzelt, vertieft in die Wunder der Natur seine Schlüsse zieht über Weltall, Erde und Mensch. »Die Rühmkorffsche Lampe am Gürtel, die Büchse in der Hand, war ich bereit auszuziehen.« – »Wohin wollte Kapitän Nemo uns führen? Nach den Küsten Asiens? Den Gestaden Europas zu?«

20. Dezember
To kalon. Ganze Register ließen sich aufstellen, davon, was dir als schön erscheint, und doch ist eine Ordnung niemals in Sicht. Man könnte das Verzeichnis in Klassen aufteilen und das Ganze mit einem Index versehen, wenn das nicht allzu bürokratisch wäre. Etwa indem man die schiere Fülle des Schönen unterteilt in römisch eins: Das Naturschöne, römisch zwei: das Kunstschöne, römisch drei: das Moralschöne usw. So könnte man immerhin auf die verschiedenen Dimensionen des Schönen verweisen und zeigen, wie sie einander berühren und durchdringen. Allein im Lateinischen fächert das Schöne sich in so viele Attribute auf, daß einem schwindlig würde, wollte man sie alle zusammendenken. Da gibt es *formosus* für das wohlgestaltete, *pulcher* für das stattliche und vortreffliche, *speciosus* für das ansehnliche, schön klingende, aber auch blendende, *venustus* für das anmutige, liebreizende und feine, *elegans* für das geschmackvolle, *bellus* für das hübsche und niedliche, *amoenus* für das natürlich angenehme, *dulcis* für das liebenswürdige, persönlich anziehende, *suavis* für das zum Küssen süße oder *blandus* für das einschmeichelnde und verlockende. Alles dies müßte man fein auseinanderhalten, indem man das Schöne in seine Spektralfarben zerlegt. Ansonsten bleibt es immer nur beim einzelnen Beispiel. Bestenfalls stößt man auf etwas Singuläres, das in seiner Seltenheit dem einen besonders kostbar erscheint, während der andere achtlos daran vorübergeht. Schön sind dann etwa die überkreuzten Vorderläufe einer Dogge im Sitzen. Schön ist die erste Begegnung von Landkind und Großstadtkind im Zeichen der Liebe. Schön ist das

Wäldchen uralter Eichen auf freiem Feld oder der einzelne Ginsterstrauch am Geröllabhang des Vulkans. Schön ist aber auch das gleichzeitige Aufleuchten der Augen zweier Menschen, die ins Gespräch vertieft sind und ihre gemeinsamen Neigungen erkennen usw. Ohne die mindeste Klassifikation kommt es niemals zu einer Einigung darüber, was wirklich schön ist.

Hast du gemerkt, was ihre erste Reaktion ist, sobald du deine Tochter in den Arm nehmen wolltest? Nicht wahr, sie hat sich abgewendet von dir und ihr Gesicht der Umgebung zugedreht wie die Pflanze dem Licht, einem angeborenen Tropismus folgend. Alles, was ringsum geschah, schien interessanter als dieser Vaterkörper, dem sie zwar ausgeliefert, aber gerade deshalb zu nichts verpflichtet war. Du selbst bist nur der Aussichtsturm, von dem aus sie sich einen ersten Überblick verschafft über die unermeßlichen Reichtümer der sichtbaren Welt. Ich gestehe, daß diese instinktive Nach-draußen-Wendung mir jedesmal ein kleines Glücksgefühl beschert, demjenigen gleich, das einen bei der Beobachtung von Tieren überkommt. In der Sprache der Zoologen wird eine solche Reaktion Taxie genannt. Das Wort kommt aus dem Griechischen, von *taxis*, und umfaßt einen ganzen Komplex von Bedeutungen, von denen die primäre eine Bewegungsreaktion meint, die ein äußerer Reiz in einem höheren Organismus auslöst. Das geht von der ruckartigen Kopfbewegung der witternden Raubkatze bis zum beschleunigten Flossenschlag des Schwarmfischs, der seiner Gruppe im Fluchtreflex folgt, sobald auch nur eines der Tiere in der Nähe einen bedrohlichen Schatten gewahrt. Der Unterschied zum Menschen jedoch liegt in der Freiheit, aus dem Gegenstand der Ablenkung einen des Interesses zu machen. Genau hierin zeigt sich, selbst schon beim Kleinkind, die Chance. Indem es von allen Reizen dem einen den Vorzug gibt und alle anderen ignoriert, einschließlich des Du-du-du eines eifersüchtigen Elternteils, eilt es mit seinen Sinnen hinaus in die Vielfalt der Phänomene dort draußen. Nicht das unmittelbar Gegebene erregt seine Aufmerksamkeit, nicht die hilflose Autorität seiner omnipräsenten Erzeuger, sondern instinktiv das, was sich ihrem Einfluß entzieht. In einer einzigen Kopfbewegung liegt so die Hoffnung auf eine andere Ordnung. Vater und Mutter sollten wissen, daß sie allenfalls das Sprungbrett sind, von dem aus ihr Baby als autonomes Wesen den Absprung wagt in die allen gemeinsame Welt. Das Glück dieses Vorgangs kommt aus der Einsicht in die Fülle der Möglichkeiten jenseits der aufgestellten Familienschranken.

21. Dezember
Zur Gestalt des Zeitgenossen. Da war dieser Augenblick am Kollwitzplatz, eine Traumszene am hellen Vormittag. Ich stehe mit Eva wie an so manchem Wochentag im Feinkostladen bei Freunden, da spaziert vor dem Fenster draußen der Dichter Wolfgang Hilbig vorbei. Sieh mal an, da kommt Hilbig, sage ich, ein leibhaftiger Dichter. Daraufhin unterbrechen wir das Gespräch und schauen beide andächtig auf die Straße, wo ein untersetzter Mann mit ergrautem Haarschopf im Schaukelgang an uns vorüberzieht. In der Linken hält er ein überdimensionales Kuvert, es sieht aus, als sei er unterwegs zum nächstbesten Postamt oder zu einem Bekannten, dem er persönlich sein neuestes Manuskript aushändigen wird. Er scheint guter Dinge zu sein. Die braune Lederjacke steht offen, die Kälte kann ihm nichts anhaben, er hat genug Hitze unter dem Hemd. Wie er da aufgeräumt vorüberschlendert, ein wenig gedankenverloren, eins mit der Umgebung, dem heimischen Prenzlauer Berg, erinnert er an einen fröhlichen Arbeitslosen, bekehrt von irgendeiner unbekannten Sünde, eine Figur, wie man sie auf den Tafelbildern flämischer Meister findet, nur daß statt Bauernhütten, Marktweibern und zugefrorenen Teichen mit Schlittschuhläufern ihn hier Baustellen umgeben, parkende Kleinwagen und sportliche junge Mütter in Turnschuhen, die etwas mißmutig die neuesten Kinderwagenmodelle vor sich herschieben. Oder an einen Eisenbahner in Frühpension, der sich endlich erholt hat vom Anblick der vielen zerfetzten Selbstmörder, die sich ausgerechnet in seiner Dienstzeit vor den Zug werfen mußten. Ein wenig Therapie hat ihn wieder stabilisiert, jeden Abend ein Gläschen Wein, und der heilsame Schlaf tut seine Wirkung und versiegelt die Höllenbilder, denen er ausge-

setzt war in seinen wilden Jahren im Heizungskeller. Bei aller Finsternis, von der seine Phantasien künden, denkt man doch unwillkürlich an ein gelungenes Junggesellenleben, an Jahrzehnte der produktiven Einsamkeit, wie sie dem Dichter gut anstehn. Sooft wir uns schon begegnet sind, erst in diesem Moment kommt mir das Traumhafte jeder Zeitgenossenschaft in den Sinn. Man beäugt einander durch Glasscheiben wie im Aquarium, und das Wohlwollen bei dem Gedanken an die gleichzeitige Anwesenheit, in der Zeit und Raum zu einer einzigen Nachbarschaft verschmelzen, gibt einem für den Rest des Tages ein gutes Gefühl.

22. Dezember
Trost der Philosophie. Es ist der Titel, der noch immer Scharen von Lesern anlockt, die Beruhigung, die ausstrahlt von dem einen Wort *consolatio*. Daß da ein ehemals Mächtiger, römischer Kanzler am Hofe des Gotenkönigs und Fremdherrschers Theoderich des Großen, aus der quälenden Einsicht, wie in einem Sumpf festzustecken in der eigenen dürftigen Zeit, mit sich selbst ins Gericht geht, nach und nach alle seine Irrtümer und Schwächen bekennt und dabei mit Blick auf den sicheren Tod doch immer zuversichtlicher wird, das allein spendet, über die Zeiten hinweg, Trost all denen, die wie er historisch ins Hintertreffen gerieten. Ein zum Tode Verurteilter verfaßt sein Vermächtnis in Form einer lebensphilosophischen Beichte. Es ist ein Buch gegen die Ungewißheit, ein Blick ins Facettenauge der Fliege, die von den menschlichen Schicksalsschlägen nichts weiß. Allein durch das akribische Zusammentragen der Ideen des zu seiner Zeit höchstentwickelten Platonismus findet Boethius die Kraft, die zermürbende Kerkerhaft bis zur Hinrichtung zu überstehen. Und ist das nicht die höchste Stufe der Selbstdisziplin, zu der ein Mensch sich aufraffen kann: bei klarem Verstand zu bleiben vis-à-vis dem unabwendbaren Tod? Indem er es formbewußt tut, in geradezu kaltblütiger rhetorischer Raffinesse, im antiphonischen Wechsel von Kommentar und Gedicht, ein geistiger Tänzer auf hohem Seil, rettet er aus der Niederlage das kostbarste Gut, die Würde des Intellekts. Die Lage ist aussichtslos, sie erzwingt einen Denkpro-

zeß, der in seiner Aufrichtigkeit zum Fundament aller finalen Ausblicke wird. Wer so stürzte, der stand niemals auf sicherem Fuß, lautet die grundlegende Einsicht. Das ist die Sprache der Testamente. Aber nicht jener, die sich als Order an die Überlebenden richten und sich dank ihrer demagogischen Undurchschaubarkeit alsbald in Manifeste verwandeln, sondern die jener anderen, die als wahrhaft letztwillige Verfügungen Wort für Wort furchtlos dem Nichts entgegengehen, im Bewußtsein von keiner Wiederkehr. Kardinalpunkt und Leitmotiv von Boethius' Schrift ist die Selbstvergessenheit des in die Geschäfte der Welt verwickelten Geistes. Die Diagnose lautet auf selbstverschuldete Lethargie: Trägheit der Seele in der kurzen Zeit ihrer Verkörperung, Teilnahmslosigkeit während der seltenen Symposien im Beisein der Philosophia, Gleichgültigkeit gegen die Wahrheit und mithin gegen sich selbst.

Immer ist es die Frau, die den Anstoß zum Denken gibt. Bei Parmenides jene namenlose Göttin, zu der ihn die Töchter der Sonne geleiten, bei Platon die Hellseherin Diotima, bei dem philosophierenden Gottsucher Augustinus die leibliche Mutter Monica, die lang vor ihm zum Christentum fand. Unter vielerlei Namen tritt sie auf, in wechselnder Stellung, einmal als Ärztin, als Hohepriesterin, dann als *dea sapientiae* oder Zauberkundige, später, verfemt vom mariengläubigen Katholizismus, sogar als Hexe. Immer war sie die letzte Abgesandte eines Matriarchats, das aus Sicherheitsgründen vor langer Zeit von der Erde in den Himmel verlegt wurde wie die *ecclesia* nach der christlichen Filiation. Sie stand im Zentrum der Suche. Mit ihr allein ließ sich ein Dialog führen, der mehr war als argumentierende Rechthaberei. Denn gegen die Mutter als personifizierte *matrix* griff jedes Beweisen zu kurz. Sie war selbst die Synthese aller nur möglichen Beweise, der Stamm, aus dem sämtliche Kategorien und Prädikate der Aussagelogik als Äste und Zweige wuchsen. An ihr wurde jedes vordergründige Rededuell zuschanden, und der akademische Disput ging ins Leere. Auch Sokrates konnte immer nur im gleichgeschlechtlichen Dialog triumphieren. Im Streit mit der eigenen Gattin mußte er passen, und von Diotima war überhaupt nur in

gehöriger Abwesenheit die Rede als einer Quelle der *theoria*. So verhielt sich der Ehekrach, die alltägliche Kontroverse von Mann und Weib, zur festlichen Unterredung mit der himmlischen Frau wie die Farce zur Tragödie. Bei Boethius ist es die Frauengestalt der Philosophia, von der er als bloßer *homo studiosus* die ersten und letzten Lektionen empfängt.
Unklar weshalb, seine Trostschrift ist eines der Bücher, die einem unweigerlich in die Hände fallen, sobald man das eigene Leben in Frage zu stellen beginnt. Zum erstenmal las ich es während der Militärzeit, damals noch eher teilnahmslos, etwa so, wie man als Schüler beim Klassenausflug ein antikes Museumsstück betrachtet. Später hat es mich mehrmals auf Reisen begleitet, als Nebenlektüre im Flugzeug. Ich erinnere mich an einen Nachmittag auf der Dachterrasse eines Hotels in Kuala Lumpur, beim Zwischenstop auf dem Flug nach Australien. Da war das Buch schon so etwas wie ein Talisman geworden. Ein andermal steckte es in meiner Manteltasche, als ich in Wien eine ganze Woche lang umsonst eine Freundin belagerte, die sich eben von mir getrennt hatte, und mir fiel nichts Besseres ein, als im Park von Schönbrunn das Buch aufzuschlagen und die angestrichenen Stellen zu lesen, obwohl die Buchstaben längst vor den Augen verschwammen. Von all den Fragen, die im Laufe der Zeit kamen und gingen, blieb bis auf den heutigen Tag diese eine akut: Warum tröstet mich das Untröstliche? Warum ist es so hilfreich, sich, wenn wieder einmal ein guter Bekannter stirbt, an banale Zeilen wie diese zu halten, die einem Boethius, nebenbei gesagt, nie über die Lippen gekommen wären: »Wenn du gestorben bist, wer denkt noch deiner? Im ersten Jahr vielleicht ein Heer, in zehn Jahren wohl noch einer, in zwanzig Jahren keiner mehr«? (Der Spruch stand auf einer Tafel für Augentests im Sprechzimmer von Evas Großvater, und mehr als eine der älteren Patientinnen, die bei der Entzifferung in Tränen ausbrach, wurde ihres ungetrübten Augenlichts nicht mehr recht froh.) Wie kommt es, daß mir die lapidare Abschiedsformel der römischen Stoiker so oft in den Ohren klingt, dieses *Non fui non sum non curo*, das seinerzeit auf so manchem Grabstein stand? (»Ich bin nicht gewesen, ich bin nicht

mehr, und was kümmert's mich.«) Hier genau kommt die Lektüre des Boethius an ihre Grenze. Seine Tröstung überzeugt mich nicht wirklich. Was allein mich beruhigen kann, ist ihr Tenor: Haltung als Stil, die Gefaßtheit, mit der einer schreibt ohne Aussicht auf Publikation. Was mich besänftigt, sind die 39 Gedichte inmitten der Prosa, ihr Metrum ein Medikament gegen den Schmerz.

23. Dezember
Freuden des Schnees. Seltene Freuden in einer so salzigen Stadt wie Berlin, wo vom Winter zumeist nur der Matsch bleibt und an den Sohlen die Dreckkruste. Der Tag erfrischt sich am Winterlicht. Die Lungen weiten sich mit jedem Atemzug, es kribbelt in Nase und Stirnhöhle wie von Mentholessenz. Mit blinzelnden Lidern und in den Augenwinkeln die typischen Eskimofältchen, sieht man, kaum auf die Straße getreten, die molligen Schneehauben auf Parksäulen und Zaunpfosten, die Wattebäusche überall im Geäst, weiße Rupfen auf Hecken und Büschen. Die städtischen Grünanlagen und Parks locken von fern wie eine einzige Baumwollplantage kurz vor der Ernte. Gedämpfte Klänge: Das Gehör reicht keine zehn Meter weit. Es phantasiert sich sein eigenes Schubertsches Klavier-Trio unter der Pudelmütze zurecht, am hellichten Tag ein Notturno in schönster Zimmerlautstärke. Sofort sind die Schlitten im Einsatz, johlen Erwachsene und Kinder bei der Abfahrt vom kleinsten Hügel. Schon hängt im Baum der erste Brettersalat – nein, nicht die zerhackte Parkbank von gegenüber, sondern das Souvenir einer fröhlichen Rodelpartie. In der frühen Dämmerung streut ein Ambulanzwagen sein blaues Signallicht auf die glitzernden Bergkristallhalden am Wegrand. Intensiver denn je leuchten im Neuschnee die Farben. Die tiefrote Tropfspur auf dem verschneiten Bürgersteig erinnert an das frierende Mädchen, das sich mit Nasenbluten, verheult, auf den Heimweg machte. Die gelben Bohrlöcher hier und da zeugen von den schwachen Blasen der Männer. Alles Garstige und Großstädtisch-Veristische ist einem Zauber gewichen. Wie im Museum manchmal erfaßt dich beim nächtlichen Spaziergang tiefzuinnerst ein Schluchzen im Meditieren über die einstige Stille der Welt.

24. Dezember

Seltsam, warum fällt einem ausgerechnet an diesem Tag jedesmal wieder die schreckliche Hinrichtung ein? Das eine hat mit dem anderen nur die Legende gemein, die Berichte der Evangelisten, so verschieden in Prosa und Stil. Den Weg von der Krippe zum Kreuz zeichnet keine fortlaufende Handlung, nur die Collage des Neuen Testaments, das konstruiert ist wie ein moderner Roman. Und doch steckt im Bild des neugeborenen Helden schon der Gekreuzigte. Dieselbe Kreatürlichkeit, derselbe hilfsbedürftige, nackte Leib in den Armen der Mutter, und auch die Körperhaltung scheint fast identisch. Man sagt, es sei ein Ausdruck gesunden Schlafs, wenn der Säugling, auf dem Rücken liegend, die Ärmchen zum Y ausstreckt. Nachher am Querbalken des Kreuzes ist aus dem glückverheißenden Y ein erbarmungswürdiges Tau geworden, Symbol für den äußersten Schmerz der ausgerenkten Gelenke, der zum Zerreißen gespannten Muskeln. Den Kinderleib hatte man noch weich gebettet, ins Stroh der Krippe, ganz nah zu den stallwarmen Tieren. Es galt ja, den Schock der Vertreibung aus der Höhle des Mutterleibs in die äußere Welt abzumildern, die Härte des Sturzes zu dämpfen. Den Körper am Kreuz dagegen hindern nurmehr die Nägel am freien Fall. Geburt und Tod gehören in dieser schlimmen Erzählung zusammen wie der erste und der letzte Buchstabe im griechischen Alphabet. »Denn ich bin das Alpha und das Omega, der Erste und der Letzte, vor allem Anfang und nach allem Ende«, heißt es in der Offenbarung des Johannes.

Kaum liest man wieder die alte Weihnachtsgeschichte, schon meint man im Lallen des Kleinkinds das Beta-Beta zu hören. Ein Gamma: man sieht, wie der Körper sich aufrafft und stellt sich den Jungen bei seinen ersten Gehübungen vor. Im kreisrunden Theta erkennt man den staunend geöffneten Mund mit den Milchzahnlücken. Hält nicht das aufrechte Lambda die Szene fest, da mit bedächtigen Schritten der Hochbegabte zu den Weisen im Tempel trat und jeden mit seinem frühen Charisma blendete? Steckt nicht im Ny das Auf und Ab seiner kurzen Laufbahn, im Omikron das Staunen der Augenzeugen über die neue Lehre?

Schon ahnt man im Knick eines Sigma die Abendmahlstafel, den Einbruch des Verrats in die Versammlung der treuen Jünger. So buchstabiert man dies mustergültige Leben durch bis zum letzten Kolon: dann kommt die Atempause und abermals die Bestürzung. So hat es sich zugetragen, so war es, so wird es sein: eine Geschichte, allgegenwärtig und rätselhaft wie die Naturkonstante Pi, nie mehr zu eliminieren aus dieser Kultur. Das Testament, das sie überliefert, ist in der Sprache der Philosophen verfaßt, mit derselben Schrift wie die barbarischen Epen Homers, die dunklen Fragmente des Heraklit. Wie die Elektronenwolke das Atom umgibt den Erlöser eine Hülle aus griechischen Zeichen. Noch heute sieht man auf vielen Kirchenmauern und Grabsteinen das Rondell mit dem magischen Christogramm. In ihm sind die Anfangsbuchstaben des Mannes, der dieser Religion ihren Namen gab, das Chi und das Rho, zu den Speichen eines Rades geformt. Man muß es nur lang genug anstarren, dann beginnt sich's zu drehen, immer schneller und schneller, und man erkennt darin, ineinanderverflochten, das Kreuz und die wirbelnden Arme des Babys von Bethlehem.

25. Dezember

Nein, du bist nicht unverwundbar. Jederzeit
Kann das Liebste dir genommen werden.
Schlucken wirst du, fassungslos, was Grausamkeit
Für dich aufgespart hat hier auf Erden.

Plötzlich wird der Tag zum Abgrund. Alles taub.
Es genügt ein Notruf. Die vertraute Stimme
Kommt aus Weltraumfernen. Vorm Gorgonenhaupt
Brennt der Augenblick sich ein für immer.

Da erst sieht man: nur noch Rücken. Herzensträge
Macht das Leben, webt um jeden den Kokon.
Sei willkommen, Schmerz, antike Nervensäge.
Gibst, ein Trost, mehr als du nimmst, nur kein Pardon.

26. Dezember
»Der Gedanke an das Auge läßt mich am ganzen Körper erschauern«, schrieb Charles Darwin einmal. Der Satz kommt mit der Wucht alles Erstgedachten daher. Aus ihm spricht die jähe Einsicht in den Abgrund der Evolution. Wissen wir denn wirklich, wie es zu jenem Entwicklungssprung kam, der ein so komplexes Gebilde wie das Auge in die kosmische Gesamtordnung einsetzte? Erlischt das Staunen, sobald man in der ersten lichtempfindlichen Zelle den Urbaustein erkennt, auf dem zuletzt auch die Architektur des menschlichen Sehapparates beruht? Darwin hatte wohl etwas anderes gemeint. Er war wie so oft in Gedanken ein paar Jahrmillionenschritte zurückgetreten und hatte auf einen Blick das Wunderbare erfaßt. Mit dem Auge distanziert sich Natur von sich selbst und lernt sich betrachten. Erst mit der Befreiung dieses Organs von der reinen biologischen Zweckmäßigkeit beginnt die Moderne in der Naturgeschichte, das Kapitel der interesselosen Selbstergründung. Die Herausbildung des menschlichen Auges erst stiftet die Souveränität inmitten des Bios. Seine Funktion geht weit über die eines Frühwarnsystems hinaus, eines bloßen Instrumentes im Überlebenskampf. Im Kopf des Aufrechtgängers, an zentraler Stelle angebracht, hat es sich endgültig zum Gesichtssinn erweitert. Bis dahin war es fast ausschließlich Sinnesorgan gewesen, maßgeschneidert für Beutejagd, Freund-Feind-Erkennung und die Überwachung des Lebensraums. Primitiv im Falle des Tiefseefisches, eine Photozelle für den Restlichtempfang am Meeresgrund, von kristallgleicher Schönheit bei der Stubenfliege, ein Facettenauge so groß wie der ganze Insektenkopf, grotesk bei der glotzäugigen Flunder, wenn auch schon zur Pupille konzentriert, im Cockpit des Bussards ein wahres Präzisionsinstrument, schließlich der Entfernungsmesser, mit dem der Gepard sein Jagdwild fokussiert: und doch blieb es quer durch die Schöpfung ein bloßer Sensor im Dienste des Organismus.
Nicht so beim Menschen. Hier endlich hat sich das Auge vom Rest des Körpers emanzipiert. Die Sehkraft ist nur mehr Nebenfunktion in einem viel feineren Spiel. Wer wollte behaupten, daß die menschlichen Genitalien allein der Fortpflanzung dienten?

Genauso ist auch das Auge auf dem vorläufigen Höhepunkt der Stammesentwicklung für sublimere Zwecke bestimmt. Mit ihm erst wird möglich, was die Philosophen seit altersher Wahrnehmung nennen, *aisthesis*, mit der die schönen Künste beginnen und das reflektierende Denken. Nimmt man das Auge als Teil des mimischen Apparates, so ist es, noch vor aller Gestik und Sprache, die Grundlage des Ausdrucks. Nicht nur irgendein Körperglied, sondern die ranghöchste Schaltstelle vor dem Gehirn: jene Membran, an der sich Innen- und Außenwelt, Impression und Expression spiegeln, eine physiologische Wasserscheide also, und das nicht nur wegen der Tränen.
In seinem Buch über die *Expression der Gefühle bei Menschen und Tieren* hat Darwin dieser Ausdrucksfunktion der Augen einige Abschnitte gewidmet. So über die Ursachen für das Verziehen der Augenbrauen, über die Sekretion der Tränen beim herzhaften Lachen und über das Weinen des Neugeborenen, das im Schmerz reflexartig die Lider zusammenpreßt, um, wie es heißt, den Augapfel vor zu großem Blutandrang zu schützen. Auch wenn zu Darwins Zeit das Auge längst zum Organ profanisiert war, dem nicht mehr Theologie, sondern nurmehr Physiologie beikam, so war sein Ruf als Fenster der Seele doch immer noch populär. Nicht nur den unverbesserlichen Dichtern galt es als jenes Schloß am Sesam, der sich wie auf ein Zauberwort – mit einem Augenaufschlag – öffnete, bereit für die Wunder aus Tausendundeiner Nacht: jener da draußen, die unabsehbare Welt in all ihrer Vielfalt, und jener im Innern, wo solche Vielfalt ein zweites All erzeugte. Ein Universum, von dem der altersblinde Plotin meinte, es habe immer schon in uns bereitgelegen als Himmel der Metaphysik.
Dazu eine Abschweifung: wie man weiß, lief sie darauf hinaus, zu beweisen, daß es zur Wesensschau des trivialen Auges samt Iris und Netzhaut gar nicht bedürfe. Sinnliche Wahrnehmung verdunkle im Grunde die Wahrheit nur. Es braucht keine optischen Hilfsmittel, um Einblick zu nehmen ins Reich der Ideen. Der Visionär à la Platon und Plotin dringt selbst als hundertprozentig Blinder noch zum Kern der Materie vor, gerade weil er die unvoll-

kommenen Erscheinungen mit ihren Akzidenzien als trübe Abbilder beiseite läßt. Die Seele als Instrument der Anschauung ersetzt ihm das störanfällige Auge. Er läßt sich nicht täuschen von den Dreckeffekten der Empirie. Dank Mathematik und begrifflicher Essentialisierung stößt er auf direktem Wege zur Wahrheit vor. Im Grunde nur eine Volte, doch als Drehung der Perspektiven war solcher Idealismus folgenreich und verheerend. Seither sind *aisthesis* und *alétheia* ein ungleiches Paar. In fortwährenden Metamorphosen ziehen sie durch die Geschichte der Philosophie, indem sie einander verdecken, sich gegenseitig verzerren und in den Schatten stellen, je nachdem, welche der beiden Seiten theoretisch im Vorteil ist, der materiegebundene Augenschein oder die eingeborene Idee. Der Streit, niemals beizulegen, hat sich zum Antagonismus verfestigt. Dabei stehen die heutigen Naturwissenschaften in ihrer Abhängigkeit von *mathesis* und Abstraktion dem Platonismus näher als allem bisherigen Erfahrungswissen. Was die Quantenphysik unterm Postulat einer *beobachtererzeugten Realität* einführte, findet sich mittlerweile in allen Fachgebieten, in denen das Experiment den Forschungsgegenstand manipuliert, auch in der Biologie.

Das Darwinsche Denken dagegen bewegt sich am anderen Ende der Skala: seine Berufungsinstanz ist das Auge. Es bleibt der Materie verpflichtet, ihrer verwirrenden Vielfalt und Variabilität. Dabei ist Plotins zentraler Gedanke ihm keineswegs fremd. Es war derselbe Monismus, der dort die Ideen zu einer Gesamtordnung formierte, nach dem Prinzip der *Weltseele* und ihrer Stufenleiter aus Hypostasien, der in Darwin, dem strikten Naturbeobachter, den Gedanken der Evolution überhaupt erst entzündete. Das Eine im Vielen und in der Vielfalt das Eine, dort als Konzept aus dem Geiste der Theologie, hier als dynamische Formel der Biologie, ein Perzept zur Erklärung der Stammesentwicklung vom niedersten Einzeller bis hin zum Menschen mit jenem sonnenhaften Auge, das Goethe so faszinierte. Dabei blieb Darwin bei seinen Spekulationen mit beiden Beinen fest auf dem Erdboden – auf dem Algenteppich, wenn man so will. Der Mann, der ganze Bücher schrieb über das Korallenriff oder die Ackererde

(genauer gesagt: über den Anteil der Regenwürmer an ihrer Bildung), verlor nie den Boden der Empirie unter den Füßen.
Der Dichter Mandelstam hat in seinen Notizbüchern festgehalten, wieviel die moderne Literatur dem Stil des Naturforschers verdankte. Anläßlich Darwins sprach er vom *autobiographischen Charakter* der Evolutionstheorie. Für sein Hauptwerk *Die Entstehung der Arten* entwarf er das Bild vom Ebben und Fluten der Glaubhaftmachung, als Rhythmus der Darlegung. Kein blindes Entweder-Oder, keine Behauptung, die ungeprüft blieb, stattdessen jede Menge Wenn und Aber, reichlich illustriert, Indizien über Indizien. Wohlgemerkt, auch Darwin ging es um den theoretischen Mehrwert, um eine Synthese der Tausenden Einzelfakten, *Philosophie der Zoologie*, wie er selbst verkündete. Dennoch verliert er, im Blick auf das Allgemeine, nie das Besondere aus den Augen, etwa die abweichende Form eines Farnblatts, das insulare Milieu einer endemischen Finkenart, die Spezifik in jedem einzelnen Meisterwerk der Natur, gleich ob daumennagelgroß oder vom furchteinflößenden Format des indischen Elefanten. Der Natur ihre Stilgeschichte abzulesen, mit demselben Respekt vor einer frühminoischen Spiralform wie vor den buntgefiederten *Belles Époques*, mit dem gleichen Enthusiasmus für die domestizierte Tierart wie für die im Naturzustand, darum ging es in dieser Schule des Sehens. Gewiß war dies nur auf der Basis einer riesigen Faktensammlung zu leisten, in prosaischer Fleißarbeit bei der Auswertung tausender Karteikarten, und auch das Auge mußte erst aufgerüstet werden mit Fernglas und Mikroskop. Entscheidend blieb immer der Augenschein, er hatte das letzte Wort. Seit Aristoteles und der Naturgeschichte des Plinius hat Zoologie, die Lehre von den animalischen Lebensformen, sich aus der Betrachtung entwickelt. Das griechische *zoon* bezeichnet beides zugleich: Geschöpf und Bild, Tier und Gemälde.
Ein eindrucksvolles Beispiel für Darwins bildhaften Stil ist die Erwähnung der Krabben im fünften Kapitel der *Entstehung der Arten*. Es dient dort als Beleg für die Gesetze der Abänderung, wie sie bei der natürlichen Zuchtwahl und im Prinzip der Verkümmerung mancher Organe infolge Nichtgebrauchs zum Ausdruck

kommen. »Bei einigen Krabben ist der Augenstiel noch vorhanden, obgleich das Auge verlorenging; das Teleskopgestell ist noch da, wenn auch das Teleskop mit seinen Gläsern dahin ist. Da selbst unnütze Augen für die im Finstern lebenden Tiere schwerlich schädlich sein können, so mag ihr Verlust wohl auf Nichtgebrauch beruhen.« Jeder kennt die chitinhaltigen Rudimente als Speisereste am Tellerrand nach einem üppigen Meeresfrüchtemahl. Hier aber sind sie, im Namen der Evolutionstheorie, als Beweisstücke eingefügt: Indizien für die erstaunliche Variabilität innerhalb einer Spezies. Sie stützen die These von der evolutionären Sparpolitik. Den Krabben erging es wie jenem Autobus, der, seiner Räder beraubt und auf einem Sockel aus Ziegeln gelagert, zur komfortablen Unterkunft wurde in irgendeinem Elendsviertel der Dritten Welt.

Erst nach Vergleich vieler Einzelbeobachtungen, nach fortwährendem, geduldigem Anschauungsunterricht hat Darwin den Sprung zu den kühnsten seiner Hypothesen gewagt. Ohne ein Maximum an biologischer Ikonographie hätte er schwerlich die weitreichenden Schlüsse ziehen können, die uns bis heute beschäftigen. Die berühmte Entwicklungslehre ruht auf einem soliden Fundament aus augenscheinlichen Indizien aus Anatomie, Geographie, Paläontologie und vergleichender Physiologie. Ohne sie wäre die Revolution der Genetik wohl kaum in Gang gekommen. Das heißt, ohne den Schauder des Gelehrten beim Gedanken an das Auge hätte es nie die Suche nach dem Genom gegeben. Selten ist eine wissenschaftliche Theorie derart folgenreich gewesen. Ebenso beweiskräftig wie populär, kam sie dem Zeitalter mit seiner Fortschrittsgläubigkeit als Ideologie wie gerufen. Und bald wurde mehr daraus. Dank solcher Vorarbeit läßt sich heute in Natur investieren. Aus der Biologie ist ein lukrativer Industriezweig geworden, Anreiz für Forscher im Dienste von Unternehmern. In Darwins Notizbüchern findet sich eine Bemerkung, die damals noch arglos klang. Heute läßt sie sich nur noch ironisch lesen: »Hoffnung ist das erwartungsvolle Auge, das auf einem entfernten Objekt ruht, aufgehellt und befeuchtet durch Gefühl.«
Gewiß wäre Darwin, allein auf Beobachtung gestützt, niemals so

weit gekommen. Entscheidend war die kriminalistische Kombinatorik, sein synoptischer Blick, der ihm die weitreichenden Interpretationen erlaubte. Und doch ist Beobachtungsgabe die Voraussetzung für triftige Vergleiche. Erst die Fixierung aufs abgelegene Objekt, vielleicht sogar auf das Unsichtbare, spürt im Gestöber der Merkmale die verborgene Reihe auf. Der Blick vertieft sich ins Exemplarische, aber er macht dort nur so lange halt, wie es braucht, um zum nächsten, nein, zum allerentferntesten Beispiel überzugehen. Die intentionale Betrachtungsweise stößt unter lauter lokalen Zusammenhängen auf das Gesetz der Serie. Darwins Auge funktionierte in dieser Hinsicht ganz wie das Auge des Kunstkenners, der aus einer Handvoll Scherben den Stil einer Epoche deduziert, dem sich im Bruchstück das Abbild des Ganzen zeigt. Blinde Abstraktion und übereilter Synthesetrieb werden nie auf den Grundriß stoßen, weil sie im Gewirr der Verzweigungen die Kreuzungslinien verpassen. Vor lauter Bäumen sehen sie immer nur Wald.

Warum das alles noch einmal aufrühren? Um Distanz zu gewinnen zum gegenwärtigen Zustand der Naturwissenschaften – der *Lebenswissenschaften*, wem das besser gefällt. Es gilt, den Unterschied zu markieren, er ist wahrhaftig gravierend. Die beliebte Rede vom Paradigmenwechsel unterstellt ja, verändert hätte sich nur die Art und Weise des Zeigens, die Erzähltechnik des Romans der *Historia Naturalis*. Wie aber, wenn das Vorzeigen selbst auf der Strecke geblieben wäre? Wenn sich der Forschergeist eines Tages entledigt hätte der lästigen Aufgabe der Sichtbarmachung? Verschwunden ist, bei der Aufbereitung der Fakten zu Lehrstoff und Konferenzpapier, das Paradigmatische selbst, im Tausch gegen eine Denkweise, die Organismen zum Material neutralisiert. Statt zu zeigen und darzustellen, wird formalisiert. Mathematik und Chemie haben die wesentlich phänomenologische Biologie unterwandert. Immer komplexere Modelle versuchen der Unanschaulichkeit neuester Erkenntnisse Herr zu werden. Seit der technologischen Aufrüstung der Biowissenschaft ersetzt der Eingriff das Studium des Stoffes. Das Organische wird auf die gleiche Weise sequenziert und quantifiziert wie längst schon das

Anorganische, mit den bekannten Folgen für Mensch und Materie. Aus dem Forschen *ad oculos* ist ein prothetisches Prozessieren geworden, das unbarmherzige Ausleuchten der intimsten Bereiche von Mutter Natur, das ohne Manipulation nicht mehr auskommt. Elektronische Sonden, Brutkästen und Kobaltkanonen haben den Mikrokosmos zur Kampfzone gemacht. Dem Rekognoszieren folgte der Angriffskrieg, die experimentelle Zertrümmerung der Substanz im Labor. Molekularbiologie und Genetik zeigen nun, was moderne Kriegführung heißt. Weitgehend unsichtbar, nur noch von wenigen Spezialisten in Schutzanzügen bezeugt, hat sich der Übergang von der Materialschlacht zur Schlacht um die Materie vollzogen. Müßig die Erinnerung an das glänzende Auge des Naturforschers. Man geht ins Museum, dreht seine Runden um die friedlichen Exponate, legt eine stille Gedenkminute ein, bevor man wieder hinaustritt in den szientifischen Weltkrieg der Gegenwart. Da tut es gut, sich ein letztes Mal zu versenken in Darwins unbestechliche Augen.
Dort die vollendete Plastizität, der mimetische Blick auf die Natur, verbunden mit einem nie wieder erreichten transparenten Darstellungsstil. Und hier und heute die extremste Abstraktion. Endlose Formelreihen auf einer Anzeigetafel für Experten, wo einst der Artenzirkus die ganze Familie zur Vorstellung einlud. Comic der Moleküle, Tabellen und *Op-art* statt des realen Fleischs. Zahlenkurven, wo einmal lebendige Wesen das Auge fesselten mit ihrem So-und-nicht-anders-Sein. Nie zuvor in der Geschichte der Naturwissenschaften ist dem Auge des Betrachters, zumal dem des Laien, so wenig geboten worden. Nie zuvor hat es einen solchen Erfindungsreichtum bei der Illustration des Nichtmehrdarstellbaren gegeben. Darin liegt das Paradoxon des gegenwärtigen Wissenschaftsbetriebes. Der Preis für die Vertiefung des Wissens, das Vordringen in die kleinsten Zellstrukturen, geht einher mit der Krisis der Abbildung. Das Auge hungert beim Festmahl der Fakten. Der interessierte Zaungast langweilt sich bei der täglichen Präsentation frischer Einsichten in den Bauplan von Mensch und Natur. Besser, er vergißt, was er in alten Atlanten und kolorierten Handbüchern gesehen hat. Es geht hier nicht um

das Verschwinden der Eleganz aus der Naturbeschreibung. Schon Darwin war weit entfernt vom barocken Hinterwäldlertum eines Linné, dieses fleißigen Naturbiographen und Registrators. Auch er blickte bereits wohlwollend zurück auf die klassizistische, aus feudaler Schaulust geborene Systematik eines Buffon. Es war sein methodischer Vorsprung, der die epische Zoologie des großen Lamarck an die Archive verwies, als einen Entwicklungsroman aus dem Geiste der Enzyklopädik. Seine Abstammungstheorie hatte den Stein ins Rollen gebracht. Nach ihm die Sintflut, die er schwerlich voraussehen konnte, nach ihm der Einmarsch ins Zelleninnerste: die Expedition in die Geisterwelt der Chromosomen und Gene.

Ein Portrait zeigt ihn in seinem vorletzten Lebensjahr. Das späte Datum läßt keinen Zweifel, das Bild stellt eine Abschiedsszene dar. Vor einem dunklen Hintergrund, ungebeugt, steht da ein Greis, bereit sich im nächsten Augenblick umzuwenden, wie auf der Schwelle zur Unterwelt. Er trägt einen braunen Umhang, das Kostüm des Pilgers, in der linken Hand hält er den Bowler. An dem mächtigen Patriarchenhaupt mit dem schneeweißen Bart erkennt man den typischen Theorielöwen des neunzehnten Jahrhunderts. Es waren Charakterköpfe wie diese, denen die Welt ihre größten Veränderungen verdankt. Man sieht das Gesicht der *sapientia*, eine urwüchsige Landschaft, die gewölbte Stirn, von Gelehrsamkeit durchpflügt, ein Antlitz, in dem sich der Landwirt mit dem Seebären kreuzt. In ein Büschel von Fältchen eingebettet, die Augen: zwei Kohlebrocken in einem geöffneten Bergwerk. Und es schaudert einen, bedenkt man, was diese Augen alles gesehen haben. Das meiste davon wird einem für immer verborgen bleiben, sei es, weil man selber zu träge war, wie dieser da aufzubrechen zur großen Weltumsegelung, sei es, weil die meisten der Wunder, die er zu sehen bekam, verschwunden, viele der Arten, die er studierte, lange schon ausgestorben sind. Und das nicht nur auf den Galapagos-Inseln.

27. Dezember
Dramatische Entwicklung im Fall der kleinen Vera. So könnte die Schlagzeile lauten im Titeljargon der Boulevardblätter. Plötzlich ist eingetreten, worauf du nicht vorbereitet warst. Die Kleine ist ernsthaft erkrankt. Am Tag vor Heiligabend fing sie zu wimmern an, seither wird sie von starken Fiebern geschüttelt. Zum erstenmal ertönt, über Stunden, die volle Sirene, das gefürchtete Säuglingsorgan. Wir sind am Ende mit unserm Latein. Spät in der Nacht kommt der Bereitschaftsarzt, ein Chilene, der tagsüber Chirurg ist und uns beinah beruhigt. Der einzige Halt, leider, ist sein holpriges Deutsch. Er stellt eine Rötung des Rachens fest und verschreibt sicherheitshalber ein mildes Antibiotikum. Das Rezept bleibt uneingelöst liegen. Anderntags zeigt sich, eine Besserung ist nicht in Sicht. Schließlich versuchen wir's, mehr aus Routine, im nächstgelegenen Krankenhaus. Dort hagelt es Vorwürfe: Gefahr im Verzug. Notaufnahme. Meningitis-Verdacht! Arzt und Schwester entführen das Kind in die Praxis zum Punktieren des Rückenmarks. Die Mutter wird auf den Flur verbannt, sie soll nicht mit ansehen, was da geschieht. Ihr bleibt nur, den Schrecken weiterzugeben. Evas Stimme am Telephon schwimmt, mir zittern die Knie. Kurz darauf im Stationszimmer finde ich ein friedlich schlafendes Kind vor. Aus der Tochter ist eine Patientin geworden. Der Name steht auf dem Krankenschein, der in einer Klarsichthülle steckt am Fußende des eisernen Gitterbetts. Kranksein heißt, der Familie enteignet zu werden, rund um die Uhr Kontrolle. Nun liegt sie da, im geschlossenen Käfig, wie unberührbar, ein Findling in fremder Umgebung. Im winzigen Handrücken steckt die Kanüle für die Glukose-Infusion. Später wird noch ein Plastikschlauch durch die Nase verlegt, eine künstliche Speiseröhre für die Zufuhr von Reisschleim. Man hat ihr Diät verordnet. Alles deutet auf eine Magen-Darm-Grippe hin, bei Erwachsenen kaum der Rede wert, im Körper des Kleinkinds Grund zum Alarm. Unklar bleibt, ob Bakterien im Spiel sind oder die jüngste Generation von Rota-Viren sich hier austobt. Der gewaltige technische Apparat und inmitten der Monitore und Kabel der winzige Körper geben der Szene den Anschein von

Lebensgefahr. Zu allem Überfluß muß die Kanüle, die sich beim Stillen gelockert hat, später verlegt werden, von der Hand in die Kopfhaut. Vera bekommt einen Schädelverband und sieht nun aus wie eins dieser Tschernobyl-Kinder, die man vor Jahren in allen Zeitungen sah. Lange nach Mitternacht, auf dem Heimweg in die verwaiste Wohnung, verfolgt mich das kleine zerknautschte Gesicht. Diese entsetzlich traurigen Augen, fast zugeweht unter der Schneedecke aus Verbandszeug und weißen Laken.
Selbst in einem so winzigen Körper nistet mit ganzer Strahlkraft sich der Schmerz also ein, dieser böswillige Untermieter, der noch im Schlaf in den Eingeweiden lärmt. Wie lange es dauert, eh man ihn wieder loswird, den üblen Gesellen, der auf sein Wohnrecht pocht.
Der nächste Tag erst bringt etwas Erleichterung. Die Laborproben haben keinen der Hauptverdächtigen zum Vorschein gebracht, keinen der stadtbekannten Erreger von Lungen- und Hirnhautentzündung. Doch von jetzt an bist du gewarnt, Stoiker. Am seidenen Faden hängt, was dir als größte Kostbarkeit anvertraut wurde. Definition des Schicksals (die revidierte Fassung): an Verantwortung scheitern können. Ein fremdes Leben ist abhängig von dir, doch es zu schützen, liegt nur zum Teil in deiner Macht.

28. Dezember

Weiße Weihnacht

Erster Schnee. Nur sie hat nichts davon.
Schwitzt mit vierzig Fieber, Hagebuttenkopf,
Matt im Gitterbettchen, »auf Station«.
Leise rieselt die Glukose durch den Tropf.

Weich im Flockenfall von Mull und Watte
Liegt sie zwischen Schläuchen eingebettet.
Auf dem Monitor vorm grünen Schatten
Malt ihr Puls die Skyline von Manhattan.

Festlich aufgeputzt, das Krankenzimmer
Hat von Weihnacht nichts und Krippenspiel.
Da im High-Tech-Stall, apathisch wimmernd,
Teilt sie mit dem Christkind das Exil.

Dabei läßt ihr Mondgesicht im Kopfverband
Eher an den kleinen Dalai Lama denken.
Die Kanüle in der bandagierten Hand,
Muß sie sich aus Trotz den Arm verrenken.

Reisschleim, trübe wie geschmolzner Schnee,
Soll die Milch ersetzen. Strengste Quarantäne
Hat der Arzt verordnet. Von dem Magenweh
Steht im Augenwinkel glitzernd eine Träne.

In der Blutbahn toben sich die Viren aus.
Die Drei Könige mit leeren Schwesternhänden
Bringen nichts als Kälte in das Krankenhaus.
Erster Schnee. Was sieht sie? Weiße Wände.

29. Dezember
Unter den großen Schamlosen der Literaturgeschichte finden sich überdurchschnittlich viele Franzosen. Woran liegt das? Ist es die Sprache mit ihrer obszönen, goutierenden Lautmalerei, diese Lingua franca aller feineren Geister, die weltweit zum Genußmittel wurde, seitdem es die Gaumenfreuden gibt und etwas wie eine erotische Kultur auf der Höhe des Absolutismus? Lauert im Französischen mit seiner hedonistischen Phonetik nicht insgeheim eine uralte Impudenz? Ein Pendant zum *Hautgout*, den der Kenner am Wildbret so schätzt, zur Schleimhautähnlichkeit der Austern und zu den blauschimmernden Hohlräumen im berühmten Edelpilzkäse namens Roquefort? Keine andere Literatur hat eine so stolze Ahnengalerie wahrhaft schamloser Schriftsteller aufzuweisen, ein solches Panoptikum an Exhibitionisten der Poesie. Die Namen sprechen es aus: dem schreibenden Libertin, dem Librettisten in Gestalt des Roué liegt stets der französische Typus

zugrunde. Wo gäbe es einen zweiten Autor, der auch nur entfernt an den Marquis de Sade erinnern würde? Wo sonst hätten Pornographie und Philosophie so königlich Hochzeit gefeiert? Allein das Französische hat sich als eine Symbiose aus Begehren und Sprache gezeigt.

Mit de Sade fängt es an, läßt man einmal gewisse Vorläufer vom Kaliber eines Giacomo Casanova beiseite, wie etwa den Edelmann Restif de la Bretonne oder Laclos mit seinen *Gefährlichen Liebschaften*, von den Verfassern der damals handelsüblichen Pornographie ganz zu schweigen. Nicht zufällig schrieben die meisten von ihnen unter Pseudonym. Legion sind die Geschichten vom Schwerenöter in der Priesterkutte, dem notgeilen Abbé mit seinen Verführungskünsten an jungfräulichen Klosterschülerinnen. Die Wollust erscheint hier als die Kehrseite der Frömmigkeit. Erst mit de Sade bekommt das Experiment einen Namen, er hat die Schleusen geöffnet. Dem Erzvater literarischer Orgiastik folgte eine ganze Parade raffiniertester Unsittlichkeitsfanatiker in Vers und Prosa, eine Feder spitzer als die andre, ein bacchantischer Zug, bestehend aus dichtenden Triebtätern wie Baudelaire, Verlaine, Lautréamont, Maupassant, Proust, Céline, Bataille oder Genet. Mit de Sade seilen sie sich in die tiefsten Abgründe menschlicher Perversionen ab, mit Proust erklimmen sie die höchsten Höhen sublimierter Sexualität. Und immer scheint es die Sprache selbst, die hier ausschweift, dank den ihr innewohnenden Instinkten, die alles andere als natürlich sind. Was bei de Sade Exzeß und Entäußerung war, die Mechanik kopulierender Leiber, wird auf dem Weg zu Proust zur verinnerlichten Erotik, eine Mnemotechnik der invertierten Gefühle. Binnen eines Jahrhunderts reist das Französische von Lustpol zu Lustpol. In allen nur denkbaren Abstufungen durchläuft es den ganzen Zyklus: vom Körper des anthropoiden Ziegenbocks, zappelnd in der Hölle der genitalen Geilheit, zum Bewußtsein des gefallenen Engels, daheim in den künstlichen Paradiesen der phantasierenden Libido. Es ist, als wären die Syntax der griechischen *hedoné* und die Grammatik der *ars amatoria* des Lateinischen in dieser einen Sprache zusammengetroffen und hätten sich fortentwickelt zu einem modernen Parlando zur Feier des Eros. Wie sittenstreng und frigide erscheinen dagegen die meisten anderen Sprachen. Es ist keine Frage des Wortschatzes, beileibe nicht. In dieser Hinsicht wäre das Russische mit seinem brutalen Sexualjargon, dem *matj* (einem Kauderwelsch aus Gulag-Zoten und Zuhälterflüchen), jedem der Nachbarn weit überlegen. Es geht nicht um irgendein pornographisches Pidgin, ein verstecktes Idiom, es geht um die Begehrlichkeit einer Sprache, ihren mimetischen Gebrauchswert als Aphrodisiakum und Botenstoff für die sinnliche Phantasie. Gegen das Französische mit seinen Abenteuern der Schamlosigkeit wirken die anderen Schriftsprachen wie puritanische Gouvernanten, die hinter vorgehaltener Hand sich ab und an eine Schlüpfrigkeit gönnen.

30. Dezember
Was denn, ist der Autor die Summe seiner Leser oder das Resultat seiner Lektüren? Das eine schließt das andere nicht aus, aber es deutet die entgegengesetzten Richtungen an, in die Rezeption sich verliert. Dazu eine Anekdote, die Heiner Müller mir bei unserer letzten Begegnung erzählte. In ihr tritt der berühmte Schriftsteller X. auf, ein schwieriger Zeitgenosse, der ihn eines Tages in ein Gespräch verwickelte. Per Zufall waren die beiden an neutralem Ort aufeinandergestoßen, ausgerechnet in der Künstlerstadt Venedig. X., ein notorischer Einzelgänger, der den Menschen im allgemeinen und insbesondere seinen Lesern gern aus dem Weg ging, befand sich in einer heiklen Lage. Anläßlich des Geburtstages seines Verlegers hatte er das Glück, den Tag wohl oder übel im Kreis von Autorenkollegen verbringen zu müssen. Das straffe Kulturprogramm hatte ihn zum Mitläufer degradiert. Die Sache hing ihm zum Halse heraus, und man sah es ihm an. Auf dem Rückweg ins Hotel, unterwegs mit der müden Ausflüglertruppe, erspähte er, lustlos über den Markusplatz trottend, an einem der Tische des *Café Florian* die markante Gestalt des Dramatikers. Augenblicklich setzte er sich von den anderen ab und steuerte in weitem Bogen, betont ungezwungen, auf den Mann mit der dunklen Brille zu, der da bei Kaffee und Whisky saß und

sich angeregt mit einer jungen Italienerin unterhielt. Etwas verlegen stellte X. sich vor – überflüssigerweise, denn man kannte einander bereits – und bat, für einen Augenblick Platz nehmen zu dürfen. Die Situation blieb die ganze Zeit über angespannt. Nach ein paar höflichen Bemerkungen über die unerträgliche Langeweile der schönen Lagunenstadt und den Grund seines Hierseins kam er zur Sache. Er stellte dem Stückeschreiber eine Frage, die er offenbar lange schon mit sich herumtrug. »Herr Müller, glauben Sie, daß Sie ein Dichter sind?« Der so Überfallene zögerte eine Weile, bevor er erwiderte: »Das weiß man immer erst hinterher.« Damit war die Affäre erledigt, zumindest für Müller. Der zudringliche Frager jedoch mußte, bevor er das Feld räumen konnte, unbedingt noch loswerden, das sei eine gute Antwort. Das Ganze fand, so erzählte es Müller, an einem herrlich milden Herbsttag statt, Ende September. Während die beiden diesen kurzen Wortwechsel hatten, war ringsumher alles seinen gewohnten Gang gegangen. Der Markusplatz bot wie immer das vertraute Postkartenbild. Photographierende Touristen, allen voran die japanischen Kodak-Milizen, Reisegruppen beim Feldlager inmitten der Heerscharen überfütterter Tauben, sie alle umgeben von einer Architektur, in der sich das Rauschen der Zeiten fing wie in einer besonders prächtigen Muschel. Solange Venedig standhielt, würde es Tage wie diesen geben. Dieselben prunkvollen Panoramen, millionenfach reproduziert, würden im Morgenlicht wiederkehren, dieselben Opernszenen aufgeführt werden, mit Liebespaaren, sterbensmüden Aschenbachs und Abertausenden fußlahmer Statisten. Tag für Tag die gleichen gefrorenen Momente: Tableaus von Besuchern aller Nationen, Sekunden später schon aufgelöst, um sich sogleich aufs neue zu formieren, zu anderen Gruppenbildern anders gekleideter Leute unter den geduldigen Himmeln der Stadt, die längst ein Museum war all der Veduten, ein Archiv so vieler Reisebeschreibungen in allen Sprachen der Weltliteratur. War nun Venedig die Summe seiner wechselnden Bevölkerungen quer durch die Jahrhunderte, das urbane Integral der Besucherströme von überallher? Oder war es das Resultat all der anderen Metropolen, die an ihr, der *Serenissima*, mitgewirkt hatten mit römischer Marmorordnung und byzantinischer Pracht? Müßig die Frage nach einer absoluten metropolitanen Identität, seit die Grundrisse einander kopierten und jegliche Urbanität erst mit den Lebensgeschichten der Städtebewohner begann. Darin gleichen sich Dichter und Großstadt. Beide gehen aus einem Ensemble verschiedener Einflüsse hervor. Das literarische Ich gleicht dem geschützten Raum in Gestalt der Verbotenen Stadt. Es ist eher Peking als Venedig. Im Privatleben dürfen es immer nur wenige betreten, die nächsten Angehörigen und enge Freunde, sprich die Mitglieder der kaiserlichen Familie. Erst posthum steht es den Neugierigen offen. Publizieren reißt in die Mauern immer nur kleine Löcher, durch die zuvor schon die großen Vorläufer eingedrungen sind mit ihrer Nachricht aus anderen Reichen, vergangenen Öffentlichkeiten. Solange der Autor, Tag und Nacht unterwegs, in den Straßen und Gassen seiner imaginären Großstadt haust, läßt sich sein Wohnsitz nur schwer bestimmen. Keiner könnte zu Lebzeiten sagen, wie viele Besucher dort einmal aus- und eingehen werden. Ob es ein Wallfahrtsort sein wird für die Verliebten, die Lebensmüden, ob ein millionenköpfiges Publikum dorthin strömt oder nur ein paar treue Liebhaber, die gerade hier finden, was sie nirgendwo sonst entdecken konnten. Kein Autor wird jemals wissen, was sein Werk den andern bedeutet. Es bleibt ihm nur das Vertrauen in jene Fernstenliebe, die ihn selbst früh schon dem Alltag entfremdete und an die Instanz der toten Seelen verwies. Insofern ist alle Literatur ein ununterbrochener Auferstehungsbetrieb, sind die Bibliotheken Friedhöfe, auf denen seltsamerweise ein reges Treiben herrscht.

Eins von den sieben Lebenszielen:
Durchsichtig werden für die Blicke der vielen.

31. Dezember
Kurz nach ein Uhr wurde Vera aus dem Krankenhaus entlassen. Das Gröbste ist ausgestanden. Schon strahlt sie wieder über beide Backen, das Gesicht ein einziger Gongschlag, der ringsum seinen tiefen, buddhistischen Frieden verbreitet. Das also war er, der kri-

tische Augenblick, kaum eingetreten, schon überstanden. Es war nicht einmal Zeit geblieben, sich der Erschütterung hinzugeben. Also fort mit dem Schrecken, die Gelegenheit ist günstig wie nie. Besser, man läßt das kleine Drama im alten Jahr zurück wie all den anderen Plunder mit dem Verfallsdatum Dezember 2000. Vorwärts ins neue Millenium, heißt die Devise, Absolution für alle. Und ist der Jahrtausendwechsel nicht wirklich das perfekte Alibi für den allgemeinen Gedächtnisschwund, die Lossprechung von allen historischen Sünden?

Silvesterparty im kleinsten Kreis, in der Besetzung eines Streichquartetts mit guten Freunden. *Quasi una phantasia.* Zu Gast ist ein schwedisches Künstlerpaar, sie Cello, er Violine. Eva spielt die Viola da Gamba und ich, was spiele ich? Während der Fischsuppe taucht bei Tisch ein Thema auf, das sich erstaunlich gut eignet zu mancherlei Variation, bis die Zeiger endlich auf zwölf stehn.
Es geht um den Anteil der Biographie an der Dynamik historischer Zeit. Unterstellt man, daß in Kunst und Geschichtsverlauf, Theorie und Technologie das Jahrhundert den Takt angibt, dann gilt als Kriterium das Alter, in dem man ins jeweils nächste Jahrhundert eintritt. Soweit sind alle sich einig. Eine der Geigen meint, die besten Chancen zur Mitgestaltung hätten jene, die in den 70er, 80er und 90er Jahren geboren sind. Zitiert wird das Beispiel des *Fin de siècle.* Eine frische Jugend-Elite verläßt die gußeisernen Labyrinthe und tritt hinaus ins Offene, bereit zur Eroberung des zwanzigsten Jahrhunderts. Alle die Brecht und Benn, Einstein und Schönberg, Ernst und Gropius teilen unter ihresgleichen die neuen Reviere auf. Von nun an gehört die Macht den Asphaltliteraten und den Raketenbauern, den Kubisten und Wellenmechanikern, den Soziologen und Konstruktivisten, den Bauhausadepten, Wasserstoff-Gurus, Rundfunktechnikern und Montagekünstlern. Keiner von ihnen ist am Beginn des Jahrhunderts älter als fünfundzwanzig. Daher die enorme Durchsetzungskraft, ihr rücksichtslos juveniler Innovationsdrang, der alles und jedes dem Gebot der Sachlichkeit unterwarf. Grußlos ließen sie die Welt von gestern links oder rechts liegen und machten mobil als

Kommunisten und Faschisten, Kubisten und Surrealisten, Liberale und Anarchisten, selten unparteiisch, ein jeder mit seinem besonderen Tick. Keiner, der auskam ohne einen dieser fürchterlich destruktiven Weltverbesserungspläne in seinem brandneuen Hirn. Für das Alte verloren, beschlossen sie, ihr Leben dem Kult des Neuen zu weihen, wofür sie bis heute als Pioniere bewundert werden. Gemeinsam war ihnen, daß sie das vorige Jahrhundert allesamt als Kinder erlebt hatten. Ein, zwei Jahrzehnte früher geboren, und keiner von ihnen hätte die Energie zum Neubeginn aufgebracht. Wer dagegen wie unsereins etwa zur Halbzeit auf die Welt kommt, sagen wir 1962, gehört am Jahrhundertende zum alten Eisen. Die besten Jahre hat er schon hinter sich. Mit seinen Gewohnheiten und Anschauungen gilt er als Invalide, unheilbar an Anachronismus erkrankt. Kurz gesagt, er hat ausgedient, sobald er im nächsten Jahrhundert erwacht, schloß die Geige mit einer elegischen Kadenz, nicht ohne einen Seitenblick auf die Viola da Gamba zu werfen. Diese war Jahrgang 70.
Yes and no, setzte in bedächtigem Englisch das Cello den Gedankengang fort. Untergründig gäbe es vielerlei Mittel und Wege, weit über das Wendedatum hinaus dominant zu bleiben. Im Gegenteil, nicht wenige Biographien haben bewiesen: je mehr Lebenserfahrung, umso größer der Einfluß auf das, was kommt. Denn erstens ist Zukunft ein Niemandsland, das allen Generationen gleich unbekannt ist. Und zweitens kann man Zäsuren jederzeit überspringen. Die Welt bleibt, was sie ist, ein Konstrukt aus Wille und Vorstellung. Genügend Beispiele zeigen: gerade ein Alterswerk kann Epoche machen. Am Ende ist alles nur eine Frage der Reserven, über die einer verfügt. Die außergewöhnliche Lebensleistung, die das Jahrhundert prägt, ihm Gesichter und Signaturen verleiht, ist niemals an Altersgruppen gebunden. Auch wenn der Mythos von der ewigen Jugend Reklame macht für sein Recht des Stärkeren. Es gab Jahrhunderte, in denen das Gejohle blutjunger Barbaren den Ton angab und solche, für die das summa summarum der Altersweisheit zum Generalbaß wurde. Es gab Jahrhunderte der Langeweile und andere, in die virile Abenteuerlust sich einschrieb mit Revolution, Geniekult und

frühvollendeten Meisterwerken. Es gab die überreifen, gemächlich vorüberziehenden, die behäbigen, tintenklecksenden Säkula und solche voll Sturm und Drang. Von einigen blieb nur die raunende Finsternis in den Chroniken, von andern der Donnerhall und der Ruf der Zerstörung alles Überlieferten. Manche sind wie Gewitterlandschaften, von scharfen Erkenntnisblitzen durchzuckt, im Gedächtnis geblieben, andere wecken noch immer mit ihrem Wälderrauschen die Sehnsucht. Es gab die schriftlosen, die märchenhaft verwunschenen, die von Glaubenskriegen zerrissenen und die unendlich geschichtenreichen, über denen bis heute die Historiker brüten. Und es gab und gibt auch die schrecklich infantilen Jahrhunderte. Sie präsentieren der Nachwelt stolz ihr *forever young*, eine flüchtige Losung auf Mauern und Buchdeckeln, die dereinst zum Stigma gerinnt.
Unheimlicher Jugendkult: für Augustinus der Schlüssel zum Bösen, fiel eine der Geigen ein. Ich weiß noch, wie mich eines Tages die Reue beschämte, die jener beim Gedanken an seine Jugendsünden empfand. Harmlose Streiche im Grunde wie dieser Birnendiebstahl. Sein Gefühl, etwas sinnlos und mutwillig zerstört zu haben, kannte ich nur zu gut. Was haben wir nicht alles verheert, ausgeplündert, vernichtet, zerdeppert, wir zeitlosen, fürchterlich apokalyptischen Kinder. Andererseits, fuhr die Gambe mit einem gereizten Bogenstrich dazwischen: erinnert euch auch an Walther von der Vogelweide, an seinen Seufzer: »Weh, was tun die Jungen so, die vor Freuden sollten in den Lüften schweben.«
An dieser Stelle trieb das Konzert auseinander und verzweigte sich bei jedem der Mitspieler in einen inneren und einen äußeren Monolog. Keiner achtete mehr auf den Einsatz, da im selben Moment im Nebenzimmer ein Baby durchdringend sein Stimmchen erhob. Damit löste sich das Quartett auf. Man lobte das Essen, wechselte den Wein, ging zu anderen Themen über und spitzte die Ohren, ob das Krachen der Chinaböller draußen unterm Balkon etwas über die Uhrzeit verriet. Einmal noch räusperte sich die Geige, versuchte zum Schlußakkord anzusetzen, brach aber mit ein paar traurigen Melodiezitaten ab: Alles Durchdachte hilft einem doch nur bis zur nächsten stumpfen Verrich-

tung. Gleich verausgabt man sich wieder in blindem Alltag und bloßer Körperfunktion. Soviel einer auch meditiert, immer wirft ihn ein Schnupfen, ein Schluckauf auf der Stelle zurück. Dann bleibt von ihm nichts als ein Bündel unkontrollierter Reflexe. Von wegen Liebesgeige, von wegen Altersweisheit der Bratsche. Dahinter lauert die bettelnde Menschenstimme, erniedrigt von soviel toter Lebenszeit. Nur ausnahmsweise faßt sie sich in Musik. Auf zehn Minuten Komposition kommen Stunden voller Lärm und Nervenfolter, Kaskaden von Störgeräuschen ohne Takt und Zusammenhang, weder harmonisch noch atonal. Entsetzlich, wer will das Gestöhn und Gezeter vergreister Säuglinge denn hören? Später fand sie, im stillen, dank Apollinaire auf den harten Zementboden des Jahrhunderts zurück. »Vergebt mir meine Unwissenheit. Vergebt mir, daß ich das alte Spiel der Verse nicht mehr kenne.« Ja, ja, erwiderte mit Bauchrednerstimme der Freund: Ich habe so viele Erinnerungen, als wär ich schon tausend Jahre alt.
Das war das Ende vom Tag. Apropos Baudelaire, – und immer noch sagt der Dichter sich: Endlich! Nach einem Exkurs über das Ende der Literatur als Kunst, über Zukunftsforschung und Nachwuchs als Mittel der Selbstzerstörung kam die Rede auf Nostradamus, diesen windigen Zeitgenossen des großen Montaigne. Im Gegensatz zu dem größenwahnsinnigen Magier sei der Verfasser der zeitlosen *Essais* doch ein Leben lang bescheiden geblieben und gerade deshalb als Prophet um so vieles beredter gewesen. Anthropologie sei der Astrologie eben um Längen voraus. Sie orientiere sich an wirklicher Lebenserfahrung und nicht an irgendwelchem kosmischen Hokuspokus, den nur der Eigendünkel in historische Vorhersagen ummünzen könne. Nostradamus ließe sich eher mit Martin Luther vergleichen, dieses ungehobelte Mönchlein mit seinen Flugblatt-Thesen, das wäre doch einmal eine Studie wert. Zwei absolut Ebenbürtige in puncto Anmaßung gegenüber der Ewigkeit. Habt keine Angst vor der Zeit, sagt der eine, ich kann euch sagen, was kommen wird. Wozu im Futur denken, mault mit vollen Backen der andre, haltet euch an die Offenbarung, ich übersetze euch Gottes Wort, während ihr fres-

sen und saufen könnt. *Wie lieblich sind deine Wohnungen, Herr Zebaoth, du führst deine Heerscharen durch Zeit und Raum.* Wenigstens habe Luther sich an den fleischlichen Menschen gehalten. Sein Auge sei nicht getrübt gewesen vom Blick in den Himmel. Statt dessen sei er, gut deutsch, den Weg in umgekehrter Richtung gegangen, von den Sternen zurück mitten hinein in den irdischen Dreck: per astra ad aspera. Das reformierte Christentum habe mit der Seelenwanderung aufgeräumt und stattdessen die Körperwanderung eingeführt. Nach Luther könne man sagen, des Menschen größte Erniedrigung sei es, immerfort scheißen zu müssen. Dagegen hilft kein Gebet. Sie trauern, wie sie verdauen. Die Menschheit trauert, während sie verdaut, und während sie kaut, vergißt sie das Trauern. In den *Centurien* dagegen heißt es einmal in gröbster Anmaßung: »Der Fels hat vom Stamme her den Menschenstolz ermattet.«
Nostradamus und Luther, zwei Gottesknechte, die das römische Abendland mit ihren Texten verhexen. Beide berufen sich in ihren Wutanfällen auf die Heilige Schrift. Beide rechneten fest mit der Schlammflut, die hereinbrechen wird, wenn erst die irdische Barbarei überkocht wie der süße Brei. Mit ihren Flugblättern haben sie sich das Hausrecht erstritten im Komödientheater der Zeiten. Mit Orakelversen auf Dummenfang ging der eine, der andere sicherte sich seine Gefolgschaft, indem er mit seinen Thesen die Kirchen leerte, zuerst von den Götzenbildern und dann von den Menschen.
Derart sarkastisch ging es noch eine Weile fort. Dann sagte einer der Gäste, unter Hinweis auf den ansteigenden Festlärm draußen: Gleich ist es Mitternacht. Da ließen wir alles stehen und liegen und traten zu viert hinaus auf den Balkon. Im Park auf der anderen Straßenseite loderten die Baumkronen im Schein des Feuerwerks. Die gegenüberliegenden Hügel hatten sich, wie vor nicht allzu langer Zeit, in eine Flakstellung verwandelt, von der aus Leuchtraketen und Kugelblitze himmelwärts zischten. In Richtung Alexanderplatz tobten die heftigsten Scheingefechte. Der Fernsehturm war fest in der Hand einiger angriffslustiger Pyromanen, die dort aus allen Flaschenhälsen feuerten. Lautsprecher-

boxen hämmerten aus den benachbarten Wohnungen, es ging wild durcheinander. Eine Kakophonie aus Glockenläuten, Technorhythmen und Diskosound trieb da auf Wienerwalzerwogen herüber. Die Champagnergläser funkelten in der schönsten bengalischen Beleuchtung, und jede Uhr zeigte eine andere Zeit, als wir fröstelnd anstießen aufs neue Jahr. Leuchtenden Auges wünschte man sich das Beste, und jeder dachte sich still seinen Teil.
Es war merklich kühler geworden. Ein frisches Lüftchen wehte hinüber ins nächste Millenium. Und wenn man es recht betrachtete: war die Geschichte jedes Einzelnen nicht zuletzt die Geschichte aller? Nein, die Zeit, in der wir lebten, war nicht schlechter, nicht besser als alle anderen Zeiten. Ein Kauz wie Wassili Rosanow hatte ganz recht, als er schrieb: »Die *Gegenwart* härmt einzig den hohlen Menschen. Deshalb sind auch alle Klagen über sie hohl.« Unmerklich ging sie vorüber, die Gegenwart. Es ließ sich aushalten in diesem Übergangsstadium. Das Problem waren die Zeitgenossen, die einem überall auf die Füße traten. Mit ihrer Unbescheidenheit, ihren ungehobelten Umgangsformen, der Hysterie ihrer verworrenen Lebensläufe, aus Ignoranz und Übereilung, erschwerten sie das Einverständnis mit der eigenen Zeit.
Wieder am Tisch in der warmen Stube, war alle Schwermut wie fortgeblasen. Noch einmal machte das Wort Millennium die Runde. Schnell war man sich einig, daß es nun kein Zurück mehr gab. In Zukunft hing alles an dieser blitzblanken Zwei, hinter der sich die Nullen stauten. Bewegung gab es vorerst nur am Ende der Reihe, die von hinten aufgerollt wurde mit jedem weiteren Jahr.
Etwas mulmig wird einem schon beim Anblick der Zwei, meinte der Erste. Gewöhnt an die Eins, die so lange für die Ewigkeit stand, packt einen ein Schwindelgefühl. Überall greifen jetzt Fliehkräfte an. Wofür stand sie denn, diese Ziffer Eins, wenn nicht für die eherne Zeitordnung, beginnend mit Christi Geburt? Ein kurzer Aufstrich himmelwärts und ein langer Abstrich in Richtung Erdmittelpunkt, dorthin wo sich die Toten versammeln. Kürzer, abstrakter als mit dem Ziffernsprung von der Eins zur Zwei läßt sich der Bruch mit der Alten Welt kaum fassen. Die Eins war der

numerus clausus, ein Maß für das absolute Quantum an überschaubarer Geschichte. Was jetzt heraufkommt, gehört in eine andere mathematische Ordnung. Die Zwei steht für die Verdopplung, sie ist der Index der ewigen Wiederkehr, eine gefährliche Wendemarke. Jetzt heißt es, Abschied zu nehmen von der Dialektik des Singulären.

Einspruch, sagte der zweite. War die Eins nicht immer auch das Totalitäre? Ein Zeichen der Unbeweglichkeit und Alleinherrschaft. Das Führerprinzip in der Arithmetik, der Diktator unter den ganzen Zahlen.

Mag sein, fing der dritte an. Dem metaphorischen Denken ist er der Dorn im Auge, dieser kleine numerische Widerhaken. In Wahrheit steht die Eins für das Unteilbare. Einerseits Symbol für das Individuum, standhaft in kollektiver Masse. Andererseits Chiffre, hinter der sich ein Maximum an Möglichkeiten und Freiheiten verbirgt. Die Selbstbewegung des Einen innerhalb seiner selbst: Garantie für jede Art von Entwicklung. Genau wie das Weiß, das selbst keine Farbe ist und doch alle Farben enthält. Mit der Eins stirbt im Kalender die Einzigartigkeit aus. Von nun an geht es nurmehr um bloße Nachfolge ad infinitum. Die Zeitrechnung hört auf, Evolution und Geschichtsprozeß zu sein. Sie wird zum Gegenstand der Statistik. Ihr Vorbote sind die Bevölkerungsmilliarden, eine bloße Zahlenlawine, Futter für die Computer der Datensammler und Demographen.

Von wegen Millennium, meldete sich der vierte. Das ganze Geschwätz soll nur davon ablenken, daß die Zeit auf der Stelle tritt. Hamlet ist tot, mit ihm begraben der Schlachtruf: *The time is out of joint*. Wir sind endgültig in einer Zeitschleife gefangen, in der Epoche der Reproduktion. Schon hat man die ersten Säugetiere geklont. Demnächst versucht man am Menschen die identische Reduplikation. Ihr werdet sehen: das neue Jahrtausend ist das alte aus zweiter Hand. Alles je Dagewesene geht in Kopie, auf jeder Stufe der Technologie – die Architektur, die Kleidermode, die politischen Institutionen, das Vokabular, die Religionen, die Ethiken und natürlich auch die Stile der Kunst. Der Fortschritt wird zuallererst einer der Speicherkapazitäten sein. Das geht so lange, bis die Vergangenheit komplett in die Zukunft hineinpaßt.

Und was geschieht mit der Dichtung, fragte ich kleinlaut. Denn nichts lag mir mehr am Herzen als Poesie, dieser Hang zum nutzlosen Ausdruck. Da wurde mir, ich weiß nicht, von welcher Seite, pünktlich in der ersten Stunde des neuen Jahres, erklärt, das Ganze habe sich schon zu Friedrich Schlegels Zeiten gründlich erledigt gehabt. In den Notizheften des romantischen Analytikers finde sich mehrmals die ominöse Abkürzung p^2. Mit dieser Formel habe er damals dem Einbruch der Theorie ins Gedicht Genüge getan. Poesie hoch zwei sei der kürzeste Ausdruck für alles, was seither literarisch entwickelt wurde. Damit war die Evolutionsidee für alle kommenden Zeiten gegeben. Poesie im Quadrat, das hieß nun: totale Selbstkontrolle beim Schreibprozeß. Den Spieltrieb ein für allemal an die Leine der Reflexion zu legen. Die Dichtung der Zukunft sei grundsätzlich intelligibel, oder sie werde gar nicht mehr sein. Mag sie sich an die Neurologie halten, an die Quantenphysik, die Genetik, die Nanotechnologie, woran auch immer. Solange sie lernfähig bleibe, werde sie in den Gehirnen einzelner weiterleben. Wie die Sprache selbst gehe sie fortan durch dick und dünn, Makro- und Mikrowelt, Allernächstes und Allerfernstes. Denn das sei sie: ein Zerstäuber feinster Seelenpartikel. Ein Generator, der mittels Silben und Lauten die Psychen in ein elektrisches Spannungsfeld stelle. Es seien die Naturwissenschaften, die ignoriert hätten, daß auch Poesie unters Energieerhaltungsgesetz falle. Schwer meßbar, setze sie sich, als Kraft, aus mindestens zwei Komponenten zusammen: einer elektromagnetischen und einer metaphysischen. Letztere sei nicht weniger real als etwa die Mutterbindungskraft. Noch fehle sie als Größe in den Berechnungen. Vergebens suche man sie in den Gleichungen und Tafelwerken. Doch eines Tages, kein Zweifel, komme wohl auch für sie der ersehnte wissenschaftliche Durchbruch. Mit dieser Prognose gingen wir, einigermaßen frohgestimmt, auseinander. Durchs Fenster drang schon, mit ihren vielversprechenden, schmeichelnden Strahlen, die neonfingrige Eos.